中国语言文学文库·典藏文库

吴承学　彭玉平　主编

高华年汉藏语论稿

高华年 著

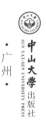
中山大学出版社
·广州·

版权所有　翻印必究

图书在版编目（CIP）数据

高华年汉藏语论稿/高华年著. —广州：中山大学出版社，2018.12
（中国语言文学文库. 典藏文库/吴承学，彭玉平主编）
ISBN 978-7-306-06496-7

Ⅰ.①高… Ⅱ.①高… Ⅲ.①汉藏语系—文集 Ⅳ.①H4-53

中国版本图书馆 CIP 数据核字（2018）第 280977 号

出 版 人：	王天琪
策划编辑：	嵇春霞
责任编辑：	高　洵
封面设计：	曾　斌
版式设计：	曾　斌
责任校对：	孔颖琪
特约校对：	付佳杰
责任技编：	何雅涛
出版发行：	中山大学出版社
电　　话：	编辑部 020-84110283，84111996，84111997，84113349
	发行部 020-84111998，84111981，84111160
地　　址：	广州市新港西路 135 号
邮　　编：	510275　传　真：020-84036565
网　　址：	http://www.zsup.com.cn　E-mail：zdcbs@mail.sysu.edu.cn
印 刷 者：	佛山市浩文彩色印刷有限公司
规　　格：	787mm×1092mm　1/16　27.25 印张　460 千字
版次印次：	2018 年 12 月第 1 版　2018 年 12 月第 1 次印刷
定　　价：	90.00 元

如发现本书因印装质量影响阅读，请与出版社发行部联系调换。

中国语言文学文库

编委会

主　编　吴承学　彭玉平

编　委（按姓氏笔画排序）

　　　　王　坤　王霄冰　庄初升

　　　　何诗海　陈伟武　陈斯鹏

　　　　林　岗　黄仕忠　谢有顺

总　序

吴承学　彭玉平

中山大学建校将近百年了。1924年，孙中山先生在万方多难之际，手创国立广东大学。先生逝世后，学校于1926年定名为国立中山大学。虽然中山大学并不是国内建校历史最长的大学，且僻于岭南一地，但是，她的建立与中国现代政治、文化、教育关系之密切，却罕有其匹。缘于此，也成就了独具一格的中山大学人文学科。

人文学科传承着人类的精神与文化，其重要性已超越学术本身。在中国大学的人文学科中，中国语言文学学科的设置更具普遍性。一所没有中文系的综合性大学是不完整的，也几乎是不可想象的。在文、理、医、工诸多学科中，中文学科特色显著，它集中表现了中国本土语言文化、文学艺术之精神。著名学者饶宗颐先生曾认为，语言、文学是所有学术研究的重要基础，"一切之学必以文学植基，否则难以致弘深而通要眇"。文学当然强调思维的逻辑性，但更强调感受力、想象力、创造力和语言表达能力。有了文学基础，才可能做好其他学问，并达到"致弘深而通要眇"之境界。而中文学科更是中国人治学的基础，它既是中国文化根基的重要组成部分，也是中国文明与世界文明的一个关键交集点。

中文系与中山大学同时诞生，是中山大学历史最悠久的学科之一。近百年中，中文系随中山大学走过艰辛困顿、辗转迁徙之途。始驻广州文明路，不久即迁广州石牌地区；抗日战争中历经三迁，初迁云南澄江，再迁粤北坪石，又迁粤东梅州等地；1952年全国高校院系调整，始定址于珠江之畔的康乐园。古人说："艰难困苦，玉汝于成。"对于中山大学中文系来说，亦是如此。百年来，中文系多番流播迁徙。其间，历经学科的离合、人物的散聚，中文系之发展跌宕起伏、曲折逶迤，终如珠江之水，浩浩荡荡，奔流入海。

康乐园与康乐村相邻。南朝大诗人谢灵运,世称"康乐公",曾流寓广州,并终于此。有人认为,康乐园、康乐村或与谢灵运(康乐)有关。这也许只是一个美丽的传说。不过,康乐园的确洋溢着浓郁的人文气息与诗情画意。但对于人文学科而言,光有诗情是远远不够的,更重要的是必须具有严谨的学术研究精神与深厚的学术积淀。一个好的学科当然应该有优秀的学术传统。那么,中山大学中文系的学术传统是什么?一两句话显然难以概括。若勉强要一言以蔽之,则非中山大学校训莫属。1924年,孙中山先生在国立广东大学成立典礼上亲笔题写"博学、审问、慎思、明辨、笃行"十字校训。该校训至今不但巍然矗立在中山大学校园,而且深深镌刻于中山大学师生的心中。"博学、审问、慎思、明辨、笃行"是孙中山先生对中山大学师生的期许,也是中文系百年来孜孜以求、代代传承的学术传统。

一个传承百年的中文学科,必有其深厚的学术积淀,有学殖深厚、个性突出的著名教授令人仰望,有数不清的名人逸事口耳相传。百年来,中山大学中文学科名师荟萃,他们的优秀品格和学术造诣熏陶了无数学者与学子。先后在此任教的杰出学者,早年有傅斯年、鲁迅、郭沫若、郁达夫、顾颉刚、钟敬文、赵元任、罗常培、黄际遇、俞平伯、陆侃如、冯沅君、王力、岑麒祥等,晚近有容庚、商承祚、詹安泰、方孝岳、董每戡、王季思、冼玉清、黄海章、楼栖、高华年、叶启芳、潘允中、黄家教、卢叔度、邱世友、陈则光、吴宏聪、陆一帆、李新魁等。此外,还有一批仍然健在的著名学者。每当我们提到中山大学中文学科,首先想到的就是这些著名学者的精神风采及其学术成就。他们既给我们带来光荣,也是一座座令人仰止的高山。

学者的精神风采与生命价值,主要是通过其著述来体现的。正如司马迁在《史记·孔子世家》中谈到孔子时所说的:"余读孔氏书,想见其为人。"真正的学者都有名山事业的追求。曹丕《典论·论文》说:"盖文章,经国之大业,不朽之盛事。年寿有时而尽,荣乐止乎其身,二者必至之常期,未若文章之无穷。是以古之作者,寄身于翰墨,见意于篇籍,不假良史之辞,不托飞驰之势,而声名自传于后。"真正的学者所追求的是不朽之事业,而非一时之功名利禄。一个优秀学者的学术生命远远超越其自然生命,而一个优秀学科学术传统的积聚传承更具有"声名自传于后"的强大生命力。

为了传承和弘扬本学科的优秀学术传统，从2017年开始，中文系便组织编纂中山大学"中国语言文学文库"。本文库共分三个系列，即"中国语言文学文库·典藏文库""中国语言文学文库·学人文库"和"中国语言文学文库·荣休文库"。其中，"典藏文库"（含已故学者著作）主要重版或者重新选编整理出版有较高学术水平并已产生较大影响的著作，"学人文库"主要出版有较高学术水平的原创性著作，"荣休文库"则出版近年退休教师的自选集。在这三个系列中，"学人文库""荣休文库"的撰述，均遵现行的学术规范与出版规范；而"典藏文库"以尊重历史和作者为原则，对已故作者的著作，除了改正错误之外，尽量保持原貌。

一年四季满目苍翠的康乐园，芳草迷离，群木竞秀。其中，尤以百年樟树最为引人注目。放眼望去，巨大树干褐黑纵裂，长满绿茸茸的附生植物。树冠蔽日，浓荫满地。冬去春来，墨绿色的叶子飘落了，又代之以郁葱青翠的新叶。铁黑树干衬托着嫩绿枝叶，古老沧桑与蓬勃生机兼容一体。在我们的心目中，这似乎也是中山大学这所百年老校和中文这个百年学科的象征。

我们希望以这套文库致敬前辈。

我们希望以这套文库激励当下。

我们希望以这套文库寄望未来。

2018年10月18日

吴承学：中山大学中文系学术委员会主任、教授，长江学者特聘教授
彭玉平：中山大学中文系主任、教授，长江学者特聘教授

目 录

第一部分　　汉藏系语言概要

第一章　标音符号及其应用 …………………………………… 3
　一、国际音标 ………………………………………………… 3
　　（一）国际音标表 ………………………………………… 3
　　（二）元音表 ……………………………………………… 6
　　（三）国际音标附加符号 ………………………………… 7
　　（四）辅音的进一步分析 ………………………………… 9
　　（五）元音的进一步分析 ………………………………… 11
　二、声调 ……………………………………………………… 12
　　（一）声调符号 …………………………………………… 12
　　（二）声调记音法 ………………………………………… 13

第二章　汉藏系语言的分类及其特点 ………………………… 15
　一、语言分类的两种方法 …………………………………… 15
　　（一）类型分类法 ………………………………………… 15
　　（二）谱系分类法 ………………………………………… 15
　二、汉藏系语言的分类 ……………………………………… 15
　　（一）汉语 ………………………………………………… 16
　　（二）壮侗语族 …………………………………………… 16
　　（三）苗瑶语族 …………………………………………… 16
　　（四）藏缅语族 …………………………………………… 16
　三、汉藏系语言的特点 ……………………………………… 17
　四、关于汉藏系语言的分类问题 …………………………… 18

第三章　汉语 ·· 21
　　一、汉语（普通话）音系 ······················· 21
　　　　（一）声母 ······································· 21
　　　　（二）韵母（依开齐合撮排列）········ 22
　　　　（三）声调 ······································· 23
　　二、汉语语法简要 ··································· 23
　　　　（一）词的构造 ································ 23
　　　　（二）语序 ······································· 25
　　　　（三）句法结构 ································ 27
　　　　（四）复句 ······································· 29

第四章　壮侗语族 ······································· 31
　　一、壮侗语族语言的特点 ······················· 31
　　　　（一）语音方面的特点 ······················ 31
　　　　（二）语法方面的特点 ······················ 33
　　二、壮语 ·· 36
　　　　（一）壮语音系 ································ 36
　　　　（二）壮语语法简要 ························· 39
　　三、黎语 ·· 47
　　　　（一）黎语音系（保定话）············· 47
　　　　（二）黎语语法简要 ························· 50

第五章　苗瑶语族 ······································· 58
　　一、苗瑶语族语言的特点 ······················· 58
　　　　（一）语音方面的特点 ······················ 58
　　　　（二）语法方面的特点 ······················ 59
　　二、苗语 ·· 60
　　　　（一）苗语音系 ································ 61
　　　　（二）苗语语法简要 ························· 64
　　三、瑶语 ·· 70
　　　　（一）瑶语音系 ································ 71

　　　　（二）瑶语语法简要 ································· 75
　　四、畲语 ································· 82
　　　　（一）畲语音系 ································· 82
　　　　（二）畲语语法简要 ································· 85

第六章　藏缅语族 ································· 92
　　一、藏缅语族语言的特点 ································· 92
　　　　（一）语音方面的特点 ································· 92
　　　　（二）语法方面的特点 ································· 94
　　二、藏语 ································· 96
　　　　（一）藏语音系 ································· 96
　　　　（二）藏语语法简要 ································· 100
　　三、彝语 ································· 108
　　　　（一）彝语音系 ································· 108
　　　　（二）彝语语法简要 ································· 111

第七章　汉藏系 8 种语言常用词的比较 ································· 122

第八章　语言与民族（含语言与文化） ································· 165
　　一、语言与民族的关系 ································· 165
　　二、民族语言的形成 ································· 166
　　三、语言的融合与混合 ································· 168
　　四、语言与文化的关系 ································· 169

第九章　汉藏系语言调查研究法 ································· 172
　　一、汉藏系语言调查法 ································· 172
　　　　（一）如何选择发音人 ································· 172
　　　　（二）记音的方法（怎样记一个音才能准确） ································· 173
　　　　（三）记音时应注意些什么 ································· 174
　　　　（四）调查语言时可能发生的问题 ································· 175
　　　　（五）记音时可能遇到的问题 ································· 176

（六）我们应该记录什么材料 …………………………… 176
　　（七）除了收集语言的材料外，还可以收集些什么 ……… 177
　　（八）记音的态度 …………………………………………… 178
　　（九）在学校调查语言和在少数民族地区调查语言在做法上
　　　　　有什么不同 …………………………………………… 178
　　（十）调查语言与创制新文字的问题 ……………………… 179
二、汉藏系语言研究法 ………………………………………… 179
　　（一）如何训练调查研究人员 ……………………………… 179
　　（二）研究人员应具备的条件 ……………………………… 180
　　（三）在可能范围内应先知道所调查语言的系属及其特点
　　　　　……………………………………………………………… 180
　　（四）调查研究前应准备些什么 …………………………… 180
　　（五）整理的方法 …………………………………………… 181
　　（六）整理时遇到材料有问题，应如何处理 ……………… 184
　　（七）研究工作如何为实践服务 …………………………… 184

附录一　藏汉系语言研究法 …………………………………… 186
附录二　国内少数民族语言文字的概况 ……………………… 197

第二部分　　彝语语法研究

几点说明 ………………………………………………………… 213
　一、材料的收集 ……………………………………………… 213
　二、整理的方法 ……………………………………………… 213
　三、彝语语法的特点 ………………………………………… 214
　四、整理的经过 ……………………………………………… 216

第一章　语音 …………………………………………………… 218
　一、声母 ……………………………………………………… 218
　二、韵母 ……………………………………………………… 221
　三、声调 ……………………………………………………… 223

四、连词的声韵调变化·································· 224
五、声韵配合表·· 227

第二章　语法··· 231
  第一节　句法··· 231
    一、句子里的成分······································· 231
      （一）主语·· 232
      （二）谓语·· 238
      （三）宾语·· 248
      （四）补语·· 252
      （五）附加语··· 257
    二、句子的种类··· 269
      （一）就形式来分······································ 269
      （二）就谓语对于主语的功用来分················· 279
      （三）就句子的内容来分···························· 281
  第二节　词类··· 287
    一、名词··· 287
      （一）简单名词·· 287
      （二）复合名词·· 288
    二、代词··· 298
      （一）人称代词·· 298
      （二）泛指代词·· 301
      （三）反身代词·· 302
      （四）指示代词·· 302
      （五）疑问代词·· 306
    三、谓词··· 307
      （一）就性质来分······································ 307
      （二）就形式来分······································ 309
    四、数词··· 316
      （一）基数·· 316
      （二）序数·· 318

　　　　五、量词·· 321
　　　　　　（一）名量词·· 321
　　　　　　（二）动量词·· 325
　　　　六、助词·· 327
　　　　　　（一）连接助词·· 327
　　　　　　（二）附属助词·· 329
　　　　　　（三）语气助词·· 332
　　　　七、叹词·· 340
　　第三节　同词异性·· 345

第三章　彝语故事（原文及汉注）···································· 350
　　一、妻子红鱼·· 350
　　二、姑娘两姐妹·· 355
　　三、和尚七个八个死·· 357
　　四、张奈（一）·· 358
　　五、张奈（二）·· 360
　　六、猩猩·· 361
　　七、瓜·· 365
　　八、两兄弟家分（一）·· 366
　　九、两兄弟家分（二）·· 369
　　十、人笨公·· 370

附录　苏纳语中汉语借词研究（兼论汉语借词与汉文化的传播）······ 382

第一部分　汉藏系语言概要

第一章 标音符号及其应用

一、国际音标

国际音标是国际语音协会制订出来的一套标音符号。它是由英国人琼斯（Daniel Jones）、法国人巴西（Paul Passy）等设计的。制订这套符号的原则是"每有一个音，便用一个符号代表；或者说每一个符号只代表一个音"。这套符号现在很通行，不论哪一个国家都可以通用。我国人在调查语言或研究汉语音韵学时一向都采用这套符号。国际音标不论在学习上还是应用上都很方便。

（一）国际音标表

发音方法				发音部位											
				唇音		舌尖音			舌叶音	舌面音			小舌音	喉壁音	喉音
				双唇	唇齿	齿间	舌尖前	舌尖中	舌尖后		舌面前	舌面中	舌面后（舌根）			
辅音	塞	清	不送气	p				t	ṭ		ȶ	c	k	q		ʔ
			送气	pʰ				tʰ	ṭʰ		ȶʰ	cʰ	kʰ	qʰ		ʔʰ
		浊	不送气	b				d	ḍ		ȡ	ɟ	g	G		
			送气	bʰ				dʰ	ḍʰ		ȡʰ	ɟʰ	gʰ	Gʰ		
	塞擦	清	不送气		pf	tθ	ts		tṣ	tʃ	tɕ					
			送气		pfʰ	tθʰ	tsʰ		tṣʰ	tʃʰ	tɕʰ					
		浊	不送气		bv	dð	dz		dẓ	dʒ	dʑ					
			送气		bvʰ	dðʰ	dzʰ		dẓʰ	dʒʰ	dʑʰ					

（续上表）

发音方法			发音部位											
			唇音		舌尖音			舌叶音	舌面音			小舌音	喉壁音	喉音
			双唇	唇齿	齿间	舌尖前	舌尖中	舌尖后		舌面前	舌面中	舌面后（舌根）			
辅音	鼻	浊	m	ɱ			n	ɳ			ȵ	ɲ	ŋ	N	
	颤	浊					r							R	
	闪	浊					ɾ	ɽ							
	边	浊					l	ɭ			ʎ	(ʟ)			
	边擦	浊					ɬ								
		浊					ɮ								
	擦	清	ɸ	f	θ	s		ʂ	ʃ	ɕ	ç	x	χ	ħ	h
		浊	β	v	ð	z		ʐ	ʒ	ʑ	j	ɣ	ʁ	ʕ	ɦ
	无擦通音及半元音	浊	w	ɥ	ʋ			ɻ	ɹ		j(ɥ)		ɯ(w)		
元音			圆唇元音		舌尖元音 前 后					舌面元音 前 央 后					
	高		(ɥ ʮ ɰ ɯ̽)		ɿ ʅ	ʮ ʯ				i y ʉ ɯ u					
	半高		(ø o)							e ø ɤ o ə					
	半低		(œ ɔ)							ɛ œ ʌ ɔ ɜ					
	低		(ɒ)							æ a ɑ ɒ					

附：

国际音标表（修改至1979年）①

		双唇	齿唇	齿、龈，或龈后	卷舌	腭龈	硬腭	软腭	小舌	唇硬腭	唇软腭	喉壁	声门
辅音	肺部气流												
	鼻	m	ɱ	n	ɳ		ɲ	ŋ	N				
	塞	p b		t d	ʈ ɖ		c ɟ	k g	q ɢ				ʔ
	(中)擦	ɸ β	f v	θ ð / s z	ʂ ʐ	ʃ ʒ	ç ʝ	x ɣ	χ ʁ			ħ ʕ	h ɦ
	(中)通		ʋ	ɹ	ɻ		j	ɰ		ɥ	w		
	边擦			ɬ ɮ									
	边(通)			l	ɭ		ʎ	ʟ					
	滚			r					ʀ				
	闪			ɾ	ɽ				ʀ				
	非肺部气流												
	挤喉	p'		t'				k'					
	缩气	ɓ		ɗ				ɠ					
	(中)搭嘴	ʘ		ǀ									
	边搭嘴			ǁ									

元音

不圆唇

	前		后
关	i	ɨ	ɯ
半关	e	ɘ	ɤ
		ə	
半开	ɛ	ɜ	ʌ
开	a		ɑ

圆唇

	前		后
关	y	ʉ	u
半关	ø	ɵ	o
半开	œ	ɞ	ɔ
开	ɶ		ɒ

① 转引自《方言》杂志，1979年第4期。

（二）元音表[①]

类别	舌面元音												声化元音				韵化辅音		
	前				央				后				前		央或后		前		后
高低＼前后圆唇	特开	中性	略圆	圆	最圆	特开	中性	略圆	最圆	特开	中性	略圆	圆	最圆	不圆	圆	不圆	圆	闭	中性	中性
高　最高	i	I		y			ɨ		ʉ		ɯ		u		ɿ	ʅ	ɹ	ɻ	m̩	n̩	ŋ̍
次高																					
中　高中	e			ø			ə	ɵ			ɤ		o								
正中	E						ɛ	ɜ			ʌ		ɔ								
低中			œ																		
低　次低	æ					a					ɐ										
最低						A					ɑ		ɒ								

[①] 引自罗常培《汉语音韵学导论》中华书局1956年版，第60页。

附：

元音舌位图

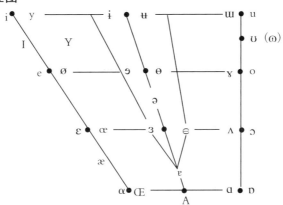

（三）国际音标附加符号

̥	不带音（清音化）——n̥ d̥ ŋ̥
̬	带音（浊音化）——s̬ t̬
ʰ	送气——tʰ
̈	带浊送气——b̤ e̤
̪	齿音——t̪
ʷ	圆唇化——tʷ hʷ
ʲ	（硬）腭化——tʲ
˜	软腭化或喉壁化——t̴ ɫ
̩	成音节—— n̩ l̩ ŋ̩
⌒ 或 ‿	同时发音——sf（参看塞擦音条）
˔ 或 ·	舌略高——e̝ e̝ w̝
˕ 或 .	舌略低——e̞ e̞ ʁ̞
＋	舌略前——u̟ ＋u̟
ˍ 或 －	舌略后——i̠ i- t̠
̈	舌偏央——ë
˜	鼻化——ã
˞	带 r 意味（儿化）——ɑ˞

: 长——ɑ:
ˇ 半长——ɑˇ
˘ 不成音节——ŭ
ɔ 圆唇度更高——ɔᶜ
c 圆唇度略减——yᶜ

其他音标：

ɕ、ʑ——龈腭擦音
ʃ、ʒ——（硬）腭化的 ʃ、ʒ
r——龈擦滚音
ɾ——龈边闪音
ɧ——ʃ 和 x 同时发的音
ʃˢ——一种像 s 的 ʃ，其他可以类推
ɭ——ɭ
ʊ——ω
ɜ——一种 ə
ɚ——带 r 意味的 ə（"儿"音）

重音，声调（音高）：

ˈ——重音，在音节前
ˌ——次重音，在音节前
˥——高平调，高调
˩——低平调
˦——高升调
˨——低升调
˥——高降调
˨——低降调
˄——升降调
˅——降升调

塞擦音：

可以用两个辅音——ts tʃ dʒ
或者连在一块儿——ʦ ʧ ʤ
或者加连音记号——t͡s t͡ʃ d͡ʒ
c、ɟ——有时可用来表示 tʃ、dʒ

（四）辅音的进一步分析

（1）紧喉辅音。在浊辅音的前面加上一个喉塞音［ʔ］，如［ʔb-］、［ʔd-］、［ʔn-］、［ʔj-］等。如果喉头紧缩轻些，可以标为［ʼb-］、［ʼn-］等，即在辅音之前加上一个"ʼ"符号。在壮侗语族的许多语言里，我们经常会遇到这类音。例如武鸣壮语［ʔda］（骂）、［ʔjau］（住），海南佯黎语［ʔbaːi］（喊）、［ʔda］（鱼）；龙州土语［ʼbaːk］（砍）、［ʼdaːŋ］（冷）等。

（2）挤喉辅音。在清塞音［p］、［t］、［k］后出现的声门闭塞。这类辅音一般都在音标的右上角加一小撇"ʼ"或加喉塞音［ʔ］，如［pʼ］、［tʼ］、［kʼ］或［pʔ］、［tʔ］、［kʔ］。法语发辅音时往往带有声门闭塞，如 pain［pɛ̃］（面包）中的［p-］，准确些应标为［pʼ-］或［pʔ-］。

（3）前带鼻音辅音（又称鼻冠音辅音）。前面的鼻音同后面的塞音或塞擦音一般是同部位的，而且两音结合得很紧，即前面的鼻音没有念完，紧接着就念后面的音。例如峨山青苗语［mpua］（猪）、［ntou］（衣服）、［ɳtʂai］（害怕），大南山苗语［Nqai］（肉），彝语［mba］（遮），纳西语［ŋga］（肉）等。有时鼻音和塞音不同部位，如都安瑶语［mtsjən］（病）。但这样的例子不多。

（4）清鼻音与清擦鼻音。发鼻音时声带不振动，气流从鼻孔流出，这类音叫清鼻音。它分为两种：①不送气的清鼻音，例如瑶语勉语［m̥waŋ］（暗）、［n̥am］（想）、［ŋ̊a］（砍）等；②送气的清鼻音，例如峨山青苗语［m̥ʰau］（麦子）、［n̥ʰo］（问）、［ŋ̊ʰi］［na］（现在）。

在浊鼻音前面加［h］，叫清擦鼻音。发这类音时，气流经过鼻腔，摩擦鼻腔内壁而出，例如四川大凉山彝语（圣乍语）［hni］（红）。①

另外，浊鼻音也有送气、不送气之别。昆明附近彝语有送气的［mʰ］，例如［amʰɛ̃］（嫂嫂）。这个语言也有不送气的［m］，例如［ma］（梦）。

（5）唇化辅音。发音时，两唇前伸，构成小圆形，即发辅音时加上唇的动作。国际音标在音标下面加"w"来表示，例如［k̫］。我国人一般在音标的右上角或音标的后面加"w"，例如［kʷ］或［kw］。元音也可以圆唇化，例如［i̫］。

（6）腭化辅音。发辅音的同时，舌面向硬腭抬起，扩大舌面跟硬腭接触的部位。例如英语 dew［djiːu］（露水）的［d］，因受后面［i］的影响而腭化为［dj］。腭化音通常在音标右上写一个小"j"，或在音际上面加一点。例如［p］的腭化音写作［pʲ］或［ṗ］，［t］的腭化音写作［tʲ］或［ṫ］。

（7）卷舌化辅音。发辅音的同时，把舌尖向上翘起或卷起。一般在音标后面加一个小"ɻ"音，例如［pɻ］就是卷舌的［p］。也可以在音标的右上角加一个小"ɻ"，例如［kʵ］就是卷舌的［k］。

（8）舌根化辅音。发辅音的同时，舌根向软腭抬起，像念 u 的样子。一般在音标中间加一个"～"符号。例如英语"well"［weɫ］的［ɫ］就是舌根化辅音。

（9）吸气音（又称缩气音）。吸气音是把气流吸进去的，所以又叫缩气音或反音。发吸气音时声带不容易振动，所以这类音一般都是无声的。吸气音通常在音标的右上角加一个小尖角"＜"或加一个"＊"号来表示，例如［fᶜ］或［f*］。

（10）二音同发的辅音。前后两音同时发出。通常用"⌢"或"⌣"符号把两个音连起来。例如［k͡p］（或［kp͜]）是两唇紧闭，舌根抵住软腭的塞音。

---

① 参见傅懋勣《民族语言调查研究讲话（四）》，载《民族语文》1984 年第 1 期。

（五）元音的进一步分析

（1）鼻化元音。发元音时，软腭略略下垂，使气流不仅可以从口腔流出，而且还可以从鼻腔流出，引起口腔和鼻腔同时共鸣，这就是鼻化元音。鼻化元音一般只在元音上面加一个"~"符号，如［ã］、［ẽ］、［ĩ］、［õ］等。鼻化元音可以分为两类，一类是纯鼻化音，发元音时一开始就鼻化。例如昆明话"安"［ã］、法语"bon"［bõ］（好）等。另一类是半鼻化音，前半部不鼻化，后半部鼻化，鼻化的程度也比较弱。例如南京话"烟"［iẽ］、"安"［ã］等。有的前面元音鼻化，后面还带辅音韵尾。例如江苏宝山"根"［kɛ̃ⁿ］、苏州"江"［kã̃ᵑ］。

（2）卷舌元音。发元音时，同时把舌尖向上翘起或向硬腭卷起，使元音卷舌化，这就是卷舌元音。例如北京"儿、二、耳"等就是央元音［ə］的卷舌。它可标为［ɚ］或［əʵ］，在不发生误会时也可标为［əɹ］。一般都在元音的右上角加一个小的"ɹ"。

（3）舌尖元音。舌尖元音的发音部位比前高元音［i］还要前、还要高。北京话里，"资"［tsɿ］、"疵"［tsʰɿ］、"思"［sɿ］和"知"［tʂʅ］、"吃"［tʂʰʅ］、"诗"［ʂʅ］的元音［ɿ］和［ʅ］就是舌尖元音。上海"书"［sʮ］和湖北云梦"书"［ʂʯ］的元音［ʮ］和［ʯ］是圆唇的舌尖元音。

（4）长元音和短元音。声音的长短指发音时间的长短。长元音指发音器官在这一时间内都保持在某一位置上。长元音一般在音标右边加两个小圆点"："，短元音不加符号。例如来宾壮语［ki:m］（拔草）、［ku:n］（官）、盘古瑶语［fa:i］（西）、［na:u］（老鼠）。长辅音同元音一样，也是在音标右边加两点。例如［n:］、［s:］等。

（5）紧元音和松元音。紧元音是喉头肌肉紧缩的元音。它的音质比较清晰。松元音是一般的元音，它是喉头肌肉不紧缩的元音。我国通常都在元音下面加一个"-"符号表示紧元音。例如哈尼语［ba̠³¹］（抬）：［ba³¹］（薄）；［dɔ̠³³］（很）：［dɔ³³］（穿）等。

（6）元音化辅音（又称韵化辅音）。［m］、［n］、［ŋ］等浊辅音，它们所含辅音性的噪音很少，稍延长些就可以自成音节，即辅音当元音用，这种音就叫作元音化辅音。一般都在辅音上面或下面加一个小杠来表示。例如广州话"唔"［m̩］、"五"［ŋ̍］，厦门话"媒"［hm̩］、"方"［pŋ̍］，彝语［n̩dɯ］（狐狸）等。

（7）无声元音。无声元音就是发元音时声带不振动的音。例如耳语音就是无声元音。一般语言都在不正常的情况下使用这种声音。但在美洲某些土人的语言里，他们把耳语音当作正常的音。有的语言学家主张在音标的右下角加一个倒"∨"符号来表示，例如［e̬］、［ɑ̬］等。我们认为，这种无声元音可以在元音下面加一个国际音标清音符号来表示，例如［e̥］、［ɑ̥］等。

（8）半元音和无擦通音。半元音是混合音，兼有元音和辅音的某些性质。它发音时声带振动像元音，略带摩擦像辅音。但它发音时发音器官接近于开放，含噪音成分少，含乐音成分多，所以叫它为半元音。例如［j］、［w］、［ɥ］（或写作［ɪ̆］、［ŭ］、［y̆］）。

无擦通音跟半元音性质相近。它的发音部位跟摩擦辅音一样，但气流很微弱，以至听不出摩擦音来，例如［ʋ］、［ɹ］、［ɻ］等。无擦通音又称浊通音。

二、声　调

（一）声调符号

调号采用赵元任先生拟定的"字母式声调符号"。它的方法是画一根竖线，分成四格五点，从下到上，分别以"1、2、3、4、5"表示字调的"低、半低、中、半高、高"五度。竖线的左边是时间幅度，用横线、斜线或折线表示声调的高低升降。下面是常用调号：

低平	˩11	高升降	˧˥˧353
半低平	˨22	高升全降	˧˥˩351
中平	˧33	中升降	˨˦˨242
半高平	˦44	全降低升	˥˩˧513
高平	˥55	中升	˨˦24
低升	˩˧13	高升	˧˥35
全升	˩˥15	高降	˥˧53
全升高降	˩˥˧153	全降	˥˩51

中降　　˧˨42　　　　　中降升　　˧˨˦424
低降　　˧˩31　　　　　低降升　　˧˩˧313
低升降　˩˧˩131　　　　低降全升　˧˩˥315
高降升　˥˧˥535

短调可将横线缩短，如 ˧1（˧11）。变调写在竖线的右边，如 ˩11、˧˥35、˩˧13、˥˧53、˧˥51、˧1（或 ˧11）等。

（二）声调记音法

（1）调号标调法。声调符号写在音标后面。例如，北京话的 4 个声调可以标作：

阴平　˥ 55　　　"妈" ma˥
阳平　˧˥ 35　　"麻" ma˧˥
上声　˨˩˦ 214　"马" ma˨˩˦
去声　˥˩ 51　　"骂" ma˥˩

（2）数字标调法。用阿拉伯数字写在音标的右上角。例如，北京话的声调可以标作：

阴平　55　　"妈" ma^{55}
阳平　35　　"麻" ma^{35}
上声　214　"马" ma^{214}
去声　51　　"骂" ma^{51}

以上两种是调值标调法。

（3）调类标调法。用一个阿拉伯数字代表调类，写在音标的右上角。例如，北京话的 4 个声调可以标作：

阴平　"妈" ma^{1}
阳平　"麻" ma^{2}
上声　"马" ma^{3}

去声　"骂" ma⁴

（4）变调标调法。以北京话为例：

"米饭"　　mi ˧˩˦ fan ˥˩ > mi ˧˥ fan ˥˩

"米饭"　　mi²¹⁴ fan⁵¹ > mi²¹⁴·²¹ fan⁵¹

（5）轻声标调法。用"╽·"符号写在音标后面。如北京话"我的"可标为 uo ˧˩˦ təl· 或 uo²¹⁴ təl·；汉语拼音方案一般记为 wǒ·de。

【本章主要参考资料】

[1] 罗常培，王均. 普通语音学纲要 [M]. 北京：商务印书馆，1981.

[2] 罗常培. 汉语音韵学导论 [M]. 北京：中华书局，1956.

[3] 赵元任. 语言问题 [M]. 北京：商务印书馆，1980.

[4] 布龙菲尔德. 语言论 [M]. 袁家骅，等，译. 北京：商务印书馆，1985.

[5] B. 布洛赫，G. L. 特雷杰. 语言分析纲要 [M]. 赵世开，译. 北京：商务印书馆，1965.

[6] 高华年，植符兰. 普通语音学 [M]. 南宁：广西人民出版社，1980.

第二章　汉藏系语言的分类及其特点

一、语言分类的两种方法

语言分类中最著名的两种方法就是类型分类法和谱系分类法。

（一）类型分类法

类型分类法又称形态分类法。它根据语言的语法特点，把世界语言分为若干类型。比如以词的构造为主要标准，把人类语言分为词根语（汉语颇接近于词根语）、黏着语（如哈萨克语）、屈折语（如俄语）和多式综合语（如北美印第安的契努克语）。或按语法意义的主要表达方式，把人类语言分成综合语（如俄语）和分析语（如英语）。[①]

（二）谱系分类法

谱系分类法又称发生学分类法。它运用历史比较法，把世界语言按其亲属关系分为若干语系，又按其亲属关系的远近，分为语族和语支。下文汉藏系语言的分类，就是按照谱系分类法来分的。

二、汉藏系语言的分类

汉藏系语言主要分布在中国、越南、老挝、泰国、缅甸、不丹、锡金、尼泊尔、印度等国境内。在我国有30多种语言，使用的人数有10亿多。[②] 我国语言学家一般认为，它包含汉语和壮侗、苗瑶、藏缅3个语族。

---

① 参见高华年、植符兰编著《语言学概论》，广西人民出版社1983年版，第190页。
② 关于人口数的估计，请参见《方言》1989年第3期，第163～165页。下同。

（一）汉语

汉语分布在全国各地。人口有 9 亿多。分为七大方言，即北方方言、吴方言、湘方言、客家方言、闽方言、赣方言、粤方言。有人主张闽方言分为闽北方言和闽南方言。

（二）壮侗语族

壮侗语族又称侗泰语族或黔台语族。主要分布在我国的中南、西南地区。国外分布在泰国、缅甸、越南、老挝等国境内。国内使用人数有 1700 多万，分 3 个语支。

（1）壮傣语支。含壮语、傣语、布依语。分布在广西、贵州、云南等省（区）。

（2）侗水语支。含侗语、仫佬语、水语、毛南语。分布在贵州、湖南、广西等省（区）。

（3）黎语支。含黎语。分布在海南省。

国外属于这个语族的语言主要有泰语、掸语、老挝语、侬语、岱语等。

（三）苗瑶语族

苗瑶语族主要分布在我国的西南、中南、东南地区。国外分布在越南、老挝等国境内。国内使用人数约 700 万，分 3 个语支。

（1）苗语支。含苗语、布努语。分布在湖南、贵州、云南、广东和海南等省（区）。

（2）瑶语支。含瑶语、勉语。分布在广西、广东等省（区）。

（3）畲语支。含畲语。分布在福建、浙江、广东等省。

（四）藏缅语族

藏缅语族主要分布在我国的西南、西北地区。国外分布在缅甸、不丹、锡金、尼泊尔、印度等国境内。国内使用人数约 1500 万，分 4 个语支。

（1）藏语支。含藏语、嘉戎语等。分布在西藏自治区和四川、甘肃、青海、云南等省的部分地区。

（2）彝语支。含彝语、傈僳语、纳西语、哈尼语、白语、拉祜语等。主要分布在云南、四川、贵州等省（区）。

（3）景颇语支。含景颇语。主要分布在云南省德宏傣族景颇族自治州。

（4）缅语支。含载瓦语、阿昌语等。主要分布在云南德宏傣族景颇族自治州。

在国外属于这个语族的语言主要有缅（含载瓦语、阿昌语）、库基—钦、那迦—博多等语支的语言。

属于这个语族的羌语、土家语、独龙语、怒语、基诺语、普米语、门巴语、珞门语、僜语等，它们属于什么语支，目前还不能确定，尚有待于进一步调查研究。

三、汉藏系语言的特点

汉藏系语言的主要特点可以概括为下面7点。

（1）有声调。除个别语言，如嘉戎语、珞巴语和藏语的安多方言外，每个音节都有声调。声调的数目不一，一般为3～8个。藏缅语族语言的声调数目比壮侗语族和苗瑶语族语言的少。

（2）声调同声母的清浊、送气不送气、元音的长短都有关系。比如毛南语送气的声母只出现在单数调，不出现在双数调。

（3）韵尾辅音以 -m、-n、-ŋ 为最常见，有些语言只有 -n、-ŋ。其次是 -p、-t、-k 和 -ʔ。个别语言有 -l、-r 或 -ȶ、-ȵ。

（4）由一个词根构成的单纯词占多数。大多数合成词是由两个或两个以上的单音节词根构成的。由单音节词根和语缀构成的派生词占少数。

（5）有区别事物的类别量词。除藏缅语族里个别语言，如藏语、景颇语不大用类别量词以外，一般都有丰富的类别量词。类别量词的位置在各语族中不一致。在藏缅语族的语言里，类别量词放在被限制词后面，指代词或数词要放在类别量词前面，如"这个人"说成"人这个"，"两头牛"说成"牛两头"。在壮侗语族的语言里，说成"人个这"或"个人这"，"牛两头"或"两头牛"。个别方言也用"这个人"的次序。用"一"数词时，类别量词大都放在后，为"人个一"或"个人一"的次序。在苗瑶语族的语言里一般说"个人这""两头牛"的次序，但也有变例。①

（6）形态变化简单。在印欧系语言如俄语等用词形变化所表示的语法范畴，在汉藏系语言里往往用词的位置、助词或别的词来表示。

（7）词序和虚词是表示语法意义的主要手段，以主语、谓语、宾语的关系来说，汉语、壮侗语族和苗瑶语族用"主语—谓语—宾语"的次序，如"我吃饭"。藏缅语族用"主语—宾语—谓语"的次序，如"我饭吃"。个别语言如民家语因受汉语的影响已逐渐采用"主语—谓语—宾语"的次序。

以"限制语和被限制语"的关系来说，汉语、藏缅语族用"限制语—被限制语"的次序，如"牛头""我（的）书"。壮侗语族用"被限制语—限制语"的次序，如"头牛"（即"牛头"），"书我"（即"我的书"）。苗瑶语族分两种：一种是"限制语代词—被限制语名词"的次序，如"我书"（即"我的书"）；另一种是"被限制语名词—限制语名词"的次序，如"头牛"（即"牛头"）。关于限制语形容词和被限制语名词的次序，除汉语外，大部分汉藏系语言用"被限制语名词—限制语形容词"的次序，如"花红"（即"红花"），但在个别方言里也有例外。

四、关于汉藏系语言的分类问题

我国多数学者主张，汉藏语系含汉语和侗傣、藏缅、苗瑶3个语族。② 20世纪初英国人戴维斯（H. R. Davies）认为，汉藏语系包括孟高棉语、掸语、汉语和藏缅语4个语族。③ 他也主张汉语独立为一个语族。但从目前的材料来看，汉语和台语（壮侗语）似乎比较接近，它们在语音、词汇、语法上都有许多相似点。因此，我们认为，汉语和台语可以合为汉台语族，而汉语不必单独分出来。也就是说，汉藏语系分为汉台、苗瑶、藏缅3个语族。李方桂先生早年也主张汉语和台语合为台汉支系。李

---

① 参见罗常培、傅懋勣《国内少数民族语言文字的概况》，载《中国语文》1954年3月号。
② 参见罗常培、傅懋勣《国内少数民族语言文字的概况》，载《中国语文》1954年3月号；马学良主编《语言学概论》，华中工学院出版社1981年版，第270页。
③ 参见王辅世《苗瑶语的系属问题初探》，载《民族语文》1986年第1期。

先生说:"这一系普通分作三大支系:(1)藏缅系,(2)台汉系,(3)叶尼塞系。分布地点(1)(2)两系是从 Kashmir 经西藏高原沿着亚洲大陆南部向东一直到太平洋岸。(3)系是在西伯利亚叶尼塞河流域。"① 袁家骅先生、邢公畹先生也都主张汉语和台语(壮语)合为一个语族。袁先生说:"汉藏语系分为藏缅彝语族,苗瑶语族,汉壮语族,而汉壮语族又分为汉语支和壮侗语支。"② 邢先生说:"以上我们从语言结构的本质和语言发展的趋向两方面来说明汉台两语的亲属关系。在古台语和古汉语的研究工作还没有得到比较满意的结论以前,我们很难设想原始汉台语的面貌。汉台两语从一种共同语里分化这一过程,早在汉语有文字前,也就是说在纪元前十四世纪以前,就已经完成了。"③ 董同龢先生在他的《汉语音韵学》一书里,认为汉藏语族或印支语族分为汉台语系和藏缅语系。汉台语系包括的范围很广,有汉语、台语、苗语与瑶语。④ 综上所述,可见我国学者主张汉语和台语合为一个语族的也不少。这个问题目前还不能做出结论。本书暂把汉藏系语言分为汉语、壮侗语族、苗瑶语族和藏缅语族。

美国学者本尼迪克特(P. K. Benedict)提出新的观点,认为汉藏语系"包括汉语、克伦语和各种藏—缅语言。该语系通行在中国、印度支那、泰国、缅甸、亚洲的南部和东南部的广大地区"⑤。他把壮侗语族和苗瑶语族排除在汉藏语系之外。他在其他著作中认为,台语、苗瑶语言跟印度尼西亚语有共同的词根,它们同属于澳斯特罗—泰(Austro - Tai)语系。⑥

我国大多数语言学家都不同意本氏的观点。罗美珍先生从语言、历史、人文各方面进行分析研究,认为台语、苗瑶语仍属于汉藏语系。⑦ 王

---

① 李方桂:《藏汉系语言研究法》(1939 年 12 月 29 日在北京大学文科研究所讲演稿),载《国学季刊》1951 年第 7 卷第 2 期。
② 袁家骅等:《汉语方言概要》,文字改革出版社 1983 年第 2 版,第 1 页。
③ 邢公畹:《语言论集》,商务印书馆 1983 年版,第 152 页。
④ 参见董同龢《汉语音韵学》,香港广文书局 1968 年版,第 13 页。
⑤ [美]本尼迪克特著,乐赛月、罗美珍译:《汉藏语言论》引言,中国社会科学院民族研究所语言室 1984 年版,第 1 页。
⑥ 参见[美]本尼迪克特著,乐赛月、罗美珍译《汉藏语言概论》"译者的话",中国社会科学院民族研究室 1984 年版。
⑦ 参见罗美珍《试论台语的系属问题》,载《民族语文》1983 年第 2 期。

辅世先生在《苗瑶语的系属问题初探》一文里，对汉语、苗语、瑶语的 79 个常用词进行了比较，最后认为苗瑶语和汉语有密切的关系。这种关系绝不是简单的苗瑶语从汉语吸收借词或者汉语从苗瑶语吸收借词的关系。表上汉语与苗瑶语在语音上相同或相近的词一定是来源相同的。①

我也做过台语、苗语和印尼语的一些调查研究工作。从印尼语的语音、词汇、语法特点来看，台语、苗语跟印尼语都有很大的差别。比如：①台语、苗瑶语都有声调，印尼语就没有声调；②台语、苗瑶语是单音节语，印尼语就不是单音节语；③印尼语的形态变化很复杂，前缀、中缀、后缀十分丰富，而台语、苗瑶语的形态变化很简单；④台语、苗瑶语有许多表示事物类别的量词，而印尼语就没有；⑤印尼语名词重叠表示多数，台语、苗瑶语就没有这种现象。此外，台语、瑶语元音有长短的区别，印尼语就没有；苗语有前带鼻音的辅音 mp－、nt－、nts^h、ŋk^h 等，有清鼻音 m̥－、n̥－、ŋ̊－和 m̥^{h}－、n̥^{h}－、ŋ̊^{h}－等，印尼语也没有；等等。从上面这些情况看起来，我们认为，台语、苗瑶语同印尼语似乎不应归入同一个语系。这个问题尚有待于进一步探讨。

【本章主要参考资料】

[1] 罗常培，傅懋勣. 国内少数民族语言文字的概况 [J]. 中国语文，1954（3）.

[2] 李方桂. 藏汉系语言研究法 [J]. 国学季刊，1951，7（2）.

[3] 李方桂. 中国的语言与方言 [J]. 中国语言学报，1973（创刊号）.（译文载梁敏译《民族译丛》1980 年 1 月号）

[4] 马学良. 语言学概论 [M]. 武汉：华中工学院出版社，1981.

[5] 本尼迪克特. 汉藏语言概论 [M]. 乐赛月，罗美珍，译. 北京：中国社会科学院民族研究所语言室，1984.

[6] 王均. 中国少数民族语言研究情况 [C]//《民族语文》编辑部. 民族语文研究文集. 西宁：青海民族出版社，1982.

[7] 罗美珍. 试论台语的系属问题 [J]. 民族语文，1983（2）.

[8] 王辅世. 苗瑶语的系属问题初探 [J]. 民族语文，1986（1）.

---

① 参见王辅世《苗瑶语的系属问题初探》，载《民族语文》1986 年第 1 期。

第三章 汉 语

汉语是汉民族的语言，是世界上最发达、最丰富的语言之一。使用的人数最多，约有9亿人。3000多年前汉语已有文字。中华人民共和国和任何国家所缔结的友好条约都是用汉语和缔约国语言书写的。我国代表在国际会议上以汉语发言。汉语是国际通用语言之一。

普通话是以北京语音为标准音、以北方话为基础方言、以典范的现代白话文著作为语法规范的现代汉民族共同语。它就是汉族人民的共同交际工具，也是我国各族人民相互间的共同交际工具。普通话不同于北方话和北京话。它吸收了其他方言的成分，比任何方言都更丰富、更完善。普通话是汉语的代表。下面介绍一下普通话的概况。

一、汉语（普通话）音系

（一）声母

唇音	b[p]	p[pʰ]	m[m]	f[f]	
舌尖音	d[t]	t[tʰ]	n[n]		l[l]
	z[ts]	c[tsʰ]		s[s]	
舌尖后音	zh[tʂ]	ch[tʂʰ]		sh[ʂ]	r[ʐ]
舌面音	j[tɕ]	q[tɕʰ]		x[ɕ]	
舌根音	g[k]	k[kʰ]	-ng[-ŋ]	h[x]	

注：[-ŋ]只能在韵尾出现。

声母例字：

b 巴笔布　　　p 怕皮普　　　m 妈迷母
f 法妇　　　　d 答低都　　　t 他梯土

n 拿你努女　　　l 拉礼炉旅　　　z 杂资族
c 擦词粗　　　　s 撒思苏　　　　zh 知扎朱
ch 迟茶除　　　 sh 沙石书　　　 r 日惹如
j 基居　　　　　q 齐去　　　　　x 西许
g 歌姑　　　　　k 科苦　　　　　h 河虎
Ø 岸鹅恩衣汪鱼

（二）韵母（依开齐合撮排列）

i[ɿ, ʅ]　　　　　i[i]　　　　　u[u]　　　　　ü[y]
a[A, a, ɑ, ɛ]　　ia[iA]　　　　ua[uA]
o[o, u, v]　　　　　　　　　　uo[uo]
e[ɤ, e, ɛ, ə]　　ie[iɛ]　　　　　　　　　　　üe[yɛ]
ai[ai]　　　　　　　　　　　　uai[uai]
ei[ei]　　　　　　　　　　　　uei[uei]
ao[ɑu]　　　　　iao[iau]
ou[ou]　　　　　iou[iou]
an[an]　　　　　ian[iɛn]　　　uan[uan]　　　üan[yan]
en[ən]　　　　　in[in]　　　　uen[uən]　　　ün[yn]
ang[ɑŋ]　　　　 iang[iɑŋ]　　　uang[uaŋ]
eng[əŋ]　　　　 ing[iŋ]　　　　ueng,ong[uŋ]
er[ɚ]　　　　　　　　　　　　　　　　　　　iong[yuŋ]

注：①汉语拼音方案 ueng、ong 都是合口呼，实际读音是［uŋ］，应列为合口呼。细分起来，单独用，前面没有声母时读［uəŋ］，前面有声母时读［uŋ］。它们可以合并为［uŋ］。②iong 是撮口呼，实际读音是［yuŋ］，应列为撮口呼。③er 是卷舌韵母。

韵母例字：

i 子纸　　　　　i 米基　　　　　u 都五
ü 吕举　　　　　a 怕啊　　　　　ia 家牙
ua 瓜瓦　　　　 o 喔噢　　　　　uo 波说
e 哥鹅　　　　　ie 别耶　　　　 üe 雪约

ai 拜哀	uai 快歪	ei 陪黑
uei 最威	ao 包熬	iao 条腰
ou 头欧	iou 流忧	an 甘安
ian 边烟	uan 算弯	üan 全冤
en 本恩	in 心因	uen 遵温
ün 群晕	ang 张昂	iang 良央
uang 光汪	eng 灯亨	ing 兵英
ueng 东翁	iong 兄雍	er 耳二

（三）声调

1. 阴平，写作 ˥ 55，例如"妻" tɕʰi˥、tɕʰi⁵⁵ 或 tɕʰi¹。
2. 阳平，写作 ˧˥ 35，例如"齐" tɕʰi˧˥、tɕʰi³⁵ 或 tɕʰi²。
3. 上声，写作 ˨˩˦ 214，例如"启" tɕʰi˨˩˦、tɕʰi²¹⁴ 或 tɕʰi³。
4. 去声，写作 ˥˩ 51，例如"气" tɕʰi˥˩、tɕʰi⁵¹ 或 tɕʰi⁴。

轻声字用"˧·"符号标在韵母之后，如"哥哥"写作 kɤ˥kə˧· 或 kɤ⁵⁵kə˧·。汉语拼音方案标调方法，如"妈" mā、"麻" má、"马" mǎ、"骂" mà，轻声字用点号放在音节之前，如"哥哥" gē·ge。

二、汉语语法简要

汉语语法跟同系其他语言的一样，形态变化很简单，词序和虚词是表达语法意义的主要手段。为了跟同系其他语言的比较，下面简单地谈谈汉语词的构造和句子的结构。

（一）词的构造

1. 单纯词

单纯词即只含一个词素的词。它可以分为单音单纯词和复音单纯词。

（1）单音单纯词。只含一个音节的词。例如：

人 山 水 你 我 一 三 走 去 飞 说 大 小
红 的 了 有 吗

（2）复音单纯词。含两个或两个以上音节的词。例如：

　　玻璃　葡萄　仿佛　蜘蛛

2. 合成词

合成词即含两个或两个以上词素的词。它可以分为两类。
（1）复合词。含两个或两个以上词根的词。它可以分为下面6种。
a. 主谓式。例如：

　　冬至　地震　年轻　胆怯

b. 偏正式。例如：

　　飞机　热爱　自私　至少　不但

c. 述宾式。例如：

　　主席　关心　满意　到底

d. 述补式。例如：

　　改良　证明　扩大　记得

e. 联合式。例如：

　　买卖　调查　光明　千万　自从　并且

f. 复杂式。例如：

　　割草机　喷气式　中大　超音速

(2) 派生词，即由词根加词缀构成的词。它可以分为下面的两种。
a. 词根加前缀。例如：

　　初一　初五　第一　第七　老李　老王

b. 词根加后缀。例如：

　　桌子　孩子　刀儿　盖儿　石头　舌头　酸性　积极性　作家
　　画家　新式　喷气式

（二）语序

（1）主语在谓语之前，宾语在动词之后。例如：

①大家都去。
②自行车修好了。
③衣服小了。
④妹妹写字。
⑤他是学生。

（2）所有者在所有物之前。例如：

①姐姐的书。
②学校的房子。
③我弟弟。

所有者和所有物之间，有的要加助词"的"字，有的可以不加。一般表示亲属关系或和所有者关系密切的可以不加。如"我父亲""他们学校""弟弟书包"。

（3）前一个名词修饰或限制后一个名词，它们中间有的可以加"的"，有的可以不加。例如：

①文艺作品。

②中国历史。
③木头房子。
④电灯的开关。
⑤书桌的抽屉。
⑥学校的车。
⑦中国的历史。

但数量词只能直接放在名词之前，中间不能加"的"字。例如：

⑧三本书。
⑨五名技术人员。
⑩三头牛。

（4）形容词在所形容者之前。例如：

①红花（或"红的花"）。
②新鲜的空气（或"新鲜空气"）。
③新的房子（或"新房子"）。
④旧书（或"旧的书"）。

（5）副词在动词、形容词或另一个副词之前。例如：

①认真学习。
②很好。
③赶快走。
④仔细研究。
⑤很不好。
⑥不认真做。

（6）补语在动词、形容词之后。例如：

①洗干净（或"洗得干净"）。

②好极了。
③跳过去（或"跳得过去"）。
④讲一次。

（三）句法结构

汉语的句法结构一般有 6 种形式。

（1）主谓结构。由主语和谓语两部分组成。主语是说话人要说的话题，谓语是对主语的陈述。例如：

①太阳出来了。
②帽子小了。
③他是工人。
④今天星期五。
⑤妹妹知道。

（2）偏正结构。前一部分修饰或限制后一部分。例如：

①伟大的祖国。
②新作品。
③中国人民。
④木头房子。
⑤我姐姐。
⑥两本书。
⑦刚买的书。
⑧赶快走。
⑨很新鲜。
⑩很不好。

（3）述宾结构。前一部分是述语，后一部分是宾语。例如：

①洗衣服。
②写文章。

③进城。
④住人。
⑤来客人了。

(4) 述补结构。前一部分是述语，后一部分是补语。例如：

①说清楚。
②说得清楚。
③说不清楚。
④做完。
⑤关上。
⑥走出来。

(5) 联合结构。两个或两个以上地位平等的成分并列在一起的叫联合结构。例如：

①工人、农民（工人和农民）。
②北京、上海、广州（北京、上海和广州）。
③干净、利落。
④讨论、决定。
⑤油、盐、酱、醋。

(6) 复杂结构。含连谓结构和递系结构。连谓结构是动词或动词结构连用的格式。递系结构是由一个述宾结构和一个主谓结构套在一起构成的。述宾结构的宾语兼任主谓结构的主语。例如：

①打电话通知他。
②拿了去。
③有事不能来。
④怪你自己粗心。
⑤请他参加。
⑥叫妹妹去买票。

⑦使我很激动。
⑧有位同志找你。

前 4 例是连谓结构,后 4 例是递系结构。

(四) 复句

由两个或两个以上意义上互相关联的单句组成的。复句内部的单句叫分句。分句与分句之间有较小的停顿,在书面上用逗号或分号隔开。

(1) 联合复句。联合复句由并列的句子组成。例如:

①太阳也不出,门也不开。(并列)
②或者我们去,或者请他们来。(选择)
③他诊过脉,在脸上端详一回,又翻开衣服看了胸部,便从从容容地告辞。(连贯)
④影片《林则徐》我看过,而且看过不止一次。(递进)

(2) 偏正复句。偏正复句由主要的和从属的句子组成。例如:

①因为年代久远,纸已经变黄了。(因果)
②只有努力学习,才能取得好成绩。(条件)
③除非你去请他,否则他是不会来的。(条件)
④无论你说什么,他都不吭声。(无条件)
⑤不管是谁,都应该遵守制度。(无条件)
⑥你如果不方便,可以换一个时间。(假设)
⑦他虽然(即使)没去,可是什么都知道。(让步)
⑧文艺宣传队、体育队都要办好,但要坚持不离生产的原则。(转折)
⑨为了节省时间,他索性搬到办公室来住。(目的)
⑩我们一定要设法解决水泥问题,以免工程陷于停顿。(目的)

汉语在一般情况下,偏句在前、正句在后。如果把两者的次序调换一下,偏句就带有说明的意味。例如,"我明天一定来,要是不下雨的话"。汉语的语法结构是十分复杂和丰富的。这里只能简单地提出些重要的来谈谈,目的是便于跟同系的其他语言进行比较。

【本章主要参考资料】

［1］赵元任. 汉语口语语法［M］. 吕叔湘, 译. 北京: 商务印书馆, 1979.

［2］北京大学中文系现代汉语教研室. 语法修辞［M］. 北京: 商务印书馆, 1983.

［3］朱德熙. 语法讲义［M］. 北京: 商务印书馆, 1982.

［4］董同龢. 汉语音韵学. 台北: 广文书局, 1968.

［5］康拉德. 论汉语［M］. 彭楚南, 译. 北京: 中华书局, 1954.

第四章 壮侗语族

一、壮侗语族语言的特点

（一）语音方面的特点

（1）有以 -i、-u、-m、-n、-ŋ、-p、-t、-k 为韵尾的韵母，黎语还有以 -ȵ、-ȶ 为韵尾的韵母。黎语的 -ȵ、-ȶ 跟壮侗语族其他语言的 -n、-t 对应。例如壮语① fǎi（树）、lǎu（酒）、ɣăm（水）、ʔbìn（飞）（黎语②ʔběȵ）、hìŋ（委）、nǐp（缝）、luɯt（血）（黎语 ɬaȶ）、tǐk（踢）等。

（2）元音分长短。例如龙州土语③ 'ba:t⁵⁵（疮）、'bat⁵⁵（闷）；武鸣壮语 la:i¹³（多）、lai¹³（流）、ʔdo:ŋ⁵⁵（硬）、ʔdoŋ（簸箕）。一般是元音带韵尾时，才有长短的区别。有些语言在带韵尾的韵母里，元音差不多都有长短的区别，如壮语、黎语等；有些语言只有 a 元音分长短，其他元音已经不分长短，如傣语、侗语等。这些不分长短的元音，它们有的已经合并为一个元音，有的已经分化为不同的元音。例如傣语④的 ɑ 和壮语的长 o: 相对应（"二"，傣语 sɑŋ，壮语 so:ŋ），傣语的 o 和壮语的短 o 相对应（"送"，傣语 soŋ，壮语 soŋ），傣语的 ə 和壮语的长 ɯ: 相对应（"月"，傣语 lən，壮语 ʔdɯ:n），傣语的 ɯ 和壮语的短 ɯ 相对应（"柴"，傣语 fɯn，壮语 fǔn）。

（3）韵母比声母多。声母多为单辅音。韵母有单元音、复元音、元

---

① 壮语以广西武鸣话为例。
② 黎语以海南保定侾方言为例。
③ 龙州土语是广西龙州话，属于台语。（参见李方桂《龙州土语》，商务印书馆1940年版）
④ 傣语以云南德宏话为例。

音带鼻音韵尾和元音带塞音韵尾。个别语言如水语，声母比韵母多。（水语有 71 个声母、55 个韵母）

（4）一般都有前带喉塞音的浊声母，如 ʔb、ʔd 等（轻的喉塞音可记为 'b、'd）。侗语、傣语跟它相对应的是同部位的鼻音和边音，如"薄"，壮语 ʔbaŋ、水语① ʔbaŋ、侗语② maŋ、傣语 maŋ；"得"，壮语 ʔdai、水语 ʔdai、侗语 li、傣语 lai。水语、毛南语③的浊塞音声母 b、d 跟其他语言同部位的清塞音声母相对应。如"年"，水语 be、壮语 pi、傣语 pi，等等。

（5）声调一般有 6 个舒声调和两个促声调。促声调的调值跟某些舒声调相同或相近，只是促声调以塞音为韵尾，而且第 7 调的调值往往同舒声调的某个单数调的调值相同或相近，第 8 调的调值往往同舒声调的某个双数调的调值相同或相近。例如武鸣壮语有 6 个舒声调和两个促声调。第 7 调（na:p³⁵ "挟"）就跟第 5 调（na³⁵ "箭"）调值相同，第 8 调（na:p³³ "缴纳"）就跟第 6 调（na³³ "肉"）相同。舒声调每个调类只有一个调值。促声调则因元音长短的不同，每个调类分为两个调值。例如武鸣壮语第 7 调分为 nap⁵⁵ "插"、na:p³⁵ "挟"，第 8 调分为 nap⁴² "束"（纱）、na:p³³ "缴纳"。又如毛南语以塞音收尾的音节长短元音调值一样，只有两个调值，如第 7 调长元音 pak⁵⁵ "咀"、短元音 tăp⁵⁵ "肝"；第 8 调长元音 mat²⁴ "袜子"、短元音 măk²⁴ "墨"。布依语④塞音收尾的音节因元音长短不同，调值也不同。如第 7 调长元音 pak³³ "咀"、短元音 tăp³⁵ "肝"；第 8 调长元音 mat⁵³ "袜子"、短元音 măk¹² "墨"。8 个调的调值是高低相间的。一般是单数调 1、3、5、7 比双数调 2、4、6、8 的调值高。这种情况跟汉语各方言阴调类调值较高、阳调类较低是一致的。

壮侗语族语言的声调可以归为 8 个调类。这 8 个调类在大多数地区是跟汉语平、上、去、入各分阴阳的调类相当。这也可以证明壮侗语族的语言跟汉语比较接近。黎语的第 4、5、6 调分别跟第 1、2、3 调的调值相同，它们已合并为 3 个声调。（参见下文黎语音系）

声调跟声母、韵母都有关系。声调跟声母的关系表现在某些声母只在

---

① 水语以贵州三都话为例。
② 侗语以贵州榕江话为例。
③ 毛南语以广西环江话为例。
④ 布依语以贵州惠水话为例。

一定的调类上出现，比如龙州土语吐气声母只出现在单数调，不出现在双数调。壮语、水语等前带喉塞音的声母只在单数调出现，不在双数调出现。侗语、毛南语的吐气声母也只在单数调出现，不在双数调出现。声调跟韵母的关系表现在两方面。一种是塞音韵尾 -p、-t、-k 只出现在促声调；另一种是由于元音长短的不同，引起促声调调值的分化，例如武鸣壮语第7调分化为两个调值，即长元音（35）和短元音（55）。前者如 ta:p^{35} "塔"，后者如 tap^{55} "蹬"。[广州话的阴入也分为两个声调，长元音（33）如"阔"fu:t^{33}，短元音（55）如"福"fuk^{55}]

古汉语、台语（壮侗语族）都是4个声调，后因声母的清浊分化为阴阳两类，如龙州土语的8个声调就分阴阳两类，一类是阴调，另一类是阳调。1、3、5、7单数调是阴调类，调值较高。2、4、6、8双数调是阳调类，调值较低。总之，古汉语、台语的四声，后因声母的清浊、送气与不送气和元音的长短，分合的情况各不相同，所以到了今天，各种语言（方言）的声调也不相同。但万变不离其宗，它们都是从古四声发展来的。

（二）语法方面的特点

（1）词序和虚词是表达语法意义的主要手段。
（2）句子成分的基本次序是主语—谓语—宾语。例如：

壮语：kou^{24} si^{55} saɯ^{24}（我写字。）
　　　我　写　字
侗语：jau^{212} ça^{13} si^{33}（我写字。）
　　　我　写　字
龙州语：mən^{31} ʔan^{33} van^{31} ne^{55} tɕau^{11} hi^{55} ʔi^{55} ɬi:u^{24} ɬe:ŋ^{33} ʔi^{55}
　　　　他　每　日　呢　就　做　些　小　生　意
　　　　（他每天就做些小生意。）
黎语：na^{53} la^{55} tʰa^{55}（他吃饭。）
　　　他　吃　饭

(3) 名词、形容词做限制语时，一般在被限制语之后。
a. 名词做限制语。例如：

壮语：ɣam^{42}ta^{33}（河水。）
　　　水　河
侗语：năm^{33}ȵa^{55}（河水。）
　　　水　河
龙州语：pa:k^{55}tu^{33}（门口。）
　　　　口　门
黎语：ploŋ^{11}ŋe^{55}（瓦房子。）
　　　房子　瓦

b. 形容词做限制语。例如：

壮语：paŋ^{31}ha:u^{24}（白布。）
　　　布　白
侗语：ja^{55}pak^{31}（白布。）
　　　布　白
龙州语：pia^{33}de:ŋ^{33}（红鱼。）
　　　　鱼　红
黎语：ploŋ^{11}pa:n^{53}（新房子。）
　　　房子　新

(4) 副词做限制语时，一般在被限制语之前。
a. 副词限制动词。例如：

壮语：bou^{35}pai^{24}（不去。）
　　　不　去
侗语：əi^{323}we^{31}（不做。）
　　　不　做
龙州语：bo^{55}ma^{21}（不来。）
　　　　不　来

黎语：ta⁵³pɯ:n⁵³（不来。）
　　　 不　来

b. 副词限制形容词。例如：

壮语：la:i²⁴dei²⁴（很好。）
　　　 很　好
侗语：ȵaŋ¹¹ la:i⁵⁵（真好。）
　　　 真　好
龙州语：hou²⁴dai³³（很好。）
　　　　 很　好
黎语：va:u⁵³ɬeȵ⁵³（最好。）
　　　 最　好

还有前一个副词限制后一个副词。例如：

黎语：ta⁵³ tsaŋ¹¹ ɬeȵ⁵³ ru¹¹（不太好呢。）
　　　 不　太　好　呢

（5）数量词限制名词时，数词"一"可以省略。有人认为它是前缀，也有人认为它是名词的标志。例如：

壮语：tu³¹ma²⁴（一只狗。）
　　　 只　狗
　　　 keu²⁴pu³³（一件衣服。）
　　　 件　衣服

但"二"以上的数词不能省略。例如：

壮语：so:ŋ²⁴tu³¹ma²⁴（两只狗。）
　　　 两　只　狗
　　　 sa:m²⁴keu²⁴pu³³（三件衣服。）
　　　 三　件　衣服

（6）助动词在主要动词前面。例如：

壮语：ka:m^{55}pai^{24}（敢去。）
　　　敢　去
侗语：am^{323}pai^{55}（敢去。）
　　　敢　去
龙州语：ɬə:ŋ^{24}pai^{33}（想去。）
　　　　想　去
黎语：k^{h}wei^{11}hei^{53}（要去。）
　　　要　去

二、壮　语

壮族是我国人口最多的少数民族，现在人口约有1300万。主要分布在广西、云南文山壮族苗族自治州和广东连山壮族瑶族自治县。其他跟广西毗邻的某些地方也有一些壮族。

壮族过去有不同的名称，如自称 pou^{42}tsu:ŋ^{33}、pou^{42}、ɕu:ŋ^{33}、pu^{42}jai^{42}、pu^{42}noŋ^{31}、bu^{33}dai^{31}、pu^{42}to^{55}、pou^{42}ba:n^{55}或 pou^{42}lau^{31}，等等。但经过协商，统一称为僮族（pou - ɕuŋ）。后来周总理建议，把带有旧社会污辱少数民族痕迹的"僮"字改为"壮"字。壮语跟傣语、布依语比较接近，它们同属于一个语支。壮族创造壮文时是以武鸣县的语音为标准音。现在我们就介绍武鸣壮语音系。

（一）壮语音系①

1. 声母

唇音	p	pj	b	m	mj	f	v
舌尖前音	t		d	n		s	l
舌面音				ȵ		ɕ	j

---

① 壮语以广西武鸣县的话（标准音）为例。本节材料采自韦庆稳、覃国生编著《壮语简志》，民族出版社1980年版。请参见《壮语简志》有关部分。

舌根音　　　k　kj　kv　ŋ　ŋv
喉音　　　　ʔ　　　　　　　　h　ɣ

注：①浊塞音 b 和 d 发音时带前喉塞音 ʔ；②v 和 j 发音时摩擦很轻微；③s 的实际读音是齿间音 θ。

声母例词：

p　po³⁵ 吹　　　　　pj　pja²⁴ 山　　　　b　bei²⁴ 胆
m　mo³⁵ 新　　　　mj　mja:i³¹ 口水　　f　fa:i²⁴ 水坝
v　va:n²⁴ 甜　　　　t　ta²⁴ 眼　　　　　d　dei²⁴ 好
n　nei⁴² 这　　　　s　sa:ŋ²⁴ 高　　　　l　la:i²⁴ 多
ɲ　ɲɯ⁵⁵ 青草　　　ɕ　ɕaɯ⁴² 买　　　　j　ja³³ 妻
k　kap⁴² 捕捉　　　kj　kja⁵⁵ 秧　　　　kv　kve⁴⁴ 呕吐
ŋ　ŋɯ³¹ 蛇　　　　ŋv　ŋvei³³ 核　　　ʔ　ʔai²⁴ 咳嗽
h　ha:u²⁴ 白色　　　ɣ　ɣa⁴⁴ 找

2. 韵母

a　a:i　ai　a:u　au　aɯ　a:m　am　a:n　an　a:ŋ　aŋ
a:p　ap　a:t　at　a:k　ak

e　ei　eu　em　en　eŋ　ep　et　ek

i　i:u①　i:m　im　i:n　in　i:ŋ　iŋ　i:p　ip　i:t　it
i:k　ik

o　o:i　ou　o:m　om　o:n　on　o:ŋ　oŋ　o:p　op
o:t　ot　o:k　ok

u　u:i　u:m　um　u:n　un　u:ŋ　uŋ　u:p　up　u:t
ut　u:k　uk

ɯ　ɯi　ɯ:n　ɯn　ɯŋ　ɯ:t　ɯt　ɯk
ə

注：①长 a 是前元音 [a]，短 a 是央元音 [ɐ]；②长 i 是 [i]，短 i

---

① i:u、o:i、u:i、ɯ:i 在下面行文里写为 iu、oi、ui、ɯi。

是 [I]；③长 u 是 [u]，短 u 是 [ʊ]；④长 ɯ 是 [ɯ]，短 ɯ 是 [ɤ]；⑤带韵尾的长 i、u、ɯ 后面有过渡音 [ə]；⑥e 是 [E]，除 ei 外，其他以 e 为主要元音的韵母都是长 [e]。

韵母例词：

a	na^{31} 田	a:i	da:i^{24} 耘	ai	ai^{24} 咳嗽		
a:u	sa:u^{42} 竹竿	au	hau^{42} 米	aɯ	daɯ^{24} 里面		
a:m	ka:m^{55} 山洞	am	kam^{24} 拿	a:n	na:n^{31} 久		
an	nan^{31} 衣虱	a:ŋ	a:ŋ^{35} 高兴	aŋ	aŋ^{24} 闷热		
a:p	ta:p^{35} 搭	ap	tap^{55} 肝	a:t	da:t^{35} 热		
a:k	pa:k^{35} 口	ak	pak^{55} 插	e	te^{24} 他		
ei	dei^{22} 好	eu	heu^{33} 叫	em	kem^{55} 颊		
en	ken^{24} 臂	eŋ	peŋ^{24} 贵	ep	ɣep^{42} 谷壳		
et	pet^{55} 八	ek	tek^{55} 裂	i	ti^{24} 一些		
iu	diu^{24} 醒	i:m	çi:m^{31} 拔	im	im^{35} 饱		
i:n	ti:n^{31} 赔偿	in	in^{24} 疼	i:ŋ	i:ŋ^{24} 树汁		
iŋ	ɣiŋ^{31} 中午	i:p	di:p^{35} 疼爱	ip	çip^{42} 十		
i:t	ji:t^{35} 歇	it	pit^{55} 鸭子	i:k	ti:k^{33} 地方		
o	to^{31} 纺（纱）	oi	noi^{42} 少	ou	mou^{24} 猪		
o:m	ho:m^{24} 香	om	hom^{35} 盖（被）	o:n	ko:n^{35} 先		
on	ŋon^{31} 日子，天	o:ŋ	ho:ŋ^{24} 工作	oŋ	hoŋ^{35} 空闲		
o:p	to:p^{35} 拍（手）	op	mop^{42} 打	o:t	mo:t^{33} 蛀虫		
ot	mot^{42} 蚂蚁	o:k	do:k^{35} 骨头	ok	ɣok^{42} 鸟		
u	tu^{31} 只（鸡）	ui	kui^{31} 弯曲	u:m	nu:m^{24} 蟒蛇		
um	ɣum^{31} 风	u:n	su:n^{24} 园子	un	ŋun^{33} 头晕		
u:ŋ	ku:ŋ^{24} 喂（猪）	uŋ	kuŋ^{35} 大虾	u:p	pu:p^{35} 下降		
up	bup^{55}（压）碎	u:t	pu:t^{35} 跑	ut	put^{42} 肺		
u:k	lu:k^{33} 山谷	uk	kuk^{55} 老虎	ɯ	ɣɯ^{31} 耳朵		
ɯi	ɣɯi^{24} 蜜蜂	ɯ:n	dɯ:n^{24} 月	ɯn	dɯn^{24} 站（立）		
ɯŋ	mɯŋ^{31} 你	ɯ:t	lɯ:t^{33} 血	ɯt	mɯt^{55} 发霉		
ɯk	lɯk^{42} 儿子	ə	ta:u^{35} tə^{31} 道德				

3. 声调

1. 中升，24，例如 tam^{24} 舂（米）。
2. 低降，31，例如 tam^{31} 塘。
3. 高平，55，例如 tam^{55} 织（布）。
4. 中降，42，例如 tam^{42} 抵撞。
5. 高升，35，例如 tam^{35} 低矮。
6. 中平，33，例如 tam^{33} 跺（脚）。
7. 有长短两种，长的35，例如 ta:p^{35} 塔，短的55，例如 tap^{55} 肝。（韵尾有 -p、-t、-k）
8. 有长短两种，长的33，例如 ta:p^{33} 座（房子），短的42，例如 tap^{42} 蹬。（韵尾有 -p、-t、-k）

注：①以上1~6是以元音或 -m、-n、-ŋ 收尾的，类似汉语的平、上、去三声；7~8是以 -p、-t、-k 收尾的，类似汉语的入声。②舒声调每个调类只有一个调值。促声调则因元音长短的不同，每个调类分为两个调值。8个调类的调值一般是高低相间的，而且1、3、5、7调分别比2、4、6、8调的调值高。第7调的调值往往同舒声调的某个单数调的调值相同或相近。第8调的调值往往同舒声调的某个双数调的调值相同或相近。③喉塞音和前带喉塞音声母（ˀb-、ˀd-、ˀ-）的音节一般只出现于单数调。

（二）壮语语法简要

1. 词的构造

(1) 单纯词。

a. 单音单纯词。例如：

vun^{31}（人）　　　　pja^{24}（石山）　　　　doi^{24}（土山）
te^{24}（他）　　　　　deu^{24}（一）　　　　　kɯn^{24}（吃）
pja^{55}（来）

b. 复音单纯词。例如：

buŋ³⁵ba⁵⁵（蝴蝶）　　pi:ŋ³¹pei³³（蜻蜓）
tiŋ⁵⁵liŋ³¹（恰巧）　　ta³³ɣa:i²⁴（真的）

(2) 合成词。
1) 复合词由词根加词根构成。
a. 主谓式。例如：

ta²⁴diŋ²⁴（妒忌）　　　　na⁵⁵ba:ŋ²⁴（害羞）
眼　红　　　　　　　　脸　薄
sim²⁴duk⁵⁵（坏心肠）　　ɣɯ³¹ɣai³¹（不听话）
心　腐烂　　　　　　　耳　长

b. 偏正式。例如：

pjak⁵⁵ha:u²⁴（白菜）　　pa:i³³toŋ²⁴（东方）
菜　白　　　　　　　　边　东
ça:ŋ³³jɯ²⁴（医生）　　　dɯ:n²⁴ŋu⁴²（五月）
匠　医　　　　　　　　月　五

c. 述宾式。例如：

fa:n²⁴sim²⁴（叛变）　　　om³⁵kok⁵⁵（隐瞒）
翻　心　　　　　　　　埋　根
ɣo⁴²na⁵⁵（认识）　　　　mi³¹da:ŋ²⁴（怀孕）
知　脸　　　　　　　　有　身

d. 述补式。例如：

ɣo:ŋ³³seu³⁵（天大亮）　　hɯn⁵⁵keu³⁵（抽筋）
亮　净　　　　　　　　起　绞

ɣoŋ³¹pai²⁴（往后）
下　去

e. 联合式。例如：

ta²⁴na⁵⁵（面子）　　　　　huɯ⁵⁵ɣoŋ³¹（往来）
眼　脸　　　　　　　　　上　下

tin²⁴fuɯ³¹（手艺）　　　　kuɯ²⁴tan⁵⁵（生活）
脚　手　　　　　　　　　吃　穿

2）派生词。

a. 词根加前缀。例如：

ta³³ －　　ta³³po³³（父亲）　　ta³³me³³（母亲）
　　　　　父　　　　　　　母

　　　　　ta³³ta:i³⁵（外祖母）
　　　　　外婆

ço²⁴ －　　ço²⁴sa:m²⁴（初三）　ço²⁴ŋu⁴²（初五）
　　　　　初　三　　　　　　初　五

to⁴² －　　to⁴²po:ŋ²⁴（互助）　to⁴²dei²⁴（相好）
　　　　　互相帮　　　　　　互相好

　　　　　to⁴²to:t³⁵（相斗）
　　　　　互相啄

b. 词根加后缀。例如：

－me³³　　kai³⁵me³³（母鸡）　mou²⁴me³³（母猪）
　　　　　鸡　母　　　　　　猪　母

－xaɯ³⁵　　－xaɯ³⁵的 x 表示跟前面词根的声母相同。如：
　　　　　pai²⁴paɯ³⁵（快去）　sak⁴²saɯ³⁵（快洗）
　　　　　去　　　　　　　　洗

　　　　　kom³⁵kaɯ³⁵（快盖上）
　　　　　盖

2. 语序

（1）主语在前，谓语在后。例如：

①kai³⁵han²⁴（鸡叫。）
　鸡　啼
②kou²⁴sa:ŋ²⁴（我高。）
　我　高
③kou²⁴sa:m²⁴ɕip³³〔我三十（岁）。〕
　我　三　十

（2）宾语在动词之后。例如：

①dam²⁴na³¹（种田。）
　种　田
②mi³¹sam²⁴（有书。）
　有　书

（3）助动词在主要动词之前。例如：

①ka:m⁵⁵ku³³（敢做。）
　敢　做
②ɲi:n³³pai²⁴（愿去。）
　愿　去

（4）名词限制语①在被限制语名词（含量词）之后。例如：

①na²⁴ɣam⁴²（水田。）
　田　水

---

① 限制语分名词限制语和谓词限制语，名词限制语限制名词性（体词性）成分，谓词限制语限制谓词性成分。

②ɣa:n³¹ ɣau³¹（咱们家。）
　家　咱们
③an²⁴ deu²⁴（一个。）
　个　一
④po:n⁵⁵ ta:i³³ sa:m²⁴（或 ta:i³³ sa:m²⁴ po:n⁵⁵）（第三本。）
　本　第　三　　　第　三　本
⑤mit³³ ɣai³³（很利的刀。）
　刀　快
⑥fai⁴² sa:ŋ²⁴（很高的树。）
　树　高
⑦saɯ²⁴ mo³⁵ ɣau³¹（咱们的新书。）
　书　新　咱们

（5）谓词限制语在被限制语动词、形容词之前。例如：

①kai⁵⁵ pai²⁴（别去。）
　别　去
②ham³⁵ dei²⁴（稍好。）
　稍　好
③pei⁵⁵ te²⁴ sa:ŋ²⁴（比他高。）
　比　他　高
④ŋon³¹ ŋon³¹ ha:k³³（天天学。）
　天　天　学

（6）补语在动词、形容词之后。例如：

①pu:t⁵⁵ ko:n³⁵（先走。）
　跑　先
②va:n²⁴ ɣa:i⁴² ҫa:i⁴²（甜得很。）
　甜　　很
③ҫi:ŋ³⁵ dai⁵⁵ dei²⁴（唱得好。）
　唱　得　好

④kɯn²⁴hau⁴²im³⁵（吃饱饭。）
　吃　饭　饱

总之，句子的主语在谓语之前。宾语在动词之后。名词限制语在被限制语名词之后。谓词限制语在被限制语动词、形容词之前。补语在动词、形容词之后。

3. 句法结构

壮语的句法结构就其语言特点来说，主要有下列6种。

（1）主谓结构。例如：

①kou²⁴pai²⁴（我去。）
　我　去
②ta⁴²me³³ham³⁵sa:ŋ²⁴（母亲很高。）
　母亲　稍　高
③ŋon³¹nei⁴²ɕo²⁴sa:m²⁴（今天初三。）
　今　天　初　三
④ta⁴²po³³ da:ŋ²⁴ ɣeŋ³¹la:i²⁴（父亲身体很好。）
　父亲　身体　力量　多

（2）偏正结构。例如：

①ram⁴²na³¹（田里的水。）
　水　田
②saɯ²⁴mo³⁵（新书。）
　书　新
③pou⁴²ku³³ho:ŋ²⁴（做工的人。）
　个　做　工
④ŋon³¹nei⁴²pai²⁴（今天去。）
　今　天　去
⑤jak⁵⁵ȵiŋ³¹（即将射击。）
　将　射

前 3 例的限制语放在被限制语之后，后两例的限制语放在被限制语之前。

（3）述宾结构。例如：

①dam²⁴pjak⁵⁵（种菜。）
　种　菜
②mi³¹sam²⁴（有书。）
　有　书
③ŋaɯ³¹te²⁴tau⁵⁵（希望他来。）
　希望　他　来
④haɯ⁵⁵la:n²⁴so:ŋ²⁴an²⁴［给侄儿两个（果子）。］
　给　　侄儿　两　个

（4）述补结构。例如：

①ɕoi³³dei²⁴（修好。）
　修　好
②ɕi:ŋ³⁵dai⁵⁵dei²⁴（唱得好。）
　唱　　得　好
③ɣa:i³¹dei²⁴la:i²⁴（写得很好。）
　写　　好　多
④kɯn²⁴sa:m²⁴va:n⁵⁵liu⁴²（吃完三碗。）
　吃　　三　　碗　完

（5）联合结构。例如：

①ta⁴²luŋ³¹ta⁴²pa⁵⁵ɕuŋ⁵⁵tau⁵⁵（伯父伯母都来。）
　伯父　　伯母　　都　来
②kɯn²⁴tan⁵⁵ɕuŋ⁵⁵mi³³（吃穿都有。）
　吃　　穿　都　有
③tu³³ɣau³¹ɕau³⁵tu³³te⁴²（咱们和他们。）
　咱们　　和　　他们

④jou³³sa:ŋ²⁴jou³³huŋ²⁴（又高又大。）
　又　高　又　大

（6）复杂结构。例如：

①ɣa:p³³ɣam⁴²ɣɯ:t³³pjak⁵⁵（挑水淋菜。）
　挑　水　淋　菜
②taŋ³⁵te²⁴tau⁵⁵（请他来。）
　请　他　来

例①是连谓结构，例②是递系结构。

4. 复句

（1）联合复句。例如：

①nɯŋ³¹ɣo⁴²ɕi:ŋ³⁵，kou²⁴ko⁵⁵ɣo⁴²ɕi:ŋ³⁵（并列）
　你　会　唱　我　也　会　唱
（你会唱，我也会唱。）
②pou⁴²han⁴²vun³¹ku:ŋ⁵⁵toŋ²⁴，ɣo⁴²mau³¹vun³¹ku:ŋ⁵⁵sai²⁴（选择）
　位　那　人　广　东　还是　人　广　西
（那位是广东人，还是广西人？）
③eu²⁴fɯ:n²⁴sa:t³⁵，jou³³ka:ŋ⁵⁵ko⁵⁵（连贯）
　唱　壮歌　完　又　讲　故事
（唱完壮歌，又讲故事。）
④sou²⁴ha:k³³ɣo⁴²lo³³，li⁵⁵au²⁴so:n²⁴vun³¹tem²⁴（递进）
　你们　学　会　了　还　要　教　人
（你们学会了，还要教人。）

（2）偏正复句。例如：

①an²⁴vi³³ba:n⁵⁵ɣau³¹mi³¹bo³⁵，so⁵⁵ji⁵⁵bou⁵⁵la:uq²⁴bɯm²⁴ɣeŋ⁴²（因果）
　因为　村　咱们　有　泉　所以　不　怕　天　旱
（因为咱们村有泉水，所以不怕天旱。）

② taŋ³³ nau³³ la:u⁵⁵ sɯ⁵⁵ ɕaŋ³¹ tau⁵⁵, sou²⁴ ɕou³³ ka:k³³ ha:k ko:n³⁵ （假设）
　如果　老师　没　来　　你们　就　自己　学　先
（如果老师还没有来，你们就先自己学习。）

③ te²⁴ ji:n³¹ nau³¹ ke³⁵,（hoŋ²⁴）ku³³ ho:ŋ²⁴ li⁵⁵ a:k⁵⁵ （转折）
　他　虽然　老　但　　　做　工　还　强
（他虽然年老，但还能干活。）

④ vi³³ liu⁴² ku³³ taŋ³¹ "sei³⁵ va³⁵",（di²⁴ ka³³）ɣau³¹ au²⁴ ɣoŋ³¹ ɣen³¹
　为了　　做到　四化　　　　所以　咱们要　努力
　ku³³ ho:ŋ²⁴ （目的）
　做　工
（为了实现"四化"，咱们要努力工作。）

三、黎 语

黎语自称为 ɬai⁵³，在不同的方言里有不同的称呼，如 tɬai⁵³、ʔdai⁵³、tsai⁵³ 或 tʰai⁵³ 等。黎族住在海南省。人口约有 81 万。黎语有 5 种方言，即侾黎、杞黎、本地黎、美孚黎、加茂黎。侾方言人口最多，约占黎族人口的 58%。它是黎族方言中最有代表性的一个方言。黎族人口最多的是乐东县，其余依次是崖县、陵水、保亭、琼中、白沙、东方、昌江等县。乐东县是侾方言的中心。下面我们就介绍乐东县保全大队的话，即保定话。

（一）黎语音系（保定话）①

1. 声母

唇音	p	pʰ	pl	ʔb	m	ʔw	f	v
舌尖前音	t	tʰ	ʔd	n	l	ɬ	r	
	ts	tsʰ	z					
舌面音	ɲ	ʔj						
舌根音	k	kʰ	g	ŋ				
	kw	kʰw	gw	ŋw				

---

① 黎语以海南保定侾方言为例。本节材料采自欧阳觉亚、郑贻青编著《黎语简志》，民族出版社 1980 年版。下文引用该书时不另注明。

| 喉音 | ʔ | h |
| | hw | hj |

注：①g 略带摩擦，近似 [ɣ]。②r 可读为闪音或颤音。③tsʰ 在 i 元音前读成舌面清擦音 ɕ，失去塞音成分。ts、tsʰ、z 的舌位较后。f、v 的摩擦较重。④hj、hw 中的 h 发音很微弱。

声母例词：

p	pa^{53} 五	pʰ	pʰeŋ^{53} 名字	pl	plaɯ^{11} 近
ʔb	ʔbou^{55} 螃蟹	m	mul^{53} 熊	ʔɯ	ʔɯa^{55} 打开
f	fel^{53} 火	v	vɯk^{55} 骨头	t	tom^{53} 六
tʰ	tʰou^{53} 七	ʔd	ʔda^{11} 怕	n	na^{53} 他
l	la:i^{11} 见	ɬ	ɬau^{11} 二	ɣ	ɣau 笑
ts	tsoŋ^{11} 坐	tsʰ	tsʰeŋ^{53} 花	z	zai^{53} 耳朵
ɲ	ɲa:n^{53} 月亮	ʔj	ʔjo:m^{55} 吞	k	kan^{11} 草
kʰ	kʰɯ:m^{53} 饱	g	gou^{55} 跑	ŋ	ŋa:n^{53} 肝
ʔ	ʔou^{55} 吹	h	hau^{53} 角	kw	kwa:k^{55} 锄头
kʰw	kʰwei^{11} 将要	gw	gwai^{55} 不是	ŋw	ŋwou^{55} 柱子
hw	hwe:k^{55} 芭蕉	hj	hja^{53} 芳草		

2. 韵母

韵母共 99 个。其中单元音 6 个、复合元音 18 个，带辅音韵尾的 75 个。

a a:i ai a:u au aɯ a:m am a:n an a:ɲ aɲ a:ŋ aŋ a:p ap a:t at a:ʈ aʈ a:k ak

e ei e:u eɯ e:m em e:n en eɲ e:ŋ eŋ e:p ep e:t et eʈ e:k ek

i ia i:u iu i:m im i:n in i:ŋ iŋ i:p ip i:t it i:k ik

o o:i ou o:m om o:n o:ŋ oŋ o:p op o:t o:ʈ o:k ok

u ua u:i ui u:n un u:ŋ uŋ u:ŋ u:t ut u:ʈ uʈ u:k

ɯ ɯa ɯ:i ɯ:m ɯm ɯ:n ɯn ɯ:ŋ ɯŋ ɯ:p ɯp ɯ:t ɯt ɯ:k ɯk

注：①a、e、i、o、u、ɯ 6 个元音各分长短。短元音不单独做韵母。

②有 a、i、u、ɯ、m、n、ȵ、ŋ、p、t、ȶ、k 12 个韵尾。③短 i 比 [i] 略开，相当于 [ɪ]；长 i 又比 [ɪ] 略开。④长 e（在 ŋ、k 前除外）、长 o 较开，相当于 [ɛ]、[ɔ]；短 e 在 ɯ 之前舌位偏央偏低，近似 [ə]。⑤短 a 相当于 [ɐ]。⑥ɯ 不论长短都是稍开的 ɯ。⑦ia、ua、ɯa 3 个韵母中的 i、u、ɯ 是主要元音，a 是韵尾。ua 中的 u 接近 [o]。⑧eŋ、ek 只出现在汉语借词中。

韵母例词：

a	ka¹¹ 马	a:i	tʰa:i¹¹ 写	a:u	kʰa:u⁵³ 白
a:m	tsʰa:m⁵³ 抬	a:n	ȵa:n⁵³ 月亮	a:ȵ	ka:ȵ¹¹ 咬
a:ŋ	pʰa:ŋ⁵⁵ 拍打	a:p	tsʰa:p⁵⁵ 挑	a:t	va:t⁵⁵ 穷
a:ȶ	ɬa:ȶ⁵⁵ 血	a:k	a:k⁵⁵ 肉	ai	tai¹¹ 慢
au	kau⁵⁵ 肺	aɯ	paɯ¹¹ 不知道	am	ŋam⁵⁵ 唠叨
an	ȵan⁵³ 发抖	aȵ	laȵ¹¹ 脱(帽)	aŋ	taŋ⁵³ 龙
ap	ȵap⁵³ 眨(眼)	at	kʰat⁵⁵ 鼻子	aȶ	laȶ⁵⁵ 野猪
ak	tak⁵⁵ 读	e	ʔde⁵³ 茶	e:u	he:u¹¹ 水瓢
e:m	le:m⁵⁵ 癣	e:n	ʔbe:n⁵⁵ 木板	e:ŋ	he:ŋ⁵³ 下巴
e:p	e:p⁵⁵ 强迫	e:t	ʔde:t¹¹ 绿鹦鹉	e:k	fe:k⁵⁵ 吐
ei	fei⁵³ 大	eɯ	peɯ⁵³ 回	em	ʔbem⁵³ 柚子
en	plen¹¹ 翻转	eȵ	ʔbeȵ⁵³ 飞	eŋ	teŋ¹¹ 省(市)
ep	ep¹¹ 鸭子	et	ŋet⁵⁵ 点头	eȶ	ʔdeȶ⁵⁵ 菌子
ek	tek⁵⁵ 分(钱币)	i	ti⁵³ 疯	i:u	fi:u⁵⁵ 鸡冠
i:m	zi:m⁵⁵ 舔	i:n	ri:n¹¹ 桶裙	i:ŋ	tsʰi:ŋ¹¹ 晒
i:p	ti:p⁵⁵ 箭	i:t	ri:t⁵⁵ 青蛙	i:k	pʰi:k⁵⁵ 翅膀
ia	gia⁵³ 咳嗽	iu	tiu⁵³ 老鼠	im	tsʰim⁵³ 相信
in	kin¹¹ 金	iŋ	ziŋ⁵³ 蚂蟥	ip	tip⁵⁵ 拾
it	vit⁵⁵ 哨子	ik	ɣik⁵⁵ 耙	o	ŋo⁵³ 稳
o:i	go:i⁵³ 铁	o:m	o:m⁵³ 怀孕	o:n	tsʰo:n¹¹ 硬
o:ŋ	no:ŋ⁵³ 皮	o:p	o:p⁵⁵ 爱	o:t	po:t⁵⁵ 跳蚤
o:ȶ	tso:ȶ¹¹ 凸	o:k	to:k⁵⁵ 洗(衣)	ou	gou⁵³ 八
om	pom¹¹ 咀	oŋ	loŋ⁵³ 大	op	op⁵⁵ 抱

ok	nok⁵⁵ 猴子	u	fu¹¹ 三	u:i	ʔbu:i¹¹ 棉花
u:n	hu:n⁵³ 身体	u:ŋ	ku:ŋ⁵³ 脱(毛)	u:ŋ	vu:ŋ⁵³ 弟妹
u:t	fu:t⁵⁵ 十	u:ʈ	ku:ʈ⁵⁵ 串	u:k	vu:k⁵⁵ 做
ua	ʔbua⁵⁵ 斧头	ui	ʔbui⁵³ 贼	un	fun⁵³ 雨
uŋ	luŋ¹¹ 逃走	ut	pʰut⁵⁵ 曾祖父	uʈ	puʈ⁵⁵ 蚂蚁
ɯ	ʔduɯ¹¹ 在	ɯ:i	hjɯ:i⁵³ 像	ɯ:m	pɯ:m¹¹ 胡须
ɯ:n	pɯ:n⁵³ 来	ɯ:ŋ	kʰɯ:ŋ⁵³ 姜	ɯ:p	tʰɯ:p⁵⁵ 鳖
ɯ:t	hɯ:t⁵⁵ 抓、挠	ɯ:k	tɯ:k⁵⁵ 成熟	ɯa	ŋɯa¹¹ 仰(头)
ɯm	gɯm¹¹ 烘	ɯn	kʰɯn⁵³ 重	ɯŋ	kɯŋ⁵³ 拉紧
ɯp	kɯp⁵⁵ 臭虫	ɯt	hɯt⁵⁵ 死	ɯk	ʔbɯk⁵³ 易断的样子

3. 声调

保定话有6个声调。为了跟同语族其他语言做比较，3个舒声调记为1、2、3，3个促声调记为7、8、9。

1. 高降，53，例如 ta⁵³ 不。
2. 高平，55，例如 ta⁵⁵ 田。
3. 低平，11，例如 ta¹¹ 外祖母。
7. 高平，55，例如 lo:p⁵⁵ 套。
8. 低平，11，例如 lo:p¹¹ 绳结。
9. 高降，53，例如 lo:p⁵³ 可以。

注：第7、8、9调韵尾有-p、-t、-k。它们分别跟第2、3、1调的调值相当。

（二）黎语语法简要

1. 词的构造

（1）单纯词。

a. 单音单纯词。例如：

fa¹¹（天）　　hwou¹¹（da:u¹¹）（山）　　na⁵³（他）
la⁵⁵（吃）　　fei⁵³（走）　　tsɯ⁵⁵（一）

b. 复音单纯词。例如：

tsʰop⁵⁵tsʰei⁵⁵（蜘蛛）　　　　　　　hu¹¹tu¹¹（猫头鹰）
pai¹¹ja¹¹（非常）　　　　　　　　　ʔdo:k⁵³ʔdo:k⁵³（经常）

（2）合成词。
1）复合词。
a. 主谓式。例如：

kan¹¹ tso:n⁵³ ŋut⁵⁵（含羞草）　　　　da:u¹¹ lo:k⁵⁵（森林）
草　　瞌　　睡　　　　　　　　　山　　黑
fa¹¹fun⁵³（下雨）
天　雨

b. 述宾式。例如：

kʰo:n¹¹ hja⁵⁵（腰带）　lo:p⁵⁵zi:ŋ⁵⁵（戒指）　tɯ¹¹hi¹¹（跳舞）
捆　腰　　　　　套　手指　　　　　跳　戏

c. 述补式。例如：

ɬen⁵³vi¹¹（高兴）　　tʰi:k⁵⁵hwo:k⁵⁵（满意）　hei⁵³ kʰa:n⁵³（上去）
好　味　　　　　满　心　　　　　　去　上

d. 偏正式。例如：

do:i⁵³ ɣoŋ¹¹（钓鱼线）　kʰan⁵³la⁵³（食物）　hwou¹¹pa³³pʰu:n¹¹（五指山）
绳　钓　　　　　　食　吃　　　　　山　五　支
tʰun⁵³ ɬai⁵³（黎话）
话　黎

e. 联合式。例如：

kʰu⁵³ʔbok¹¹（辛苦）　　kan⁵³tsi:n⁵³（金钱）　　pʰut⁵⁵pʰou¹¹（祖先）
苦　累　　　　　　　银　钱　　　　　　　　曾祖父 祖父

2）派生词。
词根加前缀。例如：

pʰa¹¹ -　　pʰa¹¹fo:i⁵⁵（叔父）　　　　pʰa¹¹kʰai⁵³（公鸡）
　　　　　　　叔　　　　　　　　　　　　　鸡
　　　　　pʰa¹¹ɬeŋ⁵³tsʰa⁵³（神射手）
　　　　　　　好　眼
pai¹¹ -　　pai¹¹ve:ŋ⁵³（养母）　　　　pai¹¹ȵiu⁵³（母黄牛）
　　　　　　　主　　　　　　　　　　　　黄牛
ɯi -　　　ɯi·pʰan¹¹（昨天）　　　　ɯi·hau⁵⁵（明天）
　　　　　ɯi·ȵeɯ⁵³（后天）
pʰai¹¹ -　pʰai¹¹ʔdaŋ⁵³（南方）　　　pʰai¹¹pʰe:k⁵³（东方）
　　　　　　　前　　　　　　　　　　　　　高
　　　　　pʰai¹¹zɯ⁵³（外边）
　　　　　　　外

2. 语序

（1）主语在前，谓语在后。例如：

① na⁵³ra:u⁵³（他笑。）
　　他　笑
② a:u⁵³ri:n⁵³na⁵³un¹¹（人家说他勤劳。）
　　人家　说　他　勤
③ tsɯ⁵⁵hom⁵³hwou¹¹nei⁵⁵pʰe:k⁵⁵ʔdat⁵⁵（这一座山很高。）
　　一　个　山　这　高　很
④ na⁵³te⁵³tsaŋ¹¹（他是社长。）
　　他　　社长

⑤huan⁵³ne⁵⁵ fu¹¹ hwan⁵³ ȵa:n⁵³（今天初三。）
　今天　　　三　日　月

（2）宾语在动词之后。例如：

①ɬɯ:k⁵⁵o⁵³ reu⁵⁵ tsʰia¹¹（学生念书。）
　学生　　念　书
②hou⁵³ to:k⁵⁵ ve:ŋ¹¹（我洗衣服。）
　我　洗　　衣服
③hou⁵³ deɯ⁵³ nei⁵⁵（我要这个。）
　我　要　　这
④meɯ⁵³ tun⁵³ hou⁵³ la⁵⁵ tʰun⁵³ ɬai⁵³（你教我黎话。）
　你　教　我　（助词）话　黎
⑤hou⁵³ o:p⁵⁵ ro:ŋ¹¹ ɬa⁵³（我喜欢钓鱼。）
　我　爱　钓　　鱼

（3）被限制语在前，限制语在后；但数量词做限制语时放在名词之前。例如：

①pa⁵³ lo:k⁵⁵ li:ŋ¹¹ʔdɯ⁵⁵ tʰiu⁵³ ploŋ¹¹（黑狗守在房子的门口。）
　狗　黑　　守　在　门口　房子
②taȶ⁵⁵ ʔbeȵ⁵³（飞的鸟。）
　鸟　飞
③ɬɯ:k⁵⁵ meɯ⁵³（你的孩子。）
　孩子　你
④tʰou⁵³ tsu:n⁵³ ɬɯ:k⁵⁵ u:ŋ⁵³（七个姑娘。）
　七　个　　姑娘
⑤tsɯ⁵⁵ kʰɯ:ŋ⁵⁵ tsʰai⁵⁵（一棵树。）
　一　棵　　树

（4）动词、形容词的限制语一般在被限制语之前，但有时也可以在被限制语之后。例如：

①na⁵³ɯ¹¹hau⁵⁵hei⁵³（他明天去。）
　他　明天　去
②ŋai¹¹ri:n⁵³（哭着说。）
　哭　说
③na⁵³va:n⁵³ɬeŋ⁵³（他最好。）
　他　最　好
④fa⁵³ʔbaŋ¹¹tʰo:ŋ¹¹（我们互相帮助。）
　我们　帮　互助
⑤pɯ:n⁵³zum¹¹zum¹¹（快快来。）
　来　快　快

（5）补语在动词、形容词之后。例如：

①tʰa:i⁵⁵ɬa:u⁵⁵（打死。）
　打　死
②gou⁵⁵hei⁵³（跑去。）
　跑　去
③gou⁵⁵ɬu:t⁵⁵ploŋ¹¹（跑进房子。）
　跑　进　房子
④hou⁵³ʔba:i¹¹o⁵³fu¹¹pou⁵⁵ʔbe⁵³（我已经学三年了。）
　我　已经　学　三　年　了
⑤tsʰai⁵³nei⁵⁵pʰe:k⁵⁵pa⁵³tom⁵³tsʰi:u⁵⁵（这棵树高五六尺。）
　树　这　高　五　六　尺

3．句法结构

黎语的句法结构就其语言特点来说，主要有下列6种。
（1）主谓结构。例如：

①na⁵³ɬeŋ⁵³hwo:k⁵⁵（他聪明。）
　他　聪明

②pa⁵³vɯn¹¹（狗叫。）
　狗　叫
③hou⁵³la:i¹¹na⁵³ɢou⁵⁵（我看见他跑。）
　我　见　他　跑
④ɬɯ:k⁵⁵u:ŋ⁵³nei⁵⁵fu:t⁵⁵tom⁵³pou⁵⁵ʔbe⁵³（这姑娘十六岁了。）
　姑娘　　这　十　六　年　了

（2）偏正结构。例如：

①ploŋ¹¹hou⁵³（我的房子。）
　房子　我
②ploŋ¹¹ŋe⁵⁵（瓦房子。）
　房子　瓦
③ploŋ¹¹pa:n⁵³（新房子。）
　房子　新
④kʰu:n⁵⁵vu:k⁵⁵（先做。）
　先　　做
⑤ɬau¹¹ka:i¹¹vu:k⁵⁵（做两次。）
　二　次　做
⑥tul⁵⁵loŋ⁵³（最大。）
　最　大

名词在前，限制语在后，如例①、例②、例③；动词、形容词在后，限制语在前，如例④、例⑤、例⑥。有些句子限制语可前可后，如 zɯn¹¹zɯn¹¹vu:k⁵⁵（快快做），也可以说 vu:k⁵⁵ zɯn¹¹ zɯn¹¹。

（3）述宾结构。例如：

①tsʰaȶ⁵⁵kʰai⁵³（买鸡。）
　买　　鸡
②o:p⁵⁵la⁵⁵（喜欢吃。）
　喜欢吃
③tsʰa⁵⁵tsɯ⁵⁵laŋ⁵³（买一只。）
　买　一　只

（4）述补结构。例如：

①fei⁵³ɬu:t⁵⁵（走进。）
　走　进
②zu:i¹¹tsɯ⁵⁵ka:i¹¹（看一回。）
　看　一　　回
③pʰe:k⁵⁵fu¹¹tsʰi:u⁵⁵（高三尺。）
　高　　三　尺

（5）联合结构。例如：

①pai¹¹pʰa¹¹（父母。）
　父　母
②tui¹¹kʰu⁵³ȵiu⁵³（水牛和黄牛。）
　水牛 和 黄牛
③kʰu⁵⁵kʰai⁵³kʰu⁵⁵ep¹¹（鸡和鸭。）
　和　鸡　和　鸭
④pʰe:k⁵⁵om¹¹loŋ⁵⁵（高而且大。）
　　高 而且 大

（6）复杂结构。例如：

①hei⁵³ɬu:t⁵⁵ploŋ¹¹kɯ¹¹tso:n⁵³（进屋睡觉。）
　进　去　房子　要　睡

②gai¹¹ mɯ⁵³ hei⁵³ pɯ⁵³（叫你回去。）
　叫　你　回　去

例①是连谓结构，例②是递系结构。

4. 复句

①na⁵³ ho:n⁵³ vu:k⁵⁵ ve:ŋ¹¹, ho:n⁵³ vu:k⁵⁵ ta³⁵（并列）
　他　能　做　衣服，　能　做　田
（他能缝衣服，能种田。）

②ɬɯ:k⁵⁵ pai¹¹ ʔba:i¹¹ loŋ⁵³, om¹¹ po:i⁵³ vu:k⁵⁵ tʰun⁵³（转折）
　女　儿　已经　大　但不会　做　歌
（女儿已经大了，但不会唱歌。）

③han¹¹ na⁵³ tsek⁵⁵ kek⁵⁵, to¹¹ zi¹¹ a:u⁵³ ri:n⁵³ na⁵³ ɬen⁵³（因果）
　因为他　积　极　　所以　人家说　他好
（因为他积极，所以人家说他好。）

④la:i¹¹ mɯ⁵³ kʰwei¹¹ tsʰat⁵⁵, han¹¹ kom¹¹ tsun¹¹ tsɯ⁵⁵ ʔbun¹¹ ki¹¹ kan⁵³ pɯ:n⁵³
　如果你　要　　买，　那么就　　撮　一　粪箕银子　来
（如果你要买，那就拿一粪箕银子来。）　　　　　　　　（假设）

例①是联合复句，例②～④是偏正复句。

【本章主要参考资料】

［1］李方桂. 龙州土语［M］. 北京：商务印书馆，1940.

［2］韦庆稳，覃国生. 壮语简志［M］. 北京：民族出版社，1980.

［3］欧阳觉亚，郑贻青. 黎语简志［M］. 北京：民族出版社，1980.

［4］欧阳觉亚，郑贻青. 黎语调查研究［M］. 北京：中国社会科学出版社，1983.

［5］喻世长. 布依语研究［M］. 北京：科学出版社，1956.

［6］喻翠容，罗美珍. 傣语简志［M］. 北京：民族出版社，1980.

［7］马学良. 语言学概论［M］. 武汉：华中工学院出版社，1981.

第五章　苗瑶语族

这个语族主要分布在贵州、湖南、云南、四川、广西、广东和海南等省（区）。国外分布在越南、老挝境内。在我国使用的人数约700万。分苗语、瑶语和畲语3个语支。有人主张畲语属于瑶语支。苗语支含苗语和布努语，瑶语支含勉语和海南省自称为"金门"的苗语以及越南的曼语。

一、苗瑶语族语言的特点

（一）语音方面的特点

（1）除勉语外，声母较多，韵母较少。如峨山青苗语声母有57个，韵母只有31个。毕节苗语声母有53个，韵母只有14个。

（2）苗瑶语族语言都有鼻音韵尾，苗语支、畲语支有 –n、–ŋ，没有 –m。瑶语支（勉语）有 –m、–n、–ŋ。除苗语支外，瑶语、畲语都有塞音韵尾。瑶语支有 –p、–t、–k，畲语支只有 –t、–k，没有 –p。

（3）没有紧喉浊塞音声母ˀb–、ˀd–等。

（4）苗语支语言除个别方言（黔东方言）外都有一套前带鼻音的声母。瑶语支、畲语支没有这种声母。苗语的前带鼻音声母在瑶语（勉语）里读为浊声母。如"鼻子"，苗语（贵州毕节）读 ŋtʂu，瑶语（广西兴安）读 bjǔt；"担"，苗语读 ntaŋ，瑶语读 dam；等等。

（5）瑶语支语言元音分长短。苗语支、畲语支元音不分长短。

（6）声调一般有6~8个。

（二）语法方面的特点

（1）句子成分的基本次序是主语—谓语—宾语。例如：

苗语①：vi^{11} k^{h}a^{33} li^{55}（我犁田。）
　　　　我　犁　田
瑶语②：je^{33} lǎi^{21} liŋ^{21}（我犁田。）
　　　　我　犁　田
畲语③：vaŋ^{42} ni^{53} nin^{53}（我犁田。）
　　　　我　犁　田

（2）形容词在名词之后。例如：

苗语：paŋ^{55} ço^{53}（红花。）
　　　花　红
瑶语：pjǎŋ^{21} si^4（红花。）
　　　花　红
畲语：p^{h}un^{53} sji^{31}（红花。）
　　　花　红

（3）代词、数量词在名词之前。例如：

苗语：vi^{11} pa^{35}（我父亲。）　　　苗语：i^{33} pen^{55} tu^{35}（一本书。）
　　　我　父　　　　　　　　　　　　　　一　本　书
瑶语：je^{33} tje^{24}（我父亲。）　　　瑶语：jět^{12} pwan^{53} sǒu（一本书。）
　　　我　父　　　　　　　　　　　　　　一　本　书
畲语：vaŋ^{42} a^{22} pa^{22}（我父亲。）　畲语：i^{35} p^{h}uŋ^{35} tɔ^{33}（一本书。）
　　　我　父　　　　　　　　　　　　　　一　本　书

---

① 苗语以贵州凯里话为例。
② 瑶语以广西兴安勉语为例。
③ 畲语以广东惠东畲语为例。

(4) 所有者在所有物之前。例如：

苗语：tei¹¹ u⁴⁴ paŋ³¹ tu³⁵（弟弟的书。）
　　　个　弟弟　的　书
瑶语：lu³¹ tei¹² ȵei³³ sǒu³³（弟弟的书。）
　　　弟弟　　的　书
畲语：a²² tʰe¹² ŋjuŋ⁴² tɔ³³（弟弟的书。）
　　　弟弟　　的　书

(5) 助动词在主要动词之前。例如：

苗语：su⁵⁵ m̥ʰa⁴⁴（会说。）　　苗语：haŋ³⁵ mu¹¹（愿去。）
　　　会　说　　　　　　　　　　　愿　去
瑶语：kǎi²¹ kɔŋ⁵²（会说。）　　瑶语：ȵǔn¹² miŋ²¹（愿去。）
　　　会　讲　　　　　　　　　　　愿　去
畲语：hiu³³ kuŋ³³（会说。）　　畲语：ŋin⁴² g̊ŋ⁴²（愿去。）
　　　会　讲　　　　　　　　　　　愿　去

(6) 由词根和前缀组成的名词比较普遍。例如苗语的 qa³³ ta⁵³（翅膀），qa³³ tɕoŋ³³（中间），qa³³ ta³⁵ pi¹¹（戒指），等等。

总之，就语法方面说，苗瑶语族的语言跟壮侗语族的语言一样，都是以词序和虚词为主要语法手段，形态变化很少。下面分别介绍苗语、瑶语和畲语。

二、苗　语

苗语主要分布在我国贵州、湖南、云南、广西、四川等省（区）。在国外主要分布在越南和老挝。我国的苗语分黔东、湘西和川黔滇 3 个方言。方言之下还可以分次方言和土语。方言之间的差别较大。黔东方言一般自称为 m̥ʰu¹¹，湘西方言自称为 qɔ³⁵ ɕioŋ³⁵，川黔滇方言自称为 moŋ⁴³。我国的苗族人口约有 500 万，其中以贵州省为最多。其余依次是湖南省、云南省、广西壮族自治区和四川省。此外，海南省和湖北省来凤、宣恩等县也都有两万多人。

苗语有自己的特点。在语音方面，如：①声母多，韵母少；②大部分地区有前带鼻音的塞音和塞擦音声母，如 mp、mpʰ、nt、ntʰ、nts、ņtɕ、ŋk 等；③舌根塞音和小舌塞音分为两套，如 k 和 q、kʰ 和 qʰ；④有吐气和不吐气的清鼻音声母，如 m̥、n̥、m̥ʰ、n̥ʰ、ŋ̥ʰ 等；⑤有吐气的清边音和清边擦音声母，如 ɬʰ、ɫʰ 等；⑥部分地区有复辅音声母，如 pl、pʰl、tl、tʰl、tʐ、tʰʐ、ml、mɹ、mẓ、pɹ、pẓ 和吐气擦音声母 fʰ、sʰ、çʰ；⑦少数地区有前带喉塞音的声母，如 ʔm、ʔn、ʔj、ʔw，还有后带边音的齿唇擦音和小舌浊擦音声母，如 vl、ʁl；⑧没有 -m、-p、-t、-k 等辅音韵尾；⑨元音不分长短和紧松；⑩声调和声母的清浊、送气不送气或前带不带鼻音都有关系，即一定性质的声母只在一定的声调音节中出现。

在词汇语法方面，如：①单音节词占大多数；②构词的附加成分多为前缀；③形态变化少，以词序和虚词为主要的语法手段；④名词、人称代词做领属性限制语时的位置，数词、量词和名词组合时的次序，都跟汉语相同；⑤名词、形容词、指示代词做限制语时都放在被限制语后面；⑥副词做动词限制语时放在动词前面；⑦句子的次序是主语在谓语前面，宾语、补语在动词后面。

（一）苗语音系①

1. 声母

唇音	p	pʰ	mp	mpʰ	pl	pʰl	mpl
	mpʰl	m̥	m	f	fʰ	v	
舌尖前音	ts	tsʰ	nts	ntsʰ			
舌尖中音	t	tʰ	nt	ntʰ	tl	tʰl	ntl
	ntʰl	n̥	n	l	s		

---

① "苗语音系"以云南峨山青苗语为例。参见 Gao Hua-nian, The Phonology of Qing-miao，载《中山大学学报》1982 年第 4 期。

舌尖后音	ʂ	ʂʰ	nʂ	nʂʰ	ʂ	ʐ	ɬ
	ɬʰ						
舌面前音	tɕ	tɕʰ	ntɕ	ntɕʰ	ɲ̥	ɲ	ç
	çʰ	j					
舌根音	k	kʰ	ŋk	ŋkʰ	(ŋ)		
小舌音	q	qʰ	Nq	Nqʰ			
喉音	ʔ	h					

注：①pl－、pʰl－、tl－、tʰl－等是复辅音；②mp－、mpʰ－、mpl－、mpʰl－、nts－、ntsʰ－等是前带鼻音的辅音；③m̥ʰ－、n̥ʰ－、ŋ̊ʰ－等是吐气的清鼻音，吐气的力量很弱，但显然跟不吐气的 m－、n－等有区别；④fʰ－、ɬʰ－、çʰ－等是吐气的清擦音；⑤k－、kʰ－是舌根塞音，q－、qʰ－是小舌塞音，它们有辨义的功能。

声母例词：

p	pau⁵³ʐe⁵³ 石头	pʰ	pʰua¹³ 包头布
mp	mpua³³ 猪	mpʰ	kv⁵⁵mpʰeə¹³ 侄子、侄女
pl	pleə⁵⁵ 心	pʰl	pʰlo³³ 脸
mpl	mplua⁵⁵no¹¹ 富人	mpʰl	mpʰlai⁵⁵ 戒指
m̥ʰ	m̥ʰau³³ 麦子	m	mau⁵⁵ 饭
f	fv̥⁵⁵tʂe⁵⁵ 在家里	fʰ	fʰaŋ³³ 渔网
v	vo⁵⁵ 盖子	ts	tsɿ⁵⁵ 父亲
tsʰ	ʔi⁵³tsʰa¹³ 一千	nts	ntsou³¹ 瘦
ntsʰ	mi⁵⁵ntsʰai³¹ 女孩子	t	to⁵³ 儿子
tʰ	tʰou³³uo³³ 仆人	nt	ntou⁵⁵ 布
ntʰ	ɬau³³ntʰua³³ 耙	tl	tle³¹ 水
tʰl	tʰla⁵⁵ 跳	ntl	ntla⁵⁵ 请
ntʰl	ntʰla 找	n̥ʰ	n̥ʰo 问
n	na¹³kie⁵⁵ 大路	l	la³¹ 田
s	sɿ⁵³te¹¹ 手掌	ɬ	ɬi³¹ 月亮
ɬʰ	ɬʰo¹¹ 来	tʂ	tʂua¹¹ 老鼠

tʂʰ	tʂʰʅ³¹ 羊		ntʂ	ntʂua³¹ 高粱
ntʂʰ	ntʂʰa⁵³hŋ⁵⁵ 清楚		ʂ	ʂuan⁵³ 旁边
ʐ	ʐaŋ⁵³ 龙		ȵʰ	ȵʰa³³ 偷
ȵ	ȵa¹³ȵyo⁵⁵ 大肠		tɕ	tɕe³¹ 住
tɕʰ	tɕʰai³³ 剃刀		ntɕ	ntɕo³¹ 咀
ntɕʰ	ntɕʰyo³³ 吸或抽烟		ɕ	ɕyŋ¹¹na⁵⁵ 今年
ɕʰ	ɕʰa¹¹ 铁锅		j	ji¹³tɕʰou³¹ 八十
k	kie⁵³ 路		kʰ	kʰou³³ 鞋子
ŋk	ŋkau³¹ 船		ŋkʰ	ŋkʰou³¹ 弯曲
q	qua⁵⁵lua³¹ 泥土		qʰ	qʰua³³ 客人
Nq	Nqa³¹ 肉		Nqʰ	Nqʰai³¹ 口渴
ʔ	ʔau⁵³ 二		h	hou⁵⁵tau¹¹ 山

2. 韵母

舌尖韵母	ʅ	ʅ				
元音化韵母	v̩	ŋ̍				
单韵母	i	e	ə	a	o	u
复韵母	ie	ua	ya	yo	ei	eə
	ai	au	ou	uai		
鼻声随韵母	an	un	on	iŋ	uŋ	yŋ
	en	aŋ	uan	oŋ	yoŋ	

注：①ʅ、ʅ 是舌尖韵母，也可以记为 z̩ 和 ʐ̩；②v̩、ŋ̍ 是成音节的韵化辅音。

韵母例词：

ʅ	sʅ⁵³te¹¹ 手掌		ʅ	tʂʅ⁵³ɬi³¹ 玩、游戏
v̩	pv̩³³ 睡		ŋ̍	nqai¹³hŋ̍⁵⁵ 窄
i	mi⁵⁵to⁵³ 小孩子		e	tle⁵⁵ 狗
ie	pie⁵³ 我们、三		a	ȵʰa³³ 偷
ua	mʰua³³ɬo¹¹ 买		ya	tɕya³³ 风

ə	tlə¹¹ 裤子	o	plo⁵³ 四
u	po³¹tsu⁵⁵ 祖母	ei	tɕy⁵³ntlei³¹ 棍子
eə	nteə⁵⁵ 书	ai	ʂai⁵³ 看
au	nau³¹ 吃	ou	ɬou³³ 铁
yo	mi⁵⁵ȵyo³¹ 小牛	uai	ʂuai³³ 快
an	ntsan³³ 薹	on	fʰon¹³ 犁
un	tlun¹¹ 门	iŋ	jiŋ⁵³hŋ⁵⁵ 安静
uŋ	nuŋ⁵³ 种子	yŋ	ɕyŋ¹¹ 年、岁
eŋ	nqeŋ⁵³ 草	aŋ	paŋ¹¹ 花
uaŋ	no⁵³poŋ⁵³ʂuaŋ⁵³ 东方，即太阳出边	yoŋ	yoŋ⁵⁵ 苍蝇
oŋ	mʰoŋ⁵³ 去		

3. 声调

1. 高平调 55，如 tua⁵⁵ 捣碎。
2. 中平调 33，如 tua³³ 杀。
3. 低平调 11，如 tua¹¹ 死。
4. 低升调 13，如 tua¹³ 蹬。
5. 高降调 53 或 54，如 tua⁵³ 或 tua⁵⁴ 厚。
6. 中降调 31 或 32，如 tua³¹ 或 tua³² 来。

注：高降调 53 可以自由变读为 54 短调。中降调 31 可以自由变读为 32 短调。短调收喉塞音［ʔ］。

（二）苗语语法简要①

1. 词的构造

（1）单纯词。

a. 单音单纯词。例如：

qa³⁵（鸡）　　me³¹（有）　　mu³¹（你）　　ɯ³⁵（二）

---

① 本节"苗语语法简要"的例子采自湘西方言（湖南花垣县吉伟话）。参见《中国少数民族语言简志》（苗瑶语部分），科学出版社1959年版。

b. 复音单纯词。例如：

tsei³⁵ ʐia⁴⁴ si⁵³（蝉）　　tɕiɯ⁵³ kuei³⁵ hua⁴⁴（杜鹃）

(2) 合成词。
1) 复合词。
a. 偏正式。例如：

tɕɯ⁴⁴ tɕiaŋ³²（甜酒）　　ɕiẽ³⁵ ʐei³⁵（菜油）
酒　　甜　　　　　　　　油　　菜
koŋ⁴⁴ ʐen²²（工人）　　tʰa⁵³ nʰe³⁵（今天）
工　　人　　　　　　　　今　　日

偏正式合成词有的后一词根限制前一词根，有的前一词根限制后一词根。
b. 述宾式。例如：

tɕiaŋ⁵³ ʂɛ̃³⁵（放心）　　ɕiɤ⁴⁴ tɤ⁵³（起程）
放　　肝　　　　　　　　起　　脚

c. 联合式。例如：

tɕʰi³⁵ ʂɛ̃³⁵（心思）　　ʐu⁵³ tɕia⁴⁴（无论如何）
腹　　肝　　　　　　　　好　　坏

2) 派生词。由词根加前缀构成。例如：

a³⁵ -　　a³⁵ pʰɯ³³（祖父）　　a³⁵ ʐia⁴²（姐姐）　　a³⁵ pa³¹（父亲）
　　　　　　　祖父　　　　　　　　　姐
qɔ³⁵ -　　qɔ³⁵ ni⁵³（男人）　　qɔ³⁵ ɕioŋ³⁵（苗族）
　　　　　　　男人　　　　　　　　　苗族
ta³⁵ -　　ta³⁵ ki⁴⁴（山羊）　　ta³⁵ mpa⁵³（猪）
　　　　　　　羊　　　　　　　　　　猪

2. 语序

（1）主语在谓语之前，宾语在动词之后。例如：

①wu⁴⁴ lo²² tɕiu²² （他来了。）
　他　来　了
②a⁴⁴ tɕiu⁵³ me³¹ a⁴⁴ ku²² ɯ³⁵ l̥ha⁵³ （一年有十二个月。）
　一　年　有　一　十　二　月
③tɕi³⁵ u³⁵ naŋ⁴⁴ u³⁵ tsʰen³⁵ hen⁴⁴ （河水很清。）
　河　水　的　水　清　很
④we²² tʰa⁵³ wu⁴⁴ （我找他。）
　我　找　他
⑤we²² naŋ⁴⁴ a⁴⁴ ʐia⁴² ni⁴⁴ koŋ⁴⁴ ʐen²² （我的姐姐是工人。）
　我　的　阿姐　是　工　人
⑥we²² niɛ̃²² mɯ³¹ ʂei³⁵ tsʰi⁵³ ntoŋ⁵³ （我知道你会锯木头。）
　我　知道　你　会　锯　木头
⑦wu⁴⁴ qo³⁵ naŋ³⁵ kɯ⁴⁴ toŋ³⁵ na³¹ ʂei³⁵ tʰu⁴⁴ （他什么活路都会做。）
　他　什么　路　工作　都　会　做

例⑦为了强调宾语，把宾语提到动词之前。

（2）名词、形容词、指示代词做限制语时放在名词之后。例如：

①ta⁴⁴ nen⁴⁴ me³¹ a⁴⁴ tɯ²² tɯ̥³¹ l̥ɔ⁵³ （这里有一把铁锤。）
　这　里　有　一　把　锤　铁
②wu⁴⁴ me³¹ a⁴⁴ nʰɛ̃³⁵ ɣ⁴⁴ ɕiɛ̃³⁵ （他有一件新衣服。）
　他　有　一　件　衣　新
③a⁴⁴ ŋoŋ³¹ kɯ⁴⁴ nen⁴⁴ ni⁴² tɕiu⁵³ nen⁴⁴ tʰa⁴⁴ ɕiu⁴⁴ naŋ⁴⁴
　一　条　路　这　是　年　这　刚　修　的
（这条路是今年修的。）

但数量词、人称代词、名词带"的"的结构做限制语时须在名词之前。

例如：

④ a⁴⁴ mɯ⁵³ la⁴² lie⁴² ɕiɯ⁴⁴ a⁴⁴ tsʰɛ̃³⁵ kaŋ³⁵ ɕiaŋ³⁵ me²²
　一　亩　田　要　收　一　千　斤　小　麦
（一亩田要收一千斤小麦。）

⑤ wu⁴⁴ naŋ⁴⁴ na³⁵ ɕiɯ⁴⁴ tʰie²² lu³⁵ mɔŋ²² tɕiu²²
　他　的　哥哥　修　铁　路　去　了
（他的哥哥修铁路去了。）

⑥ ʂi²² taŋ²² naŋ⁴⁴ ɣʰie⁵³ ʐu⁵³ hen⁵³
　食　堂　的　饭　好　很
（食堂的饭很好。）

（3）副词、数量词做限制语时放在动词之前。例如：

① pɯ³⁵ ta³⁵ ɕi³⁵ ʐien⁵³ ʐiɛ⁵³ tɕi⁴⁴ ʐɤ⁴⁴ lɔ⁴² si⁴⁴
　我们大　家　永　远　跟　老　师
（我们永远跟着老师。）

② wu⁴⁴ a⁴⁴ tɔ³⁵ Nqe⁵³ a⁴⁴ pa⁵³ ɯ³⁵ ku²² kaŋ³⁵
　他　一　次　挑　一　百　二　十　斤
（他一次挑一百二十斤。）

但副词限制形容词时放在形容词之后。例如：

pɯ³⁵ naŋ⁴⁴ lɔ⁴² si⁴⁴ ʐu⁵³ hen⁵³
我们　的　老　师　好　很
（我们的老师很好。）

（4）补语放在动词之后。例如：

① a⁴⁴ tu⁴² ntu⁵³ ʐi³⁵ ni⁴² wu⁴⁴ tsʰɤ⁵³ qɔ⁴² naŋ⁴⁴
　一　棵　树　那是　他　砍　倒　的
（那棵树是他砍倒的。）

②pɹɯ⁴⁴ pɹɯ⁴⁴ na³¹ kɯ⁴⁴ tɕiɔ⁴² tɕiu²²
　家　　家　都　扫　干净　了
（家家都扫干净了。）
③ta³⁵ ɕi³⁵ ʑio²² ʂa⁴⁴ a⁴⁴ tɔ³⁵
　大家　再　试　一　次
（大家再试一次。）

3. 句法结构

（1）主谓结构。例如：

①wu⁴⁴ moŋ²² （他去。）
　他　去
②pɯ³⁵ tʰu⁴⁴ （我们做。）
　我们　做

（2）偏正结构。例如：

①ntɤ⁴⁴ quɤ³⁵ （白纸。）
　纸　　白
②we²² naŋ⁴⁴ ntɤ⁴⁴ （我的书。）
　我　的　书

例②所有者在所有物之前。
（3）述宾结构。例如：

①ʂu⁴⁴ la⁴² （犁田。）
　犁　田
②liɛ̃³⁵ kaŋ⁴⁴ （炼钢。）
　炼　钢
③he⁴² wu⁴⁴ （问他。）
　问　他

(4) 述补结构。例如：

①qa³⁵ ta⁴² （咬死。）
　咬　死
②noŋ³¹ ntɕʰi³⁵ （吃完。）
　吃　　净

(5) 联合结构。例如：

①lu⁵³ la⁴² （田地。）
　地　田
②ntu⁵³ li⁴⁴ kɔ⁵³ ntu⁵³ qua³¹ （李树和桃树。）
　树　李　和　树　桃

4. 复句

(1) 联合复句。例如：

①kɯ⁴⁴ toŋ³⁵ na³¹ lie¹² tʰu⁴⁴, ntɤ⁴⁴ na³¹ lie¹² ŋɯ³⁵ （并列）
　工作　也　要　做　书　也　要　读
（工作要做，书也要读。）
②mɯ³¹ tʰa⁵³ nʰe³⁵ moŋ²² maŋ⁴⁴, tei⁵³ to³¹ ɕi³¹ nʰe³⁵ moŋ²² （选择）
　你　今日　去　呢　还　是　明日　去
（你今天去还是明天去？）
③wu⁴⁴ tɕie³¹ ni⁴² ɕio³¹ ɕi³¹ ʐu⁵³ te⁵³ le³⁵, kɯ⁴⁴ toŋ³⁵ ʐia⁴² tʰu⁴⁴ ʐu⁵³ （递进）
　他　不　是　学　习　好　仅仅　　工　作　也　做　好
（他不但学习好，工作也好。）

(2) 偏正复句。例如：

①ʐien⁴⁴ wei³⁵ wu⁴⁴ naŋ⁴⁴ kɯ⁴⁴ toŋ³⁵ tʰu⁴⁴ ʐu⁵³, tʰu⁴⁴ to⁵³ tɕiu²² iɔ²² toŋ³⁵ mo²²
　因　为　他　的　路　工作　做好　　才　得了　劳　动　模

huẽ³⁵（因果）
范
（他因为劳动好，才当上劳动模范。）

②tɑ⁴⁴ni⁴²tɕie³¹kʰiɑ⁴⁴huei³⁵，pɯ³⁵tɯ³⁵moŋ²²tʰu⁴⁴toŋ³⁵（假设）
　如果　不　开　会　　我们　就　去　做　工作
（如果不开会，我们就去做事情。）

③tɕie³¹kuẽ⁵³tʰu⁴⁴tɕi³⁵noŋ⁵³，pɯ³⁵hɑ⁴⁴tei⁵³lie⁴²ɕiɯ⁴⁴ʂei⁵³kʰu³⁵（转折）
　不管　　做　何　冷　　我们　还　要　修　水库
（不管怎么冷，我们还要修水库。）

④nɑ³¹tɯ²²ziɑŋ²²sẽ³⁵　sen⁴⁴ho¹¹tʰɑ⁴⁴tɔ⁵³tɕi²²kɔ⁴⁴（条件）
　只　有　增　庄稼　　生活　　才　得　提高
（只有增加生产，生活才会提高。）

三、瑶　语

　　我国瑶族大约有 140 万，分布在广西壮族自治区、湖南省、云南省、广东省和贵州省等地的部分山区里。广西主要分布在都安、金秀、巴马、龙胜、防城、南丹、全州、凌云、富川等 47 个县内，约占瑶族总人口的 66.4%。湖南主要分布在江华、蓝山、宁远、新宁、隆回、辰豀等 22 个县内，约占瑶族总人口的 14.6%。云南分布在河口、麻栗坡、富宁、广南、马关、勐腊、峨山等县内，约占瑶族总人口的 10.5%。广东分布在连南、乳源、连山、连县（今连州市）、英德等 11 个县内，约占瑶族总人口的 6.8%。贵州分布在黎平、榕江、荔波等 6 个县内，约占瑶族总人口的 1.7%[①]。

　　瑶族有各种不同的名称，比如"山子瑶"，是因为以耕种山地为生而得名；"盘瑶"，是因为继承始祖的名号而得名；"过山瑶"，是因砍山耕种，经常迁徙而得名；"花蓝瑶""白裤瑶"等是因服饰上的特点而得名；"茶山瑶""背篓瑶"等是因生活特点而得名；"八排瑶""东山瑶""平地瑶""西弄瑶"等是因居住的地区而得名；等等。这些名称都是别人加给他们的。

---

① 参见毛宗武、蒙朝吉、郑宗泽编著《瑶族语言简志》，民族出版社 1982 年版，第 1 页。

自称为瑶族的，他们使用的语言很复杂。有的使用瑶语，有的却使用其他语支或语族的语言。①自称为"勉"（mjen^{21}）或"优勉"（ju^{21} mjen^{21}）的瑶族，他们使用的语言属于苗瑶语族瑶语支，分布在广西、湖南、云南、广东、贵州等省（区）。这种语言的塞音和塞擦音声母清浊对立，元音不分长短，辅音韵尾有 -m、-n、-ŋ 和 -p、-t、-k。语法方面，名词、代词做限制语时，在被限制语前面；形容词做限制语时，在被限制语后面。②自称为"布努"（pu^{53}nu^{13}）或"东努"（tuŋ^{53}nu^{13}）的瑶族使用属于苗语支的一种语言，主要分布在广西北部。这种语言一般都有 mp-、nt-、nts-、ȵtɕ-、ŋk- 等前带鼻音的声母。辅音韵尾只有 -n、-ŋ。语法方面，名词、形容词、指示代词做限制语时在被限制语后面；指人的名词做限制语和人称代词做领属性的限制语时都在被限制语前面。③自称为"拉珈"（lak^{21}kja^{13}）的瑶族使用属于壮侗语族水语支的一种语言，主要分布在广西金秀瑶族自治县。这种语言的语音有前带喉塞音声母 -^{ʔ}b、-^{ʔ}d 等。鼻化韵母较多。辅音韵尾有 -m、-n、-ŋ、-p、-k。语法方面，名词、形容词、指示代词和人称代词做限制语时，都放在被限制语后面；人称代词做领属性的限制语时，在被限制语前面。3 种语言的句子基本结构，都是主语在谓语前面，宾语、补语在动词后面。语言谱系中所称的瑶语是专指自称为"勉"的瑶族的语言而说的。它同老挝境内的瑶语和越南境内的曼语基本相同。① 下面介绍瑶语（勉话）的一些基本情况。

（一）瑶语音系②

1. 声母

唇音	p	pʰ	b	m	m̥	w	f
舌尖前音	t	tʰ	d	n	n̥	l	ɬ
	ts	tsʰ	dz				s
舌面前音	tɕ	tɕʰ	dʑ	ȵ	ȵ̊	j	ɕ

---

① 参见《辞海》语言文字分册，上海辞书出版社 1978 年版，第 56～57 页。
② 本节瑶语以广西壮族自治区的龙胜各族自治县江底乡大坪江的勉话为例。材料采自毛宗武、蒙朝吉、郑宗泽编著《瑶族语言简志》，民族出版社 1982 年版。下文引用该书时不另注明。

舌根（喉）音	k	kʰ	g	ŋ	ŋ̊	h
带 j 的音	pj	pʰj	bj	mj	m̥j	fj
	tj	tʰj	dj	nj	n̥j	lj ɬj
	tsj	tsʰj	dzj			sj
带 w 的音	pw	pʰw	bw	mw	m̥w	fw
	tw	tʰw	dw			lw ɬw
	tsw	tsʰw	dzw			sw
	tɕw	tɕʰw	dʑw	ȵw	ȵ̊w	jw ɕw
	kw	kʰw	gw	ŋw		hw
带 jw 的音	kjw	kʰjw	gjw			hjw

注：①舌面前音声母 tɕ、tɕʰ、tɕw 等舌位比较后。在某些地方（如广西的宜山、荔浦等地）是舌根音声母 kj、kʰj、kw 等。②送气的塞音和塞擦音声母，绝大多数是用来拼写汉语借词的。在早期借词中，这类声母只出现在单数调（1、3、5、7 调），在近期借词中，这类声母也在一部分双数调（2、6 调）中出现。③清化鼻音 m̥、n̥、ŋ̊ 等只出现在单数调中。④浊塞音及浊塞擦音声母可以在任何声调中出现。⑤鼻音 n 可以自成音节，如 n̩²⁴（不）。n̩ 在双唇音声母前变为 m̩²⁴，在舌根音声母前变为 ŋ̍²⁴。

声母例词：

p	pa:ŋ⁵² 脾脏	pʰ	pʰoŋ³³ 锄头	b	bɛŋ²⁴ 岩石
m	maŋ¹² 看	m̥	m̥ei³³ 动物油	w	wan³³ 水
f	fai²⁴ 小	t	ta:i²¹ 来	tʰ	tʰei³³ 梯子
d	da:u⁵² 长	n	naŋ⁵² 短	n̥	n̥am⁵² 想
l	luŋ²¹ 天	ɬ	ɬa²⁴ 月亮	ts	tso⁵⁵ 拿
tsʰ	tsʰat⁵⁵ 水獭	dz	dzau⁵² 盐	s	so:t⁵⁵ 刷子
tɕ	tɕop⁵⁵ 熊	tɕʰ	tɕʰu²⁴ 疮	dʑ	dʑim⁵² 刺
ȵ	ȵai² 羞	ȵ̊	ȵ̊aŋ²⁴ 年	j	jaŋ²¹ 走
ɕ	ɕe²¹ 野	k	ka⁵² 借	kʰ	kʰot⁵³ 窟窿
g	gu²⁴ 丈夫	ŋ	ŋoŋ²¹ 牛	ŋ̊	ŋ̊a⁵⁵ 砍
h	hu²³¹ 厚	pj	pjaŋ²¹ 在	pʰj	pʰjom³³ 肺

bj	bjaŋ²⁴ 树	mj	mjen²¹ 人	m̥j	mjen³³ 脸
fj	fje⁵² 写	tj	tje²⁴ 父亲	tʰj	tʰjau⁵² 换
dj	djau²¹ 稻子	nj	nje³³ 土	n̥j	nje²¹ 重
lj	ljop¹² 竖	ɬj	ɬje⁵⁵ 铁	tsj	tsjen²¹ 神
tsʰj	tsʰjou²¹ 仇	dzj	dzjaŋ²⁴ 秤	sj	sja:m³³ 胡子
pw	pwaŋ⁵² 满	pʰw	pʰwaŋ⁵² 捧	bw	bwei²⁴ 沸
mw	mwei²¹ 你	mw	mwaŋ²⁴ 暗	fw	fwan²¹ 披
tw	twei⁵² 尾巴	tʰw	tʰwan²¹ 团（员）	dw	dwo⁵² 逗（小孩）
lw	lwei¹² 懒	ɬw	ɬwat⁵⁵ 退	tsw	tswaŋ²⁴ 种（田）
tsʰw	tsʰwan²¹（宣）传	dzw	dzwan²⁴ 回（来）	sw	swaŋ³³ 河
tɕw	tɕwaŋ⁵²（天）冷	tɕʰw	tɕʰwan¹²权（利）	dʐw	dʐwan⁵² 发抖
ȵw	ȵwei²⁴ 鱼鳞痣	ȵ̥w	ȵ̥wat⁵⁵ 惊跳	jw	jwan²¹ 黄
ɕw	ɕwaŋ³³ 凶	kw	kwa³³ 瓜	kʰw	kʰwaŋ²⁴ 挂
gw	gwa⁵⁵ 缺口	ŋw	ŋwa²³¹ 瓦	hw	hwan³³ 婚
kjw	kjwaŋ⁵² 宽	kʰjw	kʰjwin²⁴ 劝	gjw	gjwan³³ 亮
hjw	hjwi:ŋ³³ 旋转				

2. 韵母

i   iu   i:m   im   i:n   in   i:ŋ   ip   it

e   ei   eu   e:m   e:n   en   eŋ   ep   et   ek

ɛ   ɛ:ŋ

a   a:i   ai   a:u   au   a:m   am   a:n   an   a:ŋ   aŋ   a:p   ap   a:t   at   ak

o   o:i   ou   o:m   om   o:n   on   o:ŋ   oŋ   o:p   op   o:t   ot   o:k   ok

u   u:i   ui   un   uŋ   ut

ə   ən

ɿ

注：①元音分长短，但有些地方元音已不分长短（如湖南江华）。从上面韵母来看，广西龙胜大坪江勉话元音长短系统已经不太完整了。元音长短系统较完整的是自称"金门"的瑶话。②单元音韵母的元音在1～6调基本上是长的。长 a（如 a:i、a:u、a:m 等韵母的 a）的实际音值是[A]，短 a（如 ai、au、am 等韵母的 a）的实际音值是[ɐ]，两音除音量

不同外，音质也不同。长 o（如 o:i、o:m、o:n 等韵母的 o）的实际音值是 [ɔ]，短 o（如 ou、om、on 等韵母的 o）的实际音值是 [o]，并且略偏央，唇也不很圆。单元音韵母 o 除出现在圆唇声母之后是短的外，在其他声母之后都是长的。③元音开头的音节，只有 i 元音前面带有喉塞音，如 im²⁴（盖子），实际读音是 ʔim²⁴。④ə、ən、ɿ 是现代汉语借词增加的韵母。⑤-k 韵尾已接近消失，目前只有几个字了。湖南大多数地区塞音韵尾 -p、-t、-k 和鼻音韵尾 -m 都有逐渐消失的趋势。有些地方鼻音韵尾只剩下 -ŋ。

韵母例词：

i	i³³ 二	iu	dʑiu⁵² 剪刀	i:m	tɕi:m²¹ 山
im	lim²¹ 镰刀	i:n	tɕi:n³³ 房间	in	tɕʰin⁵² 钱
i:ŋ	li:ŋ²¹ 田	ip	tsip⁵⁵ 接	it	mit⁵⁵ 贴
e	pe⁵⁵ 忙	ei	pjei³³ 毛	eu	ɕeu¹² 叫
e:m	he:m²⁴ 骂	e:n	ɬe:n³³ 旁边	en	tɕen²¹ 勤
eŋ	neŋ²⁴ 提（起）	ep	hep¹² 窄	et	tsjet¹² 紧
ek	lek⁵⁵ 跛	ɛ	dzɛ⁵⁵ 晒（裂）	ɛ:ŋ	tsʰɛ:ŋ³³ 锅
a	tsa²¹ 茶	a:i	la:i²¹ 箩筐	ai	lai³³ 菜
a:u	da:u⁵² 长	au	tɕau²⁴ 蛋	a:m	ka:m³³ 甜
am	nam⁵² 想	a:n	ga:n³³ 茅草	an	ɬan³³ 肝
a:ŋ	tɕa:ŋ³³ 脖子	aŋ	tɕaŋ²⁴ 记（住）	a:p	a:p⁵⁵ 鸭子
ap	dap⁵⁵ 塌（下去）	a:t	ma:t¹² 袜子	at	fat⁵⁵ 近
ak	lak⁵⁵ 高兴	o	lo²³¹ 找	o:i	to:i²¹ 对
ou	tsou⁵² 煮	o:m	tɕo:m³³ 热（水）	om	om²⁴ 肿
o:n	to:n³³ 儿子	on	ton²⁴（一）顿饭	o:ŋ	tʰo:ŋ³³ 汤
oŋ	oŋ³³ 祖父	o:p	ɬo:p⁵⁵ 抱（小孩）	op	top¹² 豆子
o:t	do:t⁵⁵ 掉（下来）	ot	tsot⁵⁵ 塞子	o:k	do:k⁵⁵（母鸡）叫
ok	mok⁵⁵（半斤）升	u	ɬu³³ 大	u:i	bu:i³³ 响
ui	tɕui²⁴（反）对	un	tɕun²¹ 裙	uŋ	luŋ²¹ 天（地）
ut	put⁵⁵ 发（病）	ə	pʰə¹²（压）迫	ən	tsən²⁴ 政（策）
ɿ	tsɿ³³ 资				

3. 声调

1. 33，例如 na:ŋ^{33} 蛇、pei^{33}tu^{55} 知道。
2. 21，例如 tsa:ŋ^{21} 柴、pej^{21} 脾（气）。
3. 52，例如 dza:ŋ^{52} 船、pei^{52} 比。
4. 231，例如 tsa:ŋ^{231} 象、pei^{231} 母（猪）。
5. 24，例如 na:ŋ^{24} 饭、pei^{24} 滤（干）。
6. 12. 例如 dza:ŋ^{12} 字、pei^{12} 被。
7. 55，例如 da:t^{55} 翅膀、dat^{55} 织（布）、tu^{55} 得。
8. 12，例如 ta:p^{12} 穿（鞋）、tap^{12} 咬、tu^{12} 毒。

注：①不带辅音韵尾的第 7 调，实际调值是 54。②单元音韵母在第 7、第 8 两调里都是短的，单念时后面带有喉塞音［ʔ］，如"毒"实际读音是 tuʔ^{12}。③现代汉语借词阴平念第 1 调 33，如"飞机"fei^{33}tɕi^{33}；阳平念第 2 调 21，如"贫农"pʰin^{21}loŋ^{21}；上声念第 3 调 52，如"总理"tsoŋ^{52}li^{52}；去声念第 5 调 24，如"意见"ji^{24}tɕen^{24}；入声念第 6 调 12，如"积极"ji^{12}tɕi^{12}。

（二）瑶语语法简要

1. 词的构造

（1）单纯词。

a. 单音单纯词。例如：

    djaŋ^{24}（树）   dwo^{21}（九）   ȵen^{12}（吃）   je^{33}（我）

b. 复音单纯词。例如：

    dzje^{21}ai^{52}（蟋蟀）   lu^{21}kʰu^{55}（忘记）

（2）合成词。

1）复合词。

a. 主谓式。例如：

mwei^{12}tɕe^{55}（妒忌）   hou$^{24·21}$bai^{24}（开裆裤）
 眼   黑   裤子 破

b. 述宾式。例如：

ta$^{52\cdot21}$ȵa:n^{21}（银匠）　　　pʰo:ŋ$^{33\cdot21}$li:ŋ^{21}（刮锄）
打　银　　　　　　　　锄　田

c. 偏正式。例如：

djaŋ$^{24\cdot21}$do:i^{21}（木薯）　　　gai$^{52\cdot21}$kʰot^{55}（肛门）
树　薯　　　　　　　　屎　窟窿
swaŋ$^{24\cdot21}$ȵe^{24}（褯裸）　　　wa$^{12\cdot21}$tɕat^{55}（笑话）
被子　背　　　　　　　　话　笑

前两例是前一词根限制后一词根，后两例是后一词根限制前一词根。

d. 联合式。例如：

ɬu^{33}fai^{24}（大小）　　　sje$^{55\cdot12}$to^{12}（姑娘）
大　小　　　　　　　　女孩 姐姐
tɕwo^{21}dzje^{231}（妯娌）
伯母 叔母

e. 重叠式。例如：

bjɛ$^{12\cdot35}$bjɛ^{12}（自言自语）　　dom$^{21\cdot35}$dom^{21}（mau^{33}）（软绵绵）
舔唇　舔唇　　　　　　　　绵　绵　软

2）派生词。
a. 词根加前缀。例如：

pu^{21}-　　pu^{21}pjei^{33}（头发）　　pu^{21}no:i^{33}（太阳）
毛　　　　　　　　　日

b. 词根加后缀。例如：

- to:n　　dzu¹²to:n³³（小刀）　　pwo²³¹·²¹to:n³³（小手指）
　　　　　刀　　　　　　　　　　手指

2. 语序

（1）主语在谓语之前，宾语在动词之后。例如：

①nen²¹ kʰo:i³³ tʰo³³la³³ tɕi³³（他开拖拉机。）
　他　　开　　拖拉机
②loŋ²¹ min²¹ tswaŋ⁵² li:ŋ²¹（农民种田。）
　农民　　　种　田

形容词、动词、词组也可以做主语。例如：

③ɬaŋ³³loŋ²⁴ ha¹²tsei²³¹ ai⁵²loŋ²⁴
　高　好　　还是　　　矮　好
（高好还是矮好？）
④ȵen¹²tsei²³¹ tsu¹² ṇ²⁴tu⁵⁵ȵei³³
　吃　是　　少　不得　的
（吃是少不得的。）
⑤tom²¹mjen²¹　fei²¹tɕwei⁵² sjaŋ²⁴ mi:ŋ²¹ ṇa¹²
　大人　　　　小孩　　　都　　去　　　了
（大人小孩都去了。）

有时需要强调宾语，宾语也可以提前。例如：

nen²¹ na:ŋ²⁴·ja¹²ṇ²⁴ ȵen¹²，tiu⁵² ja¹²ṇ²⁴ hop⁵⁵
他　　饭　也　不　吃　　酒　也　不　喝
（他饭也不吃，酒也不喝。）

一个句子有两个宾语时,一般是直接宾语在前,间接宾语在后。例如:

fun²¹ sɛ:ŋ³³ pun³³ pwan⁵² sou³³ ho¹² sɛ:ŋ³³
　先　生　给　本　书　学　生
(老师给学生一本书。)

(2) 补语在动词之后,有的要用助词"得"来联系。例如:

①mwei²¹ tso⁵⁵ lu:i³³ dzu²⁴ ko:n³³ dzeŋ¹²
　你　把　衣服　洗　　干净
(你把衣服洗干净。)

②nen²¹ mi:ŋ²¹ a⁵³ pwo³³ tʰo:ŋ²⁴
　他　去　了　三　趟
(他去了三次。)

③je³³ tɕat⁵⁵ tu⁵⁵ ke²¹ sje³³ sjaŋ²⁴ mun³³ a⁵²(加 tu⁵⁵)
　我　笑　得　肚子　都　痛　了
(我笑得肚子都痛了。)

(3) 单音形容词做限制语时,一般放在被限制语之后。例如:

①pjaŋ²¹ si⁵⁵ (红花。)　　　②tje²¹ ɬaŋ³³ (高桌子。)
　花　红　　　　　　　　　　桌子高

但名词、代词、动词和各种词组做限制语时,都在被限制语之前。例如:

③je³³ tje²⁴ (我父亲。)
　我 父
④to²⁴ ɲei³³ lu:i³³ (姐姐的衣服。)
　姐姐的 衣服
⑤ɲen¹² ɲei³³ ke²¹ na:i⁵² tsʰam⁵² hai¹² (吃的东西很多。)
　吃　的　东西　多　很

⑥pwo³³ no:i³³ ȵei³³ si¹²˙³³ no:i³³ tsou²⁴ liu²³¹ a⁵² (三天的事两天做完。)
　三　　日　的事 两日　做　　完了

(4) 副词做限制语时，一般放在被限制语之前。例如：

①ton¹² jaŋ²¹ （慢走。）　②n̩²⁴ puŋ²⁴ （不放。）
　慢　走　　　　　　　　不　放
③n̩²⁴ loŋ²⁴ （不好。）
　不　好

但"很""先"做限制语时放在被限制语之后。例如：

④na:i⁵² tau²¹ ŋoŋ²¹ ɬan³³ hai¹² （这头牛很高。）
　这　　头　　牛　　高　　很
⑤nen²¹ ta:i²¹ da:ŋ¹² （他先来。）
　他　　来　　先

3. 句法结构
（1）主谓结构。例如：

①wam³³ tɕo:m³³ （水热。）　　　②je³³ ɬaŋ³³ （我高。）
　水　　热　　　　　　　　　　　我　高
③tɕʰa⁵⁵ ɬu³³ （力气大。）
　力气　大

（2）偏正结构。例如：

①je³³ tje²⁴ （我父亲。）　　　②pjei³³ tau²¹ ŋoŋ²¹ （四头牛。）
　我　父　　　　　　　　　　　四　　只　　牛
③sjaŋ³³ tsʰɛ:ŋ³³˙²¹ bei²¹ （新锅。）　④ton¹² jaŋ²¹ （慢走。）
　新　　　煮菜锅　　　　　　　　　慢　走

⑤jet¹² tʰo:ŋ²⁴ ȵen¹² （吃一次。）
　一　　次　　吃

但有时限制语也可以在被限制语之后。例如：

⑥pjan²¹ si⁵⁵ （红花。）　　　⑦loŋ²⁴ hai¹² （很好。）
　花　红　　　　　　　　　　　好　很

（3）述宾结构。例如：

①tswaŋ²¹ li:ŋ²¹ （种田。）　　②ŋo¹² ke²¹ sje³³ （饿肚子。）
　种　田　　　　　　　　　　　饿　肚子
③ȵen¹² pwo³³ no:m³³ （吃三个。）
　吃　三　个

（4）述补结构。例如：

①dza:u²⁴ ko:n³³·²¹ dzeŋ¹² （洗干净。）
　洗　　　干净
②ko:ŋ⁵² tu⁵² loŋ²⁴ （说得好。）
　说　得　好

（5）联合结构。例如：

①pou⁵³ pʰo:ŋ³³ dzu¹² ŋau³³ （斧头、锄头和柴刀。）
　斧头　锄头　　柴刀
②tom²¹ mjen²¹ tsʰin³³ fei²¹ tɕwei⁵² （大人和小孩。）
　大　人　　和　　小　孩

（6）复杂结构。例如：

①nen²¹ doŋ²⁴ tɕen⁵² lap¹² mi:²¹ ȵa¹² （他戴着斗笠去了。）
　他　戴着斗笠　　走　了

②fun²¹sɛ:ŋ³³dʐa:u²⁴nen²¹tu¹²sou³³（先生教他读书。）
　先生　　教　他　读书

例①的谓语是连谓结构，例②的谓语是递系结构。

4. 复句
（1）联合复句。例如：

①mwei²¹tu²¹mʰei⁵²，je³³tsou⁵²na:ŋ²⁴（并列）
　你　淘　米　　我　煮　饭
（你淘米，我煮饭。）

②n̩²⁴tsei²³¹mwei²¹mi:ŋ²¹，tsjou¹²tsei²³¹je³³mi:ŋ²¹（选择）
　不是　　你去　　　就是　　我去
（不是你去，就是我去。）

（2）偏正复句。例如：

①jom³³wei¹²tje²⁴n̩²⁴loŋ²⁴，je³³bwo³³tsʰi:ŋ²⁴tɕom¹²（因果）
　因　为　父　不好　　我们　才　穷
（因为父亲不好，所以我们才穷。）

②ta²¹paŋ¹²tje²⁴dzwan²⁴ta:i²¹tu⁵⁵dzjou⁵²，n̩²⁴tsei³³je³³ku²⁴ja¹¹n̩²⁴ma:i²¹
　幸亏　　父　回　来　得　早　　不然　我祖母　也不　有
mɛ:ŋ¹²a⁵²（转折）
命　了
（幸亏父亲回来得早，否则我祖母也没命了。）

③je³³n̩²⁴liu²³¹tsje⁵⁵tu⁵⁵nen²¹，je³³bwo³³ha¹²tsei²³¹i³³mwo²³¹iɛ¹²（递进）
　我不但　认　得　他　　而且　还　是　两　兄弟　呢
（我不仅认识他，而且我们还是两兄弟呢。）

④wei¹²a⁵²　dʐaŋ³³no:i³³kʰo:i³³u:i¹²，ni:ŋ²¹no:i³³je³³sʰi:ŋ²⁴ta:i²¹（目的）
　为了　　明　日　开　会　　今　日　我　才　来
（为了明天开会，我今天才来。）

四、畲 语

畲族在我国约有36万人。它分布在福建、浙江、江西、广东、安徽等省80个县（市）的山区或半山区。福建有20多万人，分布在福安、霞浦、福鼎、宁德、罗源、连江、古田、顺昌、建阳等40多个县（市）。浙江约有14万人，分布在景宁、云和、丽水、遂昌、泰顺、文成、龙泉等20个县（市）。广东分布在潮安、惠东、丰顺、海丰、博罗、增城等县（市），人口不多，每个县只一两千人。江西的永丰、铅山、吉安、武宁、兴国、泰和，安徽的宁国也都有畲族，但人数不多。①

畲族属于汉藏语系苗瑶语族。有人主张属于苗语支，也有人主张属于瑶语支。以目前有限的材料来看，我初步认为它不属于苗语支，也不属于瑶语支，而是苗瑶语族独立的一支。下面简单介绍一下畲语的一般情况。

（一）畲语音系②

1. 声母

唇音	p	pʰ		m	f	v
舌尖前音	ts	tsʰ			s	z
	t	tʰ		n		
舌根音	k	kʰ	ŋ̊	ŋ	h	
带 j 的音	pj	pʰj		mj		
	tsj	tsʰj			sj	zj
	tj	tʰj		nj		
	kj	kʰj		ŋj	hj	
带 w 的音	kw	kʰw				

注：①浊鼻音声母 m、n、ŋ 后边都带有同部位的塞音成分，实际音值是 mp、nt、ŋk，这里只标鼻音。②鼻音 n、l 可以自由变读。如 nuŋ⁵³ 可

---

① 参见毛宗武、蒙朝吉编著《畲语简志》，民族出版社1986年版，第1页。
② 本节畲语以广东惠东畲语为例。材料采自毛宗武、蒙朝吉编著《畲语简志》，民族出版社1986年版。参见《畲语简志》有关部分。

以变读 luŋ^{53}。这里均标为 n。③kj、k^{h}j、ŋj 的发音部位靠前，相当于舌面中音 c、c^h、ɲ。④以零声母开头的音节，一般都带有喉塞音 ʔ，但低元音韵母前面的喉塞音不很明显。

声母例词：

p	pui^{31} 猪	p^h	p^{h}un^{53} 花
m	me^{22} 藤子	f	fuŋ^{33} 河
v	va^{33} 妻子	ts	tsi^{22} 苦胆
ts^h	ts^{h}e^{35} 漆	s	sɤ^{31} 到
z	zaŋ^{53} 赢	t	tui^{22} 厚
t^h	t^{h}u^{35} 咬	n	ne^{53} 人
k	kin^{22} 虫	k^h	k^{h}un^{42} 黄
ŋ̊	ŋ̊ŋ^{42} 去	ŋ	ŋin^{42} 薄
h	hin^{22} 高	pj	pja^{42} 鱼
p^{h}j	p^{h}ju^{22} 吹	mj	mjaŋ^{42} 命
tsj	tsja^{31}kuŋ^{33} 外祖父	ts^{h}j	ts^{h}jɔŋ^{42} 墙
sj	sjɔŋ^{33} 箱	zj	zji^{42} 意（见）
tj	tjo^{53} 咀	t^{h}j	t^{h}jaŋ^{22} 称
nj	nji^{53} 刀	kj	kja^{33} 狗
k^{h}j	k^{h}jɔ^{35} 十	ŋj	ŋjɔ^{33} 肠子
hj	hjɔŋ^{33} 乡	kw	kwan^{22} 甜
k^{h}w	k^{h}wei^{33} 姜		

2. 韵母

i		iu	in		it	
e	ei	eu	en		et	
a	ai	au	an	aŋ	at	ak
ɔ	ɔi		ɔn	ɔŋ		ɔk
ɤ						
u	ui		un	uŋ	ut	uk

注：① i 在单独做韵母出现于非腭化声母后边时，舌位偏低，实际音

值为[I]；②韵尾 t、k 一般只出现在客家话借词中；③uŋ 的实际音值接近 oŋ。

韵母例词：

i	pji³³ 果子	iu	tiu³⁵ 摘
in	pʰin³³ 浅	it	pit²¹ 笔
e	ne³¹ 月	ei	kwei⁵³ 肉
eu	kʰjeu⁴² 蹲	en	ten³³ 灯
et	pet²¹ 北	a	ka³¹ 蛋
ai	pʰai⁴² 败	au	sjau³³ 硝
an	pan⁴²（补）衣	aŋ	paŋ³¹ 雪
at	pʰat²¹ 拔（刀）	ak	sak⁵⁴ 肾
ɔ	tɔ⁵³ 纸	ɔi	kʰɔi²² 捆
ɔn	ɔn²² 苦	ɔŋ	tɔŋ³¹ 树
ɔk	kɔk²¹ 各	ɣ	sɣ³³ 暖和
u	tsu³¹ 饱	ui	pui³¹ 猪
un	mun³³ 牙齿	uŋ	nuŋ⁵³ 吃
ut	sut²¹ 撒（网）	uk	nuk⁵⁴ 鹿

3. 声调

1. 22，例如 pji²² 竹子。
2. 53，例如 pja⁵³ 稻子。
3. 33，例如 pji³³ 果子。
4. 42，例如 pja⁴² 鱼。
5. 31，例如 pji³¹ 结（果子）。
6. 35，例如 pji³⁵ 扇子。
7. 21，例如 pʰak²¹ 魄。
8. 54，例如 pʰak⁵⁴ 白（吃）。

注：
①单数调和双数调都能出现在送气声母和不送气声母的音节。

② 第 1、2、3、4、5、6 调是本民族固有的词和早期汉语借词的声调，其中第 3 调出现于相当一部分后来的汉语客家话阴平字的借词中。第 7 调和第 8 调主要出现在带喉塞音韵尾的汉语客家话入声字借词中。第 8 调有几个字说成 45 调，如 t^{h}uk^{45} 毒。

③ 在畲语和苗瑶语族的同源词中，畲语的第 1~6 调跟苗瑶语族其他语言的第 1~8 调相对应。但苗瑶语族其他语音的第 4 调和第 6 调，畲语合并为第 4 调，第 7 调和第 8 调，畲语合并为第 6 调。例如：

瑶族优勉话①   畲语   汉义
bjau^4 pja^4 鱼
tai^6 t^{1}a^4 死
da:t^7 ka^{1}te^6 翅膀
bjet^8 pi^6 舌头

④ 第 6 调的来源比较复杂，除上面所说以外，还有一部分来自客家话借词的阳平、上声和去声字，例如，nɔŋ^6 狼，p^{h}uŋ^6 本，ts^{h}an^6 赚（钱）。

⑤ 有连续变调的现象，但不很普遍。

（二）畲语语法简要

1. 词的构造

（1）单纯词。

a. 单音单纯词。例如：

ne^{53}（人）   vaŋ^{42}（我）   ŋŋ^{42}（去）   tjɔ^{22}（白）

b. 复音单纯词。例如：

tɔ^{42}man^{53}（梦）   nɔ^{35}k^{h}ɤ^{35}（蜘蛛）   sji^{53}pɔ^{42}（玉米）

---

① 广西龙胜瑶族的优勉话。

（2）合成词。

1）复合词。

a. 主谓式。例如：

kwei⁵³kʰaŋ²²（发烧）　　　tɔŋ³¹tsa²²（树林）
肉　热　　　　　　　　　　树　挤

b. 述宾式。例如：

nɤ³³kwei⁵³（洗澡）　　　　pɔ³⁵taŋ²²（怀孕）
洗　肉　　　　　　　　　　发　仔

c. 偏正式。限制语在前或在后，不很固定。例如：

kʰwa⁴²ka²²（手纹）　　　　kaŋ³⁵kʰɤ³¹ka³³（脑髓）
手　路　　　　　　　　　　头　壳　屎

ka²²ta³³tuŋ³⁵（条凳）
长　凳

ne⁵³kʰwei²²（客人）　　　tʰu⁵³kʰun⁵³（红糖）
人　客　　　　　　　　　　糖　黄

前3例是前一词根限制后一词根，后两例是后一词根限制前一词根。

2）派生词。

a. 词根加前缀。例如：

a²²-　　a²²pa²²（父亲）　　a²²pʰɤ⁴²（祖母）　　a²²tʰe³³（弟弟）
ka²²-　　ka²²kʰɔ³³（眼睛）　ka²²nɔ²²（种子）

b. 词根加后缀。例如：

-kɔ　　vu⁴²kɔ³³（芋头）　　suŋ³³kɔ³³（骨头）
-taŋ²²　ɔi²²taŋ²²（坛子）　　pʰun³⁵taŋ²²（盆子）

2. 语序

（1）通常主语在谓语之前，宾语在动词之后。例如：

① ne³³ naŋ²² kje³⁵ hin²² （这座山高。）
　这　个　山　高
② vaŋ⁴² a²² pa²² niu³⁵ sji⁴² pi²² sji³³ （我父亲六十五岁。）
　我　父亲　六　十五　岁
③ nuŋ⁴² kɔ³¹ ŋ̍⁴² （他敢去。）
　他　敢　去
④ vaŋ⁴² nuŋ⁵³ ŋjɔ⁵³ kwei⁵³ （我吃牛肉。）
　我　吃　牛　肉
⑤ a²² fuŋ³³ ma⁵³ ɔi⁵³ （河里有鸭子。）
　　河　有　鸭
⑥ ne³³ tʰa⁵³ ɔ³³ tsʰi⁴² nuŋ⁴² ŋjuŋ⁴² （这件衣服是他的。）
　这　件　衣服　是　他　的
⑦ nuŋ⁴² tsʰa³¹ na²² ha³⁵ ma⁵³ kuŋ³³ （他什么也没有讲。）
　他　什么　不　有　讲

例⑦为了强调动作行为，宾语可以提前。

（2）补语通常放在动词之后。例如：

① ne³³ pai³¹ tʰjəu⁴² fu⁴² tiu³³ kɤ³⁵ hɔ³³ （这次豆腐煮老了。）
　这　次　豆　腐　煮　老　了
② nuŋ⁴² zaŋ²² vaŋ⁴² i³⁵ se³⁵ ka²² kʰɔ³³ （他瞟我一眼。）
　他　瞟　我　一下　眼
③ pa²² kɤ³⁵ tɔŋ³¹ tsa²² tjɔ³³ kun³¹ nɤ⁴² （我们从树林走出来。）
　我们从　树林　走　出　来
④ nuŋ⁴² nji⁴² kuŋ⁴² kʰje⁴² tsʰe⁵³ （他穿得很整齐。）
　他　穿　得　很　齐

（3）名词限制语在被限制语名词之前。例如：

① vaŋ⁴² tsʰi⁴² kɔŋ³¹ sji³³ ne⁵³ （我是广西人。）
　我　是　广西　人

②pa²² zaŋ⁴² ma⁵³ tɤ³⁵ hin²² tʰɔ³³ na³³ kji³³（我们村有新的拖拉机。）
　我们村　有　新　　拖拉机

③nuŋ⁴² ma⁵³ u²² tʰaŋ⁴² pui³¹（他有五头猪。）
　他　有 五 只　 猪

④tjaŋ²² kwei³⁵ pji³¹ tiu³³ kwei³⁵ ŋɔŋ³¹ nuŋ⁵³（蒸的饭比煮的饭好吃。）
　蒸　饭　比 煮　饭　好　吃

（4）谓词限制语在被限制语动词、形容词之前。例如：

①vaŋ⁴² ha³⁵ nuŋ⁵³（我不吃。）
　我　不 吃

②nuŋ⁵³ ka⁵⁵ ŋŋ⁴²（你先走。）
　你　先 走

③aŋ⁵³ tu²² ɔ³¹ za²² ŋɔŋ³⁵（这样做也好。）
　这样　做　也　好

④vaŋ⁴² tsa³¹ muŋ⁴² ŋjuŋ³⁵ i³⁵ naŋ²² tɔ⁴² nan⁵³（我昨晚做了一个梦。）
　我　昨晚　　睡着　一　个　　梦

有时为了强调，也可以把"昨晚"放在句子前面。

3. 句法结构

（1）主谓结构。例如：

①kja³³ kjuŋ²²（狗叫。）　　②kje³⁵ hin²²（山高。）
　狗　叫　　　　　　　　　　山　高

③kwaŋ⁵³ kʰui⁵³（天亮。）
　天　　亮

（2）述宾结构。例如：

①tʰi⁴² tɔŋ³¹（种树。）　　②ŋjuŋ⁴² nuŋ⁴²（爱他。）
　种 树　　　　　　　　　　爱 他

③nuŋ⁵³ pa²² tuŋ³³（吃三顿。）
　吃　三　顿
④ma⁵³ i³⁵ ŋin⁵³ fuŋ³³（有一条河。）
　有　一　根　河

（3）述补结构。例如：

①tsji³³ si²²（洗干净。）　　②pʰja⁴² tja³¹ ŋ⁴²（爬上去。）
　洗　净　　　　　　　　　　爬　上　去
③tʰjau⁴² tu³¹ hin²²（跳得高。）　④ŋŋ⁴² i³⁵ pai³¹（去一次。）
　跳　得　高　　　　　　　　　去　一　次

（4）偏正结构。例如：

①tɤ³⁵ hin²² ɔ³³（新衣服。）　　②pa²² tui⁴² tsɔŋ³¹（我们的队长。）
　新　衣　　　　　　　　　　　我们　队　长
③i³⁵ pʰuŋ³⁵ tɔ³³（一本书。）　　④ne³³ aŋ⁵³ tu²² ɔ³⁵（这样做。）
　一　本　书　　　　　　　　　　这　样　做
⑤ŋɔŋ³¹ mɔ³⁵（好看。）　　　　⑥kʰje⁴² hi³¹（很快。）
　好　看　　　　　　　　　　　很　快
⑦tjaŋ²² kwei³⁵（蒸的饭。）　　⑧ta²² tʰɔ³⁵ kjaŋ²²（黑豆子。）
　蒸　饭　　　　　　　　　　　豆　黑

通常限制语放在被限制语之前。限制语放在被限制语之后的极少，如上面的例⑧。

（5）联合结构。例如：

①vaŋ⁴² tʰɔ⁴² nuŋ⁴²（我和他。）
　我　和　他
②nuŋ⁴² ɔ⁵¹ su⁴² za²² hi³⁵ za²² ŋɔŋ³³（他做事又快又好。）
　他　做事　又　快　又　好

③i³⁵ se³⁵ ŋin³³ i³⁵ se³³ kɤ³⁵（一时哭一时笑。）
　一　下　哭　一　下　笑

④nuŋ⁴² ne⁵³ taŋ³⁵ ta²²tʰɔ³⁵ kjaŋ²² ta²²tʰɔ³⁵ kʰun⁵³ ŋ̊⁴² mɔ⁴²
　他　人　担　豆　黑　豆　黄　去　卖
（他挑黑豆黄豆去卖。）

例②的"又快又好"和例④的"黑豆黄豆"都是联合结构。
（6）复杂结构。例如：

①nuŋ⁴² nɔ²² nɔ²² kje⁴² fuŋ³³ kua⁴² pja⁴²（他天天下河捉鱼。）
　他　天　天　下　河　捉　鱼

②pa²² sun³¹ muŋ⁵³ ɔ³¹ tui⁴² tsɔŋ³¹（我们选你做队长。）
　我们　选　你　做　队　长

③pa²² tsʰe⁵³ ka³³ ne⁵³（我们大家。）
　我们　大家　人

例①的谓语是连谓结构，例②的谓语是递系结构，例③的谓语是同位结构。

4. 复句
（1）联合复句。例如：

①sa³³ tɔŋ³³ kwaŋ⁵³ kjɔŋ³¹，ha⁴² tʰin³³ kwaŋ⁵³ kʰaŋ²²（并列）
　冬天　　天　冷　　夏天　　天　热
（冬天冷，夏天热。）

②nuŋ⁵³ ŋ̊⁴² tʰi⁴² tɔŋ³¹，a²² kin²² vaŋ⁴² ŋ̊⁴² tʰi⁴² tɔŋ³¹（选择）
　你　去　种　树　　还是　我　去　种　树
（你去种树，还是我去种树？）

③vaŋ⁴² pji³¹ muŋ⁵³ vɔŋ⁵³，muŋ⁵³ pji³¹ nuŋ⁴² sɔŋ³³ ŋjuŋ⁴² vɔŋ⁵³（递进）
　我　比　你　大　　你　比　他　还　要　大
（我比你大，你比他更大。）

(2) 偏正复句。例如：

①ka³³ kʰje⁴² kwei⁵⁵, tsʰa³³ taŋ²² kwa³¹ ha³⁵ ŋŋ⁴² （因果）
　路　很　窄　　车　子　过　不　去
［（因为）路很窄，车子过不去。］

②zji³⁵ kɔ³¹ nɔ²² kai²² tsɤ³³ kwaŋ⁵³ tsʰjiˑ⁵³ ŋɔŋ⁵³, vaŋ⁴² i³⁵ tʰin⁴² kui²²
　如　果　明　天　天　气　好　我　一　定　带

muŋ⁵³ ŋŋ⁴² nɤ³³ kwei⁵³ （假设）
你　　去　　洗肉
（如果明天天气好，我一定带你去洗澡。）

③muŋ⁵³ ha³⁵ ŋŋ⁴², vaŋ⁴² su³⁵ vɔŋ⁴² （条件）
　你　不　去　　我　就　去
［（只要）你不去，我就去。］

④ne³³ tiˑ²² zu³⁵ taŋ²² vɔŋ⁵³ su³⁵ vɔŋ⁵³, ha³⁵ tsʰiˑ⁴² pɤ⁴² kwan²² （转折）
　这　些　柚　子　大　就　大　　不　是　很　甜
［这些柚子（虽然）大，（但）不很甜。］

【本章主要参考资料】

［1］中国科学院少数民族语言研究所. 中国少数民族语言简志：苗瑶语族部分［M］. 北京：科学出版社，1959.

［2］毛宗武，蒙朝吉，郑宗泽. 瑶族语言简志［M］. 北京：民族出版社，1982.

［3］张琨. 苗瑶语声调构拟［M］//贺嘉善，译. 中国社会科学院民族研究所语言研究室. 民族语文研究情报资料集：第1集. 北京：中国社会科学院民族研究所，1983.

［4］毛宗武，蒙朝吉. 畲语简志［M］. 北京：民族出版社，1986.

［5］马学良. 语言学概论［M］. 武汉：华中工学院出版社，1981：275－276.

［6］高华年. The Phonology of Qing-miao［J］. 中山大学学报，1982（4）.

［7］辞海·语言文字部分［M］. 上海：上海辞书出版社，1978（56）.

第六章 藏缅语族

我国语言学家一般认为这个语族分为 4 个语支，即藏语支、彝语支、景颇语支、缅语支。这已经在第二章加以论述了。但美国语言学家本尼迪克特却主张藏缅语族分为 7 个分支：①藏—卡瑙里语（博迪语支—喜马拉雅语支），也许还有若尔盖语、列普查语和马加里语；②巴兴—瓦尤语（基兰提语支），或许还有内瓦里语；③阿博尔—米里—达夫拉语（米里语支），或许还有阿戛语、迪加罗语、米佐语和迪马尔语；④克钦语，也许还有卡杜—安德罗—森迈语（卢语支）和塔曼语；⑤缅—倮倮语（缅语支），也许还有怒语；⑥博多—加罗语（巴尔语支），也许还有孔亚克语和查雷尔语；⑦库基—那加语（库基语支），也许还有米基尔语、梅特黑语和姆鲁语。① 这个问题尚有待于进一步的调查研究。

一、藏缅语族语言的特点

（一）语音方面的特点

（1）有一些彝语支和景颇语支的语言元音的松紧是对立的。它有区别词义的功能。比如，彝语② pu^{33}（朵）、p̱u^{33}③（回来），sʅ^{33}（血）、sʅ̱^{33}（柴）；哈尼语④ de^{31}（推）、ḏe^{31}（话），lɯ^{33}（线）、ḻɯ^{33}（袖子）；景颇语⑤ pu^{31}（穿一裤子）、p̱u^{31}（肠子），ka^{31}（话）、ḵa^{31}（跳舞）。

---

① 参见［美］P. K. 本尼迪克特著，乐赛月、罗美珍译《汉藏语言概论》，中国社会科学院民族研究所语言室 1984 年版，第 3 页。
② 彝语以四川喜德话为例。
③ 元音下加一道横线的表示这个元音读紧元音。
④ 哈尼语以云南绿春话为例。
⑤ 景颇语以云南盈江恩昆话为例。

这种元音的松紧跟声母、声调有一定的关系。紧元音只出现于一定的声调，而且不同送气声母相拼，比如，哈尼语不送气清塞音和清塞擦音只跟紧元音相拼，送气声母只跟松元音相拼，而且紧元音一般只在中平调和低降调出现。

（2）有些彝语支语言①，如昆明附近核桃箐村的彝语，它的声母不送气和送气、清音和浊音是对立的，例如，p：pʰ、b：bʰ；t：tʰ、d：dʰ；k：kʰ、g：gʰ；ts：tsʰ、dz：dzʰ；tʂ：tʂʰ、dʐ：dʐʰ、tɕ：tɕʰ；等等。在这种语言里送气和不送气、清音和浊音都是成系统的。但大多数彝语支语言，如路南撒尼语②只有清声母的送气和不送气是对立的，浊声母往往没有送气音。昆明附近核桃箐村的彝语浊鼻音也有不送气和送气之别，例如，ma⁴⁴（梦）、a²¹mʰɛ²⁴（嫂嫂），nɛ²⁴（红），nʰɔ²⁴（事情）等。

（3）藏缅语族的语言复元音较少。彝语支的语言也没有辅音韵尾。

（4）声调比较少，一般只有四五个，如哈尼语、普米语、景颇语、藏语等。彝语个别方言有 7 个，如昆明附近的彝语。藏语个别方言没有声调，如安多方言。

（5）声调跟元音的长短有密切的关系。比如，藏语的长元音只在高平调和低升调出现，带喉塞音韵尾的短元音只在全降调和低升降调出现。

（6）藏语中康方言绝大多数地区和安多方言的部分地方都有一套清化鼻音，如 m̥、n̥、ɲ̊、ŋ̊ 等。这套清化辅音在安多方言的部分地方只出现在复辅音中，不单独做声母。

（7）卫藏方言多数地方以及康方言和安多方言少数地方有舌面清塞音 c、cʰ 或 ȶ、ȶʰ。

（8）安多方言绝大多数地方有送气清擦音 sʰ 和 xʰ。康方言的大多数地方有 xʰ 音。

---

① 参见高华年《彝语语法研究》（第一章），科学出版社 1958 年版。
② 参见马学良《撒尼彝语研究》（第一章），商务印书馆 1951 年版。

(二) 语法方面的特点

（1）句子成分的基本次序是主语—宾语—谓语。例如：

藏语①：ŋa¹² pe³⁴ tɕʰa⁵⁴ ta⁵⁴ ki⁵⁴ jø¹² （我看书。）
　　　　我　　书　　　看　附加成分助词
彝语：ŋa¹³ tʰɯ²¹ ʑi¹³ hɯ²¹ （我看书。）
　　　我　　书　　　看

（2）名词、代词做限制语时，放在被限制语前面。例如：

藏语：ta⁵⁴ ɕu¹² ku⁵⁴ （马尾巴。）
　　　马　尾巴
彝语：mu³³ pʰu³¹ ʂu³³ （马尾巴。）
　　　马　尾　巴
藏语：kʰoŋ⁵⁵ ki② pe⁵⁴ tɕʰa⁵⁴ （他的书。）
　　　他　　　的　书
彝语：tsʰɿ²¹ tʰɯ²¹ ʑi³³ （他的书。）
　　　他的　　书

（3）形容词、数词做限制词时，放在被限制语后面。例如：

藏语：ri¹² to⁵⁴ po⁵⁴ （高山。）
　　　山　高
彝语：bo³³ a³³ mu³³ （高山。）
　　　山　高
藏语：ta⁵⁴ ȵi⁵⁵ （两匹马。）
　　　马　二
彝语：mu³³ ȵi²¹ （两匹马。）
　　　马　二

---

① 藏语以拉萨话为例。
② 不标调的读轻声。下同。

（4）藏语里助词 ki^{12} 表示前面的词是主语，la 表示前面的词是宾语。例如：

ŋa^{12} ki^{12}　pe^{54} tɕʰa^{54} tɕi^{54} ȵɸ^{12} pa re^{12}（我买了一本书。）
我　主语助词　书　　一　　买　　了
ŋa^{12} kʰoŋ^{55}　la　ɕɛʔ^{54} pa jin^{12}（我对他说了。）
我　他　宾语助词　说　　了

（5）动词以语缀或助词表示人称、时间等语法意义。例如：

藏语：tʂʰi^{12}（写）
　　　tʂʰi^{12} pa jin^{12}（已经写）（第一人称过去时）
　　　tʂʰi^{12} ki^{54} jɸ^{12}（正在写）（第一人称现在时）
　　　tʂʰi^{12} ki^{54} jin^{12}（将要写）（第一人称将来时）

（6）彝语支个别语言单数人称代词有主宾格的不同。例如扬武哈尼语①："我"，ŋɔ^{55} 是主格，ŋou^{55} 是宾格（ŋɔ^{55} + u^{55} > ŋou^{55}）；"你"，nu^{55} 是主格，nu^{35} 是宾格（nu^{55} + u^{35} > nu^{35}）；"他"，ie^{55} 是主格，ieu^{55} 是宾格（ie^{55} + u^{55} > ieu^{55}）。

（7）在哈尼语里，一个名词包含两个音节，重复后一个音节，可以做这个名词的谓语或限制语。例如：

o^{21}ɬi^{33}（风）　　　　o^{21}ɬi^{33}ɬi^{33}（起风）（做谓语）
a^{55}nu^{21}（猴子）　　a^{55}nu^{21}nu^{21}（小猴子）（做限制语）

（8）助动词放在主要动词后面。例如：

藏语：ɕɛʔ^{54} ɕẽ^{54}（会说。）
　　　说　　会

---

① 参见高华年《扬武哈尼语初探》，载《中山大学学报》1955 年第 2 期。

彝语：hi²¹ kɯ⁵⁵（会说。）
　　　说　会

二、藏　语

藏族自称为"博巴"或"博"。藏族的"藏"字就是藏语 tsaŋ⁵⁵ 的音译。在我国藏族人口约有 387 万，分布在西藏自治区和青海、四川、甘肃、云南等省的部分地区。

藏语是藏族人民主要的交际工具。藏文已有 1000 多年的历史，是拼音文字。它是藏族人民共同使用的书面语言。下文以拉萨话为代表，说明藏语支语言的情况。

（一）藏语音系[①]

1. 声母

声母共 28 个。

两唇音	p	pʰ		m	w
舌尖前音	ts	tsʰ	s		
舌尖中音	t	tʰ		n	
舌尖后音	tʂ	tʂʰ	ʂ		r
边音			ɬ	l	
舌面前音	tɕ	tɕʰ	ɕ	ȵ	
舌面中音	c	cʰ	ç		j
舌根音	k	kʰ		ŋ	
喉音	(ʔ)		h	(ɦ)	

注：①拉萨一部分人有前带鼻音声母 mp、nt、ɲc、ŋk、nts、ɳtʂ、ȵtɕ，大部分人没有这套声母。②零声母音节读高调时，实际上有一个轻微的喉塞音 [ʔ]。零声母音节读低调时，实际上有一个喉部浊擦音 [ɦ]。这里都记为零声母。③r 做声母时，实际读舌尖后部位的半元音或浊擦

[①] 本节有关藏语的材料采自金鹏主编《藏语简志》拉萨话部分，民族出版社 1983 年版。下文引用该书时不另注明。

音。r 做韵尾时，实际读舌尖后颤音。④ ʂ、ɬ、ç、h 只出现在高调的音节。ʂ 在双音节词的第二音节变为 r。ɬ 在双音节词的第二音节变为 ɣ。
⑤吐气音声母在双音节词的第二个音节变为不吐气。

声母例词：

p	pu^{12} 虫	p^h	p^{h}u^{12} 男孩
m	mi^{12} 人	w	waŋ^{55} 权力
ts	tsa^{54} 草	ts^h	ts^{h}a^{54} 盐
s	sa^{54} 土	t	ta^{54} 马
t^h	t^{h}oŋ^{55} 看见	n	na^{12} 生病
tʂ	tʂa^{54} 头发	tʂ^h	tʂ^{h}a^{54} 鹞鹰
ʂ	ʂɛ^{55}ʂɛ^{55} 稀疏	r	ri^{12} 山
ɬ	ɬa^{54} 神	l	la^{12} 山岭
tç	tçu^{54} 十	tç^h	tç^{h}u^{54} 水
ç	ça^{54} 肉	ɲ	ɲa^{12} 鱼
c	caʔ^{54} 抬	c^h	c^{h}aʔ^{54} 冷
ç	çaŋ^{54} 漂	j	ja^{55} 借
k	kam^{14} 箱子	k^h	k^{h}a^{54} 口
ŋ	ŋa^{12} 我	h	haŋ^{55}koʔ^{54} 鞋

2. 韵母

短元音韵母	i	y	e	ø	ɛ	a	o	ɔ	u
长元音韵母	i:	y:	e:	ø:	ɛ:	a:	o:		u:
复合韵母	iu	au						
带辅音韵尾	iʔ	ik	iŋ	ir	im	ip		
的韵母	eʔ	ek	eŋ	er	em	ep		
	aʔ	ak	aŋ	ar	am	ap		
	oʔ	ok	oŋ	or	om	op		
	uʔ	uk	uŋ	ur	um	up		
	yʔ							
	øʔ							
	ɛʔ							
				əm	əp			

注：

①拉萨话元音分长短，但元音长短跟声调有对当关系。54 和 12 两调只在短元音韵母的音节出现，55 和 14 两调只在长元音、复合元音和带 r 韵尾的韵母出现。长短元音不在相同的声调里出现，因此长元音的符号可以省去。例如：

a	tsa^{54} 草	a:	tsa^{55} 跟前
a	ça^{54} 肉	a:	ça^{55} 东方
i	mi^{12} 人	i:	mi^{14} 人的
e	me^{12} 火	e:	te^{14} 这里

②除了上面的韵母外，还有 ə 和 ə̃ 两个元音。但 ə 往往带有 p 和 m 韵尾，ə̃ 只在双音节里出现。例如，kə^{12} tʂɛʔ^{12} "如何"。

③复合元音 iu、au 是真性的复合元音，前后两个音的发音强度相同，一样清晰。它们只在 55 和 14 两个声调里出现，例如 piu^{55} "猴子"、tʂʰau^{14} "荞麦"，但出现的频率很低。

④y、ɸ、ɔ 单独做韵母时只在 55 和 14 调的音节里出现。

⑤元音 a 实际读音是 A。但在双音节的词里，如果后一音节的元音是 i、u、y 时，前一音节的 a 变为 ə。

⑥oʔ、ok、or 中的 o 一般都读为 ɔ。

⑦带韵尾 k 的音节单独成词时，韵尾 k 多读为 ʔ。韵尾 ʔ 在双音节词的前一音节时完全消失。在单音节词和双音节词的韵尾 ʔ 也往往消失。

⑧韵尾 ŋ 在现代的拉萨话中已不很稳定，它常常跟鼻化音自由变读。

⑨一部分带有 –p、–m、–ŋ 韵尾的韵母（只限于 54 和 12 调的音节）和一部分鼻化元音的韵母，它们的后面有的还带有轻微的喉塞音韵尾 ʔ，但不很固定。

⑩韵尾 –ʔ、–k、–p 只在 54 和 12 调的音节出现。–r 只在 55 和 14 调的音节出现。–m、–ŋ 在 4 个调的音节里都能出现。

韵母例词：

i	ri^{12} 山	y	tʂy^{14} 蛇
e	te^{55} 送给	ɸ	kɸ^{55} 煮
ɛ	rɛ^{14} 破	a	tsa^{54} 草

o	to¹² 石头	ɔ	sɔ¹⁴ra¹² 镰刀
u	tɕu⁵⁴ 十		
iu	tiu¹⁴ 子弹	au	tʂʰau¹⁴ 荞麦
iʔ	piʔ⁵⁴ 驱逐	ik	tik¹²pa⁵⁴ 罪
iŋ	ȵiŋ⁵⁵ 心脏	ir	pir⁵⁵ 毛笔
im	tʂʰim⁵⁴ 法律	ip	tip¹² 塌
eʔ	pʰeʔ⁵⁴ 去	ek	mek⁵⁴ɕe⁵⁵ 眼镜
eŋ	tʂeŋ¹⁴pa⁵⁴ 皮绳	er	ker¹⁴ 私人
em	sem⁵⁴ 心	ep	tʰep¹² 本子
aʔ	tʰaʔ⁵⁴ 织	ak	nak⁵tsʰa⁵⁴ 墨水
aŋ	paŋ⁵⁵ 草坪	ar	tar¹⁴ 磨（动词）
am	nam⁵⁵ 天	ap	lap⁵tʂa¹² 学校
oʔ	soʔ⁵⁴ 生命	ok	tʂok¹²pa⁵⁴ 牧民
oŋ	joŋ¹⁴ 来	or	sor⁵⁵ 一指之宽
om	som⁵⁵ 杉树	op	top⁵⁴ɕuʔ⁵⁴ 力量
uʔ	nuʔ¹² 西	uk	muk⁵⁴pa⁵⁴ 雾
uŋ	tuŋ¹⁴ 敲	ur	tur¹⁴ 比
um	tʂum¹⁴ 故事	up	tup⁵⁴ 切
yʔ	ŋyʔ²¹ 哭	ɸʔ	pʰɸʔ¹² 西藏
ɛʔ	sɛʔ⁵⁴ 杀	əm	kəm¹⁴ 鲜豆荚
əp	tsʰəp⁵⁴ 代表		

3. 声调

拉萨话有4个声调。

1. 高降调54，例如 tsa⁵⁴ 草。
2. 高平调55，例如 tsa⁵⁵ 根。
3. 低升调12，例如 ta¹² 箭。
4. 升调14，例如 tsy¹⁴ 蛇。

注：①54调实际读音是43调，55调实际读音是44调，14调实际读音是113调。②拉萨话的声调跟元音长短有对当关系（参见前文韵母注）。这一点在藏语里是很重要的现象。

4. 音节结构的方式

拉萨话音节结构的形式有 6 种。现在以 C 代表辅音，以 V 代表元音，把音节结构列举如下：

① V：o^{12}（奶）   ② CV：ta^{54}（马）
③ VC：$\phi ʔ^{12}$（光）   ④ VV：au^{55}（俗人）
⑤ CVV：piu^{55}（猴子）   ⑥ CVC：$p^h\phi ʔ^{12}$（西藏）

（二）藏语语法简要

1. 词的构造

(1) 单纯词。

a. 单音单纯词。例如：

$taʔ^{54}$（老虎） pu^{12}（虫） $ŋa^{12}$（我） sum^{55}（三） na^{12}（病） $tʂo^{12}$（去）

b. 复音单纯词。例如：

$kaŋ^{55}pa^{55}$（脚） $jaʔ^{12}ko^{54}$（好） $ça^{12}mo^{12}$（帽子） $çiŋ^{14}ka^{54}$（田）

(2) 合成词。

1) 复合词。

a. 主谓式。例如：

$mĩ^{12}\ c^ham^{55}$（流浪者） $nam^{14}\ laŋ^{12}$（天亮） $pa^{54}\ k^hum^{54}$（气馁）
人 游荡   天 起   勇气 缩

b. 述宾式。例如：

$so^{54}\ tʂ^hu^{54}$（牙刷） $ça^{54}\ tsi^{12}$（叉子） $me^{12}\ tuŋ^{55}$（烧火）
牙 洗   肉 抓   火 放

ŋo¹² çẽ⁵⁴（认识）
脸面 知道

c. 偏正式。例如：

me¹² çiŋ⁵⁵（柴）　　çe⁵⁴ çiŋ⁵⁵（树木）　　tçy?¹² çi¹²（四季）
火　木　　　　　　生长　木　　　　　　时　四

前两例是前一词根限制后一词根，后一例是后一词根限制前一词根。

d. 联合式。例如：

te¹² çi?⁵⁴（幸福）　　ŋo¹² tsʰoŋ⁵⁵（生意）　　sa¹² tʰuŋ⁵⁵（饮食）
安　乐　　　　　　　买　卖　　　　　　　　吃　喝

2）派生词。

a. 词根加前缀。例如：

a-　　a⁵⁴ ma¹²（妈妈）　　a⁵⁴ kʰu⁵⁴（叔叔）　　a⁵⁴ ni¹²（姑姑）
　　　a⁵⁴ çiŋ⁵⁵（门闩）

b. 词根加后缀。例如：

-pa⁵⁴　　so¹² pa⁵⁴（工人）　　çiŋ¹⁴ pa⁵⁴（农民）
　　　　　制作　　　　　　　田地
　　　　　tsʰoŋ⁵⁵ pa⁵⁴（商人）　　kʰam⁵⁴ pa⁵⁴（康人）
　　　　　卖　　　　　　　　　康
-ma¹²　　tʂi?¹² ma¹²（抄书）　　tsa¹² ma¹²（瓦罐）
　　　　　写　　　　　　　　　陶土
　　　　　ȵi¹² ma¹²（太阳）　　ka⁵⁵ ma¹²（星星）

2. 语序

（1）主语在谓语之前。例如：

① $k^ha\eta^{12}$ cur^{14} ts^ha^{55} ça（雪化了。）
　　雪　　化　　了　　助词
② ηa^{12} na^{12} tçu\eta（我病了。）
　　我　病　助词
③ $k^ho\eta^{55}$ ma^{12} $tʂo^{12}$（他不走。）
　　他　　不　走

（2）主语在宾语之前，宾语在动词之前。例如：

① $c^he?^{54}$ $ra\eta^{14}$ ts^ho^{54} $lo?^{54}$ $\eta\tilde{ɛ}^{55}$ $ta?^{54}$ $ka?^{54}$ $tʂo^{12}$ $kɛ?^{54}$
　你们　　电影　　　　　　看　　去　　语气助词
（你们去看电影吗？）
② ηa^{12} k^ha^{54} $la?^{12}$ $sɛ?^{12}$ pa $j\tilde{i}^{14}$（我吃了饭。）
　　我　饭　　　　吃　　助词
③ $k^ho\eta^{55}$ ca^{12} mi^{14} $re?^{12}$（他是汉人。）
　　他　汉　人　是
④ $\eta\tilde{a}^{12}$ ts^ho^{54} mi^{12} ηa^{54} $j\phi^{12}$（我们有五人。）
　　　我们　人　五　有

（3）名词限制语在被限制语之后。例如：

① me^{12} $to?^{54}$ se^{55} po^{54}（黄花。）
　　花　　　黄
② mi^{12} sum^{55}（三人。）
　　人　三
③ t^huk^{54} pa^{54} ka^{54} $jø^{14}$ $k^ha\eta^{14}$（一碗粥。）
　　粥　碗　　一
④ $t\tilde{ø}^{12}$ $ta?^{12}$ k^ha^{12} $re?^{12}$（什么事情。）
　　事情　什么

（4）谓词限制语在被限制语之前。例如：

①co^{12} ko^{54} cu$ʔ^{12}$（快走。）
　快　　走
②ma^{14} loʔ^{54} ta（往下念。）
　往下念　助词
③tẽ^{54} sum^{55} tʂo^{12}（去三次。）
　次　　三　去
④t^{h}uk^{12} loʔ^{54} ti^{54} tʂaʔ^{12} tuŋ^{55} ça（这衣服太短。）
　衣服　　　这　太　短　助词
⑤çe^{12} tʂa^{14} maŋ^{14} ko^{54} reʔ^{12}（是很多的。）
　很　　　多　　是

副词一般放在形容词之前，但有的放在前后都可以。如例⑤也可以说：

maŋ^{14} ko^{54} çe^{12} tʂa^{14} veʔ^{12}
　多　　　　很　　　是

3. 句法结构
藏语的句法结构就其语言的特点来说，主要有下列5种。
（1）主谓结构。例如：

①k^{h}oŋ^{55} tʂo^{12} ki^{54} reʔ^{12}（他去。）
　他　　去　表将来的成分
②ŋa^{12} na^{12} pa reʔ^{12}（我病了。）
　我　病　了
③ta^{54} tɕ^{h}om^{55}（马跳。）
　马　跳

(2) 偏正结构。例如：

① mi¹² ŋa⁵⁴（五人。）
　人　　五
② so¹² pa⁵⁴ maŋ¹⁴ ko⁵⁴ jø ʔ¹²（有很多工人。）
　工人　　多　　　有
③ luʔ¹² tʰẽ¹² tsʰo⁵⁴（那些绵羊。）
　绵羊　　那些
④ am⁵⁵ tɕi⁵⁴ jaʔ¹² ko⁵⁴（好医生。）
　医生　　好
⑤ mã¹³ ma⁵⁵ po⁵⁴（不红。）
　不　　红
⑥ mã¹² tʂo¹²（不走。）
　不　走

例⑤和例⑥限制语在被限制语之前。

(3) 述宾结构。例如：

① pe⁵⁴ tɕʰa⁵⁴ ta⁵⁴（看书。）
　书　　看
② tsam⁵⁵ pa⁵⁴ sa¹²（吃糌粑。）
　糌粑　　吃
③ ji¹² ke¹² tʂʰi¹²（写字。）
　字　　写
④ ɕa¹² ŋuʔ⁵⁴ tuʔ¹²（有铅笔。）
　铅笔　　有

(4) 述补结构。例如：

① sa¹² caʔ¹²（吃饱。）
　吃　饱

②tʂo¹² tø̃¹⁴（走出去。）
　走　　出
③tʂʰyʔ⁵⁴ ɕəp¹² tsʰa⁵⁵（洗干净。）
　洗　　　干净

（5）联合结构。例如：

①lap⁵⁴ tʂaʔ¹² ta ke¹² kɛ̃¹⁴（学生和老师。）
　学生　　　和　老师
②cʰeʔ⁵⁴ raŋ¹⁴ ta kʰoŋ⁵⁵（你和他。）
　你　　　　和　他
③ra¹² luʔ¹² ta ta⁵⁴（羊和马。）
　羊　　　和　马
　tɕʰa¹² te¹² ta ja¹² tse⁵⁴ tʂuŋ⁵⁵ tʂuŋ⁵⁵（鸡、鸭子和鹅。）
　鸡　　　和　鸭子　　　　鹅

4. 复句

（1）联合复句。例如：

①ŋã¹² tsʰo⁵⁴ tʰe¹² riŋ¹⁴ ca¹² jiʔ¹² ləp⁵⁴ ki⁵⁴ reʔ¹², saŋ⁵⁵ n̪ĩ¹⁴ pʰɸʔ¹² jiʔ¹² ləp⁵⁴
　我们　今天　汉文　学　助词　　　明天　藏文　　学
ki⁵⁴ reʔ¹²（并列）
表将来成分
（我们今天学汉文，明天学藏文。）
②moʔ¹² moʔ¹² sa¹² ka, tʂɛʔ¹² sa¹² ka（选择）
　馍馍　　　吃　呢　米饭　吃　呢
（吃馍馍呢，还是吃米饭呢？）
③kʰoŋ⁵⁵ jø̃¹⁴ tɕẽ⁵⁵ tɕʰẽ⁵⁵ po⁵⁴ jøʔ¹² reʔ¹² ɬak⁵⁴ par⁵⁵ tu ca¹² kɛ⁵⁴ ta ca¹² jiʔ¹²
　他　　学问　　　　　大　有　助词　　特别　　　汉话　和　汉文
jɛ¹⁴ ja¹² ko⁵⁴ jøʔ¹² reʔ¹²（递进）
也　好　　　有　助词
（他学问好，特别是汉语和汉文好。）

④ kʰoŋ⁵⁵ tsʰo⁵⁴ leʔ⁵⁴ ça, cʰeʔ⁵⁴ raŋ¹⁴ ta⁵⁴ kaʔ⁵⁴ tʂo¹² kɛʔ⁵⁴ （连贯）
　　他们　到　了　你　看连词　去　吗
（他们到了，你去看吗？）

（2）偏正复句。例如：

① cʰeʔ⁵⁴ raŋ¹⁴ ma¹² tʂo¹² na¹², ŋa¹² je¹⁴tʂo¹² ma¹² reʔ¹² （假设）
　　你　不 去 如果 我 也 去 表将来的否定成分
（如果你不去，我也不去。）

② kʰoŋ⁵⁵ ɬɛ⁵⁵ sa⁵⁴ tʂo¹² ki⁵⁴ reʔ¹², jĩ¹⁴ nɛ¹⁴ saŋ⁵⁵ ɲĩ¹⁴ tʂo¹²
　　他　拉萨　去　表将来的成分　但是　明天　去
ma¹² reʔ¹²（转折）
表将来的否定成分
[（虽然）他要去拉萨，但是明天不去。]

③ kʰoŋ⁵⁵ pe⁵⁴ tɕʰa⁵⁴ lo⁵⁴ ki⁵⁴ jøʔ¹² tsaŋ¹², ŋa¹² ma¹² lap¹² （因果）
　　他　书　念 表现在进行的成分 我　不　说
[（因为）他正在读书，（所以）我不说话。]

④ kʰoŋ⁵⁵ joŋ¹⁵ ki⁵⁴ ma¹² reʔ¹²　　　ma¹² to⁵⁴ ŋã¹² tsʰo⁵⁴
　　他　来 助词表将来的否定成分　除非　我们
joŋ¹⁴ ki⁵⁴（排除）
来　助词
（除非他不来，我们才来。）

⑤ ŋa¹² ɲi¹² tuʔ¹² jøʔ¹² ta jøʔ¹² te, cʰe⁵⁵ cu¹² tɕeʔ¹² ça（让步）
　　我　伞　有　倒有助词拿　助词忘记了
（我伞有倒是有，但是忘记带了。）

在拉萨话的研究中，值得特别注意的有下面两点：
一是，一部分动词有表示现在、过去、未来和命令的形态变化。如 ta⁵⁴（看，现在时）、tɛʔ⁵⁴（看，过去时）、ta⁵⁴（看，未来时）、ø⁵⁴（看，命令式），sa¹²（吃，现在时）、sɛʔ¹²（吃，过去时）、sa¹²（吃，未来时）、so¹²（吃，命令式），等等。
二是，藏语的名词、代词、动词和形容词里都有表示敬语的词汇。在西藏的封建农奴社会里,敬语非常复杂。民主改革后,在人民内部的交际中,为了表示尊敬和礼貌,仍然使用一些敬语。拉萨话的敬语表示方法主要有3种。

第一种,使用不同的词。例如:

一般词	敬语	汉义
lak^{12}pa^{54}	tɕ^{h}aʔ^{54}	手
k^{h}a^{54}	ɕɛ^{14}	口
c^{h}øʔ^{54}raŋ^{14}	c^{h}eʔ^{54}raŋ^{14}	你
k^{h}o^{54}	k^{h}oŋ^{55}	他
tɛʔ^{12}	ɕuʔ^{12}	坐(动)
ɕiʔ^{54}po^{54}	tʂo^{54}po^{54}	舒服(形)

第二种,在单音节普通名词之前加一个跟它有关的而属于人体上的敬语名词。例如:

一般词	敬语	汉义
ŋa^{54}	tɕ^{h}aʔ^{54}ŋa^{54}	鼓
tʂa^{54}	u^{54}tʂa^{54}	头发

tɕ^{h}aʔ^{54}是"手"的敬语,它和"打鼓"有关;u^{54}是"头"的敬语,它和"头发"有关。

第三种,把合成词里的一个词素(一般是前面的)换成敬语词素。例如:

一般词	敬语	汉义
k^{h}a^{54}laʔ^{12}	ɕɛ^{14}laʔ^{12}	饭
ŋo^{12}ɕẽ^{54}	ŋo^{12}c^{h}ẽ^{54}	认识

ɕɛ^{14}是"口"的敬语,它和"饭"有关;c^{h}ẽ^{54}是"知"的敬语,它和"认识"有关。总之,敬语很复杂,这里只能举一些例子来谈谈。我们知

道，在美国加利福尼亚州北部雅那印第安人男女用不同的词①。例如：

男人	女人	汉义
ʰauna	ʰauh	火
ʰaunija	ʰauʰnich	我的火
bana	baʰ	鹿

三、彝　语

彝族在我国约有 545 万人，主要分布在我国西南部的云南、四川、广西、贵州等省（区）。在国外，主要分布在泰国、老挝、缅甸、越南等地。目前大家公认属于彝语支语言的有彝语、哈尼语、傈僳语、拉祜语、纳西语 5 种。由于彝语是这一语支中使用人口最多的一种语言，所以我国习惯以"彝"为这一语支命名，称"彝语支"。在国外，一般称彝语支语言为"Lolo"。有些语言学家还把它跟缅语、载瓦语等合为一个语支，称"缅彝语"（Burmese-Lolo）。② 本节彝语支语言以昆明附近核桃箐村彝语为代表。

（一）彝语音系③

1. 声母

唇音	p	pʰ	b	bʰ	m	mʰ	f	v	w
舌尖前音	ts	tsʰ	dz	dzʰ			s	z	
舌尖中音	t	tʰ	d	dʰ	n	nʰ			
舌尖后音	tʂ	tʂʰ	dʐ	dʐʰ			ʂ	ʐ	
边音					ŋ̊		ɬ	l	
舌面前音	tɕ	tɕʰ	dʑ	dʑʰ			ç		j
舌根音	k	kʰ	g	gʰ	ŋ		x	ɣ	
喉音	ʔ							ø	

---

① 参见［美］布龙菲尔德著，袁家骅等译《语言论》，商务印书馆 1980 年版，第 50 页。
② 参见马学良、戴庆厦《彝语支语音比较研究》，见《民族语文研究文集》，青海民族出版社 1982 年版，第 41 页。
③ 高华年：《彝语语法研究》，科学出版社 1958 年版。

注：①m^h、n^h是送气的浊鼻音，送气的力量很强。两唇接触或舌尖与齿龈间接触很轻，跟着一股强烈的 h 音出来，就是这个音。它们只能在鼻化韵母前出现，所以也可以合并为 m、n 声母。②x 是舌根后的清擦音，只能在口元音韵母前出现。h 是喉擦音，只能在鼻化韵母前出现。x 和 h 因为不在同一条件下出现，它们可以合并为一个音位，即［x］音位。③清音跟浊音、不送气音跟送气音是配对的。这在别的彝语方言里却不多见。

声母例词：

p	pa^{32}①碗	p^h	$p^hɔ^{21}$布
b	$bɤ^{21}$山	b^h	b^hu^{32}饱
m	$ma^{213}ma^{33}$饭	m^h	$a^{21}m^hɛ̃^{24}$嫂嫂
f	fi^{33}分（动词）	v	$vɔ^{213}$买
w	wu^{21}肠	ts	$tsɿ^{213}$跑
ts^h	ts^hi^{33}洗	dz	dzu^{33}吃
dz^h	$dz^hɿ^{33}mɔ^{44}$官	s	$su^{33}mu^{33}p^hu^{44}$先生
z	$zɤ^{32}$用	t	$tɯ^{55}$埋
t^h	$t^ha^{21}dɤ^{44}$一个	d	$di^{33}dɔ^{33}$和尚
d^h	$d^hɛ^{24}$飞	n	$nɚ^{55}$缝
n^h	$n^hõ^{24}$事情	tʂ	$mu^{33}tʂu^{44}$什么
$tʂ^h$	$tʂ^hɿ^{32}$秤	dʐ	$dʐɔ^{213}$有
$dʐ^h$	$dʐ^hu^{21}$锁	ʂ	$ʂɔ^{24}$黄
ʐ	$ʐɔ^{32}nɔ^{55}$热闹	ɬ	$ɬɤ^{55}$晒
l	$lɛ^{24}$来	tɕ	$a^{33}tɕi^{33}$叔父
$tɕ^h$	$tɕ^hi^{55}$羊	dʑ	$dʑi^{33}ba^{44}$钱
$dʑ^h$	$dʑ^hi^{21}$酒	ɲ	$ɲi^{33}$牛
ɕ	$ɕi^{213}$七	j	ji^{213}去
k	$kɚ^{55}$挖	k^h	$k^hɯ^{33}$偷
g	$go^{32}ɬi^{32}$跳舞	g^h	g^ha^{24}赶

---

① 32 是短调，收喉塞音［ʔ］，参见下文"3. 声调"。

ŋ	ma²¹ŋɔ⁴⁴ 不要	x	xo³² 象
ɣ	ɣa³²fɯ²¹ 鸡蛋	ʔ	ʔɤ²¹ 鸭
ø	ɯ³³dɯ³³ 头		

2. 韵母

舌尖韵母　　　ɿ ʅ
元音化韵母　　ŋ̍
卷舌韵母　　　ɚ
单韵母　　　　i ɛ a ɔ o u ɤ ɯ
有 u 介音的韵母　uɔ uo
鼻化韵母　　　ɚ̃ ĩ ɛ̃ ã ɔ̃ õ ũ ɤ̃

注：①ɿ、ʅ是舌尖元音，只在舌尖前和舌尖后等声母后面出现。②ŋ̍是成音节的舌根后鼻音，不像厦门音那样跟别的声母相拼，跟广州音"唔"[ŋ̍²¹]（不）的音差不多。例子很少。③ɚ是卷舌韵母，发音像北京的"儿""而"等声音。④i、u 在 iɛ、ua 等韵母里做介音时读松元音ɪ、ʊ。⑤u 是长缝式的 u，在唇齿擦音 f、v 之后，读成ʋ。⑥ɛ在吐气声母后读低降调时介于ɛ、æ之间。⑦a 靠近后元音，但在舌尖前声母之后比较靠前，差不多跟 a 相近。

韵母例词：

ɿ	dzɿ³³bɯ⁵⁵ 犯罪	ʅ	tʂʰʅ⁵⁵ 臭
ŋ̍	ŋ̍²¹mɤ³² 仙人	ɚ	mɚ⁴⁴nɚ³³ 猫
i	mi³³ 田地	ɛ	mɛ³³nɛ³³ 风
a	pʰa²¹ 手	ɔ	dzɔ²¹³ 有
uɔ	uɔ³³ 大	o	so²¹³ 富
uo	uo²¹³ 熬	u	vu²¹³ 舞
ɤ	ŋɤ³³ 短	ɯ	ɯ³³dɯ³³ 头
ɚ̃	xɚ̃³³ 房子	ĩ	ĩ⁵⁵ĩã²¹ 水牛
ɛ̃	ji²¹mʰɛ̃³³ 今晚	ã	nʰã³³ 滚
ɔ̃	nʰɔ̃²⁴ 事情	õ	nõ²¹ 病
ũ	nũ⁴⁴ 软	ɤ̃	a⁵⁵mɤ̃³³gʰɯ²¹³ 天

3. 声调

声调共 7 个。它们在句子里连读时变化很大，但这变化都不出于这 7 个调。如果就 7 个调的分配来说，短调、中平调最多，降调、次高调次之，升调、降升调又次之，高平调最少。现在分述如下：

1. 高平调 55，例如 tɕʰi⁵⁵ 羊。
2. 次高平调 44，例如 tɕʰi⁴⁴ 媳妇。
3. 中平调 33，例如 tɕʰi³³ 狗。
4. 升调 24，例如 ni²⁴ 住、居。
5. 降升调 213，例如 ni²¹³ 坐。
6. 低降调 21，例如 tɕʰi²¹ 窝。
7. 短调 32，例如 tɕʰi³² 抓。

注：短调是一个很短促的调子，收喉塞音 [ʔ]。

（二）彝语语法简要

1. 词的构造

（1）单纯词。

a. 单音单纯词。例如：

ŋi³³（牛）　　　xã³²（老鼠、贼）　　dzɔ²¹³（有）　　ŋu³³（五）
tʰu²⁴（白）　　　ŋɛ²¹³（是）　　　　na²¹（你）

b. 复音单纯词。例如：

mɚ⁴⁴nɚ³³（猫）　　　　la⁵⁵pʰa²¹（手）　　　　ĩ⁵⁵ĩã²¹ 水牛

（2）合成词

1）复合词。

a. 联合式。例如：

pʰo⁴⁴ mo³²（父母）　　　ni²¹ xã²⁴（日子）
父　　母　　　　　　　日　夜

b. 偏正式。例如：

va⁵⁵ kʰu⁴⁴（猪年）　　　pʰɔ²¹ xə̃³³（帐子）
猪　年　　　　　　　　布　房
ji²¹ ɬu³³（沟）　　　　　du³³ ji²¹（蜜糖）
水　舌　　　　　　　　蜂　水

c. 主谓式。例如：

ji²¹ nʰã³²（汤）　　　dʐʰu³² pʰu²¹³（钥匙）　　　ʂu³³ nə³²（糌糊）
水　滚　　　　　　　锁　开　　　　　　　　　麦　烂
xu³³ tʂʰʅ⁴⁴　　　　　bʰu³²（憔悴）
肉　臭　　　　　　　饱

d. 述宾式。例如：

ɲi³³ ŋə⁴⁴（欺负）　　də³² lu³³（柜子）　　tʂʰʅ³² lo³²mo³²（秤锤）
看　傻　　　　　　装　物　　　　　　称　石头

e. 述补式。例如：

tɕi⁵⁵ ku³³（锄头）　　ko³² ʂu³³（难过）
挖　满　　　　　　过　难

f. 重叠式。例如：

zɔ²¹ zɔ²¹（一辈子）　　　tɕʰə⁴⁴ tɕʰə⁴⁴（野鸡）

2）派生词。

a. 词根加前缀。例如：

a -　　$a^{44}v\gamma^{33}$（父亲）　　　$a^{44}p^h\gamma^{33}$（祖父）
　　　　$a^{33}mu^{33}$（哥哥）　　　　$a^{33}tɕi^{33}$（叔父）
　　　　$a^{21}vi^{55}$（姐姐）　　　　$a^{21}m^h\tilde{\varepsilon}^{24}$（嫂嫂）

b. 词根加后缀。例如：

－zu^{33} 表示男人。例如：

$na^{32}su^{33}\ zu^{33}$（彝族男人）　　$ʂa^{21}p^hu^{44}zu^{33}$（汉族男人）
　纳苏　　　　　　　　　　　　汉族

－$dz^h\text{ɿ}^{44}$ 表示公禽。例如：

$ʔ\gamma^{21}dz^h\text{ɿ}^{44}$（公鸭）　　$ʔɔ^{21}dz^h\text{ɿ}^{44}$（公鹅）　　$ŋa^{32}dz^h\text{ɿ}^{44}$（公鸟）
　鸭　　　　　　　　　鹅　　　　　　　　　鸟

－pu^{44} 表示公兽。例如：

$tɕ^hi^{55}pu^{44}$（公羊）　　$ɲi^{33}pu^{44}$（公牛）　　$mʅ^{44}\ nʅ^{33}\ pu^{44}$（公猫）
　羊　　　　　　　　　牛　　　　　　　　　　猫

－mo^{32} 表示阴性。凡阴性动物一律用 mo^{32}。例如：

$ʂa^{21}p^hu^{44}mo^{32}$（汉族女人）　　$na^{32}\ su^{33}\ mo^{32}$（彝族女人）
　汉族　　　　　　　　　　　　　纳苏

$ɲi^{32}\ mo^{32}$（母牛）　　$tɕ^hi^{33}\ mo^{32}$（母狗）　　$ʔ\gamma^{21}\ mo^{32}$（母鸭）
　牛　　　　　　　　狗　　　　　　　　　鸭

－$k\gamma^{32}$，如果在阴性的禽或兽之后加 $k\gamma^{32}$，表示衰老的意思。例如：

$tɕ^hi^{33}\ mo^{32}k\gamma^{32}$（老母狗）　　$\gamma a^{32}mo^{32}\ k\gamma^{32}$（老母鸡）
　狗　　　　　　　　　　　　鸡

有时在亲属称呼之后加 kɤ³², 表示不尊敬的意思。例如:

a⁴⁴ pʰi³³ mɔ⁴⁴ kɤ³²（老太婆）　　a⁴⁴ pʰɤ⁴⁴ mɔ⁴⁴ kɤ³²（老头子）
奶奶　老　　　　　　　　　　阿爷　老

-mo³² 表示大的意思。例如:

dʐʰo³²·²¹ mo³²（大路）　pa³²·²¹ mo³²（大碗）　la⁵⁵ tʂɿ³³ mo³²（手指头）
路　　　　　　　碗　　　　　　　手指

2. 语序

（1）主语在宾语之前，宾语在动词之前。例如:

① tʰi²¹ ŋu²¹ tɛ⁵⁵（他打我。）
　他　我　打
② a⁴⁴ vi⁵⁵ tɕʰi³³ tɛ⁵⁵（姐姐打狗。）
　姐姐　狗　打
③ tʂo³³ zu³³ ŋu³³ tɕu³²·²¹ xɚ³²（男人捕着鱼。）
　伴　男　鱼　捕　　着

（2）补语在动词之前。例如:

① a⁴⁴ vi⁵⁵ sa³³ kʰu³³ ji²¹³ uo²⁴（姐姐去了三年。）
　姐姐　三　年　去　了
② tʰi²¹ tɕʰi⁴⁴ ji²¹ tʰɔ³³ tsʰɿ³²（他的妻子在水底。）
　他　妻子　水　底　在
③ tʰi²¹ tʰa²¹ bi²¹ sɿ³³（他走一步。）
　他　一　步　走
④ na²¹ ŋa²¹³ pʰi³³ ma²¹ ȵɛ²¹³（你不是我祖母。）
　你　我　奶　不　是

（3）名词限制语在被限制语之后。例如：

①ŋu³³ nɛ²⁴（红鱼。）　　②tɕʰi·³³ tʰu²⁴（白狗。）
　鱼　红　　　　　　　　狗　白
③xu³³ tʰa²¹ ŋɚ⁴⁴（一斤肉。）④tɕʰi·⁵⁵ a⁴⁴ pɣ⁴⁴（这些羊。）
　肉　一　斤　　　　　　　羊　这些

（4）所有者在所有物之前，有时可以加助词 bɣ²¹，但也可以不加。例如：

①ȵɔ³³ zu³³ bɣ²¹ bʰɛ³³（弟弟的衣服。）
　小弟　　的　衣服
②tʰi²¹ bɣ²¹ ȵi·³³（他的牛。）
　他　的　牛
③ȵɔ³³ mɔ²¹³ su³³（妹妹的书。）
　小妹　书
④ŋa²¹³ vɣ³³ ji²¹³ uo²⁴（我的父亲去了。）
　我　父　去　了

（5）谓词限制语在被限制语之前。例如：

①na²¹ kʰɣ²¹ sɣ²¹ ŋɛ²¹³ ma²¹³ ma³³ ma²¹ dzu³³（你怎么不吃饭？）
　你　怎么　是　饭　　　不　吃
②a²¹ vi⁵⁵ sɣ²¹ sʅ³³ uo²⁴（姐姐就走了。）
　姐姐　就　走　了
③ŋu²¹ tɕʰi·³³ kʰu²¹ dzu³²·²¹ xo³² pʰɯ⁵⁵ xɚ³²（我最怕遇着狗。）
　我　狗　最　怕　　　遇　着
④ŋu²¹ ni·³³ ma²¹ mɣ²¹³（我也不做。）
　我　也　不　做

但形容词做限制语时，往往重叠起来，放在被限制语之前。例如：

⑤tsu^{44} tsu^{44} ɲi^{33}（好好地看。）
　好　好　看
⑥ɕɛ^{44} ɕɛ^{44} lɛ^{24}（早些来。）
　早　早　来

（6）重叠动词（形容词）表示疑问。例如：

①a^{21} vi^{55} ma^{213} ma^{33} dzu^{33} dzu^{33}（姐姐吃饭吗？）
　姐姐　　　饭　　　吃　吃
②na^{213} vɤ^{33} a^{21} kɯ^{44} tsʰʅ^{32} tsʰʅ^{32}（你父亲在家吗？）
　你　父　家里　　在　在
③mỹ^{33} dzʰɛ^{44} bu$^{32·21}$ bu^{32} lo^{33}（天亮了吗？）
　天　边　　亮　　　亮

（7）在重叠名词中间加一否定助词 ma^{21} "不"，表示逐指的意思。例如：

tʰi^{21} ni^{21} ma^{21} ni^{21} lɛ^{24}（他天天来。）
他　天　不　天　来

（8）重叠数词和量词表示逐指的意思。例如：

ŋu^{21} tʰa^{21} xã^{24} tʰa^{21} xã^{24} ji^{213}（我每天晚上都去。）
我　一　夜　一　夜　去

（9）在句子里加助词 a^{21} 或谓词 dzɛ^{44}，使主动句变为被动句。

主动句：a^{33} mu^{33} tɕʰi^{33} tɛ^{55}（哥哥打狗。）
　　　　哥哥　狗　打

被动句：tɕʰi³³ a³³ mu³³ a²¹ tɛ⁵⁵（狗被哥哥打。）
　　　　狗　哥哥　被　打
　　　　tɕʰi³³ a³³ mu³³ dʐɛ⁴⁴ tɛ⁵⁵（狗给哥哥打。）
　　　　狗　哥哥　给　打

3. 句法结构

彝语的句法结构就其语言的特点来说，主要有以下6种：

(1) 主谓结构。例如：

①ŋu²¹ n̩i³³（我看。）　②wu³³ uɔ³³（力气大。）
　我　看　　　　　　　力　大
③a²¹ vi⁵⁵ ji⁵⁵ uo²⁴（姐姐睡了。）
　姐姐　睡 了

(2) 述宾结构。例如：

①ma²¹³ ma³³ dzu³³（吃饭。）　②tɕʰi³³ dʐu³²（怕狗。）
　饭　　吃　　　　　　　　　狗　怕
③dʑi³³ bɔ⁴⁴ ma²¹ dʐɔ²¹³（没有钱。）
　钱　不　有

(3) 述补结构。例如：

①tʰa²¹ tʂʰu⁵⁵ tɛ⁵⁵（打一枪。）
　一　枪　打
②to³² lɛ²⁴ dʰɯ²⁴（想起来。）
　起　来　想
③tʰa²¹ ʂɚ³²lɛ²⁴（来一会儿。）
　一　下　来

（4）偏正结构。例如：

①t^hi^{21} $tɕ^hi^{44}$（他的妻子。）
　他　　妻子
②$ȵɔ^{33}$ $mɔ^{213}$ $b^hε^{33}$（妹妹的衣服。）
　小妹　　　衣服
③a^{33} mu^{33} $bɤ^{21}$ $ȵi^{33}$（哥哥的牛。）
　哥哥　　的　　牛
④sa^{33} k^hu^{44}（三年。）
　三　　年
⑤$tɕ^hi^{33}$ t^ha^{21} $dɤ^{44}$（一条狗。）
　狗　　　一　　个
⑥a^{55} $nu^{\underline{32}}$ $ʂɔ^{24}$（黄豆。）
　豆　　　黄
⑦$p^hɔ^{21}$ bu^{33} $ȵɤ^{33}$（短布。）
　布　　　短
⑧$lɤ^{33}$ $lɤ^{\underline{32}}$ $sʅ^{33}$（慢慢走。）
　慢　慢　走
⑨ma^{21} $bu^{\underline{32}}$（不饱。）
　不　饱
⑩t^ha^{21} ji^{55}（别睡。）
　莫　睡
⑪ma^{21} $ŋɔ^{44}$ dzu^{33}（不肯吃。）
　不　要　吃
⑫$tʂɚ^{44}$ $tʂɚ^{44}$ $t^hu^{24·33}$（真白。）
　真　真　白

（5）联合结构。例如：

①t^ha^{21} ni^{21} t^ha^{21} ni^{21} ji^{213}（天天去。）
　一　日　一　日　去

②lu⁴⁴ mu³³ ɲi³³ va⁵⁵ u³³ pɤ⁴⁴ pɤ⁴⁴ （那些马、牛和猪。）
　马　牛　猪　那些　些

③ji²¹³ tɕʰi³³ va⁵⁵ si³²·²¹ tʰa²¹ xɤ̃³³ sŋ³² ma²¹³ ma³³ tʂa⁵⁵
　水　　挑　柴　抱　房　归　饭　　煮
（挑水、抱柴、扫地和煮饭。）

(6) 复杂结构。例如：

①tʰa²¹³ pʰi³³ ŋɛ⁴⁴ pu³³ ŋa⁵⁵ tʰi²¹ bɔ³³ du³³ [他祖母张开嘴向他接（果子）。]
　他　　奶　嘴　张　他　向　接

②si³² tʰa va⁵⁵ va⁵⁵ vɯ⁴⁴ ji²¹³·⁵⁵ （挑一担柴去卖。）
　柴　一　担　挑　卖　去

③a²¹ vi⁵⁵ nõ²¹ gʰu²¹ pʰu⁴⁴ kʰu³³ nõ²¹ gʰu²¹ （姐姐请医生治病。）
　姐姐　病　治　人　喊　病　治

④tʰi³³ va³³ tsʰɔ³³ tsi³³ va⁵⁵ ɬo³² tɚ³³ （叫他丈夫盖猪栏。）
　他　男人　　使　猪圈　盖

例①、例②是连谓结构，例③、例④是递系结构。

4. 复句

(1) 联合复句。例如：

①tʰa²¹ tɕɛ⁴⁴ ŋɯ³³, tʰa²¹ ʂɚ³²·²¹ ŋɤ²¹³·³³ （并列）
　一　句　哭　　一　下　摇
（哭一声，摇一下。）

②ŋu²¹ ɬi³²·²¹ bɤ³² gʰɔ²⁴ dɛ³³, na²¹ ma²¹ gʰɔ²⁴ （并列复句加 dɛ³³ 连接）
　我　孙女　　拖　　　你　不　拖
（我拖孙女，不拖你。）

③tʰi²¹ lɤ⁴⁴ du³²·³³ lɛ²⁴·³³, ŋu³³ dzʰi²¹ vɛ³²·²¹ to³², tʰia²¹ tʰa²¹ tsɚ³²·²¹
　他　钻　出　来　　鱼　皮　拿起　　被　他　一
ʂɚ³² mu³³ tu⁴⁴ kɯ⁴⁴ tɕʰu³³ （连贯）
　块　撕　火　里　烧
（他钻出来，拿起鱼皮，撕一块放在火里烧。）

（2）偏正复句。例如：

① ŋu³³ nɛ²⁴·³³ a⁵⁵ dɤ⁴⁴ ŋu²¹ dʑɛ⁴⁴, ɕa⁵⁵ ji³² u³³ pɤ⁴⁴ ŋu²¹ nɛ⁴⁴ du⁴⁴
　鱼　红　　这个　我　给　　其他　那些　我　你们　同
ma²¹ ŋɔ⁴⁴（假设）
不　要
［（如果）这条红鱼给我，别的那些就不要了。］

② na²¹ ŋu²¹ du⁴⁴ pʰa³³ ni²⁴, tʰa²¹ dʱɔ²⁴.（加助词 pʰa³³ 表示假设）
　你　我　同　如果　住　莫　懒
（你如果同我住，别偷懒。）

③ tʰɛ⁴⁴ bɤ²¹ a⁵⁵ nu³²·²¹ dẓʱɔ³² dzu³³ ma²¹ tɕʰɚ⁴⁴, a⁵⁵ nu³²·²¹ dẓʱɔ³²
　他们的　豆　　腐　　吃　不　醒　　豆　　腐
tʂʰʅ⁴⁴ tʰə⁵⁵（因果）
臭　　成
［他们的豆腐忘了吃，（所以）成了臭豆腐。］

④ ŋa²¹³ vɤ³³ ma²¹³ ma³³ dzu³³, tʰi²¹ ŋa²¹³ vɤ³³ kʰu³³ lɛ²⁴·³³（时间）
　我　父　饭　　　吃　他　我　父　喊　来
［（当）我父亲吃饭时，他来喊我父亲。］

⑤ ŋɔ³³ mɔ²¹³ su³³ sɔ⁴⁴ ma²¹ nʰɔ̃²⁴ dɛ³³ ma²¹, tʰɔ⁴⁴ ʂʅ⁴⁴ xã²¹³ su³³
　小　妹　书　读　不　过　　虽然　但是　还　书
ni·⁴⁴ sa³³ dzu²¹ sɚ⁵⁵（转折）
二　三　字　知
（虽然妹妹没有读过书，但是还认得几个字。）

⑥ mɤ²¹³ tɔ⁵⁵ mɤ²¹³ ŋɔ⁵⁵ dɛ³³, xã²¹³ tʰi²¹ tʰa²¹ ʂɚ³² nʰɔ̃³² ŋɔ⁴⁴ si³³（让步）
　做　倒　做　要　　还　他　一　下　　等　要
（做倒可以做，还要他等一下。）

【本章主要参考资料】

[1] 马学良. 语言学概论［M］. 武汉：华中工学院出版社，1981：277-279.

[2] 马学良. 撒尼彝语研究［M］. 北京：商务印书馆，1951.

［3］高华年. 彝语语法研究［M］. 北京：科学出版社，1958.

［4］高华年. 扬武哈尼语初探［J］. 中山大学学报，1955（2）.

［5］金鹏. 藏语简志［M］. 北京：民族出版社，1983.

［6］金鹏. 藏语拉萨日喀则昌都话的比较研究［M］. 北京：科学出版社，1958.

第七章　汉藏系8种语言常用词的比较

这一章选了 8 种语言的 168 个常用词进行比较。这 8 种语言分别代表了汉藏系的各个语族。汉语选普通话和粤方言（广州话），壮侗语族选壮语（广西武鸣壮语）、黎语（海南省保定话），苗瑶语族选苗语（湘西方言，即湖南花垣县吉伟话）、瑶语（广西大坪江勉话）、畲语（广东惠东畲语），藏缅语族选藏语（西藏拉萨话）和彝语（昆明附近核桃箐村彝语）。从这些语词的比较里，可以明显看出同语族语言的词比较接近。比如："火"，壮语说 fei^{31}，黎语说 fei^{53}；"屎"，壮语说 hai^{42}，黎语说 ha:i^{11}；"屎"，苗语说 qɑ^{44}，瑶语说 gai^{52}，畲语说 ka^{33}；"稻子"，藏语说 tṣ^{h}ɛʔ^{12}，彝语说 tṣ^{h}ɛ^{21}；等等。从这些材料里还可以看出各种语言亲属的远近。这些基本词的比较对于判断一种初次调查的语言属于哪个语族是有帮助的。

语种	词目	
	一	二
汉语（普通话）	i^{55}	ɚ^{51}
汉语（粤方言）	jat^{55}	ji^{22}
壮语	deu^{24}（或 nɯ:ŋ^{33}）；it^{55}①	so:ŋ^{24}；ŋei^{33}
黎语	tsʰɤɯ^{11}；tsɯ^{55}②	ɬau^{11}
苗语	a^{44}	ɯ^{35}
瑶语	jet^{12}；jet^{55}③	i^{33}；ŋei^{12}（或 ŋ̍i^{12}）

---

① deu^{24} 只能用在量词和"百、千、万、亿"的后面，it^{55} 可用在量词的前面和"百、千、万、亿"的前面或后面。表示次第和概数用 it^{55}，不用 deu^{24}。

② 并列的词表示有几种说法。

③ 瑶语数词从一到九有两套。十以上的数用第二套。表中第一个词为第一套，第二个词为第二套。

（续上表）

语种	词目	
	一	二
畲语	i³⁵	u²²
藏语	tɕiʔ⁵⁴	ŋi⁵⁵
彝语	tʰa²¹	ni⁴⁴

语种	词目	
	三	四
汉语（普通话）	san⁵⁵	sɿ⁵¹
汉语（粤方言）	saːm⁵³	sei³³
壮语	saːm²⁴	sei³⁵
黎语	fu¹¹	tsʰau¹¹
苗语	pu³⁵	pɹei³⁵
瑶语	pwo³³；faːm³³（或 fa²¹）	pjei³³；fei²⁴
畲语	pa²²	pi³⁵
藏语	sum⁵⁵	ɕi¹²
彝语	sa³³	ɬi³³

语种	词目	
	五	六
汉语（普通话）	u²¹⁴	liou⁵¹
汉语（粤方言）	ŋ¹³	luk²²
壮语	ha⁵⁵；ŋu⁴²	ɣok⁵⁵；lok³³
黎语	pa⁵³	tom⁵³
苗语	pɹa³⁵	tɔ⁵³
瑶语	pja³³；ŋŋ²³¹	tɕu⁵⁵；lwo¹²
畲语	pi²²	ko²¹
藏语	ŋa⁵⁴	tʂuʔ¹²
彝语	ŋu³³	tɕu⁴⁴

语种	词目	
	七	八
汉语（普通话）	tɕʰi⁵⁵	pa⁵⁵
汉语（粤方言）	tsʰat⁵⁵	pa:t³³
壮语	ɕat⁵⁵	pet⁵⁵
黎语	tsou⁵³	gou⁵³
苗语	tɕioŋ⁴²	ʑi²²
瑶语	sje¹²；tsʰjet⁵⁵	ɕet¹²；pɛt⁵⁵
畲语	tsʰuŋ⁴²	ʑi³⁵
藏语	tỹ¹⁴	ɕɛʔ¹²
彝语	ɕi²¹³	xɛ̃²⁴

语种	词目	
	九	十
汉语（普通话）	tɕiou²¹⁴	ʂʅ³⁵
汉语（粤方言）	kau³⁵	sap²²
壮语	kou⁵⁵	ɕip³³
黎语	fam¹¹	fu:t⁵⁵
苗语	tɕio³¹	ku²²
瑶语	dwo²¹；tɕwo⁵²	tsjop¹² ①
畲语	kiu³³	kʰjo³³
藏语	ku¹²	tɕu⁵⁴
彝语	kɯ³³	tsʰɛ²¹

---

① 瑶语"十"只有一个。

语种	词目	
	十一	二十一
汉语（普通话）	ʂʅ³⁵ i⁵⁵	ɚ⁵¹ ʂʅ³⁵ i⁵⁵
汉语（粤方言）	sap²² jat⁵⁵	ja²² jat⁵⁵
壮语	çip³³ it⁵⁵	ŋei³³ çip³³ it⁵⁵
黎语	fu:t²² tsʰɯɯ¹¹	ɬau¹¹ tu:t³⁵ tsʰɯɯ¹¹
苗语	ku²² ɑ⁴⁴	ɯ³⁵ ku²² ɑ⁴⁴
瑶语	tsjop¹² jet⁵⁵	ŋi¹² tsjop¹² jet⁵⁵
畲语	kjo³³ i³⁵	ŋi⁴² i³⁵
藏语	tɕu⁵⁴ tɕiʔ⁵⁴	ŋi¹² ɕu⁵⁴ tsak⁵⁴ tɕiʔ⁵⁴
彝语	tsʰɛ²¹ ti⁴⁴	ni⁴⁴ tsʰɛ³³ tʰa²¹

语种	词目	
	一百	一千
汉语（普通话）	i⁵⁵ pai³⁵	i⁵⁵ tɕʰiɛn⁵⁵
汉语（粤方言）	jat⁵⁵ pa:k³³	jat⁵⁵ tsʰin⁵³
壮语	it⁵⁵ pa:k³⁵	it⁵⁵ çi:n²⁴
黎语	tsɯ⁵⁵ gwa:n⁵³	tsɯ⁵⁵ ŋu:n⁵³
苗语	ɑ⁴⁴ pa⁵³	ɑ⁴⁴ tsʰɛ̃³⁵
瑶语	jet⁵⁵ pɛ⁵⁵	jet⁵⁵ tsʰin³³
畲语	i³⁵ pa³¹	i³⁵ tsʰan²²
藏语	tɕiʔ⁵⁴ ca¹²	tɕiʔ⁵⁴ toŋ³³
彝语	tʰa²¹ xõ²¹	tʰa²¹ ɣɯ²¹

语种	词目	
	我	你
汉语（普通话）	uo²¹⁴	ni²¹⁴
汉语（粤方言）	ŋɔ³⁵	nei¹³
壮语	kou²⁴	mɯŋ³¹
黎语	hou⁵³；de¹¹	meɯ⁵³
苗语	wei³⁵	mɯ³¹；moŋ³⁵
瑶语	je³³	mwei²¹
畲语	vaŋ⁴²	muŋ⁵³
藏语	ŋa¹²	cʰeʔ raŋ¹⁴
彝语	ŋu²¹	na³³；na²¹

语种	词目	
	他	我们（咱们）
汉语（普通话）	tʰa⁵⁵	uo²¹⁴·²¹ mən·①（我们）；tsan³⁵ mən·（咱们）
汉语（粤方言）	kʰœy¹³	ŋɔ¹³ tei²²
壮语	te²⁴	tou²⁴
黎语	na⁵³	fa⁵³（我们）；ga⁵³（咱们）
苗语	wu⁴⁴；pɯ²²	pɯ³⁵
瑶语	nen²¹	je³³ bwo³³（我们）；bwo³³（咱们）
畲语	nuŋ⁴²	pa²²；pa²² ne³³ ti²²
藏语	kʰoŋ⁵⁵	ŋã¹² tsʰo⁵⁴（我们）；ŋa¹² raŋ¹⁴ tsʰo⁵⁴（咱们）
彝语	tʰi³³；tʰi²¹	ŋɛ⁴⁴

---

① 音节右上角有小圆点"·"，表示该音节读轻声。

语种	词目	
	你们	他们
汉语（普通话）	ni$^{214\cdot21}$ mən·	t^{h}a^{55} mən·
汉语（粤方言）	nei^{13} tei^{22}	k^{h}œy^{13} tei^{22}
壮语	sou^{24}	kjoŋ^{35} te^{24}
黎语	meɯ^{53} ta^{53}	k^{h}un^{53}
苗语	me^{31}	tɕi^{44} mi^{31}
瑶语	mwei^{21} bwo^{33}	nen^{21} bwo^{33}
畲语	mi^{22}	nuŋ^{42} ne^{53}
藏语	c^{h}eʔ^{54} raŋ^{14} ts^{h}o^{54}	k^{h}oŋ^{55} ts^{h}o^{54}
彝语	nɛ^{44}	t^{h}ɛ^{44}

语种	词目	
	这个（这）	那个（那）
汉语（普通话）	tʂə^{51} kə·	na^{51} kə·
汉语（粤方言）	ni^{55} kɔ^{33}	kɔ^{35} kɔ^{33}
壮语	nei^{42}（这）	han^{42}（那）
黎语	nei^{55} hom^{53}	haɯ（那，中指）；ma^{55}（那，远指）
苗语	ɑ^{44} le^{35} men^{44}	ɑ^{44} le^{35} ɑ^{44}
瑶语	na:i^{52}（这）	na:i^{12}（那，中指）；wo^{52}（那，远指）
畲语	ne^{33}（这）	va^{42}（那，中指）；ɤ^{33}（那，远指）
藏语	ti^{12}（这）	p^{h}a^{54} ki^{54}
彝语	a^{55} dɤ^{44}	u^{33} dɤ^{44}

语种	词目	
	这里	那里
汉语（普通话）	tʂər^{51}（这儿）	nar^{51}（那儿）
汉语（粤方言）	ni^{55} tou^{22}	kɔ^{35} tou^{22}
壮语	kei^{42}	kjan^{42}
黎语	nei^{55}	haɯ^{55}（中指）；ma^{55}（远指）
苗语	ka^{22} men^{44}	qɔ^{53} ʑi^{35}
瑶语	na:i^{52} dau^{33}	na:i^{12} dau^{33}（中指）；wo^{52} dau^{33}（远指）
畲语	ne^{33} tat^{54}；nja^{42}	va^{42} tat^{54}（中指）；ɤ^{33} tat^{54}（远指）
藏语	te^{14}	pʰa^{54} kɛ^{55}
彝语	a^{55} na^{55}	u^{33} na^{55}

语种	词目	
	谁	什么
汉语（普通话）	ʂuei^{35}（ʂei^{35}）	ʂən^{35} mə
汉语（粤方言）	pin^{55} kɔ^{33}（边个）	mat^{55}（乜）
壮语	pou^{42} laɯ^{31}	ma^{31}
黎语	ɯ$^{(11)}$① ra^{11}	me^{11} he^{11}
苗语	te^{35} le^{35}	a^{44} ʑiaŋ^{35} tɕi^{35}
瑶语	ha:i^{24} tau^{21}	ke^{24} ȵou^{33}
畲语	pe^{53}	tʰa^{35} ne^{22}
藏语	su^{54}	kʰa^{12} re^{12}
彝语	a^{21} si^{55}	mu^{33} tʂu^{44}

① 括号里的声调读轻声。(11) 读 11 轻声。下同。

语种	词目	
	人	男人
汉语（普通话）	$z_{\,}ən^{35}$	$nan^{35}\ z_{\,}ən^{\cdot}$
汉语（粤方言）	jan^{11}	$na:m^{11}\ jan^{35\,*}$ ①
壮语	vun^{31}	$p^hou^{42}\ sa:i^{24}$
黎语	$u^{55}\ a:u^{53}$	$p^ha^{11}\ ma:n^{53}$
苗语	ne^{31}	$qɔ^{35}\ ni^{53}$
瑶语	$mjen^{21}$	$mjen^{21}\ tɕaŋ^{12}\ mjen^{21}$
畲语	ne^{53}	$ne^{53}\ pɤ^{53}$
藏语	mi^{12}	$c^ho^{54}\ ka^{54}$
彝语	$va^{33}\ tsʰɔ^{33}$；su^{33}	$va^{33}\ tsʰɔ^{33}$

语种	词目	
	女人	老人（男性）
汉语（普通话）	$ny^{214\cdot21}\ z_{\,}ən^{\cdot}$	$lau^{214\cdot21}\ t^hour^{35}$（老头儿）
汉语（粤方言）	$nœy^{22}\ jan^{35\,*}$	$pa:k^{33}\ jɛ^{55\,*}$ ② $kuŋ^{53}$（伯爷公）
壮语	$me^{33}\ bɯk^{55}$	$pou^{42}\ la:u^{42}$
黎语	$pai^{11}\ k^hau^{55}$	$a:u^{53}\ za^{53}$
苗语	$qɔ^{35}\ mp^ha^{44}$	$ne^{32}\ qɔ^{53}$
瑶语	$mjen^{21}\ sje^{55}\ mjen^{21}$	$mjen^{21}\ ku^{24}\ mjen^{21}$
畲语	$ne^{53}\ va^{33}$	$ne^{53}\ kɤ^{33}$；$kɤ^{33}\ ne^{53}$
藏语	$cɛ^{54}\ m\bar{ɛ}^{55}$	$k\bar{ɛ}^{14}\ koʔ^{54}$
彝瑶	$a^{21}\ mɔ^{33}$	$a^{44}\ p^hɤ^{33}\ mɔ^{44}\ kɤ^{32}$ ③

---

① 粤语 "35*" 是高升变调，比阴上略高。下同。
② 粤语 "55*" 是高平变调，比阴平55略高。下同。
③ 彝语 <u>32</u> 是个短调，收喉塞音 [ʔ]。

语种	词目	
	小孩儿	祖父（爷爷）
汉语（普通话）	ɕiau²¹⁴·²¹ xiar³⁵	ie³⁵ ie·
汉语（粤方言）	sai³³ lou³⁵ kɔ⁵³（细佬哥） sai³³ man⁵⁵ * tsai³⁵（细纹仔）	a³³ jɛ¹¹（亚爷）
壮语	lɯk³³ ȵɛ³¹	koŋ²⁴
黎语	ɬɯ:k⁵⁵ lauɯ⁵⁵；eŋ⁵⁵ lauɯ⁵⁵	pʰou¹¹
苗语	te³⁵ te³⁵	a⁴⁴ pʰɯ³⁵
瑶语	fei²¹ tɕwei²¹	oŋ³³
畲语	ne⁵³ taŋ²²	a²² kuŋ⁴²
藏语	pu⁵⁴ ku⁵⁴	po⁵⁵
彝语	a⁵⁵ gʰɔ³³ zu³³	a⁴⁴ pʰɤ³³

语种	词目	
	祖母（奶奶）	父亲（爸爸）
汉语（普通话）	nai²¹⁴·²¹ nai·	pa⁵¹ pa·；tie⁵⁵（爹）
汉语（粤方言）	a³³ ma¹¹（亚嫲）	pa¹¹ pa⁵⁵（对称）；lou¹³ tau²²（老豆，引称）
壮语	pu³¹	po³³
黎语	tsaɯ¹¹	pʰa¹¹（对称）；pʰa¹¹ za⁵³
苗语	ɑ⁴⁴ niɑŋ³¹	ɑ⁴⁴ pa³¹
瑶语	ku²⁴	tje²⁴（爹）
畲语	a²² pʰɤ⁴²	a²² pa²²
藏语	mo⁵⁵	pa⁵⁴ pa⁵⁴
彝语	a⁴⁴ pʰi·³³	a⁴⁴ vɤ³³

语种	词目	
	母亲（妈妈）	儿子
汉语（普通话）	ma^{55} ma·；nian^{35}（娘）	ɚ^{35} tsʅ·
汉语（粤方言）	ma^{11} ma^{55}（对称）；lou^{13} mou^{55}（老母，引称）	tsai^{35}
壮语	me^{33}	luɯk^{33} sa:i^{24}
黎语	pai^{11}（对称）；pai^{11} za^{11}	ɬɯ:k^{55} pʰa^{11} ma:n^{53}
苗语	a^{44} mi^{22}	te^{35}
瑶语	ma^{12}	to:n^{33}
畲语	a^{22} me^{33}	taŋ^{22}
藏语	a^{54} ma^{12}	pʰu^{12}
彝语	a^{44} jɛ^{33}	zu^{33}

语种	词目	
	女儿	丈夫
汉语（普通话）	ny$^{214·21}$ ɚ^{35}；ku^{55} nian·（姑娘，口语）	tʂaŋ^{51} fu·；nan^{35} zən·（男人，口语）
汉语（粤方言）	nœy^{35*}	lou^{13} kuŋ^{53}（老公）
壮语	luɯk^{33} bɯk^{55}	kva:n^{24}
黎语	ɬɯ:k^{55} pai^{11} kau^{55}	pʰa^{11} ma:n^{53}；to:ŋ^{11} ploŋ^{11}
苗语	te^{35} mpʰa^{44}	pʰo^{44}
瑶语	sje^{55}	gu^{24}
畲语	ta^{22} pʰui^{35}	pɤ^{33}
藏语	pʰu^{12} mo^{12}	cʰo^{54} ka^{54}
彝语	a^{21} mɔ^{33} zu^{33}	zu^{33} mɔ^{44}

语种	词目	
	妻子	哥哥
汉语（普通话）	tɕʰi⁵⁵tsɿ·；ɕi³⁵fu⁵¹（媳妇）；ɕi³⁵fur·（媳妇儿）	kɔ⁵⁵kə·
汉语（粤方言）	lou¹³pʰɔ¹¹（老婆）	kɔ¹¹kɔ⁵⁵；a³³kɔ⁵⁵（亚哥，对称）；ta:i²²lou³⁵（大佬，引称）
壮语	ja³³	pei⁴²
黎语	pai¹¹kʰau⁵⁵；tʰoŋ¹¹du:n⁵³	ɬau¹¹
苗语	mpʰɑ⁴⁴	ɑ⁴⁴nɑ³⁵
瑶语	au⁵²	ko²⁴
畲语	va³³	a²²kɔ³³
藏语	a⁵⁴tɕe⁵⁴	tɕo⁵⁴tɕo⁵⁴
彝语	tɕʰi⁴⁴	a³³mu³³

语种	词目	
	弟弟	姐姐
汉语（普通话）	ti⁵¹ti·；ɕyŋ⁵⁵ti·（兄弟，口语）	tɕie²¹⁴·²¹tɕie·
汉语（粤方言）	sai³³lou³⁵（细佬）	tsɛ¹¹tsɛ⁵⁵（对称）；a³³tsɛ⁵⁵（对称）；ka⁵⁵tsɛ⁵⁵（家姐，引称）
壮语	tak³³nu:ŋ⁴²	pei⁴²
黎语	pʰa¹¹gu:ŋ⁵³	kʰau¹¹
苗语	tɛ³⁵kɯ⁴⁴	ʑiɑ⁴²
瑶语	jou²³¹	to¹²
畲语	a²²tʰe³³	a²²ɲiuŋ⁵⁴
藏语	oʔ¹²maʔ¹²	a⁵⁴tɕa⁵⁴
彝语	ŋɔ³³zu³³	a²²vi⁵⁵

语种	词目	
	妹妹	头
汉语（普通话）	mei⁵¹ mei·	tʰou³⁵；nau²¹⁴·³¹ tai·（脑袋）
汉语（粤方言）	a³³ mui³⁵*；mui²² mui³⁵*	tʰau¹¹；tʰau¹¹ hɔk³³（头壳）
壮语	ta³³ nu:ŋ⁴²	kjau⁴²
黎语	pai¹¹ gu:ŋ⁵³	gwou¹¹
苗语	kɯ⁴⁴ me¹²	kɔ⁴⁴ pɹei⁴⁴
瑶语	mwo¹²	mu²¹ go:ŋ⁵²
畲语	ta¹² pʰui³⁵ kiu³³	kaŋ³⁵ kʰɤ³¹
藏语	oʔ¹² maʔ¹²	ko¹²
彝语	ȵɔ³³ mɔ²¹³	u³³ dɯ³³

语种	词目	
	头发	脸
汉语（普通话）	tʰou³⁵ fa·	liɛn²¹⁴
汉语（粤方言）	tʰou¹¹ fa:t²²	min²²（面）
壮语	pjom²⁴	na⁵⁵
黎语	dan⁵⁵ gwou¹¹	daŋ⁵³
苗语	pi³⁵	pɑŋ⁵³ me⁴²
瑶语	pu²¹ pjei³³	mjen³³
畲语	kaŋ³⁵ kʰɤ³¹ pi²²	pja⁵³ mɔ⁴²
藏语	tʂa⁵⁴	toŋ¹⁴
彝语	u³³ tsʰɛ⁴⁴	tʰɔ⁴⁴ na³²

语种	词目	
	眼睛	舌头
汉语（普通话）	iɛn²¹⁴·²¹ tɕiŋ·	ʂə³⁵ tʰou·
汉语（粤方言）	ŋa:n¹³	lei²²
壮语	ta²⁴	lin⁴²
黎语	tsʰa⁵³	ɬi:n¹¹
苗语	lʁ⁴⁴ qe³⁵	qɔ³⁵ mɹaŋ²²
瑶语	mwei¹²·²¹ tsi:ŋ³³	bjet¹²
畲语	ka²² kʰɔ³³	pi³⁵
藏语	miʔ⁵⁴	tɕe⁵⁴
彝语	na³²du³³	ɬu³³

语种	词目	
	鼻子	嘴
汉语（普通话）	pi³⁵ tsʅ·	tsuei²¹⁴
汉语（粤方言）	pei²²；pei²² kɔ⁵⁵（鼻哥）	tsœy³⁵；hau³⁵（口）
壮语	daŋ²⁴	pa:k³⁵
黎语	kʰat⁵⁵	pom¹¹
苗语	pɑ⁴⁴ mɹʁ⁴²	qa⁴⁴ lo⁵³
瑶语	bjet¹² kʰot⁵⁵	dzu:i²¹
畲语	kʰuŋ³³ piu⁴²	tjo⁵³
藏语	na⁵⁴ kʰuʔ⁵⁴	kʰa⁵⁴
彝语	nũ³³ mu³³	ȵɛ⁴⁴ pu²¹

语种	词目	
	胡子	耳朵
汉语（普通话）	xu²¹⁴·²¹ tsʅ·	ɚ²¹⁴·²¹ tuo·
汉语（粤方言）	sou⁵³（须）；wu¹¹ sou⁵³（胡须）	ji¹³；ji¹³ tsai³⁵
壮语	mum³³	ɣɯ³¹
黎语	pɯ:m¹¹	zai⁵³
苗语	pa⁴⁴ ni⁴²	toŋ³¹ mɯ³¹
瑶语	sja:m³³	mu²¹ no:m²¹
畲语	ŋji⁴²	ka⁵³ kʰuŋ³³
藏语	a⁵⁵ ra¹²	na⁵⁴ am⁵⁵ tɕoʔ⁵⁴
彝语	ŋɛ⁴⁴ tsɚ³³	na³² pɔ⁵⁵

语种	词目	
	手	脚
汉语（普通话）	ʂou²¹⁴	tɕiau²¹⁴
汉语（粤方言）	sau³⁵	kœk³³
壮语	fɯŋ³¹	tin²⁴
黎语	meɯ⁵³	teʈ⁵⁵；kʰok⁵⁵
苗语	qɔ³⁵	qɔ³⁵ lʰɔ³⁵
瑶语	pwo²³¹	tsau²⁴·²¹ pe:n⁵²
畲语	kʰwa⁴²	tɔ³¹
藏语	lak¹² pa⁵⁴	kaŋ⁵⁵ pa⁵⁴
彝语	la⁵⁵ pʰa²¹	tɕʰi⁴⁴ pʰa²¹

语种	词目	
	血	屎
汉语（普通话）	ɕie²¹⁴（口语）；ɕye⁵¹（读）	ʂʐ²¹⁴
汉语（粤方言）	hyt³³	si³⁵
壮语	lɯːt³³	haiː⁴²
黎语	ɬaːʈ⁵⁵	haːi¹¹
苗语	n̥tɕʰi⁴⁴	qɑ⁴⁴
瑶语	dzjaːm⁵²	gai⁵²
畲语	sji³³	ka³³
藏语	tʂʰaʔ⁵⁴	cak⁵⁴ pa⁵⁴
彝语	sʐ³³	ɬi³³

语种	词目	
	尿	天
汉语（普通话）	niau⁵¹	tʰiɛn⁵⁵
汉语（粤方言）	niu²²	tʰin⁵³
壮语	ȵou³³	bɯn²⁴
黎语	dou⁵³	fa¹¹
苗语	z̩ɑ²²	pɹɑ³⁵ n̥ʰe³⁵
瑶语	jwe²³¹	luŋ²¹
畲语	zi⁴²	kwaŋ⁵³
藏语	tɕĩ⁵⁵ pa⁵⁴	nam⁵⁵
彝语	zi³³	a⁵⁵ mɤ̃³³ gʰɯ²¹³；mɤ̃³³

语种	词目	
	地	太阳
汉语（普通话）	ti^{51}	t^{h}ai^{51} jaŋ·
汉语（粤方言）	tei^{22}	jit^{22} t^{h}au^{35} *（热头）
壮语	na:m^{33}	taŋ^{24} ŋon^{31}
黎语	van^{53}	t^{h}a^{53} hwan^{53}
苗语	tɑ^{44} tɯ^{35}	n̥^{h}e^{35}
瑶语	dau^{33}	pu^{21} n̥^{h}o:i^{33}
畲语	ta^{22}	nɔ^{22} kɔ^{33}；nɔk^{21} kɔ^{33}
藏语	sa^{54}	ɲi^{12} ma^{12}
彝语	mi^{33} tɕ^{h}i^{44}	mu^{33} ts^{h}u^{44}

语种	词目	
	月亮	星星
汉语（普通话）	ye^{51} liaŋ·	ɕiŋ^{55} ɕiŋ·
汉语（粤方言）	jyt^{22} kwɔŋ^{55}（月光）	siŋ^{53}
壮语	ɣo:ŋ^{33} dɯ:n^{24}	da:u^{24} dei^{35}
黎语	ŋa:n^{53}	ra:u^{53}
苗语	ĩ^{h}ɑ^{53}	qe^{35} l^{h}ɑ^{53}
瑶语	ɬa^{24}	ɬei^{24}
畲语	ne^{31}	ne^{31} taŋ^{22}
藏语	ta^{12} wa^{12}	ka^{55} ma^{12}
彝语	no^{32} bo^{32}	tɕɔ^{44}

语种	词目	
	云（雾）	雨
汉语（普通话）	yn³⁵（云）；u⁵¹（雾）	y²¹⁴
汉语（粤方言）	wan¹¹（云）；mou²²（雾）	jy¹³
壮语	fɯ⁵⁵	fɯn²⁴
黎语	de:k⁵⁵ fa¹¹	fun⁵³
苗语	kiɑ⁴⁴ tu⁵³	noŋ⁴²
瑶语	mou¹²	bjuŋ¹²
畲语	fɤ²²；tsɔŋ²² ɔŋ⁵³	nuŋ⁴²
藏语	tʂĩ⁵⁵ pa⁵⁴	tɕʰa⁵⁵ pa⁵⁴
彝语	tə⁴⁴	mɤ̃³³ xõ²¹³

语种	词目	
	雷	风
汉语（普通话）	lei³⁵	fəŋ⁵⁵
汉语（粤方言）	lœy¹¹	fuŋ⁵³
壮语	pja⁵⁵	ɣum³¹
黎语	ȵa:m¹¹	hwo:t⁵⁵
苗语	so³⁵	ki⁵³
瑶语	pu²¹ koŋ³³	dzja:u²⁴
畲语	pe³³ fɤ²² kʰɔ³¹	ki²²
藏语	tʂuʔ¹² kɛʔ⁵⁴	ɬak⁵⁴ pa⁵⁴
彝语	mɤ̃³³ kɯ²¹³	mɛ³³ nɛ³³

语种	词目	
	山	水
汉语（普通话）	ʂan⁵⁵	ʂui²¹⁴
汉语（粤方言）	sa:n⁵³	sœy³⁵
壮语	pja²⁴（石山）；pʰja²⁴（石山）；doi²⁴（土山）；do:ŋ⁵⁵（土山）	ɣam⁴²
黎语	hwou¹¹；da:u¹¹	nom¹¹
苗语	pi⁴⁴ qɤ²²	u³⁵
瑶语	tɕi:m²¹	wam³³
畲语	kje³¹；hɔ²²	ɔŋ⁵³
藏语	la¹²（有路的）；ri¹²（无路的）	tɕʰu⁵⁴
彝语	bɤ²¹	ji²¹ tɕʰi⁵⁵

语种	词目	
	河	石头
汉语（普通话）	xɤ³⁵	ʂʅ³⁵ tʰou·
汉语（粤方言）	hɔ¹¹	sɛk²²；sɛk²² tʰau³⁵ *
壮语	ta³³	ɣin²⁴
黎语	nom¹¹（同"水"）	tsʰi:n⁵³
苗语	mi²² u³⁵	qo³⁵ zɯ³⁵
瑶语	swaŋ³³	lai²¹ pjei⁵²；bɛ:ŋ²⁴
畲语	fuŋ³³	ŋɔ²² kɔ³³
藏语	tɕʰu⁵⁴	to¹²
彝语	na⁵⁵ ji²¹	lu³² mo³²

语种	词目	
	火	田
汉语（普通话）	xuo²¹⁴	tʰiɛn³⁵
汉语（粤方言）	fɔ³⁵	tʰin¹¹
壮语	fei³¹	na³¹
黎语	fei⁵³	ta⁵⁵
苗语	pi⁴⁴ tɤ²²	lɑ⁴² u³⁵
瑶语	tou²³¹	li:ŋ²¹（水田）；dei¹²（旱田）
畲语	tʰɔ⁴²	nin⁵³（水田）；fan⁵³ ɔŋ⁵³ nin⁵³（旱田）
藏语	me¹²	ɕiŋ¹⁴ ka⁵⁴
彝语	mu³³ tu⁴⁴	mi³³

语种	词目	
	泥土	树
汉语（普通话）	ni³⁵（湿的）；tʰu²¹⁴（干的）	ʂu⁵¹
汉语（粤方言）	nai¹¹	sy²²
壮语	na:m³³（干土）；poŋ³¹（稀泥）	fai⁴²
黎语	van⁵³（干土）；ple:kʰ⁵⁵（稀泥）	tsʰai⁵³
苗语	qɔ³⁵ tɯ³⁵	qɔ³⁵ ntu⁵³
瑶语	nje³³（干土）；nje³³·²¹ do:ŋ¹²（稀泥）；nje³³·²¹ dʑai²³¹（稀泥）	djaŋ²⁴
畲语	ta²²	tɔŋ³¹
藏语	sa⁵⁴（干土）；tak¹² paʔ⁵⁴（稀泥）	ɕiŋ⁵⁵ toŋ¹⁴
彝语	nɛ⁵⁵ nɚ³²	si̠³²

语种	词目	
	房屋	马
汉语（普通话）	faŋ³⁵ tsʅ·（房子，整所的）；u⁵⁵ tsʅ·（屋子，单间的）	ma²¹⁴
汉语（粤方言）	ŋuk⁵⁵（屋，整所的）；fɔŋ³⁵（房，单间的）	ma¹³
壮语	ɣaːn³¹	ma⁴²
黎语	ploŋ¹¹	ka¹¹
苗语	pɹɯ⁴⁴	ta³⁵ me²²
瑶语	pjau⁵²	ma²³¹
畲语	niu⁵³	me⁴²
藏语	kʰaŋ⁵⁵ pa⁵⁴	ta⁵⁴
彝语	xə̃·³³	lu⁴⁴ mu³³

语种	词目	
	牛	猪
汉语（普通话）	niou³⁵	tʂu⁵⁵
汉语（粤方言）	ŋau¹¹	tsy⁵³
壮语	vaːi³¹（水牛）；cɯ³¹（黄牛）	mou²⁴
黎语	tui¹¹（水牛）；ȵiu⁵³（黄牛）	pou⁵³
苗语	tɑ³⁵ nie³¹（水牛）；tɑ³⁵ ʐiu²²（黄牛）	tɑ³⁵ mpa⁵³
瑶语	suːi⁵²·²¹ ŋoŋ²¹（水牛）；jwaŋ²¹ ŋoŋ²¹（黄牛）	tuŋ²³¹
畲语	ɔŋ⁵³ ŋjɔ⁵³（水牛）；sa²² ŋjɔ⁵³ vɔŋ⁴² ŋjɔ⁵³（黄牛）	pui³¹
藏语	ma¹² je⁵⁵（水牛）；pʰa¹² laŋ⁵⁵（黄牛）	pʰak⁵⁴ pa⁵⁴
彝语	ȵi³³ nɛ²⁴（黄牛）；ĩ⁵⁵ ĩ·²¹（水牛）	va⁵⁵

语种	词目	
	狗	老虎
汉语（普通话）	kou²¹⁴	lau²¹⁴·³⁵ xu²¹⁴
汉语（粤方言）	kau³⁵	lou¹³ fu³⁵
壮语	ma²⁴	kuk⁵⁵
黎语	pa⁵³	—
苗语	tɑ³⁵ quɯ⁴⁴	tɑ³⁵ tɕio⁴⁴
瑶语	tɕu⁵²	tom²¹ sjen²¹
畲语	kja³³	nɔ³³ me³⁵；nɔ⁵³
藏语	cʰi⁵⁴	taʔ⁵⁴
彝语	tɕʰi³³	lo⁴⁴

语种	词目	
	鸡	公鸡
汉语（普通话）	tɕi⁵⁵	kuŋ⁵⁵ tɕi⁵⁵
汉语（粤方言）	kai⁵⁵	kai⁵⁵ kuŋ⁵⁵
壮语	kai³⁵	kai³⁵ pou⁴²；kai³⁵ seŋ²⁴
黎语	kʰai⁵³	pʰa¹¹ kʰai⁵³
苗语	tɑ³⁵ qa³⁵	pɑ⁴⁴ qɔ⁵³
瑶语	tɕai³³	tɕai³³·²¹ koːŋ²⁴
畲语	kwei²²	kwei²² kɔ³³
藏语	tɕʰa¹² te¹²	tɕʰa¹² pʰo⁵⁴
彝语	ɣa³²	ɣa³² pɯ³³

语种	词目	
	母鸡	鸟
汉语（普通话）	mu$^{214·21}$ tɕi^{55}	niou^{214}
汉语（粤方言）	kai^{53} na^{35}；kai^{53} hɔŋ^{35} *	tsœk^{33}
壮语	kai^{35} me^{33}	ɣok^{35}
黎语	pai^{11} kʰai^{53}	tat^{55}
苗语	ntə^{44} qɔ^{53}	tɑ^{35} nu^{42}
瑶语	tɕai$^{33·21}$ ȵei^{231}	no^{12}
畲语	ta^{42} ka^{31} kwei^{22}	nɔ^{42} taŋ^{22}
藏语	tɕʰa^{12} mo^{12}	tɕʰa^{12}
彝语	ɣa^{32} mo^{32}	ŋa^{32}

语种	词目	
	猫	鱼
汉语（普通话）	mau^{55}	y^{35}
汉语（粤方言）	ma:u^{55}	jy^{35} *
壮语	meu^{31}	pja^{24}
黎语	mi:u^{55}	ɬa^{53}
苗语	tɑ^{35} mɑŋ^{35}	tɑ^{35} mɹɯ^{22}
瑶语	mu^{21} lom^{21}	bjau^{231}
畲语	ta^{22} mɔ^{35}	pja^{42}
藏语	çi^{12} mi^{12}	ŋa^{12}
彝语	mə^{44} nə^{33}	ŋu^{33}

语种	词目	
	虫	蚊子
汉语（普通话）	tʂʰuŋ³⁵	uən³⁵ tsʅ·
汉语（粤方言）	tsʰuŋ¹¹	man⁵⁵*
壮语	noːn²⁴；neŋ³¹	ȵuŋ³¹
黎语	hjan⁵⁵	ȵuːŋ⁵³
苗语	tɑ³⁵ ki³⁵	tɑ³⁵ mɑŋ²²
瑶语	tsɛːŋ³³	muŋ²³¹·²¹ ȵai²¹
畲语	kin²²	ta²² muŋ²²
藏语	pu¹²	tuk¹² paŋ¹⁴
彝语	bɯ³³	xõ²¹ ʂɔ⁴⁴

语种	词目	
	稻子	大米
汉语（普通话）	tau⁵¹ tsʅ·	ta⁵¹ mi·²¹⁴
汉语（粤方言）	wɔ¹¹（禾）；tou²²（稻）	mai¹³
壮语	hau⁴²	hau⁴² saːn²⁴；hau⁴²
黎语	muːn¹¹	gei⁵³
苗语	nɯ³⁵	ntsɔ⁵³
瑶语	bjau²¹	mei⁵²。
畲语	pja⁵³	tsu³¹
藏语	tʂʰɛʔ¹²	tʂʰɛʔ¹²
彝语	tʂʰɛ²¹	tʂʰɛ²¹ tʰu¹³

语种	词目	
	饭	菜
汉语（普通话）	fan^{51}	ts^{h}ai^{51}
汉语（粤方言）	fa:n^{22}	ts^{h}ɔi^{33}；suŋ^{33}（餸）
壮语	hau^{42}	pjak^{55}（饭菜）
黎语	t^{h}a^{55}	beɯ^{53} ts^{h}ai^{53}（饭菜）
苗语	ɣ̥^{h}ie^{53}	z̻ei^{35}
瑶语	na:ŋ^{24}	lai^{33}
畲语	kwei^{35}	zi^{22}
藏语	k^{h}a^{54} laʔ^{54}	ts^{h}ɛ^{55}（饭菜）
彝语	ma^{213} ma^{33}	uɔ^{44}

语种	词目	
	盐	酒
汉语（普通话）	iɛn^{35}	tɕiou^{214}
汉语（粤方言）	jim^{11}	tsau^{35}
壮语	kju^{24}	lau^{55}
黎语	ŋa:u^{11}	bi:ŋ^{55}
苗语	ȵtɕiɯ^{44}	tɕiɯ^{44}
瑶语	dzau^{52}	tiu^{52}
畲语	tsa^{33}	tiə^{55}
藏语	ts^{h}a^{54}	a^{54} raʔ^{12}
彝语	ts^{h}u^{33}	dʐ^{h}i^{21}

语种	词目	
	桌子	凳子
汉语（普通话）	tʂuo⁵⁵ tsɿ·	təŋ⁵¹ tsɿ·
汉语（粤方言）	tʰɔi³⁵ *	taŋ³³
壮语	ta:i²⁴	taŋ³⁵
黎语	tsʰo⁵³	tsɯ⁽⁵⁵⁾ daŋ⁵⁵
苗语	tɕi⁴⁴ pe³¹	qɔ³⁵ hen⁴⁴
瑶语	tje²¹	taŋ²⁴
畲语	tuŋ⁵⁵	ka²¹ ta⁵⁵ təŋ¹¹
藏语	tɕok⁵⁴ tse⁵⁴	kup⁵⁴ ɕaʔ⁵⁴
彝语	tɕɔ³³ tsɿ²¹	—

语种	词目	
	床	灯
汉语（普通话）	tʂʰuaŋ³⁵	təŋ⁵⁵
汉语（粤方言）	tsʰɔŋ¹¹	taŋ⁵⁵
壮语	bo:n³⁵；ɕo:ŋ³¹	taŋ²⁴
黎语	tse:ŋ⁵⁵	tsi:u⁵⁵；deŋ⁵⁵
苗语	te³¹ pɤ⁵³	pɹɔ⁵³ ɕiɛ̃³⁵
瑶语	tsʰou²⁴	taŋ³³
畲语	tsʰuŋ⁵³	zɔ⁵³ tʰɔ⁴²
藏语	ɲɛ¹⁴ tʂʰi:⁵⁴	ɕu¹² ma¹⁴；loʔ⁵⁴ ɕu¹²（电灯）
彝语	—	tɤ³³

语种	词目	
	门	纸
汉语（普通话）	mən^{35}	tʂʅ^{214}
汉语（粤方言）	mun^{11}	tsi^{35}
壮语	tou^{24}	ɕei^{55}；sa^{24}
黎语	t^{h}iu^{53} ploŋ^{11}；pom^{11} k^{h}u:n^{53}	ts^{h}ia^{11}
苗语	pɑ^{31} tu^{31}	ntɤ^{44}
瑶语	tsɛ:ŋ^{21}	tsei^{52}
畲语	k^{h}ɔŋ^{53}	tɔ^{33}
藏语	ko^{12}	ɕu^{54} ku^{54}
彝语	a^{21} g^{h}u^{33}	t^{h}ɔ^{21} jɛ^{33}

语种	词目	
	书	字
汉语（普通话）	ʂu^{55}	tsʅ^{51}
汉语（粤方言）	sy$^{55(53)}$	tsi^{22}
壮语	saɯ^{24}	saɯ^{24}
黎语	ts^{h}ia^{11}；tu^{55}	ts^{h}ia^{11}
苗语	ntɤ^{44}	ntɤ^{44}
瑶语	sou^{33}	dza:ŋ^{12}
畲语	tɔ^{33}	ts^{h}ɔ^{42}
藏语	pe^{54} tɕ^{h}a^{54}	ji^{12} ke^{12}
彝语	su^{33}	dzu^{21}

语种	词目	
	钱	衣服
汉语（普通话）	tɕʰiɛn³⁵	i⁵⁵ tu·
汉语（粤方言）	tsʰin³⁵ *	sa:m⁵⁵
壮语	ɕi:n³¹；ŋan³¹	pu³³
黎语	tsʰi:n⁵³	ve:ŋ¹¹
苗语	—	ɣ⁴⁴
瑶语	tsin²¹	lu:i³³
畲语	tsʰin⁵³	ɔ³³
藏语	pɛ⁵⁵ ɕaʔ¹²	tyʔ⁵⁴ tʰuŋ⁵⁵
彝语	dʑi³³ bɔ⁴⁴	bʰɛ³³

语种	词目	
	裤子	头帕
汉语（普通话）	kʰu⁵¹ tsʅ·	tʰou³⁵ tɕin⁵⁵（头巾）
汉语（粤方言）	fu³³	—
壮语	va³⁵	sou³⁵ kan²⁴ kjau⁵⁵；su⁵⁵ pa³⁵ kjau⁵⁵
黎语	kʰou¹¹	kʰo:n¹¹ hja⁵⁵
苗语	tɕi⁴⁴ ŋkʰɣ⁴⁴	ɕiaŋ⁵³ me⁴²
瑶语	hou²⁴	mu²¹ go:ŋ⁵²·²¹ pʰa²⁴
畲语	sukɔ²¹ kun³¹	pɔ³⁵ kɔ³⁵ tʰeu³⁵
藏语	kʰu¹² tʰuŋ⁵⁵	ko¹² reʔ¹²
彝语	bʰɛ³³	u³³ tsu⁴⁴（帽子）

语种	词目	
	裙子	鞋
汉语（普通话）	tɕʰyn³⁵ tsʅ·	ɕie³⁵
汉语（粤方言）	kʰwan¹¹	ha:i¹¹
壮语	kʰun³¹ vin⁵⁵	ha:i¹¹
黎语	kʰun⁵³（汉裙）；ri:n¹¹（桶裙）	tsɯ⁽⁵⁵⁾ ko:m¹¹
苗语	tẽ⁵³	ɕiɔ⁵³
瑶语	tɕun²¹	he¹²
畲语	ka²² te²²	kʰiu³¹
藏语	meʔ⁵⁴ joʔ⁵⁴	haŋ⁵⁵ koʔ¹²
彝语	—	tɕʰɣ⁵⁵ nɣ⁴⁴

语种	词目	
	耳环	手镯
汉语（普通话）	ɚ²¹⁴·²¹ huan³⁵	ʂou²¹⁴·²¹ tʂuo³⁵
汉语（粤方言）	ji²² wa:n³⁵ *	ŋa:k³⁵ *
壮语	soi⁵⁵	kon³³
黎语	hwi:ŋ⁵⁵	kɯ⁽¹¹⁾ lo:p⁵⁵ kʰi:n⁵³
苗语	kʰɑŋ⁵³	kʰɑŋ⁵³ pɔ⁴²
瑶语	ɕun³³	tɕom²¹
畲语	njuŋ³⁵ mui⁵³	su³¹ a³¹
藏语	a⁵⁴ loŋ¹⁴	tʂoʔ¹² tuŋ¹²
彝语	na³² vɔ³³	la⁵⁵ dʑi²¹

语种	词目	
	斗笠	镰刀
汉语（普通话）	tou$^{214\cdot21}$ li^{51}	liɛn^{35} tau^{55}
汉语（粤方言）	mou^{35} *（帽）	lim^{11} tou^{35}
壮语	kjap^{55}	li:m^{31}
黎语	ɬe:ŋ^{11}	li:m^{53}
苗语	ku^{44}	qɔ^{35} mo^{44}
瑶语	lap^{12}	lim^{21}
畲语	nji^{35} tʰɔ^{53}	ni^{53} kʰjuŋ^{42}
藏语	—	sɔ^{14} ra^{12}
彝语	ka^{21} lu^{32}	li^{33} tɔ^{33}

语种	词目	
	名字	吃
汉语（普通话）	miŋ^{35} tsɿ	tʂʰʅ^{55}
汉语（粤方言）	mɛŋ^{35} *	sik^{22}（食）
壮语	ço^{33}	kɯn^{24}
黎语	pʰe:ŋ^{53}	la^{55}
苗语	mpu^{53}	noŋ^{31}
瑶语	bwo^{24}；men^{21} bwo^{24}	ȵen^{12}
畲语	mui^{53}	nuŋ^{53}
藏语	miŋ^{14}	sa^{12}（现）；sɛʔ^{12}（过）；sa^{12}（未）；so^{12}（命令）
彝语	mɔ^{55}	dzu^{33}

语种	词目	
	喝	穿
汉语（普通话）	xə^{55}	tʂʰuan^{55}
汉语（粤方言）	jam^{35}（饮）	tsœk^{33}
壮语	dot^{55}（喝水）；kɯn^{24}；sut^{33}	tan^{55}
黎语	hja:u^{53}	tsʰat^{55}
苗语	hu^{44}	nʰen^{44}
瑶语	hop^{55}	tsu^{55}（穿衣服）；ta:p^{12}（穿鞋）
畲语	hɔ^{35}	nji^{42}
藏语	tʰuŋ^{55}（现）；tuŋ^{54}（过）；tʰuŋ^{54}（未）；tʰuŋ^{54}（命令）	kʰø̃^{14}（三时一式同形）
彝语	dʰɔ^{213}	vi^{44}

语种	词目	
	戴	来
汉语（普通话）	tai^{51}	lai^{35}
汉语（粤方言）	ta:i^{33}	lai^{11}
壮语	tan^{55}	tau^{55}
黎语	ŋwou^{11}	pɯ:n^{53}
苗语	ntu^{53}	lo^{22}
瑶语	doŋ^{24}	ta:i^{21}
畲语	tɔŋ^{31}	nɤ^{42}
藏语	kʰø̃^{14}（三时一式同形）	joŋ^{14}（三时同形）；ɕoʔ^{54}（命令）
彝语	dɤ^{55}	lɛ^{24}

语种	词目	
	去	到
汉语（普通话）	tɕʰy⁵¹	tau⁵¹
汉语（粤方言）	hœy³³	tou³³
壮语	pai²⁴	taŋ³¹
黎语	hei⁵³	daːn¹¹
苗语	moŋ²²	tɛ̃⁴⁴
瑶语	miːŋ²¹	tʰau²⁴
畲语	ŋ̥ŋ⁴²	sɤ³¹
藏语	tʂo¹²（现）；tɕʰĩ⁵⁴（过）；tʂo¹²（未）；cuʔ¹²（命令）	leʔ⁵⁴（三时同形）
彝语	ji²¹³	tɕʰɛ²¹³

语种	词目	
	回（动）	坐
汉语（普通话）	huai³⁵	tsuo⁵¹
汉语（粤方言）	faːn⁵³（翻）	tsʰɔ¹³
壮语	ma²⁴	naŋ³³
黎语	peɯ⁵³；lɯːŋ⁵³	tsoŋ¹¹
苗语	ɳtɑŋ⁴⁴	tɕioŋ⁵³
瑶语	dzwan²⁴	tswei²³¹
畲语	ŋ̥ŋ¹² kwan²²	ɲiun²²
藏语	loʔ¹²（三时同形）	tɛʔ¹²（三时同形）；tɕɸʔ¹²（命令）
彝语	ɢɯ³³	ni²¹³

语种	词目	
	站	看
汉语（普通话）	tʂan⁵¹	kʰan⁵¹
汉语（粤方言）	kʰei¹³（企）	tʰai³⁵（睇）
壮语	dɯn²⁴；soŋ³¹	jaɯ⁵⁵
黎语	tsuːn⁵³	zuːi¹¹ kiu⁵³
苗语	ɕiɤ⁴⁴	tɕi⁴⁴
瑶语	sou⁵²	maŋ¹²
畲语	sɤ³³	mɔ³⁵
藏语	laŋ¹⁴ tɛʔ¹²	ta⁵⁴（现）；tɛʔ⁵⁴（过）；ta⁵⁴（未）；tɕʰ⁵⁴（命令）
彝语	xɤ̃²⁴	ŋi³³

语种	词目	
	听	说
汉语（普通话）	tʰiŋ⁵⁵	ʂuo⁵⁵
汉语（粤方言）	tʰiŋ⁵³	kɔŋ³⁵（讲）
壮语	tiŋ³⁵	kaːŋ⁵⁵；nau³¹
黎语	pleɯ⁵³	riːn⁵³
苗语	n̥ɑŋ⁴⁴	pʰu⁴⁴
瑶语	mwaŋ²⁴	koːŋ⁵²
畲语	kuŋ³¹	kuŋ³³
藏语	ŋɛ̃¹⁴（三时同形）；nø̃¹⁴（命令）	ɕoʔ⁵⁴（现）；ɕɛʔ⁵⁴（过）；ɕoʔ⁵⁴（未）；ɕoʔ⁵⁴（命令）
彝语	bu³² dʑi⁴⁴；nũ³³	dɛ⁴⁴；dzɯ³³

语种	词目	
	哭	笑
汉语（普通话）	k^{h}u^{55}	ɕiau^{51}
汉语（粤方言）	ha:m^{33}	siu^{33}
壮语	tai^{55}	ɣiu^{24}
黎语	ŋai^{11}	ra:u^{53}
苗语	niɛ̃^{44}	to^{44}
瑶语	ȵom^{52}	tɕat^{55}
畲语	ŋin^{33}	kɤ^{35}
藏语	ŋu^{12}（现）；ŋyʔ^{12}（过）；ŋu^{12}（未）；ŋyʔ^{12}（命令）	kɛʔ^{12} mo^{12}；kɛʔ^{12}
彝语	ŋɯ^{33}	uɔ^{213}

语种	词目	
	知道	爱
汉语（普通话）	tʂʅ^{55} tau·	ai^{51}
汉语（粤方言）	tsi^{53}	ŋɔi^{33}
壮语	ɣo^{42}	kjai^{31}（爱小孩）；di:p^{35}
黎语	k^{h}u:ŋ^{53} gweɯ^{53}；k^{h}u:ŋ^{53}	k^{h}o:t^{55}（爱小孩）；o:p^{55}（喜欢）
苗语	niɛ̃^{22}	tɕi^{44} ŋk^{h}iɛ̃^{44}；q^{h}u^{35}
瑶语	pei^{33} tu^{55}	o:i^{24}
畲语	pe^{22}	ŋjuŋ^{42}
藏语	ɕẽ^{54}（三时同形）	ka^{12} po^{54} tɕ^{h}eʔ^{12}
彝语	sɚ^{55} tɔ^{33}	nɛ^{33} dɯ^{33}

语种	词目	
	做	洗
汉语（普通话）	tṣuo⁵¹	ɕi²¹⁴
汉语（粤方言）	tsou²²	sai³⁵
壮语	ku³³	sɯi³⁵（洗手）；sak³³（洗衣）；ta⁵⁵ɕam⁴²（洗澡）
黎语	vu:k⁵⁵	gwa:i⁵³（洗手）；to:k⁵⁵（洗衣）；a:p⁵⁵（洗澡）
苗语	tu⁴⁴	ntsa⁴⁴（洗脸）；ntsʰo⁵³（洗衣服）
瑶语	tsou²⁴	dza:u²⁴（洗手，洗澡）；dzu²⁴（洗衣服）
畲语	ɔ³¹	tsji³³
藏语	tɕʰeʔ¹²（现）；tɕʰɛʔ¹²（过）；tɕʰeʔ¹²（未）；tɕʰiʔ¹²（命令）	tṣʰu⁵⁴（现）；tsy⁵⁴（过）；tṣu⁵⁴（未）；tṣʰy⁵⁴（命令）
彝语	ni²⁴	tsʰɿ³³

语种	词目	
	走	睡
汉语（普通话）	tsou²¹⁴	ʂuei⁵¹
汉语（粤方言）	tsau³⁵	fan³³（瞓）
壮语	pja:i⁵⁵	nin³¹
黎语	fei⁵³	kau⁵⁵；tso:n⁵³（睡着）
苗语	hue⁵³	pɤ⁵³
瑶语	jaŋ²¹	pwei²⁴
畲语	ka²²pji³³；ŋ̊ŋ⁴²	pɔ³¹
藏语	tṣo¹²（现）；tɕʰĩ⁵⁴（过）；tṣo¹²（未）；cuʔ¹²（命令）	ɲiʔ⁵⁴ŋɛ¹⁴
彝语	sɿ³³	ji⁵⁵

语种	词目	
	骂	学
汉语（普通话）	ma^{51}	ɕye^{35}
汉语（粤方言）	na:u^{22}（闹）	hɔk^{22}
壮语	da^{35}	ha:k^{33}
黎语	tsʰa^{11}	o^{53}
苗语	ntɑ^{53}	tɕi^{44}
瑶语	he:m^{24}	ho^{12}
畲语	nɤ^{31}	kʰɤ^{42}
藏语	ɕɛʔ^{54} taŋ^{55}	ləp^{54}
彝语	bʰɔ^{33}	sɔ^{44}

语种	词目	
	写	飞
汉语（普通话）	ɕie^{214}	fei^{55}
汉语（粤方言）	sɛ^{35}	fei^{53}
壮语	si^{55}	bin^{24}
黎语	ta:i^{11}	beŋ^{53}
苗语	—	ʐi^{53}
瑶语	fje^{52}	dai^{24}
畲语	sja^{33}	ŋi^{31}
藏语	tʂʰi^{12}（现）；tʂʰiʔ^{12}（过）；tʂʰi^{12}（未）；tʂʰiʔ^{12}（命令）	pʰir^{55}（三时同形）
彝语	gʰu^{32}	dʰɛ^{24}

语种	词目	
	拿	给
汉语（普通话）	na^{214}	kei^{214}
汉语（粤方言）	nɔ^{35}；niŋ^{53}（拧）	pei^{35}（畀）
壮语	tam^{31}	haɯ^{55}
黎语	tsʰi:u^{11}	tɯ:ŋ^{55}
苗语	kɤ^{44}	kɑŋ^{42}
瑶语	tso^{55}	—
畲语	kʰɤ^{33}	paŋ^{44}
藏语	cʰe^{55}	—
彝语	vɛ^{32}	dʐɛ^{44}

语种	词目	
	在	要
汉语（普通话）	tsai^{51}	iau^{51}
汉语（粤方言）	hai^{35}	jiu^{33}；ŋɔi^{33}
壮语	jou^{35}	au^{24}
黎语	dɯ^{11}；pɯ^{53}	deɯ^{53}
苗语	ni^{35}	lie^{42}
瑶语	—	loŋ^{12}
畲语	kɤ^{35}	ŋjuŋ^{42}
藏语	jøʔ^{12}；tuʔ^{12}	koʔ^{12}（三时同形）
彝语	tsʰɿ^{32}	ŋɔ^{44}

语种	词目	
	打	杀
汉语（普通话）	ta²¹⁴	ʂa⁵⁵
汉语（粤方言）	ta³⁵	sa:t³³；tʰɔŋ⁵³（刣）
壮语	ta⁵⁵（打铁）；tei³¹	ka⁵⁵
黎语	tʰa:i⁵⁵（打铁）；tʰa:i⁵⁵tʰo:ŋ¹¹（打架）	hau¹¹；mik¹¹（杀猪）
苗语	—	pɤ³¹
瑶语	ta⁵² ɬje⁵⁵（打铁）；bo⁵⁵（打人）；bo⁵⁵tɕa²⁴（打架）	tai²⁴
畲语	kʰwaŋ⁵³；su²² kʰwaŋ⁵³（打架）	ta³¹
藏语	ȵeʔ¹²（打人，三时同形）；tʂe¹²cəp¹²（打架）	sɛʔ⁵⁴（三时同形）；søʔ⁵⁴（命令）
彝语	tɛ⁴⁴	si⁵⁵

语种	词目	
	买	卖
汉语（普通话）	mai²¹⁴	mai⁵¹
汉语（粤方言）	ma:i³⁵	ma:i²²
壮语	ɕam⁴²	ka:i²⁴
黎语	tsʰaʈ⁴²	zu:ŋ¹¹
苗语	niɯ⁴²	me⁴²
瑶语	ma:i²³¹	ma:i¹²
畲语	mɔ⁴²	mɔ⁴²
藏语	ȵo¹²（现）；ȵøʔ¹²（过）；ȵo¹²（未）；ȵo⁵⁴（命令）	tsʰoŋ⁵⁵（现）；tsoŋ⁵⁴（过）；tsʰoŋ⁵⁵（未）；tsoŋ⁵⁴（命令）
彝语	vɔ²¹³	vɯ⁴⁴

语种	词目	
	有	是
汉语（普通话）	iou²¹⁴	ʂʅ⁵¹
汉语（粤方言）	jou¹³	hai²²
壮语	mi³¹	tɯk³³
黎语	tsau⁵⁵	man⁵³
苗语	me³¹	ni⁴²
瑶语	ma:i²¹	tsei²³¹；se³³
畲语	ma⁵³	tsʰi⁴²
藏语	jøʔ¹²；tuʔ¹²	jĩ¹⁴；reʔ¹²
彝语	dʐɔ²¹³	ŋɛ²¹³

语种	词目	
	跑	好
汉语（普通话）	pʰau²¹⁴	xau²¹⁴
汉语（粤方言）	pʰa:u³⁵	hou³⁵
壮语	pu:t³⁵	dei²⁴
黎语	gou⁵⁵	ɬeŋ⁵³
苗语	—	ʐu⁵³
瑶语	tʰiu²⁴；pjau²⁴	loŋ²⁴；kʰu⁵²；kʰu²¹
畲语	ka²² pɔi³³	ŋɔŋ³¹
藏语	cuk¹² ɕa⁵⁵ ɣøʔ⁵⁴	jaʔ¹² ko⁵⁴
彝语	tsʅ²¹³	tsu⁴⁴

语种	词目	
	坏	大
汉语（普通话）	xuai^{51}	ta^{51}
汉语（粤方言）	wa:i^{22}	ta:i^{22}
壮语	ɣɯi^{42}；va:i^{33} jak^{35}	huŋ^{24}
黎语	re:k^{55}	loŋ^{5}；la:ŋ^{55}
苗语	tɕia^{44}	lio^{35}
瑶语	wa:i^{22}	ɬu^{33}
畲语	e^{33}	vɔŋ^{53}
藏语	tuk^{12} tɕaʔ^{54}	tɕʰẽ^{55} po^{54}
彝语	ʂɚ^{32}	uɔ^{33}

语种	词目	
	小	多
汉语（普通话）	ɕiau^{214}	tuo^{55}
汉语（粤方言）	sai^{53}（细）	tɔ^{53}
壮语	i^{35}	la:i^{24}
黎语	eŋ^{55}	ɬo:i^{53}
苗语	ɕiu^{35}	ʐʰiɔ^{35}
瑶语	fai^{24}	tsʰam^{52}
畲语	sɔŋ^{22}	u^{31}
藏语	tɕʰỹ^{55} tɕʰỹ^{55}	maŋ^{14} ko^{54}
彝语	ȵɔ^{33}	pʰa^{44} la^{55}

语种	词目	
	少	长
汉语（普通话）	ʂau²¹⁴	tsʰaŋ³⁵
汉语（粤方言）	siu⁵⁵	tsʰœŋ¹¹
壮语	noi⁴²	ɣai³¹
黎语	rau⁵⁵	ta:u¹¹
苗语	ʑiɔ⁵³	tɯ⁴⁴
瑶语	tsu¹²	da:u⁵²
畲语	tsʰɤ⁴²	ka²² ta³³
藏语	ȵuŋ¹⁴ ȵuŋ¹⁴	riŋ¹⁴ ko⁵⁴
彝语	—	ʂə⁵⁵

语种	词目	
	短	高
汉语（普通话）	tuan²¹⁴	kau⁵⁵
汉语（粤方言）	tyn³⁵	kou⁵³
壮语	tin⁵⁵	sa:ŋ²⁴
黎语	tʰaʈ⁵⁵	pʰe:k⁵⁵
苗语	le⁴⁴	ʂɛ̃³⁵
瑶语	naŋ⁵²	ɬaŋ³³
畲语	naŋ³³	hin²²
藏语	tʰỹ⁵⁵ tʰy⁵⁵	tʰo⁵⁴ po⁵⁴
彝语	ȵɤ³³	mɤ²¹³

语种	词目	
	低	老
汉语（普通话）	ti^{55}	jau^{214}
汉语（粤方言）	tai^{55}	lou^{13}
壮语	tam^{55}	ke^{35}
黎语	t^{h}am^{11}	za^{53}（人老）；ki:n^{11}（菜老）
苗语	ta^{35}	mɑ^{31} qo^{53}
瑶语	ai^{52}	ku^{24}
畲语	k^{h}je^{42}	kɤ^{31}
藏语	ma^{54} po^{54}	kɛ̃^{14} k^{h}oʔ^{54}
彝语	nɚ^{24}	mo^{44}

语种	词目	
	穷	富
汉语（普通话）	tɕ^{h}yŋ^{35}	fu^{51}
汉语（粤方言）	k^{h}uŋ^{11}	fu^{33}
壮语	ho^{55}	mi^{31} fou^{35}
黎语	va:t^{55}	ve:ŋ^{53}
苗语	k^{h}o^{44}	lio^{53}
瑶语	tɕom^{12}	ma:i^{21}
畲语	k^{h}jɔŋ^{53}	fu^{42}
藏语	co^{54} po^{54}	tsiʔ^{12} ku^{54}
彝语	ʂu^{33}	so^{213}

语种	词目	
	快	慢
汉语（普通话）	k^huai^{51}	man^{51}
汉语（粤方言）	$fa:i^{33}$	$ma:n^{22}$；$mɔ^{53}$（嚤）
壮语	$ɣu^{35}$；$va:i^{35}$	$jaŋ^{22}$；men^{33}；vai^{33}
黎语	zum^{11}	tai^{11}
苗语	$ʂɑŋ^{53}$	$ziɑŋ^{31}$
瑶语	$sjop^{55}$	man^{12}；ton^{12}
畲语	hi^{31}	$zaŋ^{31}$
藏语	$coʔ^{12} ko^{54}$	$ko^{14} po^{54}$
彝语	$tɕo^{44}$	$a^{44} lɤ^{32}$

语种	词目	
	热	冷
汉语（普通话）	$ʐɤ^{51}$	$ləŋ^{214}$
汉语（粤方言）	jit^{22}	$la:ŋ^{13}$
壮语	$ɕik^{55}$（天气热）；$da:t^{35}$	nit^{55}（天气冷）；$ɕeŋ^{42}$
黎语	fou^{11}	$k^ha:i^{55}$
苗语	$ɕio^{44}$	$noŋ^{53}$
瑶语	jwo^{55}	$tɕwaŋ^{52}$
畲语	$k^haŋ^{22}$	$kjɔŋ^{31}$
藏语	$tʂ^ha^{54} po^{54}$	$tʂ^haŋ^{14} mo^{12}$
彝语	$tsʰo^{213}$	$dʐa^{32}$

语种	词目	
	怒	不
汉语（普通话）	nu^{51}	pu^{51}
汉语（粤方言）	nau^{53}	m̩^{11}（唔）
壮语	da:t^{35} hei^{35}；fa:t^{35} hei^{35}	bou^{55}
黎语	ki^{11} ŋa:n^{53}	ta^{53}
苗语	k^{h}i^{35}	tɕie^{31}
瑶语	put^{55} tɕ^{h}e^{24}	n̩^{24}
畲语	pɔ^{35} k^{h}ji^{33}	ha^{35}
藏语	ts^{h}ik^{54} pa^{54} sa^{12}（现、未）； ts^{h}ik^{54} pa^{54} sɛʔ^{12}（过）	ma^{12}；mẽ^{14}
彝语	sɿ^{33} n^{h}ã^{32}	ma^{21}

【本章主要参考资料】

[1] 北京大学中国语言文学系语言学教研室. 汉语方言词汇 [M]. 北京：文字改革出版社，1964.

[2] 高华年. 广州方言研究 [M]. 香港：商务印书馆香港分馆，1980.

[3] 韦庆稳，覃国生. 壮语简志 [M]. 北京：民族出版社，1980.

[4] 欧阳觉亚，郑贻青. 黎语简志 [M]. 北京：民族出版社，1980.

[5] 中国科学院少数民族语言研究所. 中国少数民族语言简志：苗瑶语族部分 [M]. 北京：科学出版社，1959.

[6] 毛宗武，蒙朝吉，郑宗泽. 瑶族语言简志 [M]. 北京：民族出版社，1982.

[7] 毛宗武，蒙朝吉. 畲语简志 [M]. 北京：民族出版社，1986.

[8] 金鹏. 藏语简志 [M]. 北京：民族出版社，1983.

[9] 金鹏. 藏语拉萨日喀则昌都话的比较研究 [M]. 北京：科学出版社，1958.

[10] 高华年. 彝语语法研究 [M]. 北京：科学出版社，1958.

第八章 语言与民族
（含语言与文化）

一、语言与民族的关系

语言是人类交际的工具，同时又是思维的工具，但交际的功能是主要的。因为当一种语言不能作为人们的交际工具时，它也不能作为人们的思维工具。语言作为交际工具，是由语言的社会本质决定的。

从结构方面说，语言是一种特殊符号。它所联结的不是一般事物和名称，而是声音和意义的结合物。概括性、复杂性是语言符号的特征。

民族是人们在历史上经过长期发展而形成的稳定而又复杂的共同体。它具有共同语言、共同地域、共同经济生活和表现于共同文化上的共同心理素质。民族在本质上不同于种族，也不同于部落。部落是人种学的范畴。比方说，今日的法兰西民族是由高卢人、罗马人、不列颠人和日耳曼人所组成的；意大利民族是由日耳曼人、罗马人、希腊人、额鲁特斯人和阿拉伯人所组成的。德意志民族、英吉利民族也是如此，它们也是由一些不同的种族和部落所组成的。很明显，只有由于人们长期经常交际的结果，只有由于人们历代共同居住的结果，才能逐渐成为一个民族。

语言是一种社会现象。它的发展是随着人类的历史而转移的，是随着社会的发展而发展的。比如，人类的集体由氏族到部落，由部落到部族，由部族到民族。语言也随之由氏族语言发展为部落语言，由部落语言发展为部族语言，由部族语言发展为民族语言。

在原始氏族社会里，人们生活还很简单。他们共同生活、共同劳动、共同使用着同一种语言。人类的原始语言词汇贫乏、语法简单，它只能为原始社会服务。后来，由于生产力的发展，社会上出现了劳动分工，生产的独立性逐渐加强，结果氏族分裂为部落。各个部落的人们说了不同的方言，分散在辽阔的土地上。每个部落有它自己占据的领土。结果部落与部落之间的人们交际机会愈来愈少，方言与方言之间的差别愈来愈大，这样就可能使同一种语言的各个方言形成一些新的语言。亲属语言是语言分化的结果，它是由同一种语言的不同方言产生出来的。比如，由于罗马帝国的解体，现代罗曼语族的各个亲属语言，如法兰西语、西班牙语、葡萄牙语、意大利语、罗马尼亚语等都是在拉丁语各方言的基础上形成的。这些亲属语言是一种语言分化的结果。

从历史上我们可以了解，语言和民族的联系也是发展和变化的。由于历史的发展，有的民族使用着两种或两种以上不同的语言。例如我国的裕固族人民分别用 3 种不同的语言，即东部裕固族语（属于蒙古语族）、西部裕固族语（属于突厥语族）和汉语。与此相反，也有两个或两个以上不同的民族使用同一种语言。例如英吉利人和北美利坚人不是同一个民族，他们却共同使用英语。有的民族，如我国的满、回等民族原来都有自己的民族语言满语、回语等，现在几乎所有的人都已不说自己的语言而改用汉语。

尽管语言与民族的联系有各种不同的变化，有的民族改用其他民族的语言，但在大多数的情况下，语言与民族的关系是一致的，即同一个民族使用着同一种语言，不同的民族使用不同的语言。如汉民族使用汉语，法兰西民族使用法语等。

二、 民族语言的形成

民族语言是一个民族的共同交际工具。它是民族文化的形式。语言的共同性是民族的最重要的条件之一。民族语言的产生和发展是与民族的产生与发展不可分割地联系着的。

十分明显，民族语言不是一下子从天上掉下来的，它是在长期的历史中形成的。民族语言的基础在远古时代就已经奠定了。那时的语言是氏族语言。它的词汇很贫乏，语法构造也很简单，但它总算是语言的词汇和语法构造。因此，我们在叙述一种语言的历史时，不是从它成为民族语言的时代开始，而是从流传到现在的那些最初文献出现的时代开始。

一般来说，民族是社会发展的资产阶级时代的必然产物与必然形式，但民族的要素是在资本主义以前的时期逐渐形成的。民族语言的产生和发展跟民族的产生和发展是不可分割地联系着的。现在民族语言的形成是随着资本主义的出现而发生的。但中国没有经过纯粹的、完善的资本主义时代，因此，我国各民族和其民族语言的形成也有它们自己的独特性，即它们的形成没有经过一般的资本主义阶段。中华人民共和国成立后，我国各民族（部族）才成为新的社会主义类型的民族。汉语和我国境内的其他民族的语言才成为统一的民族语言。

民族共同语言一般是在一种地方方言的基础上形成的。这种基础方言是由一定的社会历史决定的。这种基础方言产生的地方必须是全民族人民的政治经济和文化的中心。比如我国北方方言地区是汉族人民政治经济和文化的中心，北方方言就是汉民族语言的基础方言，就是说，汉民族语言是在北方方言的基础上形成的。北方是我国历史上政治经济和文化活动的主要地区。许多朝代的首都皆设在北方，尤其是近六七百年来，我国首都差不多一直在北京。1000 年以来，许多重要的文学作品，例如宋人的话本、元曲、明清白话小说等，多半是用北方方言写成的。它们流传甚广，影响也很大。现在操北方方言的人占说汉语的人的 71% 以上。特别在中华人民共和国成立之后，北京是我国 11 亿人民的首都，是全国的政治经济文化的中心。北京话（北方方言的代表）的重要性空前提高，会说的人也日益增多。我国人民根据各种社会条件和汉语发展的客观规律，提出了汉民族共同语是以北京语音为标准音、以北方话为基础方言、以典范的现代白话著作为语法规范的普通话。这完全符合汉语历史发展的实际情况，也符合全民族当前的迫切需要。

我们说民族共同语以某个地方方言为基础，并不是说这个方言机械地变成了民族语言。民族语言不同于方言，它是超方言的。它在形成和发展过程中不断吸收其他方言中富于表现力的词语来丰富自己。比如汉民族语言吸收其他方言（不是基础方言）的就不少，如"垃圾""名堂""拆栏污""尴尬""搞"等。同时，汉民族共同语也排斥北方方言里某些地方色彩太重的词语，如东北话的"牤子"（公牛），山西、陕西一带的"婆妈"（老婆），北京的"老爷儿"（太阳）、"取灯儿"（火柴）、"步辇儿"（步行）等。我国少数民族的民族共同语言的形成也是以一种地方方言为基础，吸收其他方言而发展起来的。民族语言的形成在不同的社会制度里，形成的途径也是不同的。在任何一种发达的现代语言中，自然地产生出来的言语之所以提高为民族语言，有的是由于现成材料所构成的语言的历史发展，如拉丁语和日耳曼语；有的是由于民族的融合和混合，如英语；有的是由于方言经过经济集中和政治集中而集中为一个统一的民族语言。而今天的汉民族共同语的形成就是通过第三种途径。

三、语言的融合与混合

两种语言融合的结果，通常就是一种语言成为胜利者，保存自己的基本词汇和语法构造，继续按照它的内在规律发展着；另一种语言逐渐失去自己的本质，而逐渐衰亡下去。比如汉语在历史上曾经和蒙古语、满语发生过融合。融合的结果是汉语成为胜利者，在汉族地区的蒙古语和满语为汉语所同化。在一般情况下，两种语言的融合不可能产生一种新的第三种语言。它不像这两种语言中的任何一种，并在本质上跟其中任何一种都有区别。但胜利的语言往往从失败的语言里吸收一些词和语，而使自己的词汇丰富起来。例如汉语就从蒙古语里吸收了"站"和"歹"（不好的意思）等词。元曲里也有一些蒙古的词，如"米罕"（肉）、"牙不"（走）等。

两种语言的融合，胜利的语言不一定取决于政治、经济和军事上的优势。哪一方人口多，或者文化水平高，也是重要的因素。汉语过去同蒙古语、满语发生过融合，汉语能够成为胜利的语言，那就是汉族人口多和文化水平高的缘故。

语言的融合不是一次决定性打击的行动在几年内就可以造成的结果。语言的融合是延续几百年的长期过程，例如高卢语的克勒特语和拉丁语的融合，差不多延续了 4 个世纪（公元前 1 世纪至公元 3 世纪）。最后，克勒特语为拉丁语所同化。

语言的混合同语言的融合不同。混合语指在各种语言频繁接触的地区出现的一种含不同成分的混合自然语言。例如英语、法语、荷兰语、葡萄牙语这些欧洲语言和中美、中非当地语言混合形成的语言。这种混合语对于言语交际的双方来说，都不是自己的母语（本族语）。它既不是 A 语言，也不是 B 语言，而是它们之间的混合语言。这种混合语言是两种或两种以上语言发生深刻的互变结果而成的一种新语言。它有充足的词汇和语法构造，来满足使用者的交际需要。它是不同语言集团的人们用来作为他们共同的交际工具的语言。例如中世纪欧洲的拉丁语、东南亚的马来语、中非的斯瓦希里语。但当混合语发展为某一社会集团的母语时，它就成为克里奥尔语（Creole）。所谓克里奥尔，原来的意思是指西印度等地的白人子孙或黑白混血种人，而现在指当地的语言。克里奥尔语是本族语的意思。它是由混合语发展成的本族语。

洋泾浜语（Pidjin）同混合语大同小异。它也是指在语言频繁接触的地区，几种不同的自然语言成分混杂而成的语言。但洋泾浜语和混合语不同。它通常只限于某些集团使用，如东南亚某些商人和海员、从前我国上海的一些商人说的"洋泾浜"英语等。

双语指包含两种语言。它同语言的融合也不同。双语指说两种语言的个人或集团。"如果学外语学得跟本地人一样，同时又没忘掉本族语，这就产生了双语现象。"① 换一句话说，即同时掌握两种语言，熟练程度同本地人一样。

四、语言与文化的关系

语言和文化的关系是很密切的。美国著名的语言学家萨丕尔（E. Sapir）说："语言有一个底座。说一种语言的人是属于一个种族（或几个种族）的，也就是说，属于身体上具有某些特征而不同于别的群的一个群。语言也不脱离文化而存在，就是说，不脱离社会流传下来的、决定我们生活面貌的风俗和信仰的总体。人类学家惯于凭种族、语言和文化这三个纲目来研究人。"② 另一位语言学家帕默尔（L. R. Palmer）也说："语言史和文化史（'词和物'）就是这样联系在一起，互相提供证据和互相说明的。"③ 从上面这些话看起来，语言与文化的关系是十分密切的。人类学家研究人类文化不能忽视语言的研究，同样，语言学家也不能忽视人类学的研究。著名人类学家马邻诺斯基（Bronislaw Malinowski）晚年也研究语言学，著名语言学家萨丕尔也研究人类学。这些都是很好的例子。

由于语言跟文化的关系十分密切，所以一个人类学者如果缺乏所研究的那个民族的语言知识，就不可能进行深入的研究，这样，他就不能不首先研究语言。瑞士著名语言学家索绪尔（Ferdinand De Saussure）说："一个民族的风俗习惯常会在它的语言中有所反映，另一方面，在很大程度

---

① ［美］布龙菲尔德著，袁家骅等译：《语言论》，商务印书馆1980年版，第60页。
② ［美］萨丕尔著，陆卓元译：《语言论：言语研究导论》，商务印书馆1964年版，第129页。
③ ［美］L. R. 帕默尔著，李荣等译：《语言学概论》，商务印书馆1983年版，第122页。

上，构成民族的也正是语言。"① 美国著名语言学家布龙菲尔德（Leonard Bloomfield）说："每一个社群都是靠语言活动组织起来的。人们所说的话语使我们最直接地观察到社群的一切活动，这些话语在社群的每一个活动中都起一定的作用。要研究一个人类集团，我们必须了解它的言语。如果我们想更深入地探索这个社群的习俗及其历史起源，我们就必须从系统地描写它的语言开始。为了知道有关人类的一切，我们必须从系统地研究各种语言着手来研究各种不同的社群。我们对人类所了解的一点儿知识，就是从语言研究得来的。"② 正因为如此，研究语言往往成为一个不懂语言而进行人类学研究的人的第一项工作任务。

语言对文化人类学的研究有十分重要的意义。比如，摩尔根在关于古代社会研究中，就是在北美印第安人中发现了前进的家庭形式和语言中亲属称谓的矛盾，即亲属制度之间的矛盾。他从亲属制度出发，收集了与它相应的原始家庭形式，证明了父权制氏族社会是从母权制氏族社会演变而来的，因此开辟了一条新的研究人类史前的途径。

罗常培先生在《语言与文化》一书里，详细地阐述了"从语词的语源和演变看过去文化的遗迹""从造词心理看民族的文化程度""从借字看文化的接触""从亲属称谓看婚姻制度"，等等，都充分证明了要研究一个民族的文化，不能不研究该民族的语言。

【本章主要参考资料】

［1］罗常培. 语言与文化［M］. 北京：语文出版社，1989.

［2］费尔迪南·德·索绪尔. 普通语言学教程［M］. 高名凯，译. 北京：商务印书馆，1980.

［3］布龙菲尔德. 语言论［M］. 袁家骅，等，译. 北京：商务印书馆，1980.

［4］爱德华·萨丕尔. 语言论：言语研究导论［M］. 陆卓元，译. 北京：商务印书馆，1964.

---

① ［瑞士］费尔迪南·德·索绪尔著，高名凯译：《普通语言学教程》，商务印书馆1980年版，第43页。

② 转引自［美］B. 布洛赫、［美］G. L 特雷杰著，赵世开译《语言分析纲要》，商务印书馆1965年版，第2页。

［5］帕默尔. 语言学概论［M］. 李荣, 等, 译. 北京: 商务印书馆, 1983.

［6］高华年. 纳苏语中汉语借词研究［J］. 岭南学报, 1950, 11 (2).

第九章　汉藏系语言调查研究法

这是作者多年来调查少数民族语言和汉语方言的一些体会和经验。现在把它整理出来，供读者调查研究语言（方言）时参考。①

一、汉藏系语言调查法

（一）如何选择发音人

（1）年龄。发音人的年龄最好为 25～50 岁。发音人年纪太小，对本族语理解得不够，有的东西不一定能说得出来，有时也容易发生误解。年轻的发音人不善于讲故事，而长篇故事又是我们研究一种语言最重要的材料。从人类学方面说，我们还要调查一些风俗习惯，年纪太轻的不一定能说得清楚。我们虽然是研究语言的，但也应该收集一些文化人类学的材料，供人类学家研究和参考。我们认为，只有通过他们的语言，才能得到比较准确和丰富的民族学方面的材料。

年纪太大的发音人常常发音不清楚。有一次，我到云南新平县杨武坝调查哈尼语，因为找不到合适的发音人，就找了一个 60 多岁的人。他的门齿已经不全了，所以我们记起音来，就很费事。如［fu］和［hu］不分，［f］音和［h］音就不容易听出来。老年人的好处，就是他们对这个民族的历史和民情风俗懂得多，也很能讲故事。但发音不清楚也是不行的。我们研究语言要正确地记下音，把这个语言的音位整理出来。

（2）口齿清楚。所谓口齿清楚，就是要求咬字正确。有些人口齿不清楚是先天的，如大舌头、口吃或发音器官有其他缺陷。这种人当然不能做发音人。另外，有些人发音习惯不好，无论发什么音都不肯好好发，随随便便。比如发一个［f］音，上齿也不跟下唇接触，他总是懒洋洋地发

---

① 参见高华年、植符兰编著《普通语音学》，广西人民出版社 1986 年版，第 144 页。

一个［h］音就算了。我们记音的人就感到很困难。这样的人当然也不能做发音人。

（3）一个人从小生长在自己的语言社会里，没有长时间（10多年）在别的语言社会里住过，他的话才能真正代表这个地区的语言或方言。为了工作的方便，要求发音人能够说些汉语。他的汉语是他同汉人长时间接触或在学校里慢慢学会的，而不是离开了自己的语言社会，到汉语社会住了很长的时间学来的。如果找不到能讲汉语的发音人，我们就要找一个翻译。他必须对这两种语言都有一定的了解，而且说得比较流利。学来的语言不可靠，绝对不能作为研究的对象。举一个例子，我有一个朋友，20多岁就到英国去了，30多岁才回国，他的英语说得很流利，可是仔细听他发音，他说good-bye还是不带音的［k］和［p］，不是［g］和［b］。如果我们研究英语，叫他做发音人，那就清浊不分。有的人在法国住了十几二十年，小舌颤音［R］仍然不会发。外国话在音之外，还有一种神秘的口音，一种分析不出来的腔调，所以听起来有外国味儿。① 这种外国味儿最难学。所以说，学来的语言不能作为研究的对象。赵元任先生说："方言调查方法当中最要紧的一层就是要叫发音者用本地自然的语音读字跟说话。"② 学来的语言就不容易做到这一点了。

（二）记音的方法（怎样记一个音才能准确）

要想记的音正确，先要学会这个音。当我们记一个词时，听发音人怎么念，我们就跟着学，念给他听。如果发音人说念对了，念得跟本地人一样了，然后我们才考虑用音标把这个音记下来。比如，一个彝族发音人念［ɬu^{44}］"放"这个词时，我们学得完全正确了，才用音标记下来。要学得正确，才能记得正确。这个音你学不来，也一定记不准。这一点是十分重要的。

调查少数民族语言跟调查汉语方言不同。少数民族的语言每个词的声韵调都得仔细听仔细记。它不像汉语方言那样，切韵里的同一个声纽（如滂母［p^h］）或同一个韵（如模韵［uo］）的字在某个方言里差不多

---

① 参见［美］萨丕尔著，陆卓元译《语言论：言语研究论》，商务印书馆1964年版，第26页。

② 赵元任：《现代吴语的研究》，科学出版社1956年版，第6页。

都读一样的音。古代同调类的字在现在某个方言里基本上也都是同样的调值。也可以说,调查少数民族语言比汉语方言更困难些。

(三) 记音时应注意些什么

(1) 要使发音人彻底了解我们所问的词的意义,不要让发音人误解我们所问的词。不然,我们问这个,他答那个,记下来的材料就没有用。

(2) 遇到一个难记的音,一时记不下来,不要老问,以免发音人烦躁。我们要把这个记不下来的词暂时放在一边,先记别的,等一会或下次精神好时再记这个词。

(3) 每个词用一张卡片,便于整理。一个词有几个意义的都要记下来。有的词还要有例句,以明其用法。最好是白天记音,晚上整理。材料中如发现有问题或矛盾,第二天就可以问清楚,予以解决。

(4) 记音时要求越精细越好,把细微的音都记录下来,所以要用严式音标。整理音位时,可以放宽的就放宽。"音位论对语言研究最大的用处,是在能够把须得辨别的声音都辨别出来,不管它多么微细,而把无须辨别的声音故意混为一谈,不管它在声音上是差得多远。"[①] 比如在彝语中有舌根清擦音 [x],如 [xo^{213}] "送",也有喉部清擦音 [h],如 [ha^{32}] "鼠、贼"。但 [x] 只能在口元音前面出现,而 [h] 只能在鼻化音前面出现。遇到这种情况,我们在记音时要分出 [x] 和 [h] 两个音值,在整理归纳音位时这两个音可以归纳为一个音位。我们可以写为:

$$/x/ = \begin{cases} [x] \\ [h] \end{cases}$$

在声调方面也是如此。我们在云南峨山调查青苗语时,在它的声调里,53 调可以读为 54 短调,31 调可以读为 32 短调。短调后面都有喉塞音 [ʔ]。记音时,我们应该详细地记下这 4 个声调,但在整理时,这 4 个调只有两个调位。53 调和 54 调可以合并为一个调位,比如我们可以写为:

$$/53/ = \begin{cases} 53 \\ 54 \end{cases}$$

这种情况在调查研究语言时是会经常遇到的。

(5) 确定调值时最好拿同声母同韵母而声调不同的词来比较,才容

---

① 赵元任:《语言问题》,商务印书馆 1980 年版,第 28 页。

易听出来它的高低升降。比如青苗语有 8 个声调（调值）归纳成 6 个调位。①

1. 55，如 tua^{55}（捣碎）。
2. 33，如 tua^{33}（杀）。
3. 11，如 tua^{11}（死）。
4. 13，如 tua^{13}（蹬）。
5. 53 或 54，如 tua^{53} 或 tua^{54}（厚）。
6. 31 或 32，如 tua^{31} 或 tua^{32}（来）。

用这种办法测验声调，比较容易判定几个声调以及这些声调的高低曲折。但有时材料记得不多，也往往找不出同声母同韵母而不同声调的词。

调查时先记下两三百个常用词，大体上知道了这个语言的声韵调系统，就可以开始记录故事和风俗习惯等长篇材料。最后觉得词汇不够，还可以再补充。大量的词应该从长篇材料里抽出来，这样的词在译义上会更准确。

（四）调查语言时可能发生的问题

我们到了一个地方调查语言，首先要向当地的领导机关说明调查的目的和意义，请他们帮助我们选择发音人和解决生活上的一些问题。找到发音人后，就要跟他商量，大约工作多少天，每天工作几小时，每天多少报酬，等等。同时跟他说清楚，不能半途而废。如果记了一半或一小半，发音人或者不高兴，或者有别的原因不肯继续工作下去，那就很麻烦。再找另外一个人来接替，就有许多不方便，因为第一个发音人同我们工作了一段时间，已经很熟练了，新来的是一个新手，对这项工作很生疏，就会影响工作的进度和质量。所以不是万不得已，不能随便换发音人。我们选择发音人要慎重，可以先试一下，合适的才留下。调查工作将要结束时，还要找别的发音人来核对一下。还有，对待发音人态度要好。我们调查语言是在做研究工作，发音人对这件事觉得很无聊，他宁愿去劳动或干别的工作，也不愿坐在这里发音。有时我们问他，他可能在那里打瞌睡。所以我

---

① 参见高华年：The Phonology of Qing – Miao，载《中山大学学报》1982 年第 4 期。

们要告诉他研究语言的意义，使他对这项工作有一定认识，但也不能忽视物质上的报酬。

（五）记音时可能遇到的困难

假如有一个人对国际音标表里的音标都会念了，也能应用它来记音了，那么，他调查语言是否就没有问题了呢？一般来说，记录汉语方言是没有很大问题，但记录少数民族语言就很难说。他如果有了比较好的语音学修养，又有调查经验，靠这些音标和附加符号一般也就够用了。比如一个青苗发音人说［ŋ̊ʰa¹¹］（偷），国际音标里没有现成的舌面吐气的清鼻音，我们就得考虑做一个音标［ŋ̊］。做出来的音标要经济、要科学、要符合音理。这也就是一个记音人的学问的具体表现。一个经过普通语音学训练的调查人，不仅能掌握音标表里的音，而且能活用这些音标。如一个［m］音，加上"附加符号"可以做出［mʰ］、［m̥］、［m̥ʰ］、［hm］、［m̥］等几个音。

至于声调方面，赵元任先生所创制的五度制声调符号，记录少数民族语言也不一定够用。据说贵州有一种侗语，有12个声调，平调有6个以上，那么，赵先生的声调符号就不够用了。总之，我们学了语音学，经过普通语音学训练，要能灵活应用音标。这里面往往包含许多学问，不仅是语音学的学问，而且有普通语言学的学问。

如果遇到一个音，我们实在记不下来，那么既要先学会这个音，学得跟发音人说的完全一样，然后回到单位再念给师友听，决定用哪一个符号，同时还要用录音机把这个音录下来。但光是靠录下来的音也不容易辨别，尤其是罕见的音。调查语言最可靠的"仪器"，就是两只经过严格训练的耳朵。

（六）我们应该记录什么材料

前面已经说过，开始时先记录两三百个语词，大体上归纳出这个语言或方言的音系来，然后就开始记故事、童话、神话、民情风俗和歌谣等。我们现在研究语言不能像从前一样，光靠预先编好的词汇表和句子来问发音人。这种"旧瓶装新酒"的办法不是很科学的。我们应该从长篇材料里研究音系、语法和词汇。

关于一种语言的语法，不是事先拟定了一套句子可以问得出来的，必须有长篇的材料，从中抽出句子或短语进行分析，再用一些句子去补充。调查词汇也是这样。这有两个原因。第一，我们很难做到我们所得的词同我们所要求的相合。李方桂先生在广西问一个说壮语的武鸣人山是什么。如果问话的地点是在广西著名的石山，所得的是［pla³³］，如果在有森林的地方，所得的是［ˀdɔŋ］，如果在光秃秃的土山上，所得的是［ˀdøi³³］。在武鸣的壮语里，"山"就有 3 个不同的词。我们单问一个"山"，发音人很可能随便说一个。这样的调查是不科学的。第二，我们的概念有时他们没有。你问他"电梯"是什么，在他们的文化里根本没有这东西，他是说不出来的。要是你一定要问他，有时他就会跟你瞎说一阵。有时候他有的东西，我们没有，这也是常见的。这都说明用"旧瓶装新酒"的办法收集材料，研究少数民族语言是不行的。

我们尽可能多地记些跟文化人类学有关的材料。它既可以供语言学家研究语言，又可供人类学家研究一个民族的文化。比如我们调查青苗语时，记录了一篇《青苗婚嫁丧葬的风俗》，约 8000 字。这篇材料，语言学家和人类学家都可以从不同的角度来研究它。又如我们记录了一篇彝族的《红鱼变女人》的故事，人类学家也很有兴趣，因为在汉藏系的少数民族中广泛地流传着这个故事。

（七）除了收集语言的材料外，还可以收集些什么

除了调查语言外，我们还可以学习、研究他们的文字，收集和翻译用他们的文字记录的各种神话、传说和经典等。这些材料对研究人类文字的起源、产生和发展都有参考的价值。同时，从文字记载里可以了解这个民族的历史。

我们还可以收集少数民族的许多文物、代表他们文化的标本。要是调查语言的人有文化人类学的知识，还可以研究他们文化的特征，如图腾的崇拜、鸡骨卜的情况、宗教信仰以及巫术等。一个民族的风俗习惯常会在它的语言中有所反映。一个语言学家对文化人类学有一定的修养，他们在工作中一定会贡献更大。像著名的语言学家萨丕尔（E. Sapir）也精通人类学，著名的人类学家马凌诺斯基（B. Marlinowski）对语言学也很有研究。他们的著作别具风格。所以希望学语言学的人能够兼通人类学，将来做一个语言人类学家，学人类学的人兼通语言学，将来做一个人类语言学家。今天人类学系有语言学的课程，我也希望将来语言学系或中文系也有

人类学方面的课程。这两种学问的联系实在太密切了。比如罗常培先生写的《从亲属称谓看婚姻制度》，就是从调查语言得来的材料，研究彝族的婚姻制度。①

我们从少数民族的一些词里可以看出重男轻女的习俗，如昆明附近的彝语把"妻子"叫作"穿针婆"，贡山俅语把"结婚"叫作"买女人"。从另外一些词里，可以看出他们的造词心理和文化程度。比如昆明附近的彝语把"发怒"叫作"血滚"，"伤心"叫作"心冷"，"欺侮"叫作"看傻"，等等；路南撒尼语叫"日食"为"太阳被虎吃"，叫"月食"为"月亮被狗吃"。现在汉语有些地区还说"日食"是"天狗吃日头"。其他如少数民族把"庙"叫"佛房"，"自行车"叫"铁马"，"飞机"叫"飞房""铁鸟""天上的火车"，等等。研究这些语词同文化和语言心理学都有关系。

（八）记音的态度

要和气，有耐心，认真工作，不马虎记一个音。对发音人要客气。问话时不要使发音人烦躁、不愉快。要特别注意民族政策。只有这样，才能顺利地工作。否则，发音人如果不高兴，给你瞎说一阵，你问他牛，他说马，我们所记的材料就完全无用，白费时间和精力，发表出去还会闹出许多笑话。

（九）在学校调查语言和在少数民族地区调查语言在做法上有什么不同

在学校调查的好处是生活安定，时间充裕，遇到问题可以向专家请教。缺点是有些东西发音人不一定知道，发现材料有矛盾时，也找不到别人来问。所以在学校里调查，遇到不能解决的问题，就要详细地记下来。调查结束了，到调查点去一趟。一方面要弄清存在的问题，另一方面也要核对一下材料。

到当地去调查，最好白天调查，晚上整理。到回来时，我们初稿已经写得差不多了。所有的疑问都要在那里解决。不然，路途遥远，再去一趟，在时间上和经济上都是不经济的。据我们的经验，调查一个少数民族

---

① 参见罗常培《语言与文化》（第七章），语文出版社1989年版。

的语言，如果每天调查 4 小时（上下午各两个小时），大约要工作 4 个月，收集的材料才可以供我们进行各方面的研究。当然，这也要看各人的记音能力、工作效果和经验等，不能一概而论。

（十）调查语言与创制新文字的问题

要为一个民族创制新文字，必须先对这个民族的语言进行周密的调查研究，归纳出它的音位来，然后根据音位的数目来制定字母。这样的拼音文字才能真正代表这个语言的语音。从前西洋传教士也给许多少数民族创造过文字，如苗语《圣经》等。但因为他们缺乏语音学知识，没有经过严格的普通语音学的训练，所以做出来的文字有许多缺点。比如有些地方 [n]、[l] 不分，"恼怒"与"老路"不分。他先告诉你 nán jīng（南京），一会儿又说 lán jīng；你教他说 light，他偏说 night；你教他说 night，他又说 light。在这种情况下，[l]、[n] 不规则地随便使用。如果一个人光会记音，而没有语音学的理论和知识，那么，[l] 与 [n] 创造一个字母还是两个字母呢？其实这两个音在这个语言里是一个音位的两个变体，在语音学上叫作自由变体。既然是一个音位，那么创制一个字母也就够了。我们可以选择一个出现频率较高的音为音位的代表。由此可以证明创制文字必须先调查语言。改革和创制拼音文字离不开语音学，特别是音位学。

二、汉藏系语言研究法

（一）如何训练调查研究人员

（1）熟练掌握国际音标与声调符号以及一切附加符号。

（2）记音练习。注意灵活应用国际音标和附加符号，如能做 n、n^h、n^h、$ɖ^h$、η、$ʔb$、mp、i̠（紧元音）等音标。自己母语中没有的音要特别注意练习。

（3）练习发音时要从自己母语中所有的音类推所无的音。如母语中有 [f] 的音，就可以类推 [ɸ] 音，有 [r] 音，就可以类推 [R] 音，有 [x] 音就可以类推 [χ]、[h] 音，有 [k] 音可以类推 [g] 或 [q] 音，等等。用这种方法学习音标或练习音标，容易学好。

（4）必须具有语音学知识和理论，还需要有普通语言学的知识和理论。

（5）练习记自己所说的话，归纳出音系，由老师给予订正。

（6）练习记专家已经调查过的语言或方言，以提高记音的能力。

（7）介绍少数民族各语族或语支的语音、语法的特点，如苗语、瑶语、黎语、彝语、壮语等，使研究人员（或同学）在调查这些语言时不至于茫然无知。

（二）研究人员应具备的条件

（1）听到一个音，就学这个音。学会之后就能用音标把它准确地记下来。因此，脑子里应该有几张表，如国际音标表（包括元音表和辅音表）、声调符号表、附加符号表等。对这些音标和附加符号要很熟悉，不要等记音时还要拿音标表出来查。

（2）能活用音标、声调符号和附加符号。

（3）能用语音学的理论去解决在调查或整理时所遇到的各种问题。如国际音标不够用时，如何制造一个新的符号；五度制声调符号不够用时，应如何解决；等等。

（4）能够应用录音机。

（5）认真工作。具有吃苦耐劳的精神。在调查时态度要温和，不可急躁。整理研究时，工作要精细，不能有一点马虎。把有问题的材料集中起来，设法再去问发音人或向专家请教。

（三）在可能范围内应先知道所调查语言的系属及其特点

（1）决定了调查哪一种语言，要先阅读有关这种语言以及同它有关系的同支或同族语言的资料，了解一下这种语言的特点和过去研究的情况。

（2）在可能范围内应预先知道所调查语言的系属问题。

（3）注意这种语言的邻近周围的语言或方言。

（四）调查研究前应准备些什么

（1）卡片，可用白报纸或其他较厚的纸，约需4000张（包括单问的词和由长篇故事里抽出来的词）。记音的前一天要把第二天所问卡片写上汉字，并预备一些空白的卡片，以备临时之用。

（2）调查汉语方言的词汇可参考赵元任先生《钟祥方言记》的词汇。调查少数民族语言可参考李方桂先生《龙州土语》的词汇。当然，词汇最好是在长篇故事里找，但不一定收集得齐全，所以还要准备一些补充材料。

（3）编写语法的补充材料，可利用或参考已经出版的同语支或同语族的语法书。一种语言的语法现象应该从长篇故事里归纳出来。但这样归纳出来的语法现象和规律不一定完备，因此，需要编一本语法补充材料去问发音人，以补其不足。

（4）重要的参考书要带在身边，以供随时查阅和参考。

（5）准备几个本子，以便随时记些材料和问题。

（6）带录音机和充足的录音带。

（五）整理的方法

1. 语音方面

（1）在调查结束时应把音系整理出来，离开当地前整理出初步的音系。

（2）把借字的声韵调和本语言的分开。

（3）注意所调查语言或方言是否受邻近其他语言或方言的影响。特别注意两种语言或方言交界地区的话的特点。

（4）确定一种话的调值时，尽可能用同声母同韵母的字加以比较。声调可分为单数、双数两类，并找出这两类跟声母的关系，以便跟汉语的阴阳调（清浊声母）做比较。

（5）在音系里如有罕见的音，要详细说明它的发音方法和部位。如哈尼语的紧元音［i̠］、［a̠］等，青苗语的吐气清鼻音［n^h］、［$ŋ^h$］等，海南侾黎语的紧喉音［$^ʔb-$］、［$^ʔd-$］等。

（6）音系里声韵调举例字时，最好选用基本词汇，并照顾到各种不同的情况。

（7）整理材料时要少用表格。表格多了令人看起来头痛，但必须用表格的还是要用。用表格的好处是使人一目了然。

2. 语法方面

（1）研究一种语言的语法要结合这个语言的语法特点。比如以划分词类来说，我们就不能凭空地划分出许多词类来。例如，彝语的形容词和动词的功用有许多相似点，我们就把它归为一类，叫作谓词。名词和代词的功用相同，也可以把它们归为一类，叫作体词。我们不能说汉语有多少词类或某种语言有多少词类，彝语也一定有这几个词类。

（2）要详细说明造句法，使读者掌握了词汇就可以自己去造句。对句法分析，我们认为，句子成分分析法（又叫中心词分析法）和层次分析法（又称直接成分分析法）都可以采用。哪一种分析法更切合这种语言实际，就采用哪一种，或者综合利用这两种方法。转换生成语法的树形图分析法对这种语言有用，我们也可以采用。

（3）要注意每种语言语法构造的特点。对它的特点部分要详细分析。例如，彝语的重叠词功用很大，几种词类都可以重叠，表示种种不同的语法意义。如"你饭吃吃"就是"你吃饭吗？"，"铁锅里的水温温？"就是"锅里的水热吗？"，等等。那么，研究彝语就要突出这一点，可以作为独立一章来研究。印尼语的形态变化很复杂，那么也可以独立一章来研究。总之，研究语法既要注意系统的描写，又要突出它的特点。哪一种语法现象是这个语言特有的，功用最大，我们就要着重研究它。

（4）对有文字的少数民族语言，还要注意书本上的文法和口头上的语法有什么不同。

3. 词汇方面

（1）词汇排列的方法有两种。一种是音分类，依照拉丁字母或国际音标（由两唇到喉音）的次序排列。第一个字母相同的，按第二个、第三个字母的次序排列。声韵都相同的，按声调次序排列。另一种是义分类，同类的词放在一块。这种分类法很复杂，各人的见解不同，同样的一个词放在哪一类，就有不同的意见。我们认为，音分类比较科学。

（2）词汇中的借字要注明，还要注出借某一种语言的某一个字。如果借字多，有两三百个，可以独立出来，编成借字词汇附在本语言的词汇后面。

（3）有些词的意义和用法比较难理解，要有例句加以说明。例句最好由故事里抽出来，如故事里没有，也可以由发音人说一句。

（4）词汇的来源有两种，一种是由故事里抽出来的，另一种是根据编好的材料单问的。我们先记两三百个词，初步整理出音系，然后开始记故事。记了几十个故事，还得再记词汇。因为故事里抽出来的词有限，不可能包括这个语言的全部词汇。一种少数民族语言大约有 4000 个语词。

（5）每条词都要明白注出汉义，有不同的义项都注出，译为汉语时千万不要弄错原义。

4. 借字（词）方面

如果借字多，有两三百个，可以分出单独研究。

（1）确定借字（词）的条件。应该具备什么条件才算是借字？有些字声韵调都符合借字的条件，那是最可靠的借字。有些字很难确定它是汉语借字，还是本语言原有的字。如龙州话的 [ɬa:m^{33}]（三）、[kwa^{55}]（过）等，彝语的 [lu^{33}]（龙）、[sa^{33}]（三）等，声韵调都合于汉语借字的条件，现在别的壮语和彝语中也有和这相同或相似的音，我们就很难判断它是壮语或彝语未分化为各方言时的借字，还是壮语或彝语里原有的，而与汉语语源有关系。李方桂先生在龙州土语里也遇到这种情况（如上面所举的例子）。他说："这类的字可以很早就从汉语借来（在台语未分歧成现在的各方言之前），但是也可以是根本与汉语有关的而实是台语本有的字。这类的字与汉语音韵相合，所以暂认作汉语借字亦无妨碍，认作台语本有的字也可以。"① 这类字只好等待汉台语言比较研究时才能做出决定。

（2）研究借字的声韵调与本语言的异同。

（3）研究借字的方式，借以明了语言变迁的过程。从形式方面分，可以有两类：全借，声音和意义完全借过去。如彝语（以下的例子皆采自彝语）的 [sĩɛ̃^{33} ʐɤ^{32}]（仙人）；部分借，就是在一个词里，只借一两个音节（字），再加上原来语言的一两个音节，如 [tɕɔ^{44} va^{55} su^{33}]（轿抬人）即轿夫，[tɕɔ^{44}]（轿）为汉语借字，[va^{55}]（抬）、[su^{33}]（人）为本语言的词。从性质方面分，可以有两类：音借，如 [tɕʰi^{33} mi^{32}]（清明）；义借，就是借译词，如 [dzɔ^{21} tsʰi^{33} lu^{33}]（牙洗物）即牙刷。除此之外，还有错借、半音借半义借、半音借半错借和半义借半错借等，这里就不一一举例了。②

（4）研究借词的语法与本语言的差异，如纳苏语中的 [ʂua^{21} pa^{21} ɕi^{44}]

---

① 李方桂：《龙州土语》，商务印书馆 1940 年版，第 20 页。
② 参见高华年《纳苏语中汉语借词研究》，见《彝语法研究》，科学出版社 1958 年版，第 148 页。

(耍把戏），是借用汉语语法，因为在纳苏语中应"把戏耍"。这样的例子很多。

(5) 研究借词的声韵调与古音比较，找出借入的时代。这可以帮助我们考证被借入的语言的古音。如纳苏语的汉语借词中"覆"读 $[p^hu^{32}]$，"浮"读 $[bu^{213}]$ 都在汉语重唇未变轻唇时代借去的。

(6) 研究借字可以考证民族迁徙的途径。

(7) 研究借字与文化传播的关系。

总之，研究借字（词）在语言研究和文化研究的沟通上有很大的意义。这项研究工作不仅语言学家注意，人类学家也十分注意。

5. 长篇记载方面

(1) 故事、神话、民情风俗和歌谣要分开整理。

(2) 要逐字对译，然后通篇汉译。

(3) 注意歌谣的押韵方式。

（六）整理时遇到材料有问题，应如何处理

(1) 找发音人或操该语言（方言）的人重问。

(2) 参考别的有关著作，如同类或同语支的语言。

(3) 把有怀疑的材料删去，宁缺毋滥。如果这材料很重要，不能删去，也要在附注里注明，暂时存疑，待以后再解决。

（七）研究工作如何为实践服务

(1) 除了写出专著外，还可以把收集来的材料编写某种少数民族语言会话、简明语法和词典等，以供实用。

(2) 归纳出这个语言的音位系统，供改革或创造文字用。

【本章主要参考资料】

[1] 李方桂. 藏汉系语言研究法 [J]. 国立北京大学国学季刊，1951, 7 (2).

[2] 李方桂. 中国的语言和方言 [J]. 民族译丛，1980 (1).

[3] 李方桂. 龙州土语 [M]. 北京：商务印书馆，1940.

[4] 赵元任. 语言问题 [M]. 北京：商务印书馆，1980.

[5] 赵元任. 现代吴语的研究 [M]. 北京：科学出版社，1956.

[6] 罗常培. 汉语音韵学导论 [M]. 北京：中华书局，1957.

[7] 罗常培. 语言与文化 [M]. 北京：语文出版社，1989.

[8] 马学良，等. 语言调查常识 [M]. 北京：中华书局，1956.

[9] 李荣. 汉语方言调查手册 [M]. 北京：科学出版社，1957.

[10] 中国社会科学院语言研究所. 方言调查字表 [M]. 修订本. 北京：商务印书馆，1981.

[11] 中国社会科学院语言研究所. 方言调查词汇手册 [M]. 北京：科学出版社，1955.

[12] 高华年. 纳苏语中汉语借词研究 [J]. 岭南学报. 1950，11 (2).

[13] GAO HUA-NIAN. The Phonology of Qing-miao [J]. 中山大学学报，1982（4）.

[14] 费尔迪南·德·索绪尔. 普通语言学教程 [M]. 高名凯，译. 北京：商务印书馆，1980.

[15] 爱德华·萨丕尔. 语言论：言语研究导论 [M]. 陆卓元，译. 北京：商务印书馆，1964.

[16] B·布洛赫，G·L·特雷杰. 语言分析纲要 [M]. 赵世开，译. 北京：商务印书馆，1965.

附录一　藏汉系语言研究法[①]

李方桂

（1939 年 12 月 29 日为国立北京大学文科研究所讲演）

我今天觉得非常的高兴能同诸位谈谈藏汉语言的问题。近年来，我们中国的语言学者对于这个问题也发生了很浓厚的兴趣，这是很好的现象。因为我们所用的语言就是属于这一系的，不但如此，我国境内亦有不少别的语言也是属于这个系统的，所以这个问题实在与我们有密切的关系。不但是语言学者对于这个问题应该有兴趣，就是政治家教育家跟做地方官的也不能对这个问题没有相当的认识。我今天对于我所要讲的问题有两个感觉。第一，研究一种语言的方法在原则上与研究别一种语言原没有多大的分别。只要我们对于普通语言原理有深刻的认识，对于语言材料的摆布有经验，研究起来就不会陷入普通一般人的错误。第二，各种语言的构造很不一致，研究的原则上固然没有什么大不同，但是在研究的手续及技术上确有些不同的地方。但是这种详细的技术问题，真是千头万绪，不知从哪一个说起好。所以我们只能选择些重要的原则，大致说一说。

我们先看看藏汉语系这个名字。这一系又叫印度支那语系，这个名字完全是仿着印度欧罗巴（简称印欧）语那名字来的。印欧这名字德国人叫印度日耳曼，起这名字的人是德国人，本意想以最东支的印度语言和最西支的日耳曼语合并起来包括全系的语言。但是有些人以为最西一支不是日耳曼语，而是 Celtic 就是 Irish、Welsh 等。不如用欧罗巴来代表全欧洲的语言，而把全系叫作印欧。这个名字差不多全世界都采用了（除去德国人）。藏汉这个名字取义也是如此，因为东支是汉语，而西支是在印度的 Kashmir 的附近地方。但西支虽有些语言是在印度而主要的却是西藏系的语言，所以更适当称为藏汉语系的就是 Sino-Tibetan、Tibeto-Chinese 等，所以我就采用这个名字。

这一系普通分作三大支系：（1）藏缅系，（2）台汉系，（3）叶尼塞

[①]　参见《国学季刊》1951 年第 7 卷第 2 期。

系。分布地点（1）（2）两系是从Kashmir经西藏高原沿着亚洲大陆南部向东一直到太平洋岸。第三系是在西伯利亚叶尼塞河流域，其中，Arinish、Assanish及Kottish三个语言已无人能说，只有Yenissei-Ostyakish据我们所知道的还有1000多人能说。

这一系的比较研究在19世纪初年就开始，一直到现在也有一百多年了。研究的经过情形，因为时间关系，我们不能细说；但是这一百多年的成绩跟印欧语言同时期的成绩比较一下，那真是相差太远了。[①] 印欧比较语言学不但在本身上立了一个极坚固的基础，并且在普通语言学上立了许多原则，其中尤以语音演变律（Phonetic law）更为重要。反过来，我们再看藏汉语的研究。这些语言的分类还依旧靠着些泛泛的普通观察所及的。例如单音节化的倾向、有声调的倾向、声调与声母的关系、调的位置等。如果我们要问藏语的 t^h – 在缅甸语应当是什么，在汉语应当是什么，在台语应当是什么，我们还不能给一个答案。我现在只举一个人近来的研究，在汉语比较研究中还算是好的，来同印欧语比一下就可以看出来了。

西门华德（Walter Simom）在他的藏汉语词的比较（Tibetisch Chinesische Wortgleichungen）里举了一些藏语 t^h 和汉语比较的例（第33页）：

$$\begin{cases} t^hug = t^hâng & 汤 \\ t^hun = t^hən & 吞 \end{cases}$$

$$\begin{cases} t^hig = tiek & 滴 \\ t^hug = tâu & 到 \\ t^hun = tuân & 短 \end{cases} \qquad \begin{cases} t^hog = d^həu & 头 \\ t^him = d^hiəm & 沉 \end{cases}$$

这种比较不见得一定错，可见不但声母变化没有一定规律（如"汤、吞"属透母，"滴、到、短"属端母，"头"属定母，"沉"属澄母），其中元音（如 $â$、$ə$、$uâ$ 同对 u）、韵尾（如 -ng、-k、-u 同对 -g）也一样的没有规律。反过来再看印欧语比较的例：

---

① Friederich Schblegel：Uber die Sprache und Weisheitder Indier，1808.

拉丁语	英语	德语
tenuis	thin	dünn
trēs	three	drei

在这几个字里拉丁的 t 和英语的 th、德语的 d 相当。但是底下边几个字：

octo	eight	acht
rectus	right	recht

英德语因为在这个辅音前面另有不带音的辅音，所以仍旧作 t，还有：

pater	father	vater

英语 th 作 [ð]，德语作 t 不作 d，这是因为原始印欧语的重音在第二个音缀，现在重音前移，所以演变又不同了。这种比较对于每个例外都有解释，所以不妨碍原有的规律。经这样对照一看，我们就可以知道上面那种汉藏语系比较的例可靠性就太小了。

藏汉语系的研究所以这么迟缓也有它的原因。

（1）真正对这一系做语言上研究的是西洋人，中国学者一向对于此种学问不感兴趣，也没有这种准备。欧洲的学者专去研究藏汉语的究竟不能跟他们研究他们自己的印欧语的人数比。这是进步迟缓原因之一。

（2）欧洲人研究藏汉语也多是没有充分准备。一大部分的工作还是传教士做的。他们的贡献不能算不大，但一个传教士往往在一个地方住一二十年，结果只能给我们一点可宝贵的材料，如字典等。若叫他们做科学的语言工作，那就未免太苛求了。这也是迟缓的原因之一。反过来看有专门学识的学者如高本汉对汉语音韵的研究，马伯乐对于汉语及安南系语言的研究，我们不能不承认他们的贡献很大。

（3）研究藏汉语的人往往有别的主要兴趣，语言反是次等的兴趣。例如劳佛（B. Laufer）对于西藏及汉语都有很好的根底，但是他的主要兴趣还是在文化的传播上头。伯希和（P. Pelliot）的主要兴趣在历史上头。我只举几个特出的，别的人主要兴趣在历史、文学、宗教、考古上的也很多，所以他们的精力不能专用在语言上。这也是迟缓原因之一。

（4）还有一个大缺陷就是专门做语言工作的人，他们的志愿太广。在未把一支系的语言系统研究清楚之前，就想做一番大的比较工作，他们的成绩有不少可以供我们参考的，但是他们所做的工作的大部分是建设在不稳固的基础上。我们要用他们的结果不能不小心。学者往往被他们的学说引入歧途，做些冤枉工作，而不能有什么大收获。这也是迟缓原因之一。反过来看高本汉专致力于汉语的研究，所以他的成绩斐然可观；马伯乐专致力于安南语及汉语，他的贡献也很大。

（5）还有一层重要的迟缓的原因就是许多藏汉系的语言没有文字的记载，若想得到这种材料必须实地调查。这种需要一直到近年来才有人肯下决心去应付去。以前一向都是依赖传教士的材料。实地收集材料是一件很费时间的事。人才的训练、材料的整理都不是短时间可以办到的。例如倮倮语自从 Liétard 发表一个字典（在通报 TP）及几篇关于文法的文章之后，Hial 又做了一部字典，此外能收集倮倮语言材料的人就很少了。所以倮倮的比较音韵系统到现在还没有理出头绪，更不能跟它相近的么些语（Moso）比较，何况在藏汉全支语系去定它的位置呢！

以上是我个人感觉藏汉语的研究所以进行那么迟缓的原因。我所以不怕烦絮同诸位讲讲，正为藏汉系的研究，将来中国学者必得要担任一大部分责任。以上的批评是希望我们能借他们的长处来补我们的短处，去做进一步的研究。

现在我们可以对于研究方法讨论一下。第一，当然是要收集材料，尤其是要实地收集材料。同时还要做音韵系统及文法的研究。收集材料的人当然要有语音学的训练，才不至于把音记得太错，但单会把音值记下的人不见得就能把那一个语言的音韵系统弄得清楚，这是语言学与语音学的一个大分别，这也就是音位学 "Phonemics" 在近年来对于语言学的大贡献。因为我们知道一个语言的音不是一团乱糟糟的音。音与音间有一定的关系，在构成一个语言的音节、语词等都有它们一定的位置、一定的功用。所以从语言学的观点去研究音往往跟从语音学去分析音所得的结果两样。语音学认为两个音的，语言学上可以认为一个音；而语音学上认为一个音的，语言学上可以认为两个音。这话听着似乎有点矛盾，让我举几个例来解释：

（1）两个音认为一个音。中国有许多方言 l 跟 n 是不分的，他先告诉你"他要到 nantçiŋ 南京"，一会儿他又告诉你"他要到 lantçiŋ"。不但如此，你教他说 night "夜"，他说 light "光"。你教他说 light "光"，他说 night "夜"。在这种语言里，l 跟 n 毫无规则地随便乱用，一个只知道记音值的人就发生了困难了。刚把一个字记成 l－，再问他又读 n－了。再者发音人自己他并不知道他说的是两个不同的音，他以为他说的是一样的，所以这两个音在他的语言系统只是一个音位。我们可归纳为一个音，管它叫作 "free variant" 无定式的变化。

跟这个稍有不同的，如罗莘田先生所记的厦门音，li "里" 与 nĩ "耳"，后面元音鼻音化就读 n－，不鼻音化就读 l－，n－与 l－的区别有一定的规则，但是一个没受语音学训练的厦门人，他还是以为读的是一个音（参见本地人的韵书），这个我们得要认为是一个音位，管它叫作 "conditioned variant" 定式的变化。

跟这个完全不同的如北平人说 "耳朵" 的 "朵" tʰuo 或 tuo，"糊涂" 的 "涂" tʰu 或 tu，一个人往往一会儿也会说两种读音，但是发音人知道他读的是两个不同的音，不过是两个说法都可用，这两个音我们就不能认为一个音位了。这种地方我们必须承认这个字有两读。

类似的情形在我所熟习的汉语里看来是个很简单的问题，但是在一个我们不知道的语言里，可以给我们不少的麻烦，如果我们不整个地研究它的音韵系统。

（2）在语音学上看来是一个音而语言学上必须承认是两个音的，如汉语的清母 tsʰa "擦"。这个音固然是 t 和 s、吐气三部分合成的，但在汉语里这个音跟 pʰ－、tʰ－、kʰ－是一样，只是一个声母一个音位而不是透母及心母组合成的音。可是同是一样的音，例如英文 hats，这 tsʰ 的读音和我们的清母相同；但是在英文里，它是 t 及 s 两个音位组成的，参看 cat－s，cap－s，book－s，hat－s（但 church 的 ch [ʧ] 就不然了，是一个音位）。假使一个语言里做声母用的 tsʰ－是同汉语一样，应当算作一个音位；但是在韵尾的时候是同英文一样，应当看作两个音位。那么，tsʰatsʰ 一个音节必用两种写法：tsʰatsʰ 或 cʰatsʰ。这就是我所说的一个音有时得当作两个音看。这种情形不是没有的。

我现在还可以举一个实在的例子，其中的情形还复杂一些。例如德文 [toːt] "死" 跟 [roːt] "红" 字后头的辅音读的完全一样，应当是一个音了；但是如果加一个词尾 toːt＋e＞toːde，而 roːt＋e＝roːte。头一个的 t 是 －tː－d－，后一个的 t 是 －tː－t－。这两个在音值上同是 t 而在语言构造里是不同的音。头一个 t 的情形近乎厦门系的 n 和 l，它的分布是有规则的。我们知道在德文里，这两个音值的分布是①d－d－t，②t－t－t，所以用音位法去表示一个语言的构造时，前一种应当写作 d，后一种写作－t。这也是语音学上的一个音而在语言学上应当看作两个音的例。但是这不纯是音位学了，这必须对整个语音构造下功夫，看每一个音在不同情形之下的变态何如然后可，那就是构造音位学（Morphoponemics）。用这种方法不但对文法的叙说有许多便利，并且对于语音的构造方面也表示的更清晰（有些语言适用，也有不适用的）。

　　文法的研究这一方面的问题很多，我只提出一个来供诸位的参考，就是词类问题（wordclasses）。这是一个基本问题，也是进一步文法研究所必须用作根据的。自印欧语言的研究发达之后，一向研究别种语言的人都喜欢把拉丁词类加到别的语言身上，并没想到不同的语言的词类可以很不一样，分类的标准不一样，分类的方法也不一样。甚至于有把印欧语的分词类的标准也加到别的语言身上，例如印欧的名词是有单、双、多数的，有阴、阳、中性的，有格（主格、宾格等）的；动词是有单、双、多数的，有第一、二、三身的区别，有时间性（tense），有口气等。如果我们把这些标准放到藏汉语系里可以说没有一样可以用的。单、多数，第一、二、三身，时间，口气等观念在藏汉语里都有，也有表示的方法；但是跟分词类上完全没有关系。一个语言之有词类，从我们的经验看起来，可以说是都有的；不过类的多少，分的标准，一个语言跟一个语言不同。那么，在汉语里有没有词类？有多少词类？拿什么做标准？这不只是汉语的问题，也是全语系的问题。

　　我只拿汉语作为例，从最简单最初步的基础做起。我先回答有没有词类这个问题。我们知道汉语没有词头（prefix）、词尾（suffix）这类东西，一个词的内部没有什么变化，从普通形式上是没有可以下手的地方。因为这个缘故，对于汉语词类一向有两个办法：一个是把印欧传统的词类加在汉语身上，一个是不承认汉语有词类。但是用第一种办法的人心里总觉得不安，因为有许多地方，一个名词忽然间变作动词，也可变成静词副词等。所以用这种办法的，往往加上解说，如《马氏文通》说："字无定义，故无定类；而欲知其类，当先知上下之文义何如耳。"所以从这个观念看来马氏似乎认为汉语是没有词类的。最近王了一先生的《中国现代语法》也以为中国语（现代语）只可以分实词跟虚词，所以他说："词在句中分品不分类。知道了词品就足以知道句子的主要成分；知道了虚词就足以了解语言的脉络。至于把句子解剖为若干词，再就这些词的本质去辨别它们共可分若干种类，这只是我们对于语言成分的一种逻辑上的认识，而不是语法上必需的一种认识。"他至少以为实词跟虚词是可分的。但是他给实词下的定义是："实词是表示观念的，每一个词必有它的理解，换句话说：每个词必指一种实物，一种实情，或一件实事而言"。虚词的定义是"虚词不能单独地表示观念，只能附在其他语词的前后而表示若干意义，它们虽不能构造语言的骨干，却是语言的脉络……"。他的定义的标准，我亦感觉是近于逻辑上的定义，只有关于虚词中的一句是与文法有关的。

我现在暂时不要问中国词类是什么，光随便拿两个字做一个单位，颠倒它们的次序，看看发生什么结果，然后再用替换方式 substitution 去看是否有分类的可能。但要请听众注意的是，我所举的例只拿现代国语为限。例如：

	好人：人好
以头代人	好头：头好
以头代好	头人：人头
以飞代好	飞人：人飞（飞人：参看飞机、飞船、飞鸟）

由以上的结果看来，我已经可以分别出两类字来，A 人头、B 好飞，并可得下列的定律：

A + B　　可成一句子
B + A　　可成一复合词
A + A　　可成一复合词

我们管 A 叫名词（substantives），B 叫谓词（predicative），但 B + A 有时也可以成句子，如"怕人：人怕"，可是跟前面的"鸟飞""人好"比，"人怕"是相同的构造，"怕人"就不同了：因为前面都有主语，而这个前面没有主语，添上一个主语如"鬼怕人"，构造就和上面类似（只多一个辅助语）。"人怕"也同样的可以加一补语成"人怕鬼"。所以，"怕人∶人怕"的比例和前面的不同，并不是真正把两字的次序颠倒，而是"鬼怕人"∶"人怕鬼"，一个把前面的字去了，一个把后面的字去了。在文法上我不能承认构造上有颠倒。可是我可以得一条定律就是没有主语也可以成句子，所以"打！"也是一句话。换言之，一个句子的主要成分是谓词，没有谓词，不能成句子。在这里我必须除去回声式的句子，如"谁打他？我！"这种不完全的句子差不多任何语言都有的。

A+A绝不能成句子，其中必须加"是"字才成。故实词至少可分两类。

我现在再举一个虚词的例子，"不"。"不人""不头""不鸟"都不成句子，也不成词，但是加在谓词的前面，"不好""不飞""不怕"就成原来谓词的反面了。从这方面看起来，"不"不能用在名词的前面，只能用在谓词的前面。换言之，只有谓词可以有否定虚字，名词不能有否定虚字。这与英文是不同的，英文可以有 no man，not good。我们要翻译英文的 no man，必须用一个句子"没人"。注意，"没"是谓语，如"我没钱"，和"不"字不同。"不"字不能用作主语，也不能用作谓语（如"人不""头不""鸟不"），这正是合乎虚字的定义的。

我再举一个虚字的例，"的"。"人的""鬼的""好的""飞的"这些复音词都可用在第一类（名词）之前。所以不从这里断定它有什么功效，但是把它们放在名词之后，就发生了一个奇怪的现象。不但"人的""鬼的"不能做谓语用，"好的""飞的"也不能做谓语用。若是造成句子必得说"人是好的""鸟是飞的"。这种构造完全跟两个名词造句法相同。所以"的"的功用至少在这里把一个词化为名词。这个"的"字的本身也不能做主语、谓语，是个虚字。

关于这个问题，我不能再往下多说了。我现在至少对名词、谓词和虚词从上面几点，也可以下几条文法上的定义，不必全用逻辑上或哲学上的定义。

（1）名词可以做一个句子的主语（人好），不能做一个句子的谓语（头人）。两个名词必用"是"字然后可以成句子（鬼是人）。名词放在名词前，可以形容第二个名词（不必说是变类为静字）（人头）。

（2）谓词是句子的主要成分，可以做谓语（打），可以有否定式（不怕）；也可以做主语（飞比坐汽车快多了）（不必认为变类为名词）；还可以放在名词的前面去形容它（飞鸟）（不必说是变类为静字）等。

(3) 不能做主语、谓语的字叫作虚词（不、的）。

以上三大类每项下还可以分出多少小类来。还有许多别的问题，这里我只能做一个试探，希望诸位能多多指教。

关于一个语言的文法的问题，不是拟了一套句子去问，可以得出来的。必须有长篇的材料详细分析，再用短的句子去补充。就是收集词汇也不能预先编一套字去问。做一个两三百字的词汇去问发音人，只是初步的调查，也是研究音韵所必需的；但不能用这个方法来收集词汇。第一，我们没有方法可以调查我们所得的字是否与我们所要求的相合。比如说在广西我问一个说僮话的武鸣人："山是什么？"如果我问话的地点是在广西著名的石山，我得的便是 pla^{33}；如果在有森林的地方，我得的便是 dɔŋ^{33}；如果在个光秃秃的土山上，我得的便是 ʔdøi^{33}。这种地方我没有方法可以预料一个语言能把人类的观念分成多少样。我们的分类法和别一个语言的分类法可以很不相同。第二，我们的观念他们没有，比如我们要问美国人管萝卜叫什么，或者是没有这个字，或者得一套字如 radishes, carrots, beets, turnips，全看我们问的情形怎样了。又有些语言根本没有"东南西北"这些观念，而这四个字调查语言的人偏又喜欢拿来问。结果，得的不是上下，就是里外。在广西的武鸣话里，我也曾经问过"东南西北"，结果是得了汉语的"东南西北"，但是后来我问他本村附近的地名的时候，才知道他是用里外的。靠近大明山的（东方）里 ʔdau^{33}，向武鸣县城是外（南方）ʔøk^{24}。如果我再问别一村的人的时候，我相信同是这两个字，而所指的方向也许不同。第三是翻译的困难。还有词汇与文化、社会组织都有不可分离的关系，长篇材料不但可以给我们较好的词汇，并且使我们可以看出他们的心理及文化。这对于一个语言的了解也是很重要的。

以上所说关于材料的收集及研究，只是单个语言的研究，还没有谈比较的研究。但是这是基本工作，一个已经研究好了的语言材料，我们才能充分地去利用在比较研究上。在未谈比较研究之先，我们需要知道什么叫作比较的研究。在这里我只谈我们所谓比较语言学里的比较研究。

比较的研究就是历史的研究的变相，主要的目的是想把两个或两个以上的语言找出多少套的相合点（correspondences），从这些相合点，我们可以假设它们有同一的来源，所以每一个相合点我们可以拟定一个原始型，并且从这个原始型可以依一定的规律变成现在的形式及状态。

我现在举一个例来表示比较研究的意义：

Lat.　　pēs　　　Eng.　　foot　　　< ＊pē/ōd – s
　　　　pēd – s　　　　　　　　< O. E. fot

我们对于这种比较觉得满意，因为有许多别的例子可以证明：①英文的 f 是和拉丁文的 p 相当（如 pater：father，pecus：fee 等）；②英文的 t 是和拉丁文的 d 相当（如 decem：ten，dens：tooth 等），而拉丁文的 – d 的失掉和 pēdis 相类的也有许多例子（如 lapis，lopidis 石）；③拉丁在英文里不见了 – s：o（如 plenus:full，trēs:three）；④元音 ē 及 ō 变化（ablout）是印欧系的现象，也有许多的例子。就是在英文里也有（do，deed < ＊dhō – ，＊dhē – ），因为这种种恰合，还有许多语言的关系。我们可以拟出一个原始印欧语 ＊pē/ōd – s，依一定的规律可以得拉丁文 pēs，英文 foot。但是如果我们拿另外一种比以法，如：

英文　　　暹文
die　　　tɑ:i³³　　死
fire　　　fɑi³³　　火

我们就感觉不满意了：①我们找不出许多例子来证明我们已得了英、暹比较中的相合点；②英文 die 是从日耳曼 ＊dau – 变来的，fire 是从日耳曼语 ＊f̱uir – 根变来的，而暹文的 tɑ:i 和 fɑi 从台语的比较研究至少我们现在可以说是从 ＊ti – 、＊v – 来的。这已经不合了。但是我们还不敢说英语与暹语真没有历史上的关系。假如我们能把英语所属的印欧语系与别的语系相贯起来，并且把暹罗语所属的台语与别的语言如汉语藏语相联系起来，将来也许可以找出英语和暹语的相合点。但是如果找出相合点的时候，我们前面的比较也许是根本不合。

因为比较研究是求历史上的关系，所以全系的比较不如一支系的比较容易。因为相近的一小支的语言，它们历史上的时间变迁都较少，比较起来简单；并且同较大的支系去比较也得拿它做基础。所以把西藏语同汉语比，就不如把西藏语同它相近的缅甸语比；把暹罗语同汉语比，就不如把暹罗语同它的同系别的台语比；等等。我们把台语系的系统弄清楚之后再与汉语比，那么我们就立在较稳固的基础上了。这也是印欧语言学比藏汉语言学进步较快的一大原因。我们看印欧比较语言学者对于每系都有不少的专门人才，如 Grimm、Braune、Paul、Streitberg、Kluge、Sievers、Noreen 等之于日耳曼语，Benfey、Müller、Whitney、Böhtlingk、Wackernagel、Bloomfield 等之于梵语（印度语），Miklosich、Leskien、Meillet、Vondrak、Berrecker 等之于波罗的斯拉夫语（Balto-Slavic）、Curtius、Kretchemer、Hiss、Thumb 等之于希腊语，Bortholomai、Meillet、Jackson 等之于伊兰语（Iranian），Stolz、Lindsay、Meyer-Lübke 等多人之于拉丁系语，然后才有 Brugmann、Delbrück、Meillet、Hirt 等去集其大成，对于全系才能有专书。

我们看看藏汉系中的苗语、瑶语、倮倮语、么些语有过什么专门人去研究；甚而至于台语、藏语、缅甸语也不过几个专家。所以我的希望是将来中国的语言学者亦必须有人专研究这较小支系，把各小支系的系统弄清楚；而暂不去做大规模空泛的比较。但是我也不希望，比方说，专研究汉语的可以一点不知道别的藏汉系语言。印欧的语言学者会专门一系，但是也没有不通别系的。就拿汉语说，其中有多少问题是需要别的语言帮助的。单就借字一个问题在研究汉语的历史看来，就没有人有系统的做过，宗教、科学上所借的名词很显明可以不论。只有别的语言借汉字而没有汉语借别的语言的字。原因是近来研究汉语的人根本不知道别的语言，而别的语言如南方的苗瑶台等对于汉语不能没影响，北方的蒙古等语也不能没影响。只是我们对于这些语言没有做过科学的研究，而研究汉语的人更无从取材了。

所以依我的意见，将来的研究途径不外是"博而能精"，博于各种藏汉语的知识，而精于自己所专门的系统研究。

附录二　国内少数民族语言文字的概况[①]

罗常培　傅懋勣

一、少数民族语言的系属[②]

根据我们现有关于我国少数民族语言的知识，除了几种系属尚未确定的语言以外，可把现有的民族语言分为四个语系、九个语族、十九个语支。

（甲）汉藏语系

汉藏语系的少数民族语言主要分布在我国西南、中南两行政区和西藏地方。其中只有藏语向北伸展到青海、甘肃两省。我国境内属汉藏语系的语言，可分三个语族：

（壹）侗傣语族（也称黔台语族）——主要分布在广西、云南、贵州、湖南诸省和广东省的海南岛。又可分为三个语支：

（一）僮傣语支　包括：（1）僮语（2）布依语（3）侬语（4）沙语（5）傣语

（二）侗水语支　包括：（1）侗语（2）水家语（毛南、莫家、佯僙的语言可看作水家语的方言）

（三）黎语支　黎语

（贰）藏缅语族——主要分布在西藏、西康、四川、云南、贵州、青海、甘肃、湖南诸省。又可分为四个语支：

[①] 参见《国内少数民族语言文字的概况》，中华书局1954年版，原载《中国语文》1954年3月号。

[②] 罗常培曾在1951年3月31日《人民日报》上发表了《国内少数民族语言系属和文字情况》一文，后来又转载在《科学通报》1951年5月第2卷第5期第491～495页，并列为丁易《中国的文字》一书的附录。两年来，经过中国科学院语言研究所的工作同志和院外有关机构和语文专家的调查研究，又得到一些新材料。本文仍以那篇文章的分类系统为基础，略加补正。

（一）藏语支　包括：（1）藏语（2）嘉戎语（3）羌语（4）西蕃语（5）俅语（6）怒语①

　　（二）彝语支　包括：（1）彝语（诺苏、乃苏、山苏、撒尼、他鲁……都说彝语方言）（2）傈僳语（3）拿喜语（4）哈尼语（且地、布都……说哈尼语方言）（5）拉祜语（6）阿昌语（7）民家语（勒墨、那马都说民家语方言）②

　　（三）景颇语支　景颇语

　　（四）缅语支　包括：（1）缅语（2）载佤语（3）腊讫（茶山）语（4）浪莪（浪速）语（后三种极为接近）

　　（叁）苗瑶语族——主要分布在贵州、湖南、广西、云南、广东等省。又分两个语支：③

　　（一）苗语支　苗语（根据马学良的研究，"仡兜"语也应属于苗语支）

　　（二）瑶语支　瑶语（根据罗季光的研究，广西的茶山瑶语跟侗语接近，应属侗水语支，白裤瑶语跟贵州东南部的苗语最接近，应属苗语支）

（乙）阿尔泰语系

　　阿尔泰语系的语言在我国境内主要分布在西北、东北和内蒙古。朝鲜语的系属至今没有定论。其语言结构接近通古斯语族的语言，暂时也可附列在阿尔泰语系。这一系的语言又可分为三个语族。我国属于这三个语族的语言如下：

　　（壹）突厥语族——主要分布在新疆，也有一部分在甘肃省内。又分

---

　　①　根据罗常培《贡山俅语初探》（北京大学《国学季刊》第7卷第3号，第317页），俅语和怒语都用人称代词第一、第二人称的缩减形式做动词的词头或词尾，构成了动词的变化，这种语法现象和尼泊尔语言类似，俅语怒语可能是另外一个语支。并且由名称和地理上看，"珞巴"可能和怒语有密切关系，这个假设要经过进一步的调查研究才能决定。

　　②　湘西的"土家"自称"毕基"，他们的语言中有些特点跟彝语近似，也应暂时入彝语支。

　　③　贵州、广西、湖南、云南有称"仡佬"的，我们尚未做普遍调查，据陈舒永所记贵州仡佬语，有些词和侗傣语族的语言接近，有些词和苗瑶语族的语言接近，语音和语法的结构比较和苗族接近，但又显然和苗语是不同的语言。从前有人把它列为侗傣语族的"佬语支"或"寮语支"，还要做进一步的调查和比较研究，才能决定。

两个语支：①

（一）西匈语支　包括：（1）维吾尔语（2）撒拉尔语（3）乌孜别克语（4）哈萨克语（5）塔塔尔语

（二）东匈语支　包括：（1）雅库特语（2）柯尔克孜语（3）裕固语（旧称"撒里维吾尔语"）

（贰）蒙古语族——主要分布在内蒙古、东北、甘肃、青海和新疆诸省。暂可分为两个语支：

（一）蒙古语支　一般把蒙语分为四大方言：

（1）内蒙古方言　主要分布在内蒙古。

（2）喀尔喀方言　在内蒙古昭乌达盟和乌兰察布盟各有一旗说这种方言的，青海蒙古族也有说这种方言的。

（3）布利亚特方言　内蒙古呼纳盟的陈巴尔虎旗、新巴尔虎旗和索伦旗都有说这种方言的。

（4）喀尔玛克方言　主要分布在新疆省。天山以北准噶尔盆地，伊宁、塔城和天山以南的焉耆也说这种方言。宁夏阿拉善和额济纳自治区的土尔扈特人和额鲁特人以及青海的辉特人也说这种方言。

布里亚特和喀尔玛克方言主要分布在苏联境内。前者是蒙古语极北的方言，后者是蒙古语极西的方言。这两种方言在蒙古人民共和国也有说的，不过蒙古人民共和国最通行的蒙古语是喀尔喀方言。

甘肃省东乡自治区和临夏、宁定、和政、康乐一带约有十六万东乡人所说的话也属蒙古语支。青海省互助、民和、大通和甘肃省永登、临夏还约有七万土人，他们所说的话也近似蒙语，因为这两种语言还没经过科学的调查研究，它们和上述蒙古语四大方言的关系若何，暂时无从决定。

（二）达呼尔语支　在黑龙江省龙江县等地和内蒙古自治区莫力达瓦

---

① 参考苏联巴斯卡可夫（H. A. Backakob）的分类，巴斯卡可夫在《联系语言发展和形成的历史阶段以及定突厥语言的分类》（载《苏联科学院语言研究所集刊》1952 年第一卷第 7～57 页）一文中，把突厥语言分为西匈语支和东匈语支。把维吾尔族和乌兹别克语列入西匈语支的卡尔鲁克语组，把哈萨克语和塔塔尔语列入同语支的克普查克语组，把雅库特语、撒里维吾尔语和柯尔克孜语都列入东匈语支，而以雅库特语和撒里维吾尔语属"维吾尔语组"，以柯尔克孜语属"柯尔克孜—克普查克语组"。详细分类请参看原文。巴斯卡可夫在这篇文章以前，曾在《苏联科学院报道》文学语言部分（1952 年第 11 卷第 2 期第 121～134 页）发表了《关于突厥语言的分类问题》一文，也可参看。

族等地的达呼尔人所说的语言也应属蒙古语族①。

（叁）通古斯语族——在我国境内主要分布在内蒙古、东北和新疆。又可分为两个语支：

（一）通古斯语支　包括：（1）索伦语（2）鄂伦春语

（二）满语支　包括：（1）满语（2）锡伯语（3）赫哲语

（丙）南亚语系

我国属于南亚语系的语言，有孟高棉语族，主要分布在云南省的思茅专区、缅宁专区和保山专区。又可分两个语支：

（一）佤绷龙语支　包括：（1）佧佤语（2）绷龙语

（二）蒲满语支　蒲满语（西双版纳蒲满族自称"白朗"，镇康蒲满族自称"乌"）

台湾省高山人所说的语言系属尚无定论。有人列入南岛语系，但也有人把南岛语系和南亚语系合并为奥斯达利安语系。暂时附列于此。

（丁）印欧语系

在我国境内说印欧语系语言的人最少，只在新疆省有两种语言：

（一）斯拉夫语族东斯拉夫语支的俄罗斯语。

（二）伊朗语族的塔吉克语。

除了上面所说的以外，还有些语言，如西藏东南部和西康西南部的"珞瑜"、西康南部和滇缅未定界的"珞巴"、新疆南部的"坎巨提"、四川北部理番一带的"博罗子"……因为我们没做过调查，也没有参考材料，语言情况暂时无法叙述。各族的人口数目，得等到这次普选工作结束后才能有较为确实的统计数字，本书暂不列入。但在已经初步统计的人口约数中，以说汉藏系语言的人最多，占少数民族总数的百分之七十四左右。说阿尔泰系语言的人占百分之二十一左右，说朝鲜语的约占百分之三点八，说南亚系语言的约占百分之一，说印欧系语言的只占千分之一。

二、各语系语族的特征

在第一节里所列语言系属的分类是根据各种语言在来源上的同异特征

---

① 参考桑席耶夫《蒙古语族的语言及其方言》，载《苏联科学院东方学研究所集刊》1952年第4卷第39～125页。又包培（N. Poppe）所作《论达呼尔人的语言》（Über die Sprache der Daguren, Asia Major, Vol. X. fose, 1-2, Leipzig, 1934～1935）也说达呼尔语是蒙古语的方言，但"在各种蒙古方言中达呼尔语却占有一种特殊位置"。我们现在把它列为蒙古语族的一支。

而分的。凡是在来源上没有亲属关系的语言列为不同的语系，有亲属关系的列在同一个语系；在同一个语系里，又按照亲属关系的远近列为不同的语族；在同一语族里，又按照亲属关系的远近列为不同的语支。语言系属的分类既然是根据历史的观点，它就必须建立在历史比较语言学的基础上。因为我国有些少数民族语言还没经过科学的调查研究，或者仅有初步的研究而还没有充足的材料和科学的比较结果，所以第一节的系属分类还不是结论性的，而只是暂时性的，等待着语言科学工作同志们的补充和修订。

现在为了调查研究的方便，举一些各语系各语族中现代语言的特征，以供参考。不过为进一步确定各种语言的系属，除了这些特征以外，我们还需要用历史比较语言学的方法对各种语言进行精密的研究。

（甲）汉藏语系

（一）有声调——就是每个音节上有固定的声调，声调的数目，一般自三个到八个。在同一种语言的不同的方言间，声调数目也有差别。大致地说来，藏缅语族语言的声调数目比侗傣语族和苗瑶语族各语言的声调数目少。

（二）大部分的词以单音节的词根为基础——这并不是说，这些语言里的词都是单音节的，有些语言也有好些多音节的词；但是这些多音节的词，大多数是两个或更多的单音节词根，或一两个单音节的词根和一个附加成分结合而成的。也有些多音节的词根，但为数不多。

（三）附加成分的作用是有限制的——虽然也有些附加成分，但许多在阿尔泰语系和印欧语系里用附加成分所表示的语法范畴，在汉藏语系往往用词的位置、助词或别的词来表示。

（四）有类别词——如汉语"这个人""两匹马"的"个""匹"叫作"类别词"。在藏缅语族的语言里除个别语言（如藏语、景颇语）不大用类别词以外，一般都有丰富的类别词。类别词的位置在各语族中不一致。在藏缅语族的语言里，放在被限制词的后边，指代词或数词要放在类别词的前边，如"这个人"说成"人这个"的次序，"两匹马"说成"马两匹"的次序。在侗傣语族的语言里用"人个这"或"个人这"，"马两匹"或"两匹马"的次序。个别方言里也有用"这个人"的次序的。用在"一数"时，类别词大都放在后边，做"人个一"或"个人一"的次序。在苗瑶语族的语言里，一般用"个人这""两匹马"的次序。但是也有变例。

（五）词序很重要，词的次序比较固定——一般地说，词的次序是比较固定的。以"主语、谓语、宾语"说，可分为两个类型：

（1）侗傣语族和苗瑶语族用"主语—谓语—宾语"的次序（如"我打他"）。

（2）藏缅语族用"主语—宾语—谓语"的次序［如"我他打"（＝"我打他"）］。在藏缅语族的语言里，如果用了表示主语或宾语的助词，则主语和宾语的次序往往可以更换，如拿喜语、民家语因受汉语影响，在多数情况下，已采用"主语—谓语—宾语"的次序。

以限制的名词或代词和被限制的名词的关系说，也有两个类型：

（1）藏缅语族用"限制的名词或代词—被限制的名词"的次序［如"马头""我（的）书"］。

（2）侗傣语族用"被限制的名词—限制的名词或代词"的次序［如"头马"（＝"马头"），"书我"（＝"我的书"）］。

（3）苗瑶语族用 $\begin{cases}限制的代词—被限制的名词\\被限制的名词—限制的名词\end{cases}$ 的次序。

$\begin{cases}如"我书"（＝"我的书"）\\如"头马"（＝"马头"）\end{cases}$

在苗瑶语族的语言里，也间或有用"限制的名词—被限制的名词"的次序的。

至于限制的形容词和被限制的名词的位置，大部分汉藏语系少数民族语言用以下的次序："被限制的名词—限制的形容词"［如"马白"（＝"白马"或"马白"，由说话的情景或其他词的运用来决定）］。在个别的方言里，也有把一部分形容词放在被限制名词的前边或前后不定的，但这不是通例。

（乙）阿尔泰语系

（一）没有声调——虽然有语调而每个音节上没有固定的音调，自然也就不拿声调来区别词义。

（二）多音节的词根比汉藏语系的语言多，"元音和谐律"① 在词的语音结构上占很重要的地位——在这个语系的三个语族的语言里，包含多音节词根的词，一般地说，都比汉藏语系的语言多些，因而就有许多比较长的词。三个语族的语言都有"元音和谐律"，不过元音和谐律在通古斯语族的语言里，不如在突厥语族和蒙古语族的语言里那样严格②，但是突厥语族的语言里元音 [i] 只能跟前元音谐，而在蒙古语族的语言里，元音 [i] 是中性的，既可与前元音谐，也可与后元音谐。

（三）语词的结构是属于黏着类型的——在这些语言里，附加成分很丰富，每个附加成分在表示语法范畴上（如"格""数"）都有一种特殊的功能。一个附加成分后边还可以再接另一个附加成分，附加成分的这种用法便是黏着类型的特点。在这个语系的语言里，附加成分的语音是跟元音和谐律密切相关的。

（四）没有类别词——如"一个人"说"一人"，"两匹马"说"两马"，不用类别词如"个""匹"之类。在满语里虽然有时用类别词，不过那是从汉语借去的。

（五）词序和汉藏语系一样，也比较固定，但词序的语法意义不像在汉藏语系语言里那样重要——因为大部分语法范畴都已用附加成分表示，所以尽管词序有一定的习惯，并不单靠词序表示许多语法范畴。这三个语族的语言，大体是统一地用以下的次序：

（1）主语—宾语—谓语。

（2）限制的代词或名词—被限制的名词。

（3）限制的形容词—被限制的名词。

（丙）南亚语系

（一）没有声调——在成句的话里虽然有一定的语调，但单个的词上没有固定的声调。如佤语单举一个单音节的词的时候，往往用一个降调，但如果变换其声调也不会变更词的意义。

（二）大部分词以单音节的词根为基础——情况和汉藏语系的语言

---

① "元音和谐律"就是一个词所包含的元音全得属前元音组或后元音组，如在蒙古语中属前元音组的是 e、ö、ÿ，属后元音组的是 a、o、y，而 i 是中性的。

② 这是一般的说法，在突厥语族个别语言的某些方言里，也有元音和谐律不完整的现象。苏联沙米叶娃说，维吾尔语是突厥语族中把和谐律保持得较完整的。但是据新疆来的人说，维吾尔语的元音和谐律在新疆南部的某些地方已不严格。

相同。

（三）附加成分较少——在我国境内属孟高棉语族的语言里，附加成分较少。在高棉语里应用附加成分较多。

（四）有类别词——类别词的位置比较活动。一般情形用"被限制的名词—数词—类别词"[如"人一个"（＝"一个人"）]，但也可用"数词—类别词—被限制的名词"的次序。

（五）词序比较自由———一般使用以下的次序：

（1）主语—谓语—宾语。

（2）被限制的名词—限制的代词或名词。

（3）被限制的名词—限制的形容词。

（2）、（3）两种次序比较固定。但（1）主语、谓语和宾语的次序就可以活动了，如"我已经买了一本书"可用"我/已经/买/书/一/本"的次序，也可用"已经/买/我/书/一/本"的次序（"书一本"也可作"一本书"，见上）；"你要买这书吗?"可用"你/要/买/书/这/吗"的次序，也可用"要/买/你/书/这/吗"的次序。

（丁）印欧语系

我国少数民族说印欧语系语言的，只有新疆的俄罗斯族和塔吉克族。俄罗斯族说俄语，和苏联俄罗斯民族的语言相同。塔吉克语和波斯语很接近，我们还没找到参考材料，无法具体地叙述。不过，这两种语言和上述各语系的特征比较起来，可做以下的说明：

（1）没有声调。

（2）多音节的词根很丰富。

（3）附加成分在构成语法范畴上起重要的作用，而且常影响词根或词干的变化。

（4）没有类别词。

（5）词序比较活动。

三、少数民族语言文字使用的情况

本文只通过以下四项，来说明少数民族语言文字使用的一般情况：

（一）有通行文字并已有相当数量的读物的，有以下九个民族。

（1）藏族　分布在西藏、西康、四川、青海、甘肃、云南等省。有自左而右横写的拼音文字。现存文献，有从9世纪起的文字记载，以及早期的文学作品和佛经。现在藏文在西藏、西康、四川、甘肃、云南的藏族居住地区都通用。除报纸和画报、连环画以外，还编译出版了许多政策文件、历史读本。有许多民族学校中也有了一些藏文教材。

（2）蒙古族　主要分布在内蒙古自治区、绥远、热河、新疆、宁夏、青海、甘肃、吉林、黑龙江、辽西等省。13世纪初采用回纥文字母写自己的语言。在1269—1350年间改用巴思八文为官方文字，后又恢复旧文字。现在内蒙古自治区所用蒙文是自上向下由左到右的直行式的拼音文字。新疆蒙古族所用蒙文也基本上相同，不过已根据当地方言加以改进。现在蒙古族学校中除汉语文外，各科多用蒙古文课本并用蒙古语进行教学。曾在几个小学中实验过蒙古人民共和国的斯拉夫式的文字，本民族也有些人主张采用这种蒙古文以代替旧蒙古文。现在除报纸、画报、连环图画以外，蒙古文新读物很多，有政策文件、政治理论、文艺作品。

（3）维吾尔族（4）哈萨克族　维吾尔族主要居住在新疆省，新疆南部尤占绝大多数，在甘肃省也有一部分。哈萨克族主要居住在新疆省北部，南部也有，但人数很少。都有自右而左横写的拼音文字。字母是经波斯人略加增改的阿拉伯字母。1951年5月阿拉木图维语大会通过了一个文字改进方案，比原来的文字推进了一步。维吾尔族是新疆省人口最多的一个民族，文字的历史比较长久，流传下不少的古文献，所以在新疆省其他民族中会说维语、会写维文的人很多。维吾尔语方言有分歧，吐鲁番、库车一带方言和文字比较接近。哈萨克语方言不大分歧，文字写法也比较统一。中华人民共和国成立后已用维吾尔文、哈萨克文编译了不少的新读物。除报纸、画报、连环画外，有政策文件、历史、政治、文艺各种读物。这两种文字都有一些学校用的教材读物。苏联的哈萨克族和维吾尔族都用斯拉夫字母形式的文字，同时也用阿拉伯字母的维吾尔文出版书刊。我国维吾尔族和哈萨克族也已有些人会读斯拉夫字母的文字，并且有些人提议把现行的阿拉伯字母式的文字改为斯拉夫字母式的文字。

（5）朝鲜族　分布在东北区吉林，延边朝鲜族自治区和松江、辽东、黑龙江、辽西等省。有用"谚文"做字母的拼音文字，不过拼成一个音节时，字母和字母之间不是完全平着写的，而是凑成方块的字形。在延边朝鲜族自治区内有大学一所，中小学很多，学龄儿童就学率已为百分之九十以上，差不多每两个区就有一所中学，每三十五个人中就有一个中学生，除汉文和外国语以外，各科都用朝鲜文课本进行教学。已出版了近三百种有关哲学、政治及科学常识的读物。

（6）俄罗斯族　主要居住在新疆省的伊犁、塔城及阿山等专区。因为语文和苏联先进的俄罗斯民族一样，语言丰富，文字完美，一般读物并不缺乏，所缺乏的是学校用的有关我国史地、政策的读物和课本。

（7）锡伯族　主要居住在新疆省的伊犁区，东北区吉林和松江也有一部分。在东北区的以汉语文为主要交际工具，在新疆的用满文拼写本族的语言。多数人兼通汉语或维吾尔语。伊犁有锡伯文报纸，还有些文艺作品。

（8）乌孜别克族　主要居住在新疆省的伊犁区和喀什区。有阿拉伯字母形式的拼音文字。知识分子多能认识苏联斯拉夫字母式的乌孜别克文，能阅读苏联出版的乌孜别克文著作。有些人主张改用斯拉夫字母的乌孜别克文。

（9）塔塔尔族　主要居住在新疆省的伊犁、塔城、阿山等地。有阿拉伯字母形式的文字。知识分子多会苏联斯拉夫字母形式的塔塔尔文，能阅读苏联出版的塔塔尔文著作。有些人主张改用斯拉夫字母的塔塔尔文。

以上九个民族的文字在中华人民共和国的民族文化教育工作上已有了相当的基础。但这些读物课本还是供不应求。今后除在数量上提高以外，还要在语文工作的质量上提高。除俄罗斯文字应直接采用苏联先进语言科学研究的成果以外，对其他八个民族语言，应研究其音位系统和语法构造，以解决规范化，特别是正字法的问题；研究词汇发展的内部规律，以解决新词汇增加和统一的问题。

（二）有通用文字而缺乏新读物的，有五个民族，都在云南省境内。

（1）傣族　主要分布在云南省的南部和西部。有三种民族形式的拼音文字，都是由左向右横写的：（子）傣仂文使用在南部的西双版纳傣族自治区，（丑）傣哪文使用在西部的德宏傣族景颇族自治区，（寅）傣绷文使用在滇缅边境和缅甸掸州邻近的个别地区。傣仂文原来比较完备，懂的人较多。傣哪文和傣绷文比较接近，因文字本身缺点大，懂得的人较少。最近本民族的知识分子已在中国科学院语言研究所云南工作组的协助下，分别拟订了傣仂文和傣哪文的改进方案。现在民族小学中，因缺乏课本还没展开本族语文的教学。原有用本族文字写的佛经和历史文献。中华人民共和国成立以后，西南民族事务委员会出版了傣哪文的报纸，云南民族事务委员会和云南人民出版社已出版了有傣仂文说明的画册三种。

（2）景颇族　主要分布在云南西部德宏傣族、景颇族自治区内。有拉丁字母式的拼音文字。信基督教的多半懂这种文字，不信基督教的也有懂这种文字的，但人数较少。现在景颇族学习文字，多利用缅甸景颇族所用的课本。原有景颇文的基督教新旧约。中华人民共和国成立后，出版了有景颇文说明的画册三种。

（3）傈僳族　主要分布在云南西部碧江、福贡、贡山、泸水、维西、腾冲、莲山、耿马和楚雄专区。有三种文字：（子）用大写拉丁字母和这些文字的反倒形式做拼音字，使用最广，在云南西部傈僳聚居区通用。（丑）用苗文字母，限于楚雄专区禄劝县的傈僳族中，而且大都是信基督的人使用。（寅）音节文字，没有字母，一个形体代表一个音节，因原先写在竹叶上，称为"竹书"。这种文字的字数很少，不够用，现在只在维西第四区和第三区、第六区的两个村落中使用。以代表语言的正确性和现在通行的程度说，第一种稍加修订，最有发展前途。在民族学校中还没有民族语文的课本。原有（子）（丑）两种傈僳文的基督教新约，中华人民共和国成立后出版了用第一种傈僳文说明的画册三种，连环画一种。

（4）佤佤族（佧族的旧称）　主要分布在云南南部的澜沧和沧源两县。也有居住在双江、镇康、耿马、佛海、南峤等县的。有拉丁字母式的拼音文字。原有佤佤文的基督教新约，现在还没有佤佤文的学校课本。懂文字的虽然不限于信基督教的人，但以信基督教的人较多。信佛教的多借用邻近的傣文，但并不是用傣文写自己的语言，所写的还是傣语。

（5）拉祜族　主要分布在云南南部的澜沧、景东两县。双江、沧源、南峤、佛海、车里也有少数。有拉丁字母的拼音文字，因为字母系统、拼音法式和表声调的符号有缺点，现在本民族的知识分子在云南民族事务委员会语文干部的协助下，已拟订了一套改进方案。

（三）原有文字而不通用或不大通用的，有四个民族。

（1）满族　主要分布在东北区各省，大部分是散居成分，只有很少的聚居村。清朝除北京以外，在广州、福州、杭州、汉口、荆州、江宁（南京）、青州、开封、成都、西安十处和西北的伊犁、兰州、绥远等地方都设有驻防军队，因此在这许多城市跟它们附近也有一些散居成分。有拼音字母的满文，字母是16世纪时根据蒙文改造而成的，除了一些增加的符号以外，书写体式上和蒙文大体相同。满族绝大部分已使用汉语汉文，只有东北的极少数的聚居村镇还说满语，例如黑龙江省龙江县有一个八十二户的聚居村。富裕县有一个六十二户的聚居村都还会说满语。

（2）彝族　分布在西康东南部、四川西南部、贵州西北部和云南各地。彝族原有一种音节文字，一个字代表一个音节而没有字母。字数不够用，各地字形和行款不统一。四川、西康和云南金沙江流域的彝文自右向左横书，如阿拉伯文的写法。云南他处和贵州则多用自左向右排列的直行书写。这种文字多用在宗教上的经典，也有些传说和谚语等，"笔母"都会，不当"笔母"的也有些人会。可是因为它不能正确地代表彝族语言，又不能普遍流行于广大的人民群众，中华人民共和国成立后已试用拉丁字母的新彝文。现已出版了新彝文的小学各科课本和一些成人读物二十多种，并有新彝文报纸一种。彝族懂新彝文的已有六千多人。

（3）拿喜族　主要分布在云南省丽江、中甸、维西、宁蒗、永胜和西康省德昌、盐源、会理、盐边等县。有两种文字：第一种以象形为基础，有些字也杂以表音的成分；第二种是音节文字，体势和彝族的音节文字相似。这两种文字主要在宗教上使用，有的地区两种文字并用，有的地区只用一种。因为文字不能正确地代表语言，有些知识分子希望创立新文字。

（4）苗族　主要分布在贵州的东部、西部、西北部，湖南的西部，云南的东部、东北部，四川南部和广西北部。方言差别很大，没有统一的文字。贵州西北角以石门坎为中心连同云南东北部的苗族使用一种传教士所造"格框式"大小字母的拼音的苗文。四川南部的字母形式虽然和贵州西北、云南东北的苗文基本上相同，但也有些差异，而且用它来拼写川南的方言，所以仍然形成了两种文字。贵州东南部曾有传教士用注音字母拼写翻译的基督教新约，但没有人承认这是苗文。贵州东南部和湖南西部的苗族也不承认贵州西北角、云南东北部和四川南部的苗文是苗族的通用文字。要求创立文字，甚为迫切。

（四）没有文字的，根据使用语言的情况，可分为以下七个类型：

（1）主要方言虽有不同而有占绝对优势的方言区的。如广西壮族有六百万人，其语言可以右江、邕江为界分为北部和南部两大方言区，北部方言区约有四百五十万人，占全部壮族人口的百分之七十。①

（2）主要方言有分歧而目前还没有占绝对优势的方言区的。如苗族虽有一部分地区有文字，但大部分地区没有文字。据已经调查的苗语说，可分为四个大方言区：（子）贵州东南部苗族方言区，约有七十三万人；（丑）湖南西部和贵州东北角方言区，约有五十万人；（寅）四川南部贵州西部和云南东部方言区，约有七十万人；（卯）贵州西北角和云南东北部方言区，约有十五万人。此外，贵州西部还有几十万说各种不同方言的苗族，因尚未调查，方言情况不很清楚。在这四个大方言区中，虽然贵州东南部方言区人口最多，但与其他方言差别很大，人口也只占其他三个方言区人口的一半，其他方言还没计算在内，显然还不能在苗语各方言区中占绝对势。

（3）方言差别很小的。如贵州、广西和湖南的侗族，有六十余万人，方言差别很小。

（4）名称相同而语言系属不同的。如瑶族所说的语言可分四类：（子）广西盘古瑶语（盘古瑶亦称过山瑶、板瑶。正瑶语是盘古瑶语的方言。）和广东北部过山瑶语，属瑶语支。（丑）广西南丹、河池一带的白裤瑶语、西山瑶语和云南文山专区富宁县的瑶语跟苗语接近。（寅）广西大瑶山的茶山瑶语跟侗傣语族的侗水语支接近。（卯）广西兴安、龙胜一带的红瑶语属汉语支。又如海南岛苗语（保亭吊罗山）属瑶语支，和盘古瑶语只是不同的方言。

（5）民族名称在汉语虽然不同而语言基本上相同的。如布依语和壮语北部方言，差别很小，实在可以合为一个大方言区。云南的侬语和沙语尚没做详细调查，也可能和这个大方言区的方言差别不大。广西偏族的语言则和壮语南部方言相差极少。

（6）与本民族语言相近的其他民族已有文字，而本民族也自愿使用的，如青海土族多数自愿使用蒙文。

（7）本族语言已不完备的。如东北赫哲族青年已不能说完备的赫哲

---

① 壮族聚居在广西的中部和西部，有六百万人。水家族主要聚居在贵州省的三都、荔波和广西的南丹等县，有十五六万人。两族都曾拼凑改变汉文字体（水家族并用过少数的象形字）以代表其语言，但因汉语和壮语水家语相差很大，借用汉字成分不容易正确地代表其语言，所以没发展为完整的文字。现在壮族已提出创立文字的要求。

语而通晓汉语。

以上七个类型是根据现在已有的材料归纳出来的。属于第（1）个类型的语言最多，应在其占绝对优势的方言区中，选择最适合的方言点作为拼音文字的语言基础，但须适当照顾其他主要方言，以便说别种方言的人容易学习。就创立文字的工作来说，当然以属于第（3）个类型的语言最容易进行，但是这种语言并不多。属于第（2）个类型的语言最少，创立文字时，只有普遍研究各主要方言的音位系统，找出各主要方言间语音的对应规律，然后参考这些对应规律，先在比较占优势的主要方言区创造文字，进行实验工作。如果其他方言区能用一种文字最好，实在困难太大时，可用相同的字母和拼音法式拼写不同的方言，但是这种办法对于同一个民族来说，只是暂时的，用得越少越好。属于第（4）个类型的语言就目前所知道的还不算多。在创立文字时应不受名称的束缚而按照其语言的实际情况分别处理。属于第（5）个类型的语言，也有一些。应依据民族的自愿，并经各族协商同意尽量考虑使用同一种文字，至少也应该使用一致的字母形式和拼音法式。属于第（6）个类型的语言，应据本民族广大群众的意愿，并跟借用文字的邻近民族协商同意，就可按照本族语言的特点修订适用后，实验推行。属于第（7）个类型的语言很少，创立拼音文字的根据——语言——已经失去，可径行使用现在熟习的语言，学习代表这语言的文字，不必另创文字。

第二部分

彝语语法研究

几点说明

一、材料的收集

1943年在昆明附近的核桃箐村作者进行了彝语的调查工作。发音人杨富顺是一个很能讲故事的人。那次作者一共收集了1951个语词、30个故事、两首山歌和一些能说明语法现象的句子。作者根据这些材料，研究了彝语的语音、语法、词汇和彝语中的汉语借词。汉语借词研究已经在《岭南学报》[①] 发表（现在附录在本书的后面）。故事和词汇的材料比较多，目前还不能全部整理出来。这里所发表的是彝语的语音、语法和一部分的故事。

核桃箐村的彝族，在彝语里叫作 na-su。它的语言系统属于汉藏语系藏缅语族的彝语支。在云南的彝族中，说这种语言的人数最多。

二、整理的方法

本部分的语法分句法和词类两部分。作者根据这种语言的特点，把它的词类分成名词、代词、谓词、数词、量词、助词和叹词7类。谓词分为动态谓词和静态谓词两种。动态谓词如 $sŋ^{33}$ "走"、dzu^{33} "吃"、$tɛ^{55}$ "打"等；静态谓词如 $mɔ^{44}$ "老"、$uɔ^{24}$ "大"、$dz̞h ɔ^{24}$ "冷"等。象声词因为材料不多，所以把它附在叹词的后面。这部语法比较详细地说明句法。读者读过了这部语法，掌握了彝语语法结构的规律，记得语词，就可以自己造句，也就容易学习彝语了。

---

① 参见高华年《纳苏语中汉语借词研究》，载《岭南学报》1950年第11卷第2期。

三、彝语语法的特点

彝语语法的特点很多，这里举几个例子来谈一谈。

（1）主语放在宾语的前面，宾语放在谓语中心词的前面。例如：

①t^hi^{21} ŋu^{21} tɛ^{55}（他打我。）
　他　我　打
②a^{21} vi^{55} tɕ$^hi^{33}$ tɛ^{55}（姐姐打狗。）
　姐姐　狗　打

（2）名词的附加语放在名词的后面。例如：

①ŋu^{33} nɛ^{24}（红鱼。）
　鱼　红
②tɕ$^hi^{33}$ t$^hu^{24}$（白狗。）
　狗　白
③xu^{33} t$^ha^{21}$ ŋɚ^{44}（一斤肉。）
　肉　一　斤

主有格的附加语放在名词或代词的前面，有的时候可以加助词 bɤ^{21}，但是也可以不加 bɤ^{21}。例如：

④ȵɔ^{33} zu^{33} bɤ^{21} b$^hɛ^{33}$（弟弟的衣服。）
　小弟　的　衣服
⑤t$^hi^{21}$ bɤ^{21} ȵi^{33}（他的牛。）
　他　的　牛
⑥ȵɔ^{33} mɔ^{213} su^{33}（妹妹的书。）
　小妹　书
⑦ŋa^{213} vɤ^{33} ji^{213} uo^{24}（我的父亲去了。）
　我　父　去　了

谓词的附加语往往重叠起来，放在谓词的前面。例如：

⑧tsu⁴⁴ tsu⁴⁴ di³² n̩i³³（好好地看。）
　好　好　　　看
⑨ɕɛ⁴⁴ ɕɛ⁴⁴ lɛ²⁴（早些来。）
　早　早　来

（3）重叠谓词表示疑问。例如：

①a²¹ vi⁵⁵ ma²¹³ ma³³ dzu³³ dzu³³（姐姐吃饭吗？）
　姐姐　　饭　　　　吃　吃
②na²¹³ vɤ³³ a²¹ kɯ⁴⁴ tsʰɿ³² tsʰɿ³²（你的父亲在家吗？）
　你　　父　家里　　在　　在
③mɤ̃³³ dzʱɛ⁴⁴ bu²¹·³² bu³² lo³³（天亮了吗？）
　天　　边　　亮　　　亮

（4）在重叠名词的中间，加一个否定助词 ma²¹ "不"，表示逐指的意思。例如：

tʰi²¹ ni²¹ ma²¹ ni²¹ lɛ²⁴（他天天来。）
他　 天　 不　 天　 来

（5）重叠数词和量词表示逐指的意思，例如：

ŋu²¹ tʰa²¹ xã²⁴ tʰa²¹ xã²⁴ ji²¹³（我每天晚上都去。）
我　　一　 夜　　一　 夜　 去

（6）在句子里加助词 a²¹ 或谓词 dʐɛ⁴⁴，使主动句变为被动句。例如：

主动句：a³³ mu³³ tɕʰi³³ tɛ⁵⁵（哥哥打狗。）
　　　　哥哥　　　狗　　打

被动句：tɕʰi³³ a³³ mu³³ a²¹ tɛ⁵⁵（狗被哥哥打。）
　　　　狗　　哥哥　　被　打
　　　　tɕʰi³³ a³³ mu³³ dʐɛ⁴⁴ tɛ⁵⁵（狗被哥哥打。）
　　　　狗　　哥哥　　给　打

　　在核桃箐村的彝语里，有一些词的构词法也是值得我们注意的。例如：
（1）名词。例如：

　　　pʰɔ²¹ xə̃³³（帐子）　　　　ji²¹ ɬu³³（沟）
　　　布　房　　　　　　　　水　舌
　　　ji²¹ nʰã³²（汤）　　　　　dʐɔ²¹ tsʰi³³ lu³³（刷牙）
　　　水　滚　　　　　　　　牙　洗　物
　　　ɣʁ⁵⁵ sɔ²¹ mo³²（女人）
　　　针　穿　母

（2）谓词。例如：

　　　sɿ³³ nʰã³²（怒）　　　　　ȵi³² dʐa²¹（伤心）
　　　血　滚　　　　　　　　心　冷
　　　ȵi³³ ŋə̃⁴⁴（欺负）
　　　看　傻

像这一类的构词法都是很值得我们研究的。

四、整理的经过

　　这部语法是作者在北京大学文科研究所毕业论文的一部分，由罗常培先生指导。在整理的时候，作者曾经参考了马学良先生的《撒尼彝语研究》稿本。10年前，本书曾经由南开大学文科研究所油印过80本，分送给各学术机关。现在综合大学中国语言文学系汉语言文学专业的专门化里有"汉藏系语言概要"这一门课程，很需要这方面的教材，所以我把它重新修改付印。这对于"汉藏系语言概要"课程的教学和教材建设是会有帮助的。目前科学院正在大规模地调查少数民族语言，替少数民族创造文字，这部语法对于学习彝语也是很有用的。另外，这部语法还可以作为研究同系语言汉语语法的参考。

备注：本说明写于 1958 年 8 月。当时，《彝语语法研究》作为图书，由科学出版社出版。因此，说明中的本书即为《高华年汉藏语论稿》的第二部分"彝语语法研究"。

第一章 语 音

一、声 母[①]

声母共有44个,列表如下:

发音方法			发音部位							
			上唇 上齿		齿背	齿龈	前硬腭	龈腭前	软腭	喉
			下唇		舌尖					
			双唇	唇齿	舌尖前	舌尖中	舌尖后	舌面前	舌根	喉音
塞音	清	不送气	p			t			k	ʔ
		送气	pʰ			tʰ			kʰ	
	浊	不送气	b			d			g	
		送气	bʰ			dʰ			gʰ	
塞擦音	清	不送气			ts		tʂ	tɕ		
		送气			tsʰ		tʂʰ	tɕʰ		
	浊	不送气			dz		dʐ	dʑ		
		送气			dzʰ		dʐʰ	dʑʰ		

---

① 汉语借词的声韵词与本语言的略有不同。请参看本部分附录。

（续上表）

发音方法		发音部位							
		上唇 下唇	上齿 下唇	齿背	齿龈	前硬腭	龈腭前	软腭	喉
				舌尖					
		双唇	唇齿	舌尖前	舌尖中	舌尖后	舌面前	舌根	喉音
鼻音	不送气	m			n				
	送气	mʰ			nʰ			ŋ	
边音	清					ɬ			
	浊				l				
擦音	清		f	s		ʂ	ɕ	x	
	浊		v	z		ʐ		ɣ	
半元音	浊	w					j		

（1）b、d、g、dz、dʐ、dʑ 等声母带音很强，在句中连读的时候往往丢掉带音成分。

（2）bʰ、dʰ、gʰ、dzʰ、dʐʰ、dʑʰ 等送气的浊音，带音成分也很强，在句中连读时和不送气的浊音也有同样丢掉带音成分的情形。

（3）mʰ、nʰ 是送气的浊鼻音，送气的力量很强，两唇接触或舌尖与齿龈间的接触很轻，差不多一碰着就放开，跟着一股强烈的 h 音出来，就得着这个声音。它只能在半鼻音的韵母前面出现。

（4）ɬ 是舌边清擦音，把舌尖后放在前硬腭的部位，再发 h 音就得到这个音值。

（5）x 是舌根后的清擦音，包括有两个音值：①在口音韵母的前面读为 x，比北京话的 x 略为靠后，如 xo²¹³ "送"；②在半鼻音韵母前面读喉部擦音 h，比福州方音的 h 稍靠前，严格写起来应当记为 h，但因为不能独立构成音位，所以我就把它并入 x 母，不加区别，如 xã³² "贼、鼠"。

（6）j、w 起头的词儿摩擦音很重，显然和元音 i、u 起头的不同，所以我把它分出来。现在每类各举几个词为例：

p	pa³² 碗	pi²¹ ti²¹ 肛门	pi³² 凸
pʰ	pʰɯ⁵⁵ 遇	pʰi²¹³ 吐	pʰa⁴⁴ 叶子
b	bɤ⁵⁵ 蹄子	bu³² 亮	bu³² ʂɔ³³ 蛇
bʰ	bʰɛ³³ 衣服	bʰu³² 饱	bʰɯ³³ 推
m	ma²⁴ ma³³ 饭	ma⁴⁴ 梦	mɯ³² 吹
mʰ	a²¹ mʰɛ̃²⁴ 嫂嫂	mʰɛ̃²⁴ ɤɚ²¹ 小叔	
f	fi³³ 分	fɔ³² 干	fɯ²¹ 蛋
v	vɛ³² 拿	va⁵⁵ 抬、挑	vɔ²¹³ 买
t	tɯ⁵⁵ 埋	tɚ⁴⁴ 云	ta³² 抱
tʰ	tʰɚ⁵⁵ 成	tʰu²⁴ 白	tʰu⁴⁴ 银
d	dɔ⁵⁵ 话	du³³ 蜂	dɯ²¹³ 坏
dʰ	dʰɛ²⁴ 飞	dʰɔ²¹³ 喝	dʰo³² zi⁵⁵ 狼
n	nɛ²⁴ 红	nɚ⁵⁵ 缝	ni⁵⁵ 拴
nʰ	nʰɔ̃²⁴ 事情	nʰã³² 滚	nʰõ³³ 吠
l	la⁵⁵ pʰa³² 手	lo²¹³ 沉	lɔ⁴⁴ 船
ts	tsɿ²¹³ 跑	tsu⁴⁴ 好	tso⁵⁵ 跳
tsʰ	tsʰi⁵⁵ 早饭	tsʰɔ²¹ 油	tsʰo³³ 晴
dz	dzɿ³³ bɯ⁴⁴ 犯罪	dzɔ⁴⁴ 骑	dzu³³ 吃
dzʰ	dzʰɿ³³ mɔ⁴⁴ 官	dzʰɛ²¹ 桥	
s	sɿ³³ 走	sɚ²¹ 神	si⁵⁵ 杀
z	zi⁵⁵ 豹	zu³³ 儿子	
tʂ	tʂo²¹ 找	tʂa⁵⁵ 煮	tʂu³³ 喂
tʂʰ	tʂʰʅ⁴⁴ 臭	tʂʰɛ²¹ 谷、晚饭	
dʐ	dʐɔ²¹³ 有	dʐɔ²¹ 牙	
dʐʰ	dʐʰɔ⁴⁴ 中饭	dʐʰu³² pʰu²¹³·³² 锁匙	
ʂ	ʂa²¹ pʰu⁴⁴ 汉人	ʂɔ²⁴ 黄	
ʐ	ʐu³² la⁵⁵ 饶恕（例字很少）		
ɬ	ɬi³³ 屎	ɬu⁴⁴ 放	ɬɤ⁵⁵ 晒
tɕ	tɕɔ⁴⁴ 快	tɕa³² 捕	a³³ tɕi³³ 叔父
tɕʰ	tɕʰi³³ 狗	tɕʰɛ²¹³ 到	tɕʰu³³ 烧
dʑ	dʑi³³ bɔ⁴⁴ 钱	dʑɛ⁴⁴ 给	dʑa³² 冷
dʑʰ	dʑʰi²¹ 酒	dʑʰɯ³³ 说	dʑʰɤ³² 帮

ç	çi⁵⁵ 新	çɛ²¹ tʂʰɔ³³ 铁锅	
ȵ	ȵi⁵⁵ 饿	ȵi³³ ʂu³³ 难看	ȵɯ²¹³ 绿
k	kɚ²¹³ lu²¹ 青蛙	ku⁴⁴ 救	kɯ²¹³ 渡
kʰ	kʰa³² 乡村	kʰu³³ 喊	kʰɤ⁵⁵ 昏
g	go²¹·³² ɬi³² 跳舞	gɤ²¹³ 完	gɯ³³ 回、进
gʰ	gʰa²⁴ 赶	gʰɔ²¹³ 吸	gʰu³² 写
ŋ	ŋa⁵⁵ 张	ŋɔ³² 瓦	ŋu³³ 鱼
x	xa⁵⁵ 采	xu³³ 肉	xã²⁴ 夜 xõ²¹ 绵羊
ɣ	ɣa⁵⁵ 编	ɣɤ⁵⁵ 针	ɣɯ²¹ 数
ʔ	ʔɔ²¹ fɯ²¹ 鹅蛋	ʔɤ²¹ 鸭	
j	ji²¹³ 去	ji⁵⁵ ji²¹ 完全	
w	wu³³ 工、力	wu²¹ 肠	

二、韵　母

韵母共有 22 个，如下：

舌尖韵母　　　ɿ　ʅ
元音化韵母　　　ŋ̍
卷舌韵母　　　ɚ
单韵母　　　i ɛ a ɔ o u ɤ ɯ
有 u 介音的韵母① uɔ ou
半鼻音韵母　　　ɤ̃ ĩ ɛ̃ ã õ ũ ɣ̃

(1) ɿ、ʅ 是舌尖元音，只在舌尖前和舌尖后等声母后面出现。

(2) ŋ̍ 是成音节的舌根后鼻音，不像厦门音②那样和别的声母相拼，跟福州音③ ŋ̍⁴⁴ ŋɔ²¹³ "不去"的 ŋ̍ 差不多，例子很少。

(3) ɚ 是卷舌的韵母，发音像北京话的"儿、而、耳"等声音。

---

① 凡舌面前的声母后面都有 i 介音。
② 参见罗常培《厦门音系》，科学出版社 1950 年版，第 18 页。
③ 参见陶燠民《闽音研究》，科学出版社 1950 年版，第 4 页。

(4) ĩã 是在"水牛"又读里出现过一次,如 ĩ⁵⁵ ĩã²¹ "水牛"; ũã, ɛɔ, iɔ 三韵只在象声词里狗叫、鸡叫、猫叫各音出现过一次; ia, ua 是在句子里连读时的变韵,如 ŋu²¹ a²¹ > ŋua²¹ "被我", tʰi²¹ a²¹ > tʰia²¹ "被他",所以都不列入上面的韵母表里。

根据上面的韵母,我画成下面的纳苏元音舌位图:

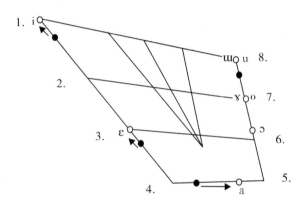

图1 纳苏元音舌位图

说明:"○"是代表彝语元音的音位;"●"是代表各音位的附属元音;"1""2""3""4""5""6""7""8"为标准元音的位置。

(1) ɛ 在舌尖后 tʂ、tʂʰ 两个声母后读低降调时较开,近于 æ。
(2) a 在舌尖前声母后较为靠前。
(3) ɔ 比第六标准音稍关一点。
(4) u 是长缝式的 u,在唇齿声母后面读为元音化的唇齿擦音 v̩,例如 v̩²¹³ "舞"。
(5) ɯ 是不圆唇的高后元音,摩擦很重。

现在每类各举几个词为例:

ɿ	tsɿ³³ 争	tsʰɿ³² 在	dzɿ³³ bɯ⁵⁵ 犯罪
ʅ	tʂʰʅ⁵⁵ 臭	dʐʅ²¹ 承认	
ŋ̍	ŋ̍³³ dɯ²¹ 狐狸	ŋ̍²¹ mɤ³³ 仙人	
ɚ	pʰɚ³² 剥	mɚ⁴⁴ nɚ³³ 猫	
i	pi²¹ ti²¹ 肛门	mi³³ 田、地	vi⁴⁴ 穿

ɛ	mɛ³³ nɛ³³ 风	tɛ³²·²¹ ɬɛ³² 对面	tʂʰɛ²¹ 谷子
a	pa³² 碗	ma³³ 讨	la⁵⁵ pʰa²¹ 手
ɔ	ṣɔ²⁴ 黄	dzɔ²¹³ 有	dzɔ⁴⁴ 处
ɯ	uɯ³³ 大	cɯ²¹³ 笑	
o	so²¹³ 富	to³² 起	dzo³² 路
uo	uo²¹³ 熬	uo²⁴ 了	
u	du³² 出	mu³³ tʂu⁴⁴ 什么	vu²¹³ 舞
ɤ	tsɤ⁴⁴ 在	n̠ɤ³³ 短	ʔɤ²¹ 鸭
ɰ	bɰ⁵⁵ 壶、罐	ɰ³³ dɰ³³ 头	
ə̃	xə̃³³ 房子	xə̃³³ tsɤ⁵⁵ 巷	
ĩ	ĩ⁵⁵ ĩã²¹ 水牛	xĩ⁵⁵ 禁止小孩声	
ɛ̃	xɛ̃²⁴ nʰõ³² 八月	ji²¹ mʰɛ̃³³ 今晚	
ã	nʰã³² 滚	xã²¹³ 守	xã³² 鼠、贼
ɔ̃	nʰɔ̃²⁴ 事情	nʰɔ̃³² 等	xɔ̃²¹ 绵羊
õ	a⁵⁵ nʰõ³² 这一个月	nʰõ⁴⁴ 吠	nõ²¹ 病
ũ	dɔ⁵⁵ nũ³³ 问、听	nũ⁴⁴ 软	
ɤ̃	lɤ²¹ xɤ̃²¹ 坑	a⁵⁵ mɤ̃³³ gʰɰ²¹³ 天	

三、声　调

声调共有 7 个，如果就其分配来说，中平调短调最多，降调次高调次之，升调降升调又次之，高平调最少。现在我把这 7 个声调写在下面：

1. 高平调	˦55①	tɕʰi⁵⁵ 羊	ni⁵⁵ 拴	n̠i⁵⁵ 饿	ɬi⁵⁵ 扭
2. 次高平调	˦44	tɕʰi⁴⁴ 媳妇	ni⁴⁴ 两	n̠i⁴⁴ 倒	ɬi⁴⁴ 秧
3. 中平调	˧33	tɕʰi³³ 狗	ni³³ 也	n̠i³³ 看、牛	ɬi³³ 屎
4. 升调	˨˦24	ni²⁴ 居	dʰɰ²⁴ 想	uo²⁴ 了	
5. 降升调	˨˩˧213	ni²¹³ 坐	dʰɰ²¹³ 宽	uo²¹³ 熬	
6. 低降调	˨˩21	ni²¹ 日	tɕʰi²¹ 窝		
7. 短调	˧˨32	tɕi³² 抓	n̠i³² 核	go²¹·³²	ɬi³² 跳舞

---

① 声调是根据赵元任的写法。参见 Y. R. Chao. A System of Tone-letters. *Le Maître Phonétique*，Vol. 45：24 - 27.

短调是一个很短促的声调，后面收喉塞音 ʔ，因为别的声调都没有这种情形，为了印刷方便，我把它省掉。

四、连词的声韵调变化

这里的彝语在连读的时候，声韵变化比较少，声调变化比较大。下面是从故事里归纳出来的一些现象。

1. 声母的变化

tsʰɛ²¹ "十"，ni⁴⁴ tsɛ³³ "二十"，tsʰɛ²¹ "十"在 ni⁴⁴ "二"的后面变为不送气的 tsɛ³³。但在"三""四""五""六"等的后面仍然不变，如 sa³³ tsʰɛ²¹ "三十"，ɬi⁴⁴ tsʰɛ²¹ "四十"等。kɯ⁴⁴ "里"，kʰɯ⁴⁴ tʰɔ³³ "里子"，kɯ⁴⁴ 读为送气的 kʰɯ⁴⁴。

2. 韵母的变化

tʰa²¹ "一"，tsʰɛ²¹ ti⁴⁴ "十一"，tʰa²¹ 变为 ti⁴⁴。其他，如"二十一""三十一"等仍然不变。如 ni⁴⁴ tsɛ³³ tʰa²¹ "二十一"、sa³³ tsʰɛ²¹ tʰa²¹ "三十一"。

像这样的情形，一个音段或者一个词在不同的地位发生了变化，这样的现象并不是普通连读的音变，而像是构造上的变化。因为普通连读的音变，像浊声母在连读里第二个音段往往丢掉带音成分，但第一个为浊声母时仍然保留带音成分，这和上面的情形就不相同了。例如：

dzu³³ bʰu³² ȵi³² dʰɯ²⁴ > dzu³³ pʰu³²·²¹ ȵi³² dʰɯ²⁴（心想吃饱）
tʰi²¹ gɯ³³ lɛ²⁴·³³ > tʰi²¹ kɯ³³ lɛ²⁴·³³（他回来）
di³³ do³³ > di³³ to³³（和尚）
dɔ⁵⁵ dʁ⁵⁵ > dɔ⁵⁵ tʁ⁵⁵（带话）
a²¹ gʰu³³ pʰu²¹³ > a²¹ kʰu³³ pʰu²¹³（开门）

3. 声调的变化

一个音段的后面接着一个以元音起头的音段，它便丢掉本身的元音和第二个音段的元音拼合起来，并且声调也发生了变化。这种现象在这个语言里只在几个代词里出现。例如：

a⁴⁴ vɤ³³（父亲）　　ŋu²¹（我）　　ŋa²¹³ vɤ³³（我的父亲）　　na³³（你）
na²¹³ vɤ³³（你的父亲）　　tʰi³³（他）　　tʰa²¹³ vɤ³³（他的父亲）

因为第二个元音的音段是次高平调，和单数人称代词拼合时，代词变韵后就读为降升调。又如：

a²¹ vi⁵⁵（姐姐）　　ŋa²¹ vi⁵⁵（我的姐姐）　　na²¹ vi⁵⁵（你的姐姐）
tʰa²¹ vi⁵⁵（他的姐姐）

因为第二个音段的元音是低降调，所以代词变韵后读为降调。还有：

a³³ tɕi³³（叔父）　　ŋa³³ tɕi³³（我的叔父）　　na³³ tɕi³³（你的叔父）
tʰa³³ tɕi³³（他的叔父）

因为第二个音段的元音是中平调，所以代词变韵后读为中平调（a³³ ɣɯ³³ "舅父"同此）。但是在复数人称代词后不变。例如：

tʰɛ⁴⁴（他们）　　tʰɛ⁴⁴ a⁴⁴ vɤ³³（他们的父亲）

代词 ŋu²¹ "我"、na³³ "你"、tʰi³³ "他"、su²¹ "别人"等的后面跟着被动助词 a²¹ 或者 a²¹ kɯ⁴⁴ "家里"，除了 na³³ "你"本身有元音 a 不能吞并后面的助词 a²¹ 外，其余几个代词全和助词 a²¹ 合并为一个音段，声调也和后面的 a²¹ 变成一样。例如：

ŋu²¹ + a²¹ > ŋua²¹（被我）　　tʰi³³ + a²¹ > tʰia²¹（被他）
su³³ + a²¹ > sua²¹（被别人）　　tʰi³³ + a²¹ kɯ⁴⁴ > tʰia²¹ kɯ⁴⁴（他家里）

但复数代词不能吞并 a²¹ 成一个音段。例如：

tʰɛ⁴⁴ a⁴⁴ kɯ⁴⁴（他们的家里）

短调的后面跟着一个升调或升降调，短调便失掉收尾 ʔ，变为平调或降调，同时后面的升调或升降调也可以读为平调或降调。例如：

to³² lɛ²⁴ > to³³ lɛ³³ （起来）　　　　du³² ji²¹³ > du³³ ji³³ （出去）
du³² lɛ²⁴ > du³³ lɛ³³ （出来）　　　　to³² uo²⁴ > to³³ uo³³ （起了）
ȵi³² dʰɯ²⁴ > ȵi²¹ dʰɯ²¹ （心想）　　　vɛ³² vɔ²¹³ > vɛ³³ vɔ²¹ （拿买）

短调出现在句子里最末的一个仍读短调。例如：

tʰi²¹ sɤ²¹ dʐu³² （他就怕）　　　　　ji²¹ tɕʰi⁵⁵ ma²¹ fɔ³² （水不干）
tʰa²¹ kə³²·³³ tə³³ to³² （盖起一间）

短调的后面再接着一个短调，即两个短调连在一块，前一个短调往往变读为降调。例如：

na³² na³² > na²¹ na³² （黑黑）　　ʂu⁵⁵ gu³² na³² > ʂu⁵⁵ gu²¹ na³² （窗户）
a²¹ bu³² bu³² > a²¹ bu²¹ bu³² （悄悄地）　du³² du³² > du²¹ du³² （出不出来）

平调的后面接着一个升调或升降调，后面的升调或升降调变读为平调。例如：

gɯ³³ lɛ²⁴ > gɯ³³ lɛ³³ （回来，进来）　　gɯ³³ ji²¹³ > gɯ³³ ji³³ （回去、进去）

两个升降调重叠在一块，后一个升降调往往变读为降调。例如：

də²¹³ də²¹³ > də²¹³ də²¹ （满了吗？）　　ŋɔ²¹³ ŋɔ²¹³ > ŋɔ²¹³ ŋɔ²¹ （见了吗？）

短调或降调因为加重语气而变读为升调。例如：

vɛ³³·²⁴ u³³ po²¹·³² mo³² kɯ⁴⁴ tsɤ⁴⁴ （放在那个钵子里面）
na²¹·²⁴ dɤ⁴⁴ （你这个！）

还有在一个句子里的末一个词，往往因为语气的关系而变读为低降调。例如：

tʰi²¹ do⁵⁵ kʰu³³·³² （他回答）　　　　　a²¹ gʱu³³ pʰu²¹³·²¹ （开门）
mu³³ tṣu⁴⁴ vɔ²¹³·²¹ （拿什么买）　　　　si³² dzə³³ da⁴⁴·²¹ （在树上）
tʰa²¹ dʁ⁴⁴ piɛ⁴⁴ ji²¹ mɔ²⁴ tʰə⁵⁵·²¹ （一个变成猩猩）

有时也有很不规则的变化，例如代词 na³³ "你"，在降调的前面仍读平调 na³³ tʰi²¹ du⁴⁴ "你同我"，或读降调 na²¹ bʁ²¹ "你的"，在中平调前面仍读平调，na³³ wu³³ tʰɯ⁴⁴ "你使力"，或读降调 na²¹ gɯ³³ lɛ²⁴·³³ "你回来"。tʰi³³ "他" 在中平调前面仍读中平调，tʰi³³ ɯ³³ dɯ³³ "他的头"，或读降调 tʰi²¹ bɔ³³ "他的旁边"。

五、 声韵配合表

下面是一个声韵全表。表中一看便可以知道某声母的后面有什么韵母，某韵母的前面有什么声母。韵母 ĩ ã 是在"水牛"又读里出现过一次，ũã、ɛɔ 是在象声词里狗叫声 kũã⁵⁵ kũã⁴⁴、鸡叫声 kɛɔ⁵⁵ kɛɔ⁵⁵ 出现过一次，ia、ua 是在句子里连读时的变韵，所以都不列入表内。

		ɿ	ɚ	i	ɛ	a	ɔ	o	u	ʁ	ɯ	ɛ̃	ã	ɔ̃	õ	ũ	ʁ̃
双唇音	p		pɚ	pi	pɛ	pa	pɔ	po	pu	pʁ							
	pʰ		pʰɚ	pʰi	pʰɛ	pʰa	pʰɔ	pʰo	pʰu	pʰʁ							
	b		bɚ	bi	bɛ	ba	bɔ	bo	bu	bʁ							
	bʰ		bʰɚ		bʰɛ		bʰɔ		bʰu	bʰʁ							
	m		mɚ	mi	mɛ	ma	mɔ	mo	mu	mʁ	mɯ					mũ	mʁ̃
	mʰ											mʰɛ̃					
唇齿音	f		fɚ	fi	fɛ	fa	fɔ	fo	fu	fʁ							
	v		vɚ	vi	vɛ	va	vɔ		vu	vʁ							

（续上表）

		ʅ	ɚ	i	ɛ	a	ɔ	o	u	ɣ	ɯ	ɛ̃	ã	ɔ̃	õ	ũ	ɣ̃
舌尖中	t		tɚ	ti	tɛ	ta	tɔ	to	tu	tɣ							
	tʰ		tʰɚ	tʰi	tʰɛ	tʰa	tʰɔ	tʰo	tʰu	tʰɣ	tʰɯ						
	d		dɚ	di	dɛ	da	dɔ	do	du	dɣ	dɯ				dõ		
	dʰ				dʰɛ	dʰa	dʰɔ	dʰo	dʰu	dʰɣ							
	n		nɚ	ni	nɛ	na	nɔ	no	nu	nɣ					nõ	nũ	
	nʰ												nʰã	nʰɔ̃	nʰõ		
	l		lɚ	li	lɛ	la	lɔ	lo	lu	lɣ							
舌尖前	ts	tsʅ	tsɚ	tsi	tsɛ	tsa	tsɔ	tso	tsu	tsɣ							
	tsʰ	tsʰʅ	tsʰɚ	tsʰi	tsʰɛ	tsʰa	tsʰɔ	tsʰo	tsʰu	tsʰɣ							
	dz	dzʅ	dzɚ	dzi	dzɛ	dza	dzɔ	dzo	dzu	dzɣ							
	dzʰ	dzʰʅ	dzʰɚ		dzʰɛ	dzʰa	dzʰɔ			dzʰɣ							
	s	sʅ	sɚ	si	sɛ	sa	sɔ	so	su	sɣ							
	z	zʅ	zɚ	zi	zɛ	za	zɔ	zo	zu	zɣ							

		ʅ	ɻ̩	ɚ	i	ɛ	a	ɔ	uɔ	o	uo	u	ɣ	ɯ	ɚ̃	ĩ	ɛ̃	ã	ɔ̃	õ	ɣ̃
舌尖后	tʂ	tʂ	tʂʅ			tʂɛ	tʂa	tʂɔ		tʂo		tʂu	tʂɣ								
	tʂʰ	tʂʰ	tʂʰʅ			tʂʰɛ	tʂʰa	tʂʰɔ		tʂʰo		tʂʰu	tʂʰɣ								
	dʐ	dʐ	dʐʅ	dʐɚ		dʐɛ						dʐu									
	dʐʰ	dʐʰ	dʐʰʅ			dʐʰɛ						dʐʰu									
	ʂ	ʂ	ʂʅ	ʂɚ		ʂɛ	ʂa	ʂɔ		ʂo		ʂu	ʂɣ								
	ʐ	ʐ	ʐʅ									ʐu									
	ɬ	ɬ			ɬɚ	ɬi	ɬɛ	ɬa				ɬu	ɬɣ								

（续上表）

		ɿ	ŋ̍	ə	i	ɛ	a	ɔ	cu	o	ou	u	ɤ	ɯ	ə̃	ĩ	ɛ̃	ã	ɔ̃	õ	ɤ̃
舌面前	tɕ	tɕ			tɕi	tɕɛ	tɕa	tɕɔ				tɕu	tɕɤ								
	tɕʰ			tɕʰə	tɕʰi	tɕʰɛ	tɕʰa					tɕʰu	tɕʰɤ	tɕʰɯ							
	dʑ	dʑ		dʑə	dʑi	dʑɛ	dʑa	dʑɔ				dʑu	dʑɤ								
	dʑʰ			dʑʰə	dʑʰi		dʑʰɛ					dʑʰu	dʑʰɤ	dʑʰɯ							
	ɕ				ɕi	ɕɛ	ɕa					ɕu									
	ɲ				ɲi	ɲɛ	ɲa	ɲɔ					ɲɤ	ɲɯ							
舌根音	k	k		kə			ka	kɔ		ko		ku	kɤ	kɯ							
	kʰ					kʰa	kʰɔ		kʰo			kʰu	kʰɤ	kʰɯ							
	g						ga			go		gu	gɤ	gɯ							
	gʰ					gʰa	gʰɔ				gʰu	gʰɤ	gʰɯ								
	ŋ	ŋ		ŋə		ŋɛ	ŋa	ŋɔ				ŋu	ŋɤ	ŋɯ							
	x	x		xə			xa	xɔ		xo		xu	xɤ	xɯ	x̃ə	x̃i	x̃ɛ	x̃a	x̃ɔ	x̃õ	x̃ɤ
	ɣ			ɣə			ɣa						ɣɤ	ɣɯ							
喉音及半元音	ʔ			ʔə				ʔɔ				ʔɤ									
	j			jə	ji	jɛ	ja					ju									
	w											wu									
	○		ŋ̍			ɛ	a		cu		ou	u		ɯ		ĩ					

从前面的声韵配合表看起来，舌尖元音 ɿ、ʅ 只在舌尖前声母 ts、tsʰ、dz、dzʰ、s、z 和舌尖后声母 tʂ、tʂʰ、dʐ、dʐʰ、ʂ、ʐ 的后面出现。

元音化韵母 ŋ̍ 是一个成音节的独立韵母，不和任何别的声母相拼，例子也很少。

凡是舌面前声母 tɕ、tɕʰ、dʑ、dʑʰ、ɕ、ɲ、j 的后面都有一个 i 介音，这里省略掉，不另分出来。

舌尖后音 tʂ、tʂʰ、dʐ、dʐʰ、ʂ、ʐ 等和舌根后音 k、kʰ、g、gʰ、ŋ、

x、ɣ 等不能和 i 或 ĩ 韵母合拼，只有一个象声词 xĩ^{55}。

uɔ、uo 两韵不和任何别的声母相拼。

声母 ʔ 只和 ɚ、ɔ、ɣ 三韵相配。

半元音 w 只和 u 韵相配。

半鼻音 ɚ̃、ĩ、ɛ̃、ã、ɔ̃、õ、ũ、ɣ̃ 等韵母，除了 dõ 一音外，只能跟 m、m^h、n、n^h、x 等声母相配。同时 m^h、n^h 两个声母也只限于和半鼻音韵母相配。

第二章 语　法

第一节 句　法

一、句子里的成分

我们通常说话总是以句子为单位的。我们运用各种不同的词，不同的方式，把这些词组织起来向对方表达自己的思想。所以词被组织起来，能够表达一个完整的意思的，叫作句子。

每个句子都是由若干词组成的，但是单个的词并不能表达完整的意思。词只是建筑语言的材料。斯大林指出："当语言的词汇接受了语言的语法支配的时候，就会有极大的意义。"这就是说，词组成句子的时候，才能作为人们交际的工具、交流思想和相互了解的工具。

句子的要素一般分为主语和谓语两部分。主语表明我们所要说的人或物；谓语表明主语"做什么""是什么"或"怎么样"。好比说：

ŋu^{21}　ȵɔ^{33}　mɔ^{213}　no^{24}　no^{24}　ni^{44}　sa^{33}　tɕɛ^{44}　t^{h}i^{21}　k^{h}u^{33}
我　　小　　妹　　重　　重　　二　　三　　句　　他　　喊
(我的妹妹大声地喊他几句。)

在这句话里，ŋu^{21} ȵɔ^{33} mɔ^{213} "我的妹妹"是主语，表明事物的主体；no^{24} no^{24} ni^{44} sa^{33} tɕɛ^{44} t^{h}i^{21} k^{h}u^{33} "大声地喊他几句"是谓语，表明主语做什么。一般的句子都具备这两部分。我们把上面这个句子更仔细地分析一下：ŋu^{21} "我"是主语中心词，做 ȵɔ^{33} mɔ^{213} "妹妹"的附加语，说明"妹妹"是属于谁的；no^{24} no^{24} "大声地"是谓语中心词 k^{h}u^{33} "喊"的附加语，说明"喊"的性状。这些附加的成分叫作附加语。t^{h}i^{21} "他"是宾语中心词，是 k^hu^{33} "喊" 接受的对象，它是动作的受事者，我们叫它做宾语。ni^{44} sa^{33} $tɕɛ^{44}$ "几句" 补足 k^hu^{33} "喊" 的次数，我们叫它做补语。因此，在彝语中句子的成分有主语、谓语、宾语、补语和附加语。现在分述如下。

（一）主语

1. 什么叫作主语

如果我们分析下面这句话：

a^{33} $bə^{44}$ $n^hõ^{44}$（狗叫。）

我们就知道名词 a^{33} $bə^{44}$ "狗" 是这一句话的主语，因为它在谓语 $n^hõ^{44}$ "叫" 的前面，是这个句子的动作者，是一个句子的主体。所以主语在一个句子里面做事物的主体。它常常放在谓语的前面。

2. 主语的种类

在这个语言里主语的种类有单主语、联合主语、同位主语、外位主语和句子形式做主语 5 种。

（1）单主语。在一个句子里只有一个单词或主从词组做主语的，叫单主语。例如：

① $ɬi^{33·32}$ $bɤ^{32}$ a^{21} $kɯ^{44}$ $tsʰʅ^{32}$
　孙　女　家　里　在
　（孙女在家里。）

② $tʂa^{33}$ $nɛ^{55}$ $tɛ^{55}$ $tɛ^{55}$ $mɯ^{32·21}$ $mɯ^{32}$
　张　奈　打　打　吹　　吹
　（张奈打打吹吹。）

③ $tʰi^{21}$ ni^{21} ma^{21} ni^{21} $nõ^{24}$ $mɤ^{213}$ $ji^{213·21}$ $gɯ^{33}$ $lɛ^{24·33}$
　他　天　不　天　事　情　做　去　回　来
　（他天天做了事情才回来。）

④ $tʰa^{21}$ vi^{55} na^{21} $tɛ^{55}$
　他　姐　你　打
　（他的姐姐打你。）

在这 4 个例子里面，例①的 ɬi³³·³² bɤ³² "孙女"，例②的 tʂa³³ nɛ⁵⁵ "张奈"是以名词做主语的；例③的 tʰi²¹ "他"是以第三人称代词做主语的；例④的 tʰa²¹ vi⁵⁵ "他的姐姐"是以主从式词组做主语的。这些主语都叫单主语。

(2) 联合主语。以联合式词组做主语的，叫作联合主语。

a. 以两个或者两个以上的名词或代词构成联合式词组做联合主语的。例如：

① ɲi³³ lu⁴⁴ mu³³ ni³³ ji⁵⁵ ji²¹ a⁵⁵ na⁵⁵ dzɔ²¹³
　牛　马　也　都　这点　在
（牛马都在这里。）

② a³³ mu³³ ɲɔ³³ mɔ²¹³ a²¹ vi⁵⁵ pɤ⁴⁴ du⁴⁴ a²¹ tʰɛ³³ tɕi³³ ti³³ ku²¹ ji²¹³
　哥哥　小妹　姐姐些　同　一起　　城　去
（哥哥妹妹姐姐们一起进城去了。）

③ ŋa²¹³ vɤ³³ tʰɛ⁴⁴ ŋa³³ mu³³ tʰɛ⁴⁴ xã²¹³ tʰi²¹ du⁴⁴ dzɔ⁴⁴ tɛ⁵⁵
　我　父　他们　我　哥　他们　还　他　同　互相　打
（我的父亲和我的哥哥还跟他打架。）

④ tʰi²¹ ɲɔ³³ mɔ²¹³ ɲɔ³³ zu³³ nʰõ²⁴ mɤ²¹³·³² ma²¹ xɯ³³
　他　小妹　小弟　事情　做　　　不　肯
（他的妹妹和弟弟不肯做事情。）

⑤ tʰi²¹ ŋu²¹ ni³³ ma²¹ ji²¹³
　他　我　也　不　去
（他和我不去。）

在这 5 个句子里，例①以 ni³³ "也"来连接两个名词做联合主语；例②以 du⁴⁴ "同"来连接 3 个以上的名词做联合主语；例③以 tʰɛ⁴⁴ "他们"随在每个名词的后面做联合主语；例④并列几个名词做联合主语；例⑤以 ni³³ 来连接两个代词做联合主语。

b. 以两个或者两个以上的谓词构成联合式词组，做联合主语的。例如：

lɛ²⁴ ji²¹³ ni³³ çi⁴⁴ ŋ⁴⁴
来　去　也　死　要
（来和去都要死。）

（3）同位主语。并列着两个或者两个以上的单词或词组做主语，所指的是相同的事物。其中一个做注解或补充说明的词或词组，叫同位主语；另一个被注解或补充说明的词或词组，叫本位主语。例如：

① tʂa³³ nɛ⁵⁵ ŋa⁴⁴ mu³³ tɕʰi⁵⁵ si⁵⁵ ŋɔ⁴⁴
　张　奈　我　哥　羊　杀　要
（张奈，我的哥哥要杀羊。）

② a³³ mu³³ ɣa³² vɯ⁴⁴ su³³ na²¹ na³³ ui³³
　哥哥　鸡　卖　人　你　难　为
（哥哥，卖鸡的，难为你。）

例①ŋa⁴⁴ mu³³ "我的哥哥" 和例②ɣa³² vɯ⁴⁴ su³³ "卖鸡的" 都是同位主语。

（4）外位主语。有时为了强调主语或者主语太长，就把主语提到句子外面，在主语原来的位置上用个代词来代替。提到句子外面的主语叫作外位主语，那个代词叫作本位主语。例如：

① di³³ do³³ u³³ ɕi²¹³ dʐ⁴⁴ tʰɛ⁴⁴ a²¹ tʰɯ²¹ ɕi⁴⁴
　和尚　那　七　个　他们　被　烫　死
（那七个和尚，他们都烫死了。）

② tʰa²¹ dʐ⁴⁴ dzɔ²¹³ tʰi²¹ dɛ⁴⁴ ŋu³³ nɛ²⁴·³³ a⁵⁵ dʐ⁴⁴ ŋu²¹ dʒɛ⁴⁴
　一　个　有　他　说　鱼　红　这　个　我　给
（有一个人，他说："给我这条红鱼。"）

例①di³³ do³³ u³³ ɕi²¹³ dʐ⁴⁴ "那七个和尚" 和例②tʰa²¹ dʐ⁴⁴ dzɔ²¹³ "有一个人" 都是外位主语。

（5）句子形式做主语。例如：

① tʰi²¹ ɕi⁴⁴ uo²⁴ dzɚ⁴⁴ ŋɛ²¹³ tɔ³³
　他　死　了　真　是　的
（他死了是真的。）

② ŋu²¹ no²¹ dɣ⁵⁵ uo²⁴ ma²¹ tsu⁴⁴
　我　病　带　了　不　好
（我病了没有好。）

例①tʰi²¹ɕi⁴⁴ uo²⁴ "他死了"这个句子形式做谓语 dʐɔ⁴⁴ ȵɛ²¹³ tɔ³³ "是真的"的主语；例②ŋu²¹ no²¹ dɣ⁵⁵ uo²⁴ "我病了"这个句子形式做谓语 ma²¹ tsu⁴⁴ "没有好"的主语。

一般的情形，句子的结构必须有主语两部分，但是也有无主语的句子，或者主语部分可以省略。现在分述如下。

（1）无主语。句子的主语不是表示具体事物，在习惯上说不出主语来的，叫作无主语的句子。例如：

① mɛ³³ nɛ⁴⁴ to³² uo²⁴　　　② tʰa²¹ xã²⁴ dʐɔ²¹³
　　风　　起　　了　　　　　　一　夜　有
　（刮风了。）　　　　　　　　（有一夜。）

（2）省主语。在语言环境许可下，可以省略主语。形式上虽然不完备，但是意义表达还是完整的。它和无主语句不同的地方，就是在无主语的句子里我们不能补上主语，但是在省主语的句子里我们却可以补上一个主语。这样的省略可以用于7种情况。

a. 用于感谢句。例如：

① pʰɔ²¹ vɯ⁴⁴ pʰu⁴⁴ ʂa³³ fɯ³³　　②na²¹ na³³ uɛ³³
　　布　卖　人　　谢谢　　　　　　你　难为
　（谢谢卖布人！）　　　　　　　　（难为你！）

b. 用于禁止句。例如：

① tʰa²¹ dʰa²⁴　　　　　　　② tʰa²¹ sɿ³³
　　莫　懒　　　　　　　　　　莫　走
　（别懒！）　　　　　　　　　（别走！）

③ dzu³³ ma²¹ ŋɔ⁴⁴
   吃　不　要
   （不要吃！）

c. 用于祈使或命令句。例如：

① bʰɛ³³ vɛ³² vi³³ lɛ²⁴　　②lɤ²¹ lɤ³² sɿ³³
   衣衫 拿　来　　　　　　　慢　慢　走
   （拿衣服来。）　　　　　（慢慢走。）

③ tɕɔ⁴⁴ tɕɔ⁴⁴ dzu³³
   快　快　吃
   （快快吃。）

d. 用于当面的问话。例如：

①kʰa⁴⁴ na⁵⁵ ji²¹³　　　　②mu³³ tʂu⁴⁴ pɛ⁴⁴
   哪　点　去　　　　　　　什么　做
   （到哪里去？）　　　　　（做什么？）

e. 用于问话时的回答。例如：

① na²¹ ji²¹³ ua²¹？ ŋɛ²¹³ tɔ³³
   你　去　了吗　是　的
   （你去了吗？是的。）

② tʰi²¹ ji²¹ ni²¹ lɛ²⁴ ma²¹ lɛ²⁴？ lɛ²⁴·³² a⁴⁴
   他　今　天　来　不　来　来　啊
   （他今天来不来？来啊。）

f. 用于感叹句。例如：

① a²¹ jɛ³³ dzɚ⁴⁴ dzɚ⁴⁴ na²¹ ŋɛ²¹³ dɛ³³
   哎哟　真　真　你　是　呀
   （哎哟，真真是你呀！）

② ɛ⁵⁵ ma²¹ ji²¹³
唉 不 去
（唉，不去！）

g. 如果谓语所要表述的是上一句所述的同一事物，主语也可以承前省略，这种情形在故事里常常可以遇见。例如：

su³³ mu³³ pʰu⁴⁴ tɕʰi⁴⁴ tʰa²¹ dɤ⁴⁴ dzɔ²¹³ tʰa²¹ xã²⁴ dzɔ²¹³ tʂɛ²¹ dzu³³ bʰu³²
书 教 人 妻子 一 个 有 一 夜 有 晚饭 吃 饱
ji²¹³ uɔ⁴⁴ vɔ²¹³
去 菜 买
［有一个教书先生的妻子，有一天晚上（她）吃了晚饭去买菜。］

从上面的这些例子看来，因为借语言环境的帮助或者上下文的联系，省略了主语。主语虽然省略了，但是可以推论出来，表达的意思还是完整的。

（3）做主语的词类。可以做主语或主语中心词的词类有名词、代词、谓词3种。

a. 名词。例如：

① ŋu³³ nɛ²⁴·³³ ji²¹ tɕʰi⁵⁵ va⁵⁵
鱼 红 水 挑
（红鱼挑水。）
② bu³² ʂɔ³³ tʰa²¹ tɕəʴ³³ ji⁵⁵ dzɔ³²·²¹ tʂʰo³² tsɤ⁴⁴
蛇 一 条 睡 路 心 在
［（有）一条蛇睡在路心。］
③ su³³ so²¹³ pʰu⁴⁴ dɛ⁴⁴ na²¹·²⁴ dɤ⁴⁴ na²¹ dzɛ⁴⁴ zɛ³² ma²¹ nu⁴⁴
人 富 人 说 你 个 你 给 活 不 得
（富人说："你这个人让你活不得！"）

在这3个句子里，例①以单音名词 ŋu³³ "鱼"做主语中心词；例②、例③以复合名词 bu³² ʂɔ³³ "蛇"和 su³³ so²¹³ pʰu⁴⁴ "富人"做主语中心词。

b. 代词。例如：

① tʰi³³ ni²¹ ma²¹ ni²¹ ji²¹ tɕʰi⁵⁵ dzʱɛ⁴⁴ ni²¹³ ŋɯ³³
   他　天　不　天　水　　旁边　坐　哭
  （他天天坐在水边哭。）

② u³³ na⁵⁵ ŋu²¹ bɤ²¹ ȵɛ²¹³
   那里　我　的　是
  （那里是我的。）

③ a²¹ si⁵⁵ tʰa²¹³ vɤ³³ ȵɛ²¹³
   谁　　他　父亲　是
  （谁是他的父亲？）

例①是以人称代词 tʰi³³ "他" 做主语；例②是以指示代词 u³³ na⁵⁵ "那里" 做主语；例③是以疑问代词 a²¹ si⁵⁵ "谁" 做主语。

c. 谓词。用谓词做主语在这种语言里很少见。例如：

① sɔ⁴⁴ tɕɔ⁴⁴ ma²¹ ŋɔ⁴⁴
   读　快　不　要
  （读不要快。）

② ji²¹³ tʰa²¹ pɤ⁴⁴ ɕɛ⁴⁴ ma²¹ ŋɔ⁴⁴
   去　一　些　早　不　要
  （去不要太早。）

例①以谓词 sɔ⁴⁴ "读" 做主语；例②以谓词 ji²¹³ "去" 做主语。

（二）谓语

1. 什么叫作谓语

如果我们分析下面这一句话：tʰi²¹ va³³ tsʰɔ³³ dɛ⁴⁴ "她的丈夫说"，我们就可以知道谓语 dɛ⁴⁴ "说" 是叙述主语 tʰi²¹ va³³ tsʰɔ³³ "她的丈夫" 的行为。如果我们再看下面这一句话：

a⁵⁵ pʰɤ³³ na²¹ mɔ⁴⁴ uo²⁴
阿爷　你　老　了
(阿爷你老了。)

我们就知道谓语 mɔ⁴⁴ uo²⁴ "老了"是表明主语 na²¹ "你"的品质，所以谓语是叙述主语的行为或表明主语的品质的。谓语中心词常常放在主语和宾语的后面。

2. 谓语的种类

在这种语言里谓语的种类可以分为 5 种。

（1）单谓语。单谓语就是在一个句子里只有一个谓语中心词去叙述或表明主语的行为和品质的。例如：

① tʰa²¹³ pʰi³³ tʰi²¹ ȵɔ³³ mɔ²¹³ ɯ³² bɯ³³ tɕʰɤ⁵⁵
　他　奶　他　小妹　骨头　咬
　(他的祖母咬他小妹的骨头。)

② na²¹ mu³³ tʂu⁴⁴ ŋɯ³³
　你　什么　哭
　(你哭什么？)

③ tʰi²¹ mɔ⁴⁴ uo²⁴
　他　老　了
　(他老了。)

上面的 3 个句子都只有一个谓语中心词。例①的谓语中心词 tɕʰɤ⁵⁵ "咬"表明主语 tʰa²¹³ pʰi³³ "他的祖母"的行为；例②的谓语中心词 ŋɯ³³ "哭"表明主语 na²¹ "你"的行为；例③的谓语中心词 mɔ⁴⁴ "老"表明主语 tʰi²¹ "他"的品质。

（2）联合谓语。在一个句子里以两个或两个以上的谓词或支配式词组成联合式词组做谓语，叙述或表明同一主语的行为或品质。它所代表的动作可以是同时进行的，或者不受时间顺序的限制。例如：

① tʰi³³ su²¹ kʰɯ³³ su²¹ dzu³³
　他　别人　偷　别人　吃
　(他偷别人的东西和吃别人的东西。)

② ŋu³³ nɛ²⁴·³³ ji²¹ tɕʰi⁵⁵ va⁵⁵ si³²·²¹ ta³² xɚ̃³³ sʅ³² ma²¹³ ma³³ tʂa⁵⁵
　　鱼　红　　水　挑　柴　抱　房　扫　　饭　　煮
　（红鱼挑水抱柴扫地煮饭。）

这两个句子里的谓语都是联合谓语。例①的 su²¹ kʰɯ³³ "偷别人的东西" 和 su²¹ dzu³³ "吃别人的东西"，例②的 ji²¹ tɕʰi⁵⁵ va⁵⁵ "挑水"、si³²·²¹ ta³² "抱柴"、xɚ̃³³ sʅ³² "扫地" 和 ma²¹³ ma³³ tʂa⁵⁵ "煮饭" 分别是叙述主语 tʰi³³ "他" 和 ŋu³³ nɛ²⁴·³³ "红鱼" 的行为。这些谓语动作的次序颠倒了，也不至于影响它的意义。

（3）联动式谓语。在一个句子里有两个或两个以上的动作，按照时间的顺序，连续地叙述或表明主语的行为和品质。表示这些动作的可以是谓词，也可以是词组。它和联合谓语相同的地方就是可以不借助任何助词，直接连缀起来；它和联合谓语不同的地方就是联合谓语的行为没有连续关系。例如：

① a²¹ vi⁵⁵ a²¹ dzi²¹ ɕɛ³³ tɕʰɛ²¹³ ji²¹³·²¹
　姐姐　　明天　　到　去
　（姐姐等到明天才去。）

② ŋu²¹ na³² bɯ³³ tɕʰɛ²¹³ sɔ⁵⁵ nɔ⁵⁵ sʅ³³
　我　暗　到　才　走
　（我到了天黑才走。）

上面两个例子的联动式谓语都是表示一般的连续关系。有时联动式的谓语可以表示因果关系，通常是前一部分表示某种动作的原因，后一部分表示某种动作的目的或结果。例如：

③ tʰa²¹³ pʰi³³ ŋɛ⁴⁴ pu²¹ ŋa⁵⁵ tʰi³³ bɔ³³ du³³
　他　奶　嘴　张　他　向　接
　（他的祖母张开嘴向他接。）

④ tʰi²¹ kã³³ kã³³ kɯ⁴⁴ ji²¹ tɕʰi⁵⁵ kʰɤ⁵⁵ dʰɔ²¹³
　他　缸　缸里　水　舀　喝
　（他舀水缸里的水喝。）

⑤ kʰa⁴⁴ lu³³ tʰa³³ mu³³ vɛ³² tɕʰu³³
   鸟笼 他 哥 拿 烧
   (他的哥哥拿鸟笼烧。)

⑥ si³² tʰa²¹ va⁵⁵ va⁵⁵ vɯ⁴⁴ ji²¹³·³³
   柴 一 担 挑 卖 去
   (挑一担柴去卖。)

⑦ ŋu²¹ mu³³ tu⁴⁴ tu⁴⁴ vi³³ ji²¹³·³³ ŋi³³
   我 火 点 去 看
   (我点火去看。)

（4）递谓式谓语。这种句子有两个动作。前面一个动作的宾语，又作为后面一个动作的主语。在这种递谓式里面，前面一个动作多数是表示祈求或支配的意思，后面紧跟着的宾语是代表人的词语。宾语后面的动作是表示前面祈求或支配的目的或结果的。例如：

① tʰi·³³ va³³ tsʰɔ·³³ tsi³³ va⁵⁵ ɬo³² tɚ³³
   他 男人 使 猪 圈 盖
   (叫他丈夫盖猪栏。)

② tʰa²¹ ni²¹ dzɔ²¹³ tʰɛ⁴⁴ la⁵⁵ pa⁴⁴ tsi³³ tʰu⁴⁴ tʰa²¹ pʏ⁴⁴ pʏ⁴⁴ dɚ³²
   一 天 有 他们 手 帮 使 银 一 些 些 装
   (有一天，叫他们的帮手装许多银子。)

③ a²¹ vi·⁵⁵ nõ²¹ gʰu²¹ pʰu⁴⁴ kʰu³³ nõ²¹ gʰu²¹
   姐姐 病 治 人 喊 病 治
   (姐姐请医生治病。)

④ a³³ mu³³, va⁴⁴ ɬu⁴⁴ pʰu⁴⁴, na²¹ na³³ uɛ³³ du²¹ pʰʏ²¹ dʰʏ³² da⁵⁵
   哥哥 猪 放 人 你 难 为 刺麻 踩 平
   (哥哥，放猪的，谢谢你踩平刺麻。)

⑤ pʰɔ²¹ vɯ⁴⁴ pʰu⁴⁴ ʂa³³ fɯ³³ tʰi²¹ tʏ⁴⁴ du³²·³³ le²⁴·³³
   布 卖 人 谢谢 他 放 出 来
   (谢谢卖布人放他出来。)

（5）句子形式做谓语。例如：

① t^hi^{21} $gɤ^{21}$ $p^hɤ^{33}$ t^ha^{55} $dʑi^{33}$ $bɔ^{44}$ ma^{21} $dʐɔ^{213}$
　他　身　上　　钱　不　有
（他身上没有钱。）

② a^{33} mu^{33} la^{55} p^ha^{21} $uɔ^{33}$
　哥哥　　手　　大
（哥哥手大。）

这两个句子都是以句子形式做谓语的。例①以句子形式 $gɤ^{21}$ $p^hɤ^{33}$ t^ha^{55} $dʑi^{33}$ $bɔ^{44}$ ma^{21} $dʐɔ^{213}$ "身上没有钱" 做主语 t^hi^{21} "他" 的谓语；例②以句子形式 la^{55} p^ha^{21} $uɔ^{33}$ "手大" 做主语 a^{33} mu^{33} "哥哥" 的谓语。

本语言那些当面说的回答句，只要紧接着问句，它的谓语是可以省略的。例如：

① ji^{21} ni^{21} a^{21} si^{55} $tɕi^{33}$ ti^{33} ku^{21} ji^{213}？t^hi^{33}
　今 天　谁　　　城　　去　他
（今天谁进城去？他。）

② k^ha^{44} $dɤ^{44}$ u^{44} $pɛ^{44}$ $ȵi^{55}$？a^{21} vi^{55}
　哪　个　肚 子　饿　姐姐
（哪个肚子饿？姐姐。）

这两个例子里的答句都是省掉谓语的。例① t^hi^{33} "他" 的后面省去谓语 $tɕi^{33}$ ti^{33} ku^{21} ji^{213} "进城去"；例② a^{21} vi^{55} "姐姐" 的后面省去谓语 u^{44} $pɛ^{44}$ $ȵi^{55}$ "肚子饿"。像这样的句子都是接着问话后面当面的回答。虽然它只有一个主语，却能代表一个句子的完整意义，使听话人完全明白说话人的意思。如果一定要把整句说出来 t^hi^{33} $tɕi^{33}$ ti^{33} ku^{21} ji^{213} "他进城去"，反倒觉得太啰唆了。

3. 做谓语的词类

可以做谓语或谓语中心词的词类，主要的是谓词。

谓词可以分为动态谓词和静态谓词两种。这两种都可以做谓语（或谓语中心词）。

（1）动态谓词。例如：

① ŋɔ³³ zu³³ nõ²¹ gʰu²¹ pʰu⁴⁴ dʑu³²
　　小弟　病　治　人　怕
　（弟弟怕医生。）

② ŋɔ³³ mɔ²¹³ ji²¹³ uo²⁴
　　小妹　　去　了
　（妹妹去了。）

③ a²¹ vi⁵⁵ tɕʰi³³ tɛ⁵⁵
　　姐姐　狗　打
　（姐姐打狗。）

在这 3 个句子里，例①的 dʑu³² "怕"、例②的 ji²¹³ "去"、例③的 tɛ⁵⁵ "打"都是动态谓词。例①的 dʑu³² "怕"是表明主语 ŋɔ³³ zu³³ "弟弟"的思想的，其他两个例子的动态谓词都是叙述主语的行动的。

（2）静态谓词。例如：

① ŋa²¹³ mu³³ tsʰu³³ uo²⁴·³³
　　我　哥哥　粗　了
　（我的哥哥胖了。）

② a⁴⁴ pʰi³³ mɔ⁴⁴ uo²⁴
　　祖母　　老　了
　（祖母老了。）

在这两个句子里，例①的 tsʰu³³ "胖"、例②的 mɔ⁴⁴ "老"都是静态谓词，都是表明主语 ŋa²¹³ mu³³ "我的哥哥"和 a⁴⁴ pʰi³³ "祖母"的性质的。

4. 谓词 dʐɔ²¹³、ŋɛ²¹³ 在句子里的作用

（1）dʐɔ²¹³ 在句子里做谓语中心词。它常和名词、代词或词组组合做句子的谓语。

a. 表示存在关系的。例如：

① tɕʰi³³ ɕi⁴⁴ mɔ⁴⁴ a²¹ kɯ⁴⁴ dʐɔ²¹³
　　狗　死　尸　家　里　在
　（狗的死尸在家里。）

② tʰi²¹ kʰa⁴⁴ ma⁵⁵ dʐɔ²¹³
　　他　哪　里　在
　（他在哪里？）

在上面的两个句子里，例①的 dʐɔ²¹³ 表示主语 tɕʰi⁴⁴ ɕi⁴⁴ mɔ⁴⁴ "狗的死尸"存在的意义。它和名词 a²¹ kɯ⁴⁴ "家里"组合，做谓语。例②的 dʐɔ²¹³ 也是表示主语 tʰi²¹ "他"存在的意义。它和代词 kʰa⁴⁴ ma⁵⁵ "哪里"组合，做谓语。

b. 表示所有关系的。例如：

① tʰi²¹ ŋi³³ ni⁴⁴ dɤ⁴⁴ dzɔ²¹³
   他 牛 两 个 有
（他有两头牛。）

② tʰa²¹ kʰu⁴⁴ a²¹ bu³³ lu⁵⁵ uɔ⁴⁴ pʰɯ⁴⁴ tʰa²¹ dɤ⁴⁴ dzɔ²¹³
   一   年   多   足   瓜   一   个   有
（足足一年多，才有一个瓜。）

以上两句中的 dzɔ²¹³ 都是做谓语中心词，表示主语所有的意义。它分别和词组 ŋi³³ ni⁴⁴ dɤ⁴⁴ "两头牛"、uɔ⁴⁴ pʰɯ⁴⁴ tʰa²¹ dɤ⁴⁴ "一个瓜"组合为句子的谓语。

（2）ŋɛ²¹³ 在句子里做谓语中心词，作为判断主语的属性或品质。它也可以和名词、代词或者词组组合，做句子的谓语。例如：

① ŋa²¹³ vɤ³³ nõ²¹ gʰu²¹ pu⁴⁴ ŋɛ²¹³ tɔ³³
   我 父亲 病 治 人 是
（我的父亲是医生。）

② ŋu²¹ ŋɔ³³ mɔ²¹³ tʰi²¹ ŋɛ²¹³
   我 小妹 他 是
（我的妹妹是她。）

③ a²¹ mɔ³³ zu³³ a⁵⁵ dɤ⁴⁴ tʰi²¹ bɤ²¹ a⁵⁵ gʰɔ³³ zu³³ ŋɛ²¹³ tɔ³³
   姑娘 这个 他的 孩子 是
（这个姑娘是他的孩子。）

ŋɛ²¹³ 在上面 3 个句子里，作为判断主语 ŋa²¹³ vɤ³³ "我的父亲"、ŋu²¹ ŋɔ³³ mɔ²¹³ "我的妹妹"、a²¹ mɔ³³ zu³³ a⁵⁵ dɤ⁴⁴ "这个姑娘"的属性或品质。它分别和名词 nõ²¹ gʰu²¹ pu⁴⁴ "医生"、代词 tʰi²¹ "他"和词组 tʰi²¹ bɤ²¹ a⁵⁵ gʰɔ³³ zu³³ "他的孩子"组合为句子的谓语。

有时名词或词组的后面加助词 dɛ³³ 表示语气，也可以做句子的谓语。它常常可以代替 ŋɛ²¹³。例如：

④ ŋu³³ nɛ²⁴·³³ na²¹ tɕʰi⁴⁴ dɛ³³
　鱼　红　　你　媳妇
（红鱼是你的妻子。）

⑤ u³³ dɤ⁴⁴ ŋu²¹ ȵɔ³³ zu³³ dɛ³³
　那 个　我　小　弟
（那个是我的弟弟。）

还有名词的后面不加助词去表示语气，也可以作为句子的谓语，但是这样的例子不多。例如：

na²¹ tɕʰi⁴⁴ ŋu³³ nɛ²⁴·³³, na²¹ tɕʰi⁴⁴ ŋu³³ nɛ²⁴·³³
你　妻子　鱼 红　　　你　妻子　鱼　红
（你的妻子红鱼，你的妻子红鱼。）

5. dʑɛ⁴⁴、kɔ³³、bɔ³³等在句子中的不同作用
（1）dʑɛ⁴⁴。
a. dʑɛ⁴⁴做谓语中心词。例如：

ŋu²¹ na²¹ dʑɛ⁴⁴
我　你　给
（我给你。）

b. 加dʑɛ⁴⁴在句中可使主动句变为被动句（参见下文句子的种类，主动式与被动式）。例如：

① ȵɔ³³ zu³³ tɕʰi³³ tɛ⁵⁵
　小　弟　狗　打
（弟弟打狗。）

② tɕʰi³³ ȵɔ³³ zu³³ dʑɛ⁴⁴ tɛ⁵⁵
　狗　小　弟　给　打
（狗让弟弟打。）

例①为主动句，主语 ȵɔ³³ zu³³ "弟弟"在句首，宾语 tɕʰi³³ "狗"在主语的后面；例②加 dʐɛ⁴⁴ 在句中变为被动句，把宾语 tɕʰi³³ "狗"提到主语 ȵɔ³³ zu³³ "弟弟"的前面去。

c. 谓语中心词的传受宾语，句末一定要加 dʐɛ⁴⁴。例如：

a³³ mu³³ bʰɛ³³ vɛ³² ŋu²¹ dʐɛ⁴⁴
哥哥 衣服 拿 我 给
（哥哥拿衣服给我。）

（2）kɔ⁴⁴。在现有的材料里，谓词前面加一个 kɔ⁴⁴，有下面几种作用。

a. 表拾意。例如：

tʰi²¹ ȵɔ³³ zu³³ dɛ⁴⁴ ŋu²¹ a⁵⁵ nu³² tʰa²¹ mu³³ kɔ⁴⁴ dzu³³
他 小 弟 说 我 豆 一 颗 吃
（他的弟弟说："我拾到一颗豆吃。"）

b. 表利用。例如：

ŋu²¹ bʰɛ³³ kɔ⁴⁴ vi⁴⁴
我 衣服 穿
（我穿衣服。）

c. 表命令或处置。例如：

① kɔ⁴⁴ xɣ̃²⁴ ma²¹ ŋɔ⁴⁴
　　 站　不要
（不要站着。）

② kɔ⁴⁴ ni²¹³
　　 坐
（坐着。）

③ tʰi²¹ mu³³ dɛ⁴⁴ ŋua²¹ ko⁴⁴ tɕʰu³³ uo²⁴·³³
　他　哥哥　说　被我　　　烧　了
（他的哥哥说被我烧了。）

(3) bɔ³³ 的作用。
a. 有"向、对"等意义。例如：

① tʰi²¹ tɕʰi⁴⁴ bɔ³³ dɛ⁴⁴
　他　妻子　对　说
（他对妻子说。）

② tʰi²¹ su³³ mu³³ pʰu⁴⁴ bɔ³³ ɯ³³ dɯ³³ tʰɤ⁴⁴
　他　书　教　人　向　头　放
（他向老师磕头。）

b. 在代词的后面有"那里"的意思。例如：

① ji²¹³ dzo²¹ ma³³ tʰi²¹ bɔ³³ tɕʰɛ²¹³
　去　食　讨　他　　　到
（到他那里讨食去。）

② ji²¹³ na²¹ bɔ³³ ma²¹³ ma³³ dzu³³
　去　你　　　饭　吃
（到你那里吃饭。）

此外，还有谓词 mɛ³³ 的前面加否定助词 tʰa²¹ "莫"表示肯定的意思。例如：

a²¹ mɔ³³ zu³³ a⁵⁵ dɤ⁴⁴ uo³³ tʰa²¹ mɛ³³
姑娘　　这　个　大　莫　好
（这个姑娘长得好！）

如果在 tʰa²¹ mɛ³³ 之间再加上一个否定助词 ma²¹ "不"就表示否定的意思。例如：

a²¹ mɔ³³ zu³³ a⁵⁵ dʏ⁴⁴ uɔ³³ tʰa²¹ ma²¹ mɛ³³
姑娘　　这个　大　莫不　好
(这个姑娘长得不好。)

像这样的情形，在我的材料里只有一个例子，也许是这种语言由古代遗留下来的一点儿痕迹。

(三) 宾语

1. 什么叫作宾语

有些动作不但跟主动者有关系，跟被动者也有关系。好比这样的一个句子：

a⁴⁴ vʏ³³ a²¹ vi⁵⁵ bʰɔ³³
父亲　姐姐　骂
(父亲骂姐姐。)

谓词 bʰɔ³³ "骂" 做这句子的谓语中心词。它的主动者是主语 a⁴⁴ vʏ³³ "父亲"，它的被动者是 a²¹ vi⁵⁵ "姐姐"。a²¹ vi⁵⁵ 接受 bʰɔ³³ 的动作的影响，所以 a²¹ vi⁵⁵ 是宾语。凡是接受谓词动作的影响的，叫作宾语。

2. 宾语的位置

我们分析了前面 a⁴⁴ vʏ³³ a²¹ vi⁵⁵ bʰɔ³³ "父亲骂姐姐" 这一个句子，我们便晓得它和汉语的语序不同，那就是彝语把宾语 a²¹ vi⁵⁵ "姐姐" 放在谓语中心词 bʰɔ³³ "骂" 的前面。所以在彝语中，宾语的位置常常放在谓语中心词的前面。尽管谓语中心词附加了一些补语或附加语，宾语还是紧靠在谓语中心词的前面，它的位置并不变动。我们再看下面的一个句子：

a⁴⁴ vʏ³³ lʏ²¹ lʏ³² tʰa²¹ ni²¹ a²¹ vi⁵⁵ bʰɔ³³
父亲　慢 慢　一 天　姐姐　骂
(父亲慢慢地骂了姐姐一天。)

谓语中心词 bʰɔ³³ "骂" 虽然附加了补语 tʰa²¹ ni²¹ "一天"，又加了附加语 lʏ²¹ lʏ³² "慢慢"，宾语 a²¹ vi⁵⁵ "姐姐" 还是紧靠在谓语中心词 bʰɔ³³ "骂"

的前面。但是下面两个例子又不相同了：

① ji²¹ tɕʰi⁵⁵ ŋu³³ nɛ²⁴·³³ va⁵⁵
　　水　 鱼　红　　挑
（水，红鱼挑。）

② ŋa³³ mu³³ tɕʰi³³ a²¹ tʰa²¹ tɕɛ⁴⁴ tɕʰɤ⁵⁵
　　我 哥　狗　被　一　口　咬
（我的哥哥被狗咬了一口。）

例①把宾语 ji²¹ tɕʰi⁵⁵ "水" 提到主语 ŋu³³ nɛ²⁴·³³ "红鱼" 的前面去，是特别着重宾语的意思；例②把宾语 ŋa³³ mu³³ "我的哥哥" 提到主语 tɕʰi³³ "狗" 的前面去，是因为被动句的缘故。所以遇到特别着重宾语或在被动句里都可以把宾语提到主语的前面去。

3. 宾语的种类

在这种语言里宾语的种类可以分为4种。

（1）单宾语。在一个句子里只有一个单词或主从式词组接受谓语中心词动作的影响的，叫作单宾语。例如：

① ŋɔ³³ zu³³ ma²¹³ ma³³ dzu³³
　　小弟　　　饭　　吃
（弟弟吃饭。）

② ŋa³³ mu³³ tɕʰi³³ tʰu²⁴·³³ tɛ⁵⁵
　　我 哥　狗　 白　 打
（我的哥哥打白狗。）

在上面两个句子里，例①的名词 ma²¹³ ma³³ "饭" 做单宾语，例②的主从式词 tɕʰi³³ tʰu²⁴·³³ "白狗" 做单宾语。

（2）联合宾语。以联合式词组做宾语的，叫作联合宾语。例如：

① a²¹ vi⁵⁵ ŋi³³ ni³³ lu²¹ mu³³ ni⁵⁵ xə³²
　　姐姐　牛　也　马　　　拴　着
（姐姐拴着牛和马。）

② ȵɔ³³ mɔ²¹³ tɕʰi³³ ni³³ mə³³ nə³³ tɛ⁵⁵
　小　妹　狗　也　猫　打
（妹妹打狗和猫。）

在上面的两个句子里，例①以联合式词组 ȵi³³ ni³³ lu²¹ mu³³ "牛和马" 做宾语，例②以联合式词组 tɕʰi³³ ni³³ mə³³ nə³³ "狗和猫" 做宾语。

（3）双宾语。有两个接受谓词动作影响的宾语，叫作双宾语。表示事物的直接宾语放在前面，表示人的间接宾语放在后面。这和汉语的间接宾语放在直接宾语的前面不同。例如：

① sɤ²¹ ŋu³³ nɛ²⁴·³³ u³³ dʁ⁴⁴ sɛ³³ tʰi²¹ dʑɛ⁴⁴
　就　鱼　红　那个　捡　他　给
〔（他）就给他那条红鱼。〕

② ŋu³³ nɛ²⁴·³³ tsʰi⁵⁵ tʂʰɛ²¹ tʂa⁵⁵ mə³² tʰi²¹ tu³³
　鱼　红　早饭晚饭　煮熟　他　留
（红鱼给他留了煮熟的早饭和晚饭。）

上面两个句子的 tʰi²¹ "他" 是间接宾语，ŋu³³ nɛ²⁴·³³ u³³ dʁ⁴⁴ "那条红鱼" 和 tsʰi⁵⁵ tʂʰɛ²¹ tʂa⁵⁵ mə³² "煮熟的早饭和晚饭" 是直接宾语。

（4）句子形式做宾语。例如：

"na²¹ tɕʰi⁴⁴ ŋu³³ nɛ²⁴·³³, na²¹ tɕʰi⁴⁴ ŋu³³ nɛ²⁴·³³" tʰi²¹ bɔ³³ kʰu³³
　你妻子鱼　红　　你妻子鱼　红　　他　对　喊
（对他喊："你的妻子是红鱼，你的妻子是红鱼。"）

如果宾语所指的事物在上文已经指明的时候，后面为避免重述起见，可以承前省略。例如：

ŋa²¹³ vʁ³³ tɕʰi⁵⁵ tʰa²¹ dʁ⁴⁴ vɔ²¹³ vɛ³³ a²¹ kɯ⁴⁴ gɯ³³ lɛ²⁴·³³ si⁵⁵ dzu³³
我　父亲　羊　一　个　买　拿　家里　回来　杀　吃
〔我的父亲买了一只羊，拿（羊）回家来杀了（羊）吃。〕

4. 做宾语的词类

可以做宾语的词类有名词、代词两种。

(1) 名词做宾语。例如：

① a^{33} mu^{33} dʐʰi^{21} dʰɔ^{213}
　哥哥　　酒　喝
　（哥哥喝酒。）

② ȵɔ^{33} mɔ^{213} nõ^{21} gʰu^{21} pʰu^{44} dʐu^{32}
　小妹　病　治　人　怕
　（妹妹怕医生。）

在上面两个句子里，例①以简单名词 dʐʰi^{21} "酒"做宾语，例②以复合名词 nõ^{21} gʰu^{21} pʰu^{44} "医生"做宾语。

(2) 代词做宾语。例如：

① tʂa^{33} nɛ^{55} tʰi^{21} bʰɔ^{33}
　张　奈　他　骂
　（张奈骂他。）

② a^{21} vi^{55} u^{33} dɤ^{44} vɛ^{32}
　姐姐　那个　拿
　（姐姐拿那个。）

③ bʰɛ^{33} a^{55} ɬɤ^{32} vɛ^{32} a^{55} si^{55} dʐɛ^{44}
　衣服　这件　拿　谁　给
　（这件衣服拿给谁？）

在上面3个句子里，例①以人称代词 tʰi^{21} "他"做宾语；例②以指示代词 u^{33} dɤ^{44} "那个"做宾语，例③以疑问代词 a^{55} si^{55} "谁"做宾语。

(四) 补语

1. 什么叫作补语

好比有这么两句话：

问：a⁴⁴ jɛ³³ kʰa⁴⁴ ma⁵⁵ tʰi²¹ tɕ⁵⁵
　　母亲　哪　里　他　打
　　（母亲在哪打他？）

答：a³³ jɛ³³ a²¹ kɯ⁴⁴ tsʰʅ³² tʰi²¹ tɕ⁵⁵
　　母亲　家里　　在　他　打
　　（母亲在家里打他。）

这两个句子的谓语中心词是谓词 tɕ⁵⁵ "打"。在它前面的 kʰa⁴⁴ ma⁵⁵ "哪里" 和 a²¹ kɯ⁴⁴ tsʰʅ³² "在家里" 是补充 tɕ⁵⁵ "打" 的行为的空间的，所以是补语。凡是作为补充谓词行为的空间、时间或数量的，叫作补语。

2. 补语的种类

补语可以分为时间补语、空间补语、数量补语和判断补语 4 种。

（1）时间补语。例如：

① ŋa³³ mu³³ tʰa²¹ ni²¹ tʰi²¹ bʰɔ³³　② a²¹ vi⁵⁵ sa³³ kʰu⁴⁴ ji²¹³ uo²⁴
　　我　哥　一　天　他　骂　　　　姐姐　三　年　去　了
　　（我的哥哥骂了他一天。）　　　（姐姐去了三年。）

③ ŋu²¹ tʰa³² ʂɚ³² ni²¹³
　　我　一　下　坐
　　（我坐一会。）

（2）空间补语。例如：

① mu³³ tsʰu⁴⁴ mu³³ tsʰu⁴⁴ dɤ²¹³ pʰa⁴⁴ tʂɔ³²·²¹ tʂʰɔ³² dɤ²¹³ dza⁵⁵ ji²¹³
　　太　阳　太　阳　落　边　　从　　　落　下　去
　　（太阳从西方落下去。）

② a³³ mu³³ a²¹ kɯ⁴⁴ tsʰʅ³²
　 哥哥　家里　在
　（哥哥在家里。）

③ ŋa²¹³ jɛ³³ bʰɛ³³ tʰɤ⁴⁴ sĩã³³ tsʅ²¹ kɯ⁴⁴ tsɤ⁴⁴
　 我 母亲 衣服 放　箱　子里 在
　（我的母亲把衣服放在箱子里。）

（3）数量补语。例如：

a²¹ vi⁵⁵ tʰa²¹ ʂɚ³² ŋɔ³³ mɔ²¹³ tɛ⁵⁵
姐姐　一　下　小　妹　打
（姐姐打妹妹一下。）

（4）判断补语。

除了上面3种补语以外，还有一种补语作为判断句子里主语的属性或品质的，叫作判断补语。它常常以谓词 ŋɛ²¹³ "是"做谓语中心词；有时也省略 ŋɛ²¹³，这样的情形并不多见。例如：

① na²¹ ŋa²¹³ pʰi³³ ma²¹ ŋɛ²¹³　　② ŋu²¹ a³³ mu³³ su³³ mu³³ pʰu⁴⁴ ŋɛ²¹³
　 你 我　奶　不　是　　　　　 我 哥哥　书　教　人 是
　（你不是我的祖母。）　　　　　（我的哥哥是教师。）

③ na²¹ tɕʰi⁴⁴ ŋu³³ nɛ²⁴·³³　　　④ u³³ dɤ⁴⁴ ŋu²¹ ŋɔ³³ zu³³ dɛ³³
　 你　妻子　鱼　红　　　　　　 那个　我　小　弟
　（你的妻子是红鱼。）　　　　　（那个是我的弟弟。）

在上面的4个句子里，例①和例②的谓语中心词是谓词 ŋɛ²¹³。ŋa²¹³ pʰi³³ "我的祖母"和 su³³ mu³³ pʰu⁴⁴ "教师"做 ŋɛ²¹³ 的判断补语。例③省略了谓语中心词 ŋɛ²¹³，ŋu²¹ nɛ²⁴·³³ 是判断补语。例④的助词 dɛ³³ 代替 ŋɛ²¹³ 做谓语中心词，ŋu²¹ ŋɔ³³ zu³³ "我的弟弟"做 dɛ³³ 的判断补语。

有时，一个谓词可以带有两个补语，但是最多只能带两个。例如：

⑤ a⁴⁴ vɤ³³ a²¹ kɯ⁴⁴ tsʰɿ³² tʰa²¹ ni²¹ bʰɔ³³
　父亲　家里　在　一　天　骂
（父亲在家里骂了一天。）

⑥ ŋu²¹ bɯ³² xə̃³³ kɯ⁴⁴ tsʰɿ³² tʰa²¹ ʂə³² tʰi²¹ tɛ⁵⁵
　我　佛　房里　在　一　下　他　打
（我在庙里打他一下。）

例⑤谓词 bʰɔ³³ "骂" 带有空间补语 a²¹ kɯ⁴⁴ tsʰɿ³² "在家里"、时间补语 tʰa²¹ ni²¹ "一天"；例⑥谓词 tɛ⁵⁵ "打" 带有空间补语 bɯ³² xə̃³³ kɯ⁴⁴ tsʰɿ³² "在庙里"、数量补语 tʰa²¹ ʂə³² "一下"。

3. 补语的位置

我们分析下面这句话：

a²¹ vi⁵⁵ tʰa²¹ ʂə³² tɛ⁵⁵
姐姐　一　下　打
（姐姐打一下。）

这一句话的 tʰa²¹ ʂə³² "一下" 是数量补语，位置在简单谓词 tɛ⁵⁵ "打" 的前面。如果说：

a²¹ vi⁵⁵ a²¹ kɯ⁴⁴ tsʰɿ³² tʰa²¹ ʂə³² tɛ⁵⁵
姐姐　家里　在　一　下　打
（姐姐在家里打一下。）

那么，空间补语 a²¹ kɯ⁴⁴ tsʰɿ³² "在家里" 又放在数量补语 tʰa²¹ ʂə³² "一下" 的前面。如果再把数量补语 tʰa²¹ ʂə³² "一下" 改作时间补语 tʰa²¹ ni²¹ "一天"。例如：

a²¹ vi⁵⁵ a²¹ kɯ⁴⁴ tsʰɿ³² tʰa²¹ ni²¹ bʰɔ³³
姐姐　家里　在　一　天　骂
（姐姐在家里骂了一天。）

在这句话里，补语的位置也都在谓词的前面。所以我们可以得到一个规律：补语的位置在谓词的前面，如果一个谓词带有两个补语的时候，空间补语放在数量或时间补语的前面。例如：

a²¹ vi⁵⁵ a²¹ kɯ⁴⁴ tsʰʅ³² tʰa²¹ ʂɚ³² tʰi²¹ tɕ⁵⁵
姐姐　家里　在　一　下　他　打
（姐姐在家里打他一下。）

在这句话里，因为谓词 tɕ⁵⁵ "打" 带有一个宾语 tʰi²¹ "他"，紧靠在 tɕ⁵⁵ 的前面，因此所有的补语都提到宾语 tʰi²¹ "他" 的前面去。于是我们又得到一个规律：谓词带有宾语时，补语的位置放在宾语的前面。如果是复合谓词，补语便放在复合谓词的中间。例如：

① na³³ a²¹ dʑi²¹ ɕɛ⁴⁴ pʰa²¹³ a²¹ kɯ⁴⁴ vɤ⁵⁵ ɲi³³
　 你　明天　　　家里　躲　看
　（你明天躲在家里看。）
② ji²¹³ bɤ²¹ tʰa⁵⁵ tɕʰɛ²¹³
　 去　山　上　到
　（到山上去。）

例①的空间补语 a²¹ kɯ⁴⁴ "家里" 放在复合谓词 pʰa²¹³ vɤ⁵⁵ "躲" 的中间；例②的空间补语 bɤ²¹ tʰa⁵⁵ "山上" 放在复合谓词 ji²¹³ tɕʰɛ²¹³ "去到" 的中间。

如果以表示趋向或目的的复合谓词做谓语中心词时，补语仍放在它的前面。例如：

③ ȵɔ³³ zu³³ a²¹ kɯ⁴⁴ gɯ³³ ji²¹³·³³
　 小弟　家里　回　去
　（弟弟回家去。）

④ tʰi²¹ tʰa²¹ ni²¹ tɕ⁵⁵ ji²¹³
　 他　一　天　打　去
　（他去打了一天。）

⑤ ŋu²¹ bɯ³² xɚ³³ kɯ⁴⁴ tsʰʅ³² dzu³³ lɛ²⁴·³³
　 我　佛　房　里　在　吃　来
　（我到庙里来吃。）

表示目的的复合谓词前面，如果再加一个谓词，构成连动式的谓语，那么复合谓词的补语仍然放在复合谓词的前面。例如：

⑥ xɔ⁴⁴ tɕʰi˧˧ dzɔ⁴⁴ tʰa⁵⁵ go³²·³³ lɛ²⁴·³³
　领　狗　处　上　玩　　来
（领狗到街上来玩。）

⑦ vɛ²¹ a²¹ kɯ⁴⁴ tsʰɿ³² dzu³³ lɛ²⁴·³³
　拿　家里　在　吃　来
（拿到家里来吃。）

如果在表示目的的复合谓词后面加一个谓词，构成连动式的谓语，那么，复合谓词的补语就放在复合谓词的中间。例如：

⑧ pʰa²¹³ bɯ²¹ xɜ̃³³ kɯ⁴⁴ tsʰɿ³² vʁ⁵⁵ ȵi³³
　　佛　房里　在　躲　看
（躲在庙里看。）

4. 做补语的词类
做补语的词类有3种。

a. 名词。做空间补语的多数是名词，它常常和谓词 tsʰɿ³² "在" 组合。例如：

① tʰi²¹ tɕʰi⁴⁴ ji²¹ tʰɔ³³ tsʰɿ³²
　他　妻子　水　底　在
（他的妻子在水底。）

② bɯ³² ja⁵⁵ bɯ³² xɜ̃³³ kɯ⁴⁴ tsʰɿ³² dɛ³³
　佛像　佛　房　里　在
（佛像在庙里。）

b. 代词。例如：

① a⁴⁴ jɛ³³ a⁵⁵ na⁵⁵ ma²¹ tsʰɿ³²
　母亲　这里　不　在
（母亲不在这里。）

② va³³ tsʰɔ³³ u³³ bɤ³² kʰa⁴⁴ ma⁵⁵ tsʰʅ³²
　人　那　起　哪　点　在
（那些人在哪里？）

c. 数量词。例如：

① a²¹ vi⁵⁵ tʰa²¹ ʂɚ³² tɛ⁵⁵　　　② tʰi²¹ tʰa²¹ bi²¹ sʅ³³
　姐姐　一　下　打　　　　　　他　一　步　走
（姐姐打一下。）　　　　　　　（他走一步。）

除了上面的词类可以做补语以外，词组也可以做补语。例如：

③ ŋu²¹ na²¹³ pʰi³³ ŋɛ²¹³ tɔ³³　　　④ a²¹ vi⁵⁵ a²¹ kɯ⁴⁴ tsʰʅ³² dzu³³
　我　你　祖母　是　　　　　　姐姐　家里　在　吃
（我是你的祖母。）　　　　　　（姐姐在家里吃。）

在上面的两个句子里，例①na²¹³ pʰi³³ "你的祖母"是主从式词组，做谓词ŋɛ²¹³ "是"的补语；例②a²¹ kɯ⁴⁴ tsʰʅ³² "在家里"是支配式词组，做谓词dzu³³ "吃"的补语。

（五）附加语

1. 什么叫附加语

好比有这么两个句子：

① tʂʰɔ³³ zu³³ ŋu³³ tɕa³²·²¹ xə³²
　伴　男　鱼　捕　着
（男人捕着鱼。）

② tʂʰɔ³³ zu³³ tʰa²¹ uɔ²¹ ŋu³³ nɛ²⁴·³³ tʰa²¹ dɤ⁴⁴ tɕa³²·²¹ xə³²
　伴　男　一　起　鱼　红　一　个　捕　着
（一些男人捕着一条红鱼。）

例①所表达的意义是简单的、笼统的，例②所表达的意义是比较周密、具体了。这两个句子的基本概念是 tʂʰɔ³³ zu³³ "男人"、ŋu³³ "鱼"和 tɕa³²·²¹ xɚ³² "捕着"。例②里在基本概念 tʂʰɔ³³ zu³³ 的后面加了 tʰa²¹ uɔ²¹ "一些"，在 ŋu³³ 的后面加了 nɛ²⁴·³³ "红"和 tʰa²¹ dʁ⁴⁴ "一条"。这些加在基本概念上面的、作为修饰基本概念的范围的词语，就是附加语。所以，凡是修饰人物和人物行为、性质、状态的词语，都叫附加语。

2. 附加语的种类

附加语可以分为名词附加语和谓词附加语两种。

（1）名词附加语。凡修饰名词的，叫作名词附加语。

1）名词做名词附加语的。例如：

① va⁵⁵ kʰu⁴⁴（猪年。）
　　猪　年
② tʰɔ³³ si³²（松树。）
　　松　树
③ xɚ̃³³ kɯ⁴⁴（屋里。）
　　屋　里
④ mu³³ nɛ³²（笋。）
　　竹　芽
⑤ sa²¹ mɛ²¹ lɔ²¹ ka³² kɯ⁴⁴ su³³（核桃箐村人。）
　　核桃　　　箐　村　里　人
⑥ pʰɔ²¹ xɚ̃³³（帐子。）
　　布　房
⑦ bɯ³² xɚ̃³³（庙。）
　　佛　房
⑧ ŋa³² tɕʰi²¹（鸟巢。）
　　鸟　窝
⑨ ɲɔ³³ mɔ²¹³ bʰɛ³³（妹妹的衣服。）
　　小　妹　衣服
⑩ su³³ sɔ⁴⁴ zu³³ su³³（学生的书。）
　　书　读　儿　书

有时名词附加语表示所有的，也可以加助词"的"放在名词的前面。

例如：

⑪ a³³ mu³³ bɣ²¹ su³³（哥哥的书。）
　哥哥　　的　书
⑫ ȵɔ³³ zu³³ bɣ²¹ bʰɛ³³（弟弟的衣服。）
　小　弟　的　衣服
⑬ a⁴⁴ pʰi³³ bɣ²¹ ɯ³³ pɯ³³（祖母的骨头。）
　祖母　　的　骨头

2）代词做名词附加语。

主有格的附加语：人称代词的主有格往往放在名词的前面加助词 bɣ²¹。例如：

① tʰi²¹ bɣ²¹ tɕʰi³³（他的狗。）
　他　的　狗
② a²¹ sɛ⁵⁵ bɣ²¹ va⁵⁵（我们的猪。）
　我们　的　猪

有时也可以不加助词 bɣ²¹ 的。例如：

③ ŋu²¹ ȵɔ³³ mɔ²¹³（我的妹妹。）
　我　小　妹
④ a²¹ sɛ⁵⁵ ʔɣ²¹（我们的鸭子。）
　我们　鸭

代词的主有格，如果和谓词 ŋɛ²¹³ "是" 组成谓语时，省去它所主有的事物。例如：

⑤ ȵi³³ a⁵⁵ dɣ⁴⁴ ŋu²¹ bɣ²¹ ŋɛ²¹³（这头牛是我的。）
　牛　这　个　我　的　是

在人称代词的主有格和助词 dɛ³³ 组成谓语的时候，不用 ŋɛ²¹³ "是"，同样也可以省去它所主有的事物。助词 dɛ³³ 的作用在这一方面和谓词 ȵɛ²¹³ 是相同的。例如：

⑥tɕʰi⁵⁵ a⁵⁵ pɤ⁴⁴ ŋu²¹ bɤ²¹ dɛ³³（这些羊是我的。）
　羊　　这　些　我　的

3）谓词做名词附加语。
a. 谓词直接放在名词的前面做附加语的。例如：

①tsu⁴⁴ dʐɔ⁴⁴（好处。）　　②dɯ²¹³·²¹ dʐɔ⁴⁴（坏处。）
　好　　处　　　　　　　　　坏　　处
③ji⁵⁵ tʂʅ²¹（睡时。）　　　④lɛ²⁴ tʂʅ²¹（来时。）
　睡　时　　　　　　　　　　来　时

b. 谓词的后面加助词做名词附加语。
谓词的后面加助词 pɯ³³ 放在名词的后面做名词附加语的。例如：

①su²¹ ʂu³³ pɯ³³（穷人。）　②dzʰi²¹ ji⁵⁵ pɯ³³（酒鬼。）
　别人穷　　　　　　　　　　酒　睡

谓词的后面加助词 xɚ³² 放在名词的前面做附加语的。例如：

①nõ²¹ xɚ³² tʂʅ²¹（病时。）　②ʂa³³ xɚ³² tʂʅ²¹（伤时。）
　病　着　时　　　　　　　　伤　着　时

谓词的前面加助词 bu³³ 来修饰 bu³³ 前面的名词的。例如：

①pʰɔ²¹ bu³³ ȵɤ³³（短布。）　②pʰɔ²¹ bu³³ ʂɚ⁵⁵（长布。）
　布　　短　　　　　　　　　布　　长

c. 重叠谓词做名词附加语。

重叠谓词放在名词的前面做附加语的。例如：

①vi³³ vi³³ dʐɔ⁴⁴ ni²¹³ ȵi³³ （坐在远远的地方看。）
　远　远　处　坐　看

重叠谓词放在名词的后面做附加语的。例如：

②tɕʰi³³ tʰa²¹ dʐ⁴⁴ ŋɔ³³ ŋɔ³³ （一条小小的狗。）
　狗　　一　个　小　小

重叠谓词的末一音节加助词 dɛ³³ 做附加语的。例如：

③va³³ tsʰɔ³³ u³³ dʐ⁴⁴ tɛ⁴⁴ lɛ⁴⁴ lɛ⁴⁴ dɛ³³ （那个呆呆的人。）
　人　　那个　　　　呆　呆

重叠谓词后加助词 ja³² tɔ³³ 做附加语的。例如：

④pʰɔ²¹ a⁵⁵ pʰi²¹ tʰu³³ tʰu³³ ja³² tɔ³³ （这匹厚厚的布。）
　布　这　匹　厚　厚

4）数词做名词附加语的。例如：

①sa³³ kʰu⁴⁴ （三年。）　　　　②ni⁴⁴ nʰõ³² （二月。）
　三　年　　　　　　　　　　　二　月
③ŋu³³ xõ³³ ni³³ ŋu³³ ni²¹ （五百零五天。）
　五　百　零　五　天
④da³² tʰɛ⁴⁴ ni²¹ （初一。）
　初一　　日

5）量词做名词附加语。
量词有名量词和动量词两类（参见第二节词类中"量词"）。名量词主要是和数词组合做名词的附加语。例如：

① tṣʰɛ²¹ tʰu²⁴·³³ tʰa²¹ tɯ³³（一斗米。） ② ȵi³³ tʰa²¹ dzʱʒ⁴⁴（一群牛。）
　　谷　 白　 一　斗　　　　　　　　 牛　 一　群
③ dʑi²¹ tʰa²¹ pa³²（一碗酒。）　　　 ④ xu³³ tʰa²¹ pɤ³²（一块肉。）
　　酒　 一　碗　　　　　　　　　　　 肉　一　块

6）词组做名词附加语。

词组做名词附加语时，往往放在名词的前面。例如：

① ma²¹³ ma³³ dzu³³ tʂʅ²¹（吃饭的时候。）
　　 饭　　　吃　时
② su³³ sɔ³³ dʑɔ⁴⁴（读书的地方。）
　　 书　读　处
③ dʐɔ⁴⁴ tɕ⁴⁴ dʑɔ⁴⁴（打架的地方。）
　 互相　打　处

（2）谓词附加语。凡是修饰人物行动、性质、状态的词语，叫作谓词附加语。

1）名词做谓词附加语。

名词放在谓词的前面做谓词附加语，这种附加语多为修饰谓词的时间的。

a. a⁵⁵ kʰu⁴⁴（今年）。例如：

a⁵⁵ ku⁴⁴ mɤ̃³³ fɔ³²（今年天旱。）
这　年　 天　 干

b. a²¹ ni²¹ kʰu⁴⁴（去年）。例如：

bʰɛ³³ a⁵⁵ ɬɤ³² a²¹ ni²¹ kʰu⁴⁴ vɔ²¹³ vi³³ lɛ²⁴·³³ uo²⁴·³³
衣服 这 件　去　年　 买　　　来　　了
（这件衣服去年就买来了。）

c. ji²¹ ni²¹（今天）。例如：

ŋu²¹ ji²¹ ni²¹ gɯ³³ ji²¹³·³³（我今天回去。）
我　今天　回　去

e. tʰɤ³³ ni²¹（大后天）。例如：

a³³ mu³³ tʰɤ³³ ni²¹ sʅ³³（哥哥大后天走。）
哥哥　大　后　天　走

如果说话的意义着重在时间上，就得把表时间的谓词附加语放在主语的面前。例如：

① ji²¹ ni²¹ ŋu²¹ wu³³ ma²¹ mɤ²¹³（今天我不做工。）
今　天　我　工　不　做

② ji²¹ mʰɛ̃³³ va³³ tsʰɔ³³ tʰa²¹ dɤ⁴⁴ ni³³ ma²¹ dʐɔ²¹³
今　晚　人　一　个　也　没　有
（今天晚上一个人也没有。）

2）代词做谓词附加语的。

a. kʰa⁴⁴ tʂʅ²¹（哪时）。例如：

na²¹ kʰa⁴⁴ tʂʅ²¹ tsʰi⁵⁵ dzu³³（你什么时候吃早饭？）
你　哪　时　早饭　吃

b. u³³ gɯ³²（那个时候）。例如：

tʰi²¹ u³³ gɯ³² nõ²¹ uo²⁴（他那个时候病了。）
他　那　阵　病　了

c. kʰɤ²¹ sɤ²¹（怎么）。例如：

na²¹ kʰɤ²¹ sɤ²¹ ȵɛ²¹³ ma²¹³ ma³³ ma²¹ dzu³³
你 怎么   是   饭   不 吃
（你怎么不吃饭？）

3）谓词做谓词附加语。
a. 谓词直接放在谓词的前面做谓词附加语的。例如：

①lɤ²¹ lɤ³² sɿ³³（慢慢走。）
②dʐə⁴⁴ dʐə⁴⁴ ŋɔ⁴⁴（真真要。）
③ɕɛ⁴⁴ ɕɛ⁴⁴ lɛ²⁴·³³ uo²⁴·³³（老早来了。）

b. 谓词或词组的后面加助词 di³² 做谓词附加语的。例如：

①tɕɔ⁴⁴ tɕɔ⁴⁴ di³² gɯ³³ lɛ²⁴·³³（快快地回来。）
  快   快   回 来
②tsu⁴⁴ tsu⁴⁴ di³² ȵi³³（好好地看。）
  好   好   看

词组的后面加助词 pɛ³³ 做谓词附加语的。例如：

③tʰi²¹ dʐu⁵⁵ kə³³ lə⁴⁴ lə⁴⁴ pɛ³³ sɿ³³ du³²·³³ ji²¹³·³³
  他   腰   弯   走   出   去
（他弯着腰走出去。）

词组的后面加助词 nɔ³³ 做谓词附加语的。例如：

④na²¹ dʐi³³ bɔ⁴⁴ ma²¹ dʐɔ²¹³ nɔ³³ tʰa²¹ ji²¹³
  你   钱   不   有   莫   去
（你没有钱不要去。）

c. 重叠谓词做谓词附加语的。例如:

① ŋu²¹ ɕɛ⁴⁴ ɕɛ⁴⁴ ji²¹³ uo²⁴
　 我　早　早　去　了
（我很早去了。）

② ŋu²¹ tʰi³³ ma²¹ dʑɛ⁴⁴ tʰi²¹ xɔ²⁴ xɔ²⁴ ŋ⁴⁴
　 我　他　不　给　他　硬　硬　要
（我不给他，他一定要。）

在重叠谓词的后面加助词 pɛ³³ 做谓词附加语的。例如:

③ tsu⁴⁴ tsu⁴⁴ pɛ³³ tʰi²¹ sə²¹³ kɔ³²
　好　好　　　他　拉　住
（好好地拉住他。）

还有重叠双音谓词的每一音节做谓词附加语，表明加重语气的。例如:

④ tʰa²¹ vi⁵⁵ lɤ²¹ lɤ³² lɤ²¹ lɤ³² ʂu³³
　 他　姐　慢　慢　慢　慢　穷
（他的姐姐慢慢地穷下去。）

4) 量词做谓词附加语。

名量词做名词附加的已经在前面谈过了。动量词多做谓词附加语。例如:

① tʰa²¹ ʂə³² lɛ²⁴（来一下。）　　② tʰa²¹ ʂə³² ŋɯ³³（哭一会。）
　 一　下　来　　　　　　　　　　 一　下　哭

③ tʰa²¹ bi²¹ sʐ³³（走一步。）　　④ tʰa²¹ dɛ²¹ tɕ⁵⁵（打一顿。）
　 一　步　走　　　　　　　　　　 一　顿　打

从上面所举的例子看起来，量词做附加语的时候，它的位置是：名量词做名词附加语时，名量词放在名词的后面；动量词做谓词附加语时，动量词放在谓词的前面。

此外，还有重叠数词和量词做谓词附加语的，有两种。

a. 重叠数词和量词直接放在谓词前面的。例如：

① t^ha^{21} $xã^{24}$ t^ha^{21} $xã^{24}$ ji^{55} （一夜一夜地睡。）
　　一　　夜　　一　　夜　　睡

② $\eta\mathfrak{o}^{33}$ $m\mathfrak{o}^{213}$ t^ha^{21} $t\varphi\varepsilon^{44}$ t^ha^{21} $t\varphi\varepsilon^{44}$ dzu^{33} （妹妹一口一口地吃。）
　　小　　妹　　一　　口　　一　　口　　吃

③ t^ha^{21} de^{21} t^ha^{21} de^{21} $t\varepsilon^{55}$ （一顿一顿地打。）
　　一　　顿　　一　　顿　　打

b. 重叠数词和量词的后面加助词 $p\varepsilon^{33}$ 做谓词附加语的。例如：

④ t^ha^{21} $tɯ^{33}$ t^ha^{21} $tɯ^{33}$ $p\varepsilon^{33}$ $dz\mathfrak{o}^{213}$ （一斗一斗地量。）
　　一　　斗　　一　　斗　　　　量

⑤ t^ha^{21} $dʐ^h\mathfrak{\tilde{\jmath}}^{33}$ t^ha^{21} $dʐ^h\mathfrak{\tilde{\jmath}}^{33}$ $p\varepsilon^{33}$ g^ha^{24} （一群一群地赶。）
　　一　　群　　一　　群　　　　赶

5）助词做谓词附加语。它往往放在谓词的前面。

a. $sɤ^{21}$（就）。例如：

　　a^{21} vi^{55} $sɤ^{21}$ $sɿ^{33}$ $uo^{24\cdot33}$ （姐姐就走了。）
　　姐姐　　就　　走　了

b. $h\mathfrak{o}^{55}$ $s\mathfrak{o}^{55}$ $n\mathfrak{o}^{55}$（或 $s\mathfrak{o}^{55}$ $n\mathfrak{o}^{55}$）（才）。例如：

　　$dʐ\mathfrak{o}^{44}$ dzu^{33} $t^h\mathfrak{o}^{55}$ $s\mathfrak{o}^{55}$ $n\mathfrak{o}^{55}$ $gɯ^{33}$ $ji^{213\cdot33}$ （吃了午饭才回去。）
　　午饭　吃　　　才　　　回去

c. k^hu^{21}（最）。例如：
　　ηu^{21} $t\varphi^hi^{33}$ k^hu^{21} $dzu^{32\cdot21}$ xo^{32} $p^hɯ^{55}$ $xə^{32}$ （我遇着最可怕的狗。）
　　我　狗　最　怕　　遇　着

d. ji⁵⁵ ji²¹（完全、都）。例如：

tʰɛ⁴⁴ ji⁵⁵ ji²¹ ŋu²¹ bʁ²¹ su³³ sɔ⁴⁴ zu³³ dɛ³³（他们都是我的学生。）
他们 完全   我的 书 读 儿

e. ni³³（也）。例如：

ŋu²¹ ni³³ ma²¹ mʁ²¹³（我也不做。）
我 也 不 做

f. tsɛ⁴⁴（再、又）。例如：

①na²¹ tsɛ⁴⁴ ŋɯ³³（你又哭。）
 你 又 哭

用 ni³³ tsɛ⁴⁴ "也又"做附加语时，表示加重的语气，例如：

②gʁ²¹ pʰʁ³³ uɔ⁴⁴ wu³³ ni³³ tsɛ⁴⁴ uɔ³³（身体大，力气也大。）
 身体   大 力 也 又 大

g. ti³³ ti³³（只）。例如：

①xu³³ ni⁴⁴ ŋə⁴⁴ ti³³ ti³³ vɔ²¹³ vi³³ lɛ²⁴·³³（只买来两斤肉。）
 肉 二 斤 只   买 来

有时指单数的名词，也可以用 ti³³ 来修饰谓词。例如：

②tʰi²¹ ɳi³³ ti³³ tʰa²¹ dʁ⁴⁴·²¹³ dẓɔ²¹³（他只有一头牛。）
 他 牛 只 一   个   有

h. 用否定助词 tʰa²¹ "莫"、ma²¹ "不"做谓词附加语时，它所居的地位有下面几种。

在简单谓词的前面。例如：

①su²¹ bɤ²¹ nʰɔ̃²⁴ ȵɤ³³ tʰa²¹ dʰɯ²⁴（别想人家的东西。）
　人家的　东西　　莫　想
②tʰi²¹ dʑi³³ bɔ⁴⁴ ma²¹ dzɔ²¹³（他没有钱。）
　他　　钱　　没　有

在复合谓词的中间。例如：

③na²¹ ŋu²¹ ȵi³³ tʰa²¹ ŋɚ⁴⁴（你别欺侮我。）
　你　我　看　莫　傻

④na²¹ ȵɔ³³ zu³³ tɛ⁵⁵ ma²¹ ŋɔ⁴⁴（你不要打弟弟。）
　你　小弟　　打　不　要

但是，遇到表示趋向的两个音节的复合谓词时，tʰa²¹ "莫"、ma²¹ "不" 等否定助词放在复合谓词的前面。例如：

⑤tʰi²¹ tʰa²¹ gɯ³³ lɛ²⁴·³³（他别进来。）
　他　莫　进　来
⑥ȵɔ³³ mɔ²¹³ ma²¹ dza⁵⁵ ji²¹³（妹妹不下去。）
　小妹　　不　下　去

如果谓词和表示趋向的复合谓词组合的时候，否定助词便放在两者的中间。例如：

⑦tʂʰɛ³² tʰa²¹ du³²·³³ lɛ²⁴·³³（莫伸出来。）
　伸　莫　出　来
⑧a²¹ vi⁵⁵ ji⁵⁵ ma²¹ dza⁵⁵ lɛ²⁴（姐姐不睡下来。）
　姐姐　睡　不　下　来

表示趋向的复合谓词如果再和 dʰɯ²⁴ "想"、do²¹³ "得"、tɕi³³ "敢" 等谓词复合，否定助词便放在表示趋向谓词的后面，dʰɯ²⁴ "想"、do²¹³ "得" 等的前面。例如：

⑨ tʰi²¹ to³²·³³ lɛ²⁴·³³ ma²¹ dʰɯ²⁴ （他不想起来。）
　他　起　来　　不　想
⑩ ŋɔ³³ zu³³ dza⁵⁵ lɛ²⁴ ma²¹ do²¹³ （弟弟不得下来。）
　小　弟　下　　来　不　得
⑪ ŋu²¹ du³²·³³ ji²¹³·³³ ma²¹ tɕi³³ （我不敢出去。）
　我　出　去　　　不　敢

二、句子的种类

彝语中句子的种类，可以有 3 种分类法：就形式来分，可以分为单句和复句两种；就谓语对于主语的功用来分，可以分为叙述句、描写句和判断句 3 种；就句子的表达内容来分，可以分为直陈句、疑问句、感谢句、禁止句、祈使句或命令句、答应句和感叹句 7 种。现在分述如下。

（一）就形式来分

就形式来分，可以分为单句和复句两种。

1. 单句

在下面这一句话：

ŋu³³ nɛ²⁴·³³ ji²¹ tɕʰi⁵⁵ va⁵⁵ gɯ³³ lɛ²⁴·³³ （红鱼挑水回来。）
鱼　红　　水　挑　　　　回　来

我们可以分析 ŋu³³ nɛ²⁴·³³ "红鱼"是主语，ji²¹ tɕʰi⁵⁵ va⁵⁵ gɯ³³ lɛ²⁴·³³ "挑水回来"是谓语。它的形式很简单，而且具备完整的意义，像这样的句子，我们就叫它为单句，单句的形式又可以分为 3 种。

（1）主动句。凡谓语所叙述的行为是出于主语的，我们就叫它为主动句。例如：

① tʰi²¹ ni²¹ ma²¹ ni²¹ nʰɔ̃²⁴ mɤ²¹³ ji²¹³·²¹
　他　天　不　天　事情　　做　去
（他天天做事情去。）

② ŋu³³ tʰa²¹ pɤ⁴⁴ tɕa³²·²¹ xɚ³²
　鱼　一　些　捕　　着
（捕着一些鱼。）

(2) 被动句。谓语所叙述的行为是施于主语身上的，我们叫它为被动句。例如：

① ŋu²¹ tʰia²¹（＜tʰiˑ²¹ a²¹）tɛ⁵⁵ xɚ³²
　我　被他　　　　　打　着
（我被他打。）

② ŋɔ³³ mɔ²¹³ a²¹ vi⁵⁵ a²¹ tɛ⁵⁵
　小　妹　姐姐　被　打
（妹妹被姐姐打。）

这种语言通常很少用被动式的句子，但有时为了着重宾语，把宾语提到主语的前面去，就变成被动句了。在彝语中，被动句的形式有两种，分述如下。

a. 在句子里加助词 a²¹ 的。例如：

① tɕʰiˑ³³ a³³ mu³³ tʰa²¹ tɕɛ⁴⁴ tɕʰɤ⁵⁵（主动式）
　狗　哥哥　一　口　咬
（狗咬哥哥一口。）

② a³³ mu³³ tɕʰiˑ³³ a²¹ tʰa²¹ tɕɛ⁴⁴ tɕʰɤ⁴⁴（被动式）
　哥哥　狗　被　一　口　咬
（哥哥被狗咬了一口。）

③ ŋu²¹ na²¹ tɛ⁵⁵（主动式）
　我　你　打
（我打你。）

④ na²¹ ŋua²¹（＜ŋu²¹ a²¹）tɛ⁵⁵（被动式）
　你　被我　　　　　打
（你被我打。）

b. 在句子里加谓词 dʑɛ⁴⁴ 的。例如：

① a²¹ mʰɛ̃²⁴ xu³³ dzu³³（主动式）
　嫂嫂　肉　吃
（嫂嫂吃肉。）

② xu³³ a²¹ mʰɛ̃²⁴ dʑɛ⁴⁴ dzu³³（被动式）
　肉　嫂嫂　　给　吃
（肉让嫂嫂吃了。）

③ ȵɔ³³ mɔ²¹³ ɣa³² fɯ²¹ a⁵⁵ dɤ⁴⁴ dzu³³（主动式）
　小妹　鸡蛋　　这　个　吃
（妹妹吃这个鸡蛋。）

④ ɣa³² fɯ²¹ a⁵⁵ dɤ⁴⁴ ȵɔ³³ mɔ²¹³ dʑɛ⁴⁴ dzu³³（被动式）
　鸡蛋　　这　个　小妹　　给　吃
（这个鸡蛋让妹妹吃了。）

如果在被动式的句子里再加 dʑɛ⁴⁴，可以使被动式还原为主动式。例如：

⑤ tʰi²¹ va⁵⁵ ȵɤ²¹ tʰa²¹ tʂʰu⁵⁵ tɛ⁵⁵
　他　野猪　　一　枪　打
（他打野猪一枪。）

⑥ va⁵⁵ ȵɤ²¹ tʰia²¹（<tʰi²¹ a²¹） tʰa²¹ tʂʰu⁵⁵ tɛ⁵⁵
　野猪　　被他　　　　　一　枪　打
（野猪被他打一枪。）

⑦ tʰia²¹ tʰa²¹ tʂʰu⁵⁵ tɛ⁵⁵ va⁵⁵ ȵɤ²¹ dʑɛ⁴⁴
　被他　一　枪　打　野猪　　给
（他打了野猪一枪。）

例⑤是主动句，例⑥主语的后面加助词 a²¹ 使例⑤变为被动句，把宾语 va⁵⁵ ȵɤ²¹ "野猪" 提到主语的前面去；例⑦在例⑥的被动句中又加 dʑɛ⁴⁴，又把主语 tʰia²¹ 提到宾语的前面去，便还原为主动句。

（3）包孕句。包孕句也是单句的一种。这种语言的包孕句是以句子形式做主语、谓语、宾语。现在分述如下。

a. 句子形式做主语的。例如：

① ŋa²¹ mʰɛ̃²⁴ nõ²¹ dʁ⁴⁴ sa³³ kʰu⁴⁴ ŋɛ²¹³
　我　嫂　病　带　三　年　是
（我的嫂嫂生病已经是三年了。）

② a⁴⁴ pʰi·³³ ɕi⁴⁴ uo²⁴ dʐɚ⁴⁴ ŋɛ²¹³ tɔ³³
　祖母　　死　了　真　是
（祖母死了是真的。）

例①以句子形式 ŋa²¹ mʰɛ̃²⁴ nõ²¹ dʁ⁴⁴ "我的嫂嫂生病" 做主语，例②以句子形式 a⁴⁴ pʰi·³³ ɕi⁴⁴ uo²⁴ "祖母死了" 做主语。

b. 句子形式做谓语的。例如：

① ŋa²¹³ vʁ³³ gʁ²¹ pʰʁ³³ tsʰu³³
　我　父　身体　　粗
（我的父亲身体胖。）

② tʰi·²¹ ȵɔ³³ zu³³ gʁ²¹ pʁ³³ tʰa⁵⁵ dʑi·³³ bɔ⁴⁴ ma²¹ dʐɔ²¹³
　他　小弟　身体　上　钱　　不　有
（他的弟弟身上没有钱。）

例①以句子形式 gʁ²¹ pʰʁ³³ tsʰu³³ "身体胖" 做谓语，例②以句子形式 gʁ²¹ pʰʁ³³ tʰa⁵⁵ dʑi·³³ bɔ⁴⁴ ma²¹ dʐɔ²¹³ "身上没有钱" 做谓语。

c. 句子形式做宾语的。例如：

① tʰa²¹³ pʰi·³³ dɛ⁴⁴："ŋu²¹ nʰa²¹³ pʰi·³³ ŋe²¹³ tɔ³³！"
　他　祖母　说　我　你　祖母　是　呀
（他的祖母说："我是你的祖母呀！"）

② tʰi·²¹ ŋu²¹ ȵɔ³³ mɔ²¹³ ŋɯ³³ ŋɔ²¹³ uo²⁴
　他　我　小妹　哭　见　了
（他看见了我的妹妹哭。）

例①以 ŋu²¹ na²¹³ pʰi·³³ ŋe²¹³ tɔ³³ "我是你的祖母" 做宾语，例②以 ŋu²¹

ŋɔ³³ mɔ²¹³ ŋɯ²⁴ "我的妹妹哭"做宾语。

2. 复句

我们分析下面这句话：

t^hi^{21} a^{21} $pɤ^{32}$ ma^{21} $vɛ^{32}$ $tɕ^hi^{33}$ u^{33} $dɤ^{44}$ $ŋu^{33}$ vi^{33} $ji^{213\cdot33}$ ma^{21} $kɯ^{33}$
他　饭团　　不　拿　狗　那个　耕　　去　不　会

（他不拿饭团，那只狗不会去耕田。）

在这一句话里，t^hi^{21} a^{21} $pɤ^{32}$ ma^{21} $vɛ^{32}$ "他不拿饭团"是一个单句，后面 $tɕ^hi^{33}$ u^{33} $dɤ^{44}$ $ŋu^{33}$ vi^{33} $ji^{213\cdot33}$ ma^{21} $kɯ^{33}$ "那只狗不会去耕田"又是一个单句。像这样互有关系的两个单句或两个以上的单句连接起来表示一个复杂的意义，我们就管它叫作复句。复句因为形式和性质的不同，又可以分为 4 种。

（1）并列复句。两个或两个以上的单句并列起来，没有互相说明或从属的，叫作并列复句。

a. 并列复句不加助词直接并列着的。例如：

① t^ha^{21} $tɕ^hɛ^{44}$ $ŋɯ^{33}$ t^ha^{21} $ʂɚ^{32\cdot33}$ $ŋɤ^{213\cdot34}$
　一　　句　　哭　一　　下　　摇

（哭一句，摇一下。）

② $ŋu^{21}$ t^hi^{21} ma^{21} $sɚ^{55}$ t^hi^{21} $ŋu^{21}$ ma^{21} $sɚ^{55}$
　我　他　不　知　他　我　不　知

（我不认得他，他不认得我。）

③ t^hi^{21} $lɤ^{44}$ $du^{32\cdot33}$ $lɛ^{24\cdot33}$ $ŋu^{33}$ $dʐ^hi^{21}$ $vɛ^{32\cdot32}$ to^{32} t^hia^{21} t^ha^{21} $tɔ^{32\cdot21}$
　他　钻　出　来　鱼　皮　　拿　起　被　他　一　块
$ʂɚ^{32}$ mu^{33} tu^{44} $kɯ^{44}$ $tɕ^hu^{33}$
撕　　火　里　烧

（他钻出来，拿起鱼皮，撕一块放在火里烧。）

b. 并列复句加助词连接的。例如：

① ŋu²¹ ɬi³²·²¹ bɤ³² gʰɔ²⁴ dɛ³³ na²¹ ma²¹ gʰɔ²⁴
   我 孙女   拖   你 不 拖
   （我拖孙女，不拖你。）

② ji²¹³ ni³³ do²¹³ ma²¹ ji²¹³ ni³³ do²¹³
   去   也 得   不 去   也 得
   （去也可以，不去也可以。）

③ tʰi²¹ go³² ti³³ ti³³ kɯ³³ su³³ sɔ⁴⁴ ma²¹ kɯ³³
   他 玩   只   会   书   读   不   会
   （他只会玩，不会读书。）

在上面的 3 个并列复句里，例①用助词 dɛ³²，例②用助词 ni³³ "也"，例③用助词 ti³³ ti³³ "只" 连接。

（2）主从复句。复句中的各单句具有主从关系，其中一个单句是主句，其他的单句是说明主句的，叫作从句。这样的复句叫作主从复句。主从复句可以分为 4 种。

1）条件句。条件句是先说出一个拟定的事实作为前提，然后再说明这个事实产生的后果。从句表明某种条件，主句表明某种条件所产生的结果。现在分述如下。

a. 从句直接放在主句的前面，不用助词连接，只在说话的语气上表示出来。例如：

① ŋu³³ nɛ²⁴·³³ a⁵⁵ dɤ⁴⁴ ŋu²¹ dzɛ⁴⁴ ça⁵⁵ ji³² u³³ pɤ⁴⁴ ŋu²¹ nɛ⁴⁴ du⁴⁴ ma²¹ ŋɔ⁴⁴
   鱼 红   这个 我 给   其他 那 些 我 你们 同   不   要
   （这个红鱼给我，别的那些我就不向你们要了。）

② na²¹ tsʰu³³ sa³³ ŋɤ⁴⁴ vɔ²¹³ ŋu²¹ dzu³³ ŋu²¹ na²¹ du⁴⁴ ji²¹ tɕʰi⁵⁵ dʰɔ²¹³ fɔ³²
   你 盐   三   斤   买   我 吃   我 你   同   水   喝   干
   （你买三斤盐给我吃，我同你喝干水。）

③ na²¹ ŋu²¹ du⁴⁴ ɯ³³ dɯ³³ tʰa⁵⁵ ɕɛ²¹ tɕa³²·³³ gɤ²¹³·³³ ŋu²¹ tʂʰɛ²¹ tʰu²⁴·³³
   你 我   同   头   上   虱子 捕   完   我   谷   白

tʰa²¹ ʂʅ³³ na²¹ xo²¹³
一　升　你　送
(你捕完了我头上的虱子，我送你一升米。)

b. 从句加助词 pʰa³³ "如果"。助词 pʰa³³ "如果" 放在单音谓词的前面。例如：

① na²¹ na²¹ tɕʰi·⁴⁴ pʰa³³ ŋɔ²¹³ tʰa²¹ uɔ²¹³
　你　你妻子　如果　见　莫　笑
　(如果你看见你的妻子，别笑。)

② na²¹ ŋa²¹³ jɛ³³ pʰa³³ ŋɛ²¹³ na²¹ la⁵⁵ pʰa²¹ tʰa²¹ pa³²·²¹ tʂʰɛ³² guɯ³³ lɛ²⁴·³³
　你　我　母　如果　是　你　手　一　只　伸　进　来
　(如果你是我的母亲，你伸一只手进来。)

助词 pʰa³³ "如果" 放在复合谓词的中间。例如：

③ na²¹ ŋu²¹ du⁴⁴ pʰa³³ ni²⁴ tʰa²¹ dʰɔ²⁴
　你　我　同　如果　住　莫　懒
　(如果你跟我住，别偷懒。)

④ a⁴⁴ pʰi·³³ ŋu²¹ tsʅ²¹³·²¹ to³² pʰa³³ dzu³² pɤ⁵⁵ tʂa³² tʰa²¹ tɕɔ³³ ni⁵⁵
　奶奶　我　跑　起　如果　怕　草　索　一　条　拴
　ŋu²¹ na³² bɚ·³³ tʰa⁵⁵ tsɤ⁴⁴
　我　脖子　上　在
　(奶奶，如果怕我跑了，拴一根草索在我的脖子上。)

助词 pʰa³³ "如果" 放在表示目的和趋向的复合谓词的前面。例如：

⑤ a²¹ mɔ³³ zu³³ ʂa⁵⁵ pʰa³³ vɛ²¹ lɛ²⁴ kʰa⁴⁴ dɤ⁴⁴ ɲi·³³ xɚ³² kʰa⁴⁴ dɤ⁴⁴ sɚ²¹³
　姑娘　秋千　如果　打　来　哪个　看着　哪个　拉
　(如果姑娘来打秋千，看上哪个就拉哪个。)

⑥ ŋu²¹ na²¹ bɤ²¹ si⁵⁵ pʰa³³ dzu³³ lɛ²⁴·³³ li·⁴⁴lə³³ mɯ³²·²¹ to³² lɛ²⁴
　我　你　的　杀　如果　吃　来　喇叭　吹　起　来
　[如果我来杀你的（羊）吃，吹起喇叭来。]

⑦ ŋa²¹³ vɤ³³ pʰa³³ gɯ³³ ji²¹³·³³ ŋu²¹ ma²¹ lɛ²⁴ uo²⁴
我 父 如果 回去 我 不 来 了
(如果我的父亲回去,我就不来了。)

c. 加助词 vɚ⁵⁵ 在从句的后面的。例如:

① a³³ tɕi³³ ji²¹ ni²¹ ma²¹ lɛ²⁴ vɚ⁵⁵ ŋu²¹ sɤ²¹ sʅ³³ ŋɔ⁴⁴
叔叔 今 天 不 来 我 就 走 要
(如果叔叔今天不来,我就要走了。)

② dzo⁴⁴ lu⁴⁴ mu³³ ma²¹ dzɔ²¹³ vɚ⁵⁵ ŋu²¹ sɤ²¹ dzo³² sʅ³³
骑 马 不 有 我 就 路 走
(如果没有马骑,我就走路。)

d. 加助词 kʰa⁴⁴……ʂu²¹ xo²¹³ 在从句里的。例如:

① tʰi²¹ kʰa⁴⁴ tɕi³³ vɛ²¹ ɲɛ²¹³ ʂu²¹ xo²¹³ ji⁵⁵ ji²¹ ni⁵⁵ dza⁵⁵ lɛ²⁴
他 以为 粪 堆 是 完全 倒 下 来
(他以为是粪堆,统统倒下来。)

② tʰi²¹ kʰa⁴⁴ tʰɛ⁴⁴ bɔ³³ pʰa³² tʰa²¹³ mɔ²¹ a²¹ tʂa⁵⁵ tʰi²¹ tu³³ ʂu²¹ xo²¹³
他 以为 他们 旁边 他 伯母 被煮 他 留
ji²¹³ tʰa²¹³·²¹ mɔ²¹ bɔ³³ dɛ⁴⁴
去 他 伯母 向 说
〔他以为是他邻居的伯母煮好(饭)留给他(吃)的,便去对他的伯母说。〕

2) 因果句。具有因果关系的主从复句叫作因果句。表明原因的单句是从句,表明结果的单句是主句。它的结构有下面几种。

a. 从句直接放在主句的前面,不用助词连接,只在说话的语气上表示出来。例如:

① tʰi²¹ a²¹ pɤ³² ma²¹ vɛ³² tɕʰi³³ u³³ dzɤ²¹ ŋu³³ vi³³ ji²¹³·³³ ma²¹ kɯ³³
他 饭团 不 拿 狗 那 双 耕 去 不 会
(他不拿饭团,那一对狗不肯去耕田。)

② na³³ mɔ⁴⁴ uo²⁴ ŋu²¹ na²¹ bɤ²¹ si⁵⁵ dzu³³ ma²¹ ja⁴⁴
你 老 了 我 你 的 杀 吃 不 愿
[你老了，我不愿杀你的（羊）吃。]
③ tʰɛ⁴⁴ bɤ²¹ a⁵⁵ nu³²·²¹ dzo³² dzu³³ ma²¹ tɕʰɚ⁴⁴ a⁵⁵ nu³²·²¹ dzʰɔ³² tʂʅ⁴⁴ tʰə⁵⁵
他们的 豆 腐 吃 不 醒 豆 腐 臭 成
(他们忘记了吃豆腐，成了臭豆腐。)

b. 为了加重主句的意思，从句可以放在主句的后面，不过这种例子不多。例如：

tʂʰɛ²¹ tʰu²⁴·³³ na²¹ ma²¹ dʑɛ⁴⁴ uo²⁴ na²¹ ŋu²¹ du⁴⁴ ɕɛ²¹ tɕa³² ma²¹ gɤ²¹³
谷 白 你 不 给 了 你 我 同 虱子 捕 不 完
(米不给你了，你没有把我的虱子捕干净。)

3) 时间句。从句表明主句在某时间内所发生的行为的主从复句，叫作时间句。
  a. 从句直接放在主句的前面的。例如：

① tʰa²¹ vi⁵⁵ tʰa²¹ su³³ ji⁵⁵ tɕʰɚ⁴⁴, tʰa²¹³ pʰi³³ tʰi³³ ȵɔ³³ mɔ²¹³ ɯ³³ bɯ³³
  他 姐 一 觉 睡 醒 他 奶 他 小 妹 骨头
tɕʰɤ⁵⁵ bu³² dʑu⁵⁵
咬 听见
(他的姐姐一觉睡醒，听见他的祖母咬他妹妹的骨头。)
② tʰi²¹ du³³ mɔ⁴⁴ tʰi²¹ ni²¹ ma²¹ ni²¹ nʰɚ̃²⁴ mɤ²¹³ ji²¹³·²¹ gɯ³³ lɛ²⁴·³³ tsʰi⁵⁵
  他 以后 他 天 不 天 事情 做 去 回 来 早饭
tʂʰɛ²¹ tʂa⁵⁵ mɚ³² tʰi²¹ tu³³
晚饭 煮 熟 他 留
(后来他天天去做事情回来，早饭晚饭都煮熟了留给他吃。)
③ ŋu³³ nɛ²⁴·³³ ji²¹ tɕʰi⁵⁵ va⁵⁵ gɯ³³ lɛ²⁴·³³ du³³ mu³³ ji²¹³ tʰi²¹ dʑʰi²¹ vɛ³²
  鱼 红 水 挑 回 来 赶紧 去 他 皮 拿
(红鱼挑水回来，赶紧去拿他的皮。)

b. 在从句的后面加助词 si³³ 表明主句的时间，但是像这样的例子并不多。例如：

ŋa²¹³ vɤ³³ ma²¹³ ma³³ dzu³³ si³³ tʰi³² ŋa²¹³ vɤ³³ kʰu³³ lɛ²⁴⁻³³
我　父　饭　　　吃　　他　我　父　喊　来
（我的父亲吃饭，他来喊我的父亲。）

4）让步句。从句所表示的事情可以退让而主句并没有受它影响的，叫作让步句。

a. 用 dɛ²⁴ ma²¹ tʰɔ³³ ʂʅ⁴⁴ xã²¹³ "虽然但是还" 做联结，表示让步的。例如：

① tʰi²¹ dʑi³³ bɔ⁴⁴ ma²¹ dzɔ²¹³ dɛ³³ ma²¹ tʰɔ⁴⁴ ʂʅ⁴⁴ xã²¹³ mi³³ dzɔ²¹³
他　钱　没　有　虽然　但是　还　田　有
（虽然他没有钱，但是还有田。）

② ŋɔ³³ mɔ²¹³ su³³ sɔ⁴⁴ ma²¹ nʰɔ̃²⁴ dɛ³³ ma²¹ tʰɔ³³ ʂʅ⁴⁴ xã²¹³ su³³ ni⁴⁴
小　妹　书　读　不　过　　虽然　但是　还　书　二
sa³³ dzu²¹ sɚ⁵⁵
三　字　知
（虽然妹妹没读过书，但是还认得几个字。）

b. 用 dɛ³³ ma²¹……xã²¹³ "虽然……还" 做联结，表示让步的。例如：

① tʰi²¹ ɕi⁴⁴ pʰi⁵⁵ dɛ³³ ma²¹ tʰi²¹ xã²¹³ zu³³ dzɔ²¹³ tɔ³³ si³³
他　死　掉　虽然　　他　还　儿子　有
（虽然他死掉了，他还有儿子。）

② tʰi²¹ ʂu³³ dɛ³³ ma²¹ tʰi²¹ xã²¹³ nʰɔ̃²⁴ mɤ²¹³ tɔ³²⁻³³ do²¹³⁻³³ si³³
他　穷　虽然　　他　还　事情　　做　　起　　得
（虽然他穷，他还会做事情。）

c. 只在从句的后面加 dɛ³³ ma²¹ "虽然" 表示让步的。例如：

tʰi²¹ kʰu⁴⁴ tʰɛ⁴⁴ ŋɔ³³ dɛ²¹ ma²¹ su²¹ tɕʰi⁴⁴ uo²⁴
他　年纪　小　虽然　　人　嫁　了
（虽然她的年纪小，但是已经嫁给人家了。）

d. 用 tɔ⁵⁵……xã²¹³ "倒……还" 或 tɔ⁵⁵……tʰɔ⁴⁴ ʂɿ⁴⁴……xã²¹³ "倒……但是……还" 做联结，表示让步的。例如：

① mɤ²¹³ tɔ⁵⁵ mɤ²¹³ ŋɔ⁴⁴ dɛ³³ xã²¹³ tʰi²¹ tʰa²¹ ʂə³² nʰə̃³² ŋɔ⁴⁴ si³³
做　倒　做　要　还　他　一　下　等　要
（做倒可以做，还要等他一下。）

② dzu³³ tɔ⁵⁵ na²¹ pɔ⁴⁴ dzu³³ ŋɔ⁴⁴ dɛ³³ a²¹ tʰɔ⁴⁴ ʂɿ⁴⁴ na³³ mu³³ ma²¹ gɯ³³ le²⁴·³³ si³³
吃　倒　你　让　吃　要　　　但　是　你　哥　不　回　来
xã²¹³ tʰa²¹ ʂə³² nʰə̃³² ŋɔ⁴⁴ si³³
还　一　下　等　要
（吃倒可以让你吃，但是你的哥哥没有回来，还要等一下。）

（二）就谓语对于主语的功用来分

就谓语对于主语的功用来分，可以分为叙述句、描写句和判断句 3 种。

1. 叙述句

谓语叙述主语做什么的，叫作叙述句。这种句子的谓语中心词多数用动态谓词充当。例如：

① tʰɔ²¹ ku³² sɤ²¹ ji²¹³ tʰi²¹ du⁴⁴ ji²¹ tɕʰi⁵⁵ tʂɿ⁴⁴ fɔ³²
仙人　就　去　他　同　水　　吸　干
（仙人就跟他吸干了水去。）

② tʂʰɔ³³ zu³³ tʰa²¹ uo²¹ dzɔ⁴⁴ du⁴⁴ ŋu³³ tɕa³²·³³ ji²¹³
伴　男　一　起　互相　同　鱼　捕　去
（一些男人同去捕鱼。）

例①的谓语 sɤ²¹ ji²¹³ tʰi²¹ du⁴⁴ ji²¹ tɕʰi⁵⁵ tʂʅ⁴⁴ fɔ³² "就跟他吸干了水去"，例②的谓语 dʐɚ⁴⁴ du⁴⁴ ŋu³³ tɕa³²·³³ ji²¹³ "同去捕鱼" 都是叙述主语 tʰɔ²¹ ku³² "仙人"、tʂʰɔ³³ zu³³ tʰa²¹ uɔ²¹ "一些男人" 做什么的。例①的谓语中心词是动态谓词 tʂʅ⁴⁴ "吸"，例②的谓语中心词是动态谓词 tɕa³²·³³ ji²¹³ "去捕"。

2. 描写句

谓语说明主语怎么样的，叫作描写句。这种句子的谓语中心词多数以静态谓词充当。例如：

① vɤ²¹ dʐɚ⁴⁴ dʐɚ⁴⁴ tʰu²⁴
   雪 真   真   白
   （雪真白！）

② a⁴⁴ pʰi³³ mɔ⁴⁴ uo²⁴
   祖 母 老 了
   （祖母老了。）

例①的谓语 dʐɚ⁴⁴ dʐɚ⁴⁴ tʰu²⁴ "真白" 与例②的谓语 mɔ⁴⁴ uo²⁴ "老了" 都是描写主语 vɤ²¹ "雪"、a⁴⁴ pʰi³³ "祖母" 怎么样的。例①的谓语中心词 tʰu²⁴ "白" 和例②的谓语中心词 mɔ⁴⁴ "老" 都是静态谓词。

3. 判断句

谓语判断主语是什么和什么属性的，叫作判断句。这种句子的谓语中心词多数以静态谓词 ŋɛ²¹³ "是" 充当。例如：

① ŋa²¹³ vɤ³³ nõ²¹ gʰu²¹ pʰu⁴⁴ ŋɛ²¹³
   我   父 病 治 人   是
   （我的父亲是医生。）

② na²¹ tɕʰi⁴⁴ ŋu³³ nɛ²⁴·³³ ŋɛ²¹³
   你 妻子 鱼   红   是
   （你的妻子是红鱼。）

例①的谓语 nõ²¹ gʰu²¹ pʰu⁴⁴ ŋɛ²¹³ "是医生"、例②的谓语 ŋu³³ nɛ²⁴·³³ ŋɛ²¹³ "是红鱼" 都是判断主语 ŋa²¹³ vɤ³³ "我的父亲" 和 na²¹ tɕʰi⁴⁴ "你的妻子" 是什么的。例①和例②的谓语中心词都是 ŋɛ²¹³ "是"。

有的时候判断句省略了谓语中心词 ŋɛ²¹³ "是"。例如：

③na²¹ tɕʰi⁴⁴ ŋu³³ nɛ²⁴·³³
　你　妻子　鱼　红
（你的妻子是红鱼。）

有的时候判断句省略了谓语中心词 nɛ²¹³ "是"，在句末加助词 dɛ³³ 的，例如：

④u³³ dɤ⁴⁴ tʰi²¹ ȵɔ³³ mɔ²¹³ dɛ³³
　那　个　他　小　妹
（那个是他的妹妹。）

（三）就句子的内容来分

就句子的内容来分，可以分为直陈句、疑问句、感谢句、禁止句、祈使句或命令句、答应句和感叹句 7 种。

1. 直陈句

直接叙述人物的行为和性质状态的句子，叫作直陈句。通常说话多用这种句子。例如：

① tʰi²¹ tɕʰi³³ sɤ²¹ tʰi²¹ dʑʰi²¹ u³³ tɔ³²·²¹ vɛ³²
　他　妻子　就　他　皮　那块　拿
（他的妻子就拿起她的那块皮。）

② a²¹ vi⁵⁵ tʂʰɛ²¹ tʰu²⁴·³³ tʰa²¹ ʂʅ³³ ŋu²¹ dʑɛ⁴⁴
　姐姐　谷　白　一　升　我　给
（姐姐给我一升米。）

③ na³³ a²¹ dʑi²¹ ɕɛ⁴⁴ pʰa²¹³ a²¹ kɯ⁴⁴ vɤ⁵⁵ ȵi³³
　你　明天　早晨　家里　躲　看
（你明天躲在家里看。）

④ a⁵⁵ ʂɚ³² dzɤ⁴⁴ dzɤ³² mi³³ tɕʰi⁵⁵ va³³ tsʰɔ³³ pʰa⁴⁴ la⁵⁵ uo²⁴
　这　时　从　地　人民　多　了
（从这个时候开始，地上的人多了。）

2. 疑问句

凡询问某种事物和一切行为的句子都叫作疑问句。因为它的形式的不同，可以分为 7 种。

(1) 用疑问代词做疑问句的。例如：

① ŋi³³ ma²¹ dʐɔ²¹³ tʰi²¹ tɚ³³ mu³³ tʂu⁴⁴ pɛ⁴⁴
　牛　没　有　　他　盖　什么　做
（没有牛，盖他做什么？）

② ŋu²¹ tɕʰi³³ kʰa⁴⁴ ma⁵⁵ ji²¹³ uo²⁴
　我　狗　　哪　里　去　了
（我的狗哪儿去了？）

③ na²¹ dɔ⁵⁵ a⁵⁵ tɕɛ⁴⁴ a²¹ si⁵⁵ a²¹ dɛ⁴⁴ na²¹ mu³³
　你　话　这　句　　谁　被　说　你　教
（你这一句话是谁教你的？）

(2) 重叠谓词表示疑问的。

a. 重叠单音谓词表示疑问的。例如：

① a⁴⁴ pʰi·³³ na²¹ sa²¹ ɬi⁴⁴ mu³³ ŋɔ⁴⁴ ŋɔ⁴⁴
　阿奶　你　糖　梨　果　要　要
（奶奶，你要糖梨果吗？）

② na²¹³ vɤ³³ a²¹ kɯ⁴⁴ tsʰʅ³²·²¹ tsʰʅ³²
　你　父　家　里　在　　　在
（你的父亲在家吗？）

③ na²¹ ji²¹ ni²¹ ji²¹³ ji²¹³
　你　今　天　去　去
（你今天去吗？）

b. 在表示疑问的重叠谓词的后面加助词 si³³ 或 lo³³，加重疑问语气的。例如：

① a³³ mu³³ na²¹ dʰɯ²⁴ tɕʰɚ⁴⁴ tɕʰɚ⁴⁴ si³³
　阿哥　你　想　　醒　醒
（哥哥，你想得起来吗？）

②ji²¹ gɯ²⁴ tʰu³³ pʰa⁵⁵ dzɤ²¹ na²¹ ŋɔ⁴⁴ ŋɔ⁴⁴ si³³
　水　涉　大腿　齐　你　要　要
　（水涉到大腿，你要吗？）

③mɤ̃³³ dzʰɛ⁴⁴ bu³²·²¹ bu³² lo³³
　天　边　亮　亮
　（天亮了吗？）

④ɬi³³ pɛ⁴⁴ du³²·²¹ du³² lo³³
　屎　做　出　出
　（屎拉出来了吗？）

c. 在表示疑问的重叠谓词后面加助词 ja³² ja³²，加重语气的。例如：

① uɔ⁴⁴ kɯ⁴⁴ tsʰu³³ kʰɔ³³ kʰɔ³³ ja³²·²¹ ja³²
　菜　里　盐　咸　咸
　（菜里的盐咸吗？）

② ɕɛ²¹ tʂʰɔ³³ kɯ⁴⁴ ji²¹ tɕʰi⁵⁵ mɤ̃³³ ɕi³³ ɕi³³ ja³² ja³²
　铁　锅　里　水　温　温
　（铁锅里的水热吗？）

(3) 用助词 nɔ⁴⁴ "或" 连接两个句子，表示疑问的。例如：

① ɬa⁴⁴ tʂʰɔ³³ ɬa⁵⁵ tʂʰɔ³³ na²¹ du³³ mɔ⁴⁴ dzɔ⁴⁴ nɔ⁴⁴ tɕɛ⁵⁵ tʂʰɔ³² dzɔ⁴⁴
　弟兄　弟兄　你　后面　骑　或　前面　骑
　（弟兄，弟兄，你在后面骑或是前面骑？）

② tʰi²¹ tɕʰi⁴⁴ dɛ⁴⁴ dzə⁴⁴ dzɤ⁴⁴ ma²¹ ŋɔ⁴⁴ nɔ⁴⁴ tɕa²¹ pa²¹ ma²¹ ŋɔ⁴⁴
　他　妻子　说　真　真　不要　或　假　不要
　（他的妻子说："真的不要或是假的不要？"）

(4) 加助词 ma²¹ "不" 在重叠的单音谓词中间表示疑问的。例如：

① a³³ mu³³ ma²¹³ ma³³ dzu³³ ma²¹ dzu³³
　阿哥　饭　吃　不　吃
　（哥哥吃不吃饭呢？）

② na²¹ vi⁵⁵ lɛ²⁴ ma²¹ lɛ²⁴
　你　姐　来　不　来
（你的姐姐来不来？）

(5) 在重叠的单音谓词中间加 nɔ⁴⁴ ma²¹ "或不"表示疑问的。例如：

① a²¹ mɔ³³ a⁵⁵ dɤ⁴⁴ nɛ⁵⁵ nɔ⁴⁴ ma²¹ nɛ⁵⁵
　姑娘　这　个　聪明　或　不　聪明
（这个姑娘聪明不聪明？）

② na²¹ dzu³³ bʰu³² nɔ⁴⁴ ma²¹ bu³²
　你　吃　饱　或　不　饱
（你吃饱了吗？）

(6) 加助词 a²¹ 在句末表示反问的。例如：

① ɬi³²·²¹ bɤ³² na²¹ a⁵⁵ na⁵⁵ tsʰʅ³² a²¹
　孙女　你　这　里　在　啊
（孙女，你在这里啊？）

② na²¹ nʰɔ̃²⁴ mɤ²¹³·²¹ ɲi³²·³³ dʰɯ²⁴·³³ a²¹
　你　事情　做　　　想　　啊
（你想做事情啊？）

反问句句末的助词 a²¹ 往往和其他助词结合成另一个词，表示反诘的意思。它的声调和助词 a²¹ 的声调一样。

a. uo²⁴ 和助词 a²¹ 组成 ua²¹ 表示反诘的。例如：

ɲi³³ a⁵⁵ pa³² tsi²¹ tsʰɛ²¹³·²¹ ua²¹ （< uo²⁴ a²¹）
牛　奶　挤　掉　了　啊
（牛奶挤掉了啊？）

b. 助词 tɔ³³ 或谓词 ŋɔ⁴⁴ "要"和 a²¹ 在句末结合时变作 tua²¹、ŋua²¹（元音 ɔ 复合时变为 u），表示反诘的。例如：

① na²¹ tʰi²¹ dʑu³² tua²¹ （＜tɔ³³ a²¹）
　你　他　怕
（你怕他啊？）

② na²¹ ŋu²¹ tɕɛ⁵⁵ gɯ³³ ji²¹³·³³ ŋua²¹ （＜ŋɔ⁴⁴ a²¹）
　你　我　先　回　去　　要啊
（你要比我先回去啊？）

（7）加助词 xã²¹³……si³³ a²¹ 在句中表示反诘的。例如：

① na²¹ xã²¹³ ma²¹ sɚ⁵⁵ si³³ a²¹
　你　还　不　知　啊
（你还不晓得啊？）

② xĩ⁵⁵，na²¹ xã²¹³ ŋɯ³³ ŋɔ⁴⁴ si³³ a²¹
　哼，你　还　哭　要　啊
（哼，你还要哭啊？）

3. 感谢句

① tʰi²¹ su²¹ na³³ uɛ³³
　他　人家　难为
（他谢谢人家。）

② pʰɔ²¹ vɯ⁴⁴ pʰu⁴⁴ ʂa³³ fɯ³³
　布　卖　人　谢谢
（谢谢卖布人。）

4. 禁止句

① na²¹ tʰa²¹ ji²¹³
　你　莫　去
（你别去。）

② dʑu³³ ma²¹ ŋɔ⁴⁴
　吃　不　要
（不要吃。）

③ tʰa²¹ ji⁵⁵
　莫　睡
（别睡。）

5. 祈使或命令句

① su³³ vɛ³² vi³³ lɛ²⁴·³³
　书　拿　来
　(拿书来。)

② tɕɔ⁴⁴ tɕɔ⁴⁴ sɿ³³
　快　快　走
　(快快走。)

③ lɤ²¹ lɤ²¹ dzu³³
　慢　慢　吃
　(慢慢吃。)

6. 答应句

① xɚ³³ a⁵⁵ kɚ³² na²¹ bɤ²¹ ȵɛ²¹³ ȵɛ²¹³·³²
　房　这间　你　的　是　是
　(这间房子是你的吗？)
　ȵɛ²¹³ tɔ³³ （或　ma²¹ ȵɛ²¹³）
　是　　　（或　不是）
　〔是的（或不是）。〕

② na²¹ dʑi³³ bɔ⁴⁴ dʐɔ²¹³ dʐɔ²¹³
　你　钱　　有　有
　(你有钱吗？)
　dʐɔ²¹³ （或 ma²¹ dʐɔ²¹³）
　有　　（或　不　有）
　〔有（或没有）。〕

③ na²¹ tɕɔ⁴⁴ tɕɔ⁴⁴ sɿ³³
　你　快　快　走
　(你快快走。)
　ŋ̍³³ ŋ̍³³
　(是，是！)

7. 感叹句（参见叹词）

① a^{21}，$k^h\gamma^{21} \, s\gamma^{21} \, p\varepsilon^{44}$
　啊　　怎样　做
（啊，怎样做！）

② p^hui^{55}，$t^h\mathfrak{o}^{44} \, na^{32} \, ma^{21} \, \eta\mathfrak{o}^{44}$
　呸　　　脸　　不　要
（呸，不要脸！）

第二节　词　类

任何语言都有许多词。把词加以变化，组织起来，造成句子。按照词的形式和在语法结构里所代表的意义、用法加以分类，就成了语言的词类。彝语的词没有词形变化，划分类主要根据词的意义和词与词之间的关系。根据彝语的特点，可以把这种语言的词类分为名词、代词、谓词、数词、量词、助词和叹词 7 种。现在分述如下。

一、名　词

凡指称一切具体或抽象的事物名称的词，叫作名词。在彝语里，名词可以分为简单名词和复合名词两种。

（一）简单名词

（1）只有一个音节的简单名词。例如：

ηi^{33}（牛）　　　　pa^{32}（碗）　　　　$b\gamma^{21}$（山）
$t\varepsilon^h i^{33}$（狗）　　　$\gamma\gamma^{55}$（针）　　　fw^{21}（蛋）

（2）由两个或两个以上不成意义的音节构成的简单名词。例如：

$m\mathfrak{d}^{44} \, n\mathfrak{d}^{33}$（猫）　　　$la^{55} \, p^ha^{21}$（手）

vi$^{32\cdot21}$ lu^{32}（花）　　　ĩ^{55} ĩã^{21}（水牛）

（二）复合名词

包含两个或两个以上的单词的，叫作复合名词。它是由各种词类组合而成的。

1. 名词和名词组合成的可以分为两种

（1）并列复合名词。由两个同义词、反义词或其他的词并列起来构成的。

a. 重叠单音名词而成的复合名词。例如：

tɕʰɚ^{44} tɕʰɚ^{44}（野鸡）　　　zɔ^{21} zɔ^{21}（一辈子）

b. 由两个反义词并列起来构成的。例如：

pʰo^{44} mo^{32}（父母）　　　mɤ̃^{33} tɕʰi^{55}（天地）
父　母　　　　　　　　　　天　地

ni^{21} xã^{24}（日子）
日　夜

（2）主从复合名词。组成这种复合名词的词里面，一个是主要的，其他是从属的，这可以分为10种。

a. 后一词表示前一词的属名的。例如：

va^{55} kʰu^{44}（猪年）　　　sa^{21} vɤ^{33} vi^{32}（桃花）
猪　年　　　　　　　　　　桃　花

tʂʰɛ^{21} pɤ^{55}（稻草）
谷　草

b. 前一词为构成后一词的原料的。例如：

pʰɔ^{21} xɚ̃^{33}（帐子）　　　ji^{21} pu^{33}（浪）
布　房　　　　　　　　　　水　包

ɕɛ²¹ ɬɛ⁴⁴（斧子）
铁　斧

c. 前一词为后一词的来源的。例如：

mu³³ ȵɛ³²（笋）　　　　　　　　　nũ³³ bɛ³²（鼻涕）
竹　芽　　　　　　　　　　　　鼻　穗
du³³ ji²¹·³³（蜜）　　　　　　　ɣa³² fɯ²¹（鸡蛋）
蜂　水　　　　　　　　　　　　鸡　蛋

d. 前一词表示后一词的地位的。例如：

ɯ³³ dɯ³³ kɤ³²（脑袋）　　　　　la⁵⁵ tʂʅ³³（手指）
头　　壳　　　　　　　　　　　手　指
bɤ²¹ tɕʰi³³（山狗）　　　　　　ʂu⁵⁵ gu³²·²¹ na³²（窗户）
山　狗　　　　　　　　　　　　窗户　眼

e. 前一词表示后一词的功用的。例如：

bɯ³² xɚ̃³³（庙）　　　　　　　　ŋa³² tɕʰi²¹（鸟窠）
佛　房　　　　　　　　　　　　鸟　窠
tʂʰʅ³² lo³²·³³ mo³²（秤锤）
称　　石头

f. 后一词表示前一词的形状的。例如：

si³² tɚ⁵⁵（树林）　　　　　　　　ji²¹ ɬu³³（沟）
树　云　　　　　　　　　　　　水　舌
tɕʰɤ⁵⁵ pu³³（袜子）
鞋　包

g. 后两个词表示前一词的形状的。例如：

ȵɛ³³ dẓʰu³²·²¹ ba³² （冰）
霜　　锁　　　条

h. 两个意义相关的名词组合成一个复合名词。它就是这两个名词意义的总和。例如：

tʂʰɛ²¹ mi³³ （田）　　　　　　　　nɔ⁴⁴ mɤ̃³³ （春天）
谷　地　　　　　　　　　　　　　春　天

i. 后一部分为 zu³³ "儿"，表示前一部分是细小的意义的。例如：

pa²¹ zu³³ （小碗）　　　　　　　si³² zu³³ （小树）
碗　儿　　　　　　　　　　　　树　儿
va⁵⁵ zu³³ （小猪）
猪　儿

j. 后一音节为名词 mu²¹，表示前一部分的果子为圆形的。例如：

sa²¹ ɬi⁴⁴ mu²¹ （糖梨果）　　　　sa²¹ tʂʅ²⁴ mu²¹ （梨儿）
糖　梨　果　　　　　　　　　　梨　果

2. 名词和代词组合的

tʰi²¹ ʂu³² （数目）
他　数

3. 名词和谓词组合的可分为两种

（1）动态谓词和名词组合，可分为4种。

a. 前一个动态谓词表示后一个名词的作用的。例如：

ma²¹³ pʰɔ²¹ （抹布）　　　　　　tɕi⁵⁵ ku³³ pʰɛ⁴⁴ （锄头）
抹　布　　　　　　　　　　　　锄　板

b. 后一个动态谓词表示前一个名词的性质的。例如：

ji⁻²¹ nʰã³²·³³（汤）
水　滚

c. 前一个动态谓词表示后一个名词的状态的。例如：

ji⁻⁵⁵ çi³²（琴）
睡　琴

d. 在一个名词后面加上一个表示功用的谓词而组织成另一个名词的。例如：

dʐʰu pʰu²¹³·²¹（锁匙）　　　　　lɔ⁴⁴kɯ²¹³（轮渡）
锁　开　　　　　　　　　　　　船　渡

（2）静态谓词和名词组合，可分为3种。

a. 前一个静态谓词表示后一个名词的情态的。例如：

na⁵⁵ ji⁻²¹·³³（河）　　　　　　xɔ²⁴ ŋɛ⁵⁵（砂）
深　水　　　　　　　　　　　　硬　土

b. 后一个静态谓词表示前一个名词的状态的。例如：

ʂu³³ nɚ³²（糨糊）
麦　烂

c. 重叠后一个静态谓词的音节表示前一个名词的性质的。例如：

ma²¹³ ma³³ jɚ³²·²¹ jɚ³²（稀饭）
饭　烂　烂

4. 谓词和谓词组合成一个名词的

tɕi⁵⁵ ku³³（锄头）　　　　　　　da⁴⁴ dzɛ⁴⁴（楼梯）
挖　满　　　　　　　　　　　　上　歪

5. 象声词和名词组成另一个名词的

ŋa³² wu⁴⁴ wu²¹（猫头鹰）
乌　乌　乌

有时以象声词为该器物的名称的。例如：

dõ²¹ dõ²¹（鼓）　　　　　　　　bo²⁴ bo²⁴ tɕa³²（钹）
当　当　　　　　　　　　　　　a³³ tsʰi²¹（喷嚏）

6. 谓词和助词组合成一个名词的

(1) 在助词 lu³³ 的前面加上一个表示功用的动态谓词而构成的名词。例如：

dzʰu³² lu³³（锁）　　　　　　　go³² lu³³（玩具）
 锁　物　　　　　　　　　　　　玩　物
dzu³³ lu³³（粮食）　　　　　　bʏ²¹ lu³³（被窝）
 吃　物　　　　　　　　　　　　盖　物
dɚ³² lu³³（柜子）
 装　物

(2) 在上一条 lu³³ 的后面，加一个名词可以构成另一名词。例如：

bʏ²¹ lu³³ dzʰi²¹（被单）　　　bʏ²¹ lu³³ ɲi³²（棉被）
 盖　物　皮　　　　　　　　　　盖　物　心

(3) 动态谓词在助词 lu³³ 的前面不仅指器物的功用，还可以指生物的性质的。例如：

bu²¹ lu³³ （蝴蝶）
飘　物

7. 名词和助词组成一个复合名词

（1）在动物名称的名词后面加表示动物性别的助词，组成一个复合名词的有 5 种。

a. zu³³ 表示男人。例如：

na³² su³³ zu³³ （彝族男人）　　　　　ṣa²¹ pʰu⁴⁴ zu³³ （汉族男人）
纳　苏　　　　　　　　　　　　　　汉族

b. dzʰʅ⁴⁴ 表示公禽。例如：

ʔɤ²¹ dzʰʅ³³ （公鸭）　　ʔɔ²¹ dzʰʅ³³ （公鸡）　　ŋa³² dzʰʅ³³ （公鸟）

这 3 个名词用助词 pu⁴⁴ 也可以，但是说的人较少。还有用 pɯ³³ 表示公禽的，但只限于 ɣa³² "鸡"这一个词，如 ɣa³² pɯ²⁴ "公鸡"。

c. 表示公兽。例如：

tɕʰi˙⁵⁵ pu⁴⁴ （公羊）　　ȵi³³ pu⁴⁴ （公牛）　　mə⁴⁴ nə³³ pu⁴⁴ （公猫）

d. mo³² 表示阴性，凡阴性动物，无论人还是禽兽，一律加助词 mo³²。例如：

ṣa⁴⁴ pʰu⁴⁴ mo³² （汉族女人）　　　　na³² su³³ mo³² （彝族女人）
汉族　　　　　　　　　　　　　　纳　苏
ȵi³³ mo³² （母牛）　　　　　　　　　tɕʰi³³ mo³² （母狗）
ʔɤ²¹ mo³² （母鸭）　　　　　　　　　ŋa³² mo³² （母鸟）
ɣa³² mo³² ［母鸡（指已下过蛋的母鸡）］

e. 没有下过蛋的小母鸡后面加助词 t^hu^{55}，但只限于 γa^{32} "鸡" 这一个词。例如：

$\gamma a^{32}\ t^hu^{55}$ （小母鸡）

如果在阴性的禽或兽的后面再加一个 $k\gamma^{32}$，就表示衰老的意思。例如：

$t\varsigma^hi^{33}\ mo^{32\cdot21}\ k\gamma^{32}$ （老母狗）　　　　$\gamma a^{32}\ mo^{32\cdot21}\ k\gamma^{32}$ （老母鸡）
$va^{55}\ mo^{32\cdot21}\ k\gamma^{32}$ （老母猪）

有时在亲属称呼的后面加一个 $k\gamma^{32}$，表示不尊敬的意思。这种称呼往往在打骂的时候或者在背地里才用。例如：

$a^{44}\ p^hi^{33}\ m\mathfrak{o}^{44}\ k\gamma^{32}$ （老太婆）　　　$a^{44}\ p^h\gamma^{33}\ m\mathfrak{o}^{44}\ k\gamma^{32}$ （老头子）
阿奶　老　　　　　　　　　　　　　阿爷　老

还有在食物名词的后面加助词 $k\gamma^{32}$，表示坏掉的意思。例如：

$dz^hi^{21}\ m\mathfrak{o}^{44}\ k\gamma^{32}$ （醋）
酒　老

（2）在名词后面加助词 $x\mathfrak{d}^{32}$ "着"，组成另一个复合名词的。例如：

$j\varepsilon^{33}\ ji^{21}\ x\mathfrak{d}^{32}$ （灯盏）
烟　水

（3）在名词后面加助词 mo^{32}，表示"大"的意义，而和名词 zu^{33} "儿"相对的。例如：

$dzo^{32\cdot21}\ mo^{32}$ （大路）　　　　　　　$pa^{32\cdot21}\ mo^{32}$ （大碗）
路　大　　　　　　　　　　　　　　　碗　大

la⁵⁵ tʂʅ³³ mo³² （指头、手）
手　指　大

（4）在名词的后面加助词 ba³²，表示此物体为长形的。例如：

a⁵⁵ nu³²·²¹ ba³² （豆荚）　　　　　　ŋɛ³³ dʐ̥u³²·²¹ ba³² （冰）
豆　条　　　　　　　　　　　　霜　锁　条

8. 词组和助词组成一个复合名词，可以有 6 种

（1）在支配式词组（彝语的支配式词组是宾语在前谓词在后）后加助词 su³³ 的。例如：

dzɿ³³ bɯ⁴⁴ su³³ （犯人）　　　　　　bʰɛ³³ nɚ⁵⁵ su³³ （裁缝匠）
罪　背　人　　　　　　　　　　　衣服　缝　人
mi³³ mɣ²¹³ su³³ （农民）　　　　　　lɔ⁴⁴ kɯ²¹³ su³³ （船户）
田　做　人　　　　　　　　　　　船　渡　人
dʑi³³ bɔ⁴⁴ bʰɚ³² su³³ （赌鬼）
钱　弹　人

还有在汉借字的后面加助词 su³³ 的。例如：

kũ³³ sʅ³³ tɔ³³ su³³ （管事人）
管　事　当　人

（2）在支配式词组的后面加助词 pʰu⁴⁴ 的。例如：

dzo²¹ ma³³ pʰu⁴⁴ （乞丐）　　　　　　su³³ mu³³ pʰu⁴⁴ （先生）
食　讨　　　　　　　　　　　　　书　教
nõ²¹ gʰu²¹ pʰu⁴⁴ （医生）　　　　　　no³² suɛ⁴⁴ pʰu⁴⁴ （算命先生）
病　治　　　　　　　　　　　　　命　算

上面这几个也可以用助词 su³³ 放在后面，组成一个复合名词。

（3）在支配式词组的后面加助词 pɯ³³ 的，有表示轻视的意思。例如：

su²¹ ʂu³³ pɯ³³（穷人）　　　　　　su²¹ ŋɚ⁴⁴ pɯ³³（傻子）
别人 穷　　　　　　　　　　　　人　笨　公
dʐʰi²¹ ji⁵⁵ pɯ³³（酒鬼）
酒　　睡

（4）在支配式词组的后面加助词 lu³³ 构成一个名词的。例如：

bʰɛ³³ ka⁴⁴ lu³³（衣架）　　　　　　dʐɔ²¹ tsʰi³³ lu³³（牙刷）
衣服 挂 物　　　　　　　　　　　牙　洗　物
xõ²¹ mɤ³³ gʰa²⁴ lu³²（蝇拍子）
苍蝇　　赶　物

（5）在支配式词组的后面加名词 zu³³ "儿" 的。例如：

su³³ sɔ⁴⁴ tʂʰɔ³³ zu³³（同学）
书　读　伴　儿

（6）用一个主从式词组来表示一个复合名词的。例如：

ma²¹³ tʰu³³ sa⁵⁵ la⁵⁵ ŋɛ³³（蒸笼）　　　zɤ⁴⁴ lu³³ nʰɔ̃²⁴ ŋɛ³³（家具）
包子　蒸　甑子　　　　　　　　　　　用　物　东西

9. 有些复合名词的各音节虽然有意义，但和这复合名词的意义无关的

ŋɛ³³ dʐɔ⁴⁴（身材）　　　　　　　　wu³³ kɔ⁴⁴（性命）
生　处　　　　　　　　　　　　　力　拾
ŋɛ⁴⁴ lu³³（白天）　　　　　　　　mu³³ kʰɔ³³（北）
嘴　龙　　　　　　　　　　　　　竹　咸

此外，还有组成一个复合名词的各音节，有的有意义，有的没有意义，但是和这复合名词的意义全无关系的。例如：

a⁵⁵ mɤ̃³³ gʰɯ²¹³ （天）　　　　　　　bu³³ mo⁴⁴ dzɛ⁴⁴ （螃蟹）
这　天　　　　　　　　　　　　　　老　歪

10. 一个复音节的名词和其他的单音的名词组成一个复合名词时，往往省去其中复音节的一部分

（1）省去复音节的前部的。例如：

bu³² ʂɔ³³ （蛇）　　　　　　　　　lu⁴⁴ mu³³ （马）
ʂɔ³³ kʰu⁴⁴ （蛇年）　　　　　　　　mu³³ kʰu⁴⁴ （马年）

（2）省掉复音节的前部 a³³、a²¹、a⁵⁵ 的。例如：

a³³ dʐu²¹ （筷子）　　　　　　　　a²¹ gʰu³³ （门）
dʐu²¹ pa³² （碗筷）　　　　　　　　gʰu³³ ti⁴⁴ （门槛）
a⁵⁵ ɬɔ³² （兔）　　　　　　　　　　gʰu³³ bɯ⁵⁵ （门笋）
ɬɔ³² kʰu⁴⁴ （兔年）

（3）省掉复音节中的助词 mo³² 的。例如：

zu²¹ mo³² （大麦）　　　　　　　　zu²¹ mɤ²¹ （面粉）

（4）省去复音节的后部的。例如：

nũ³³ mu³³ （鼻子）　　　　　　　la⁵⁵ pʰa²¹ （手）
nũ⁴⁴ na³² （鼻孔）　　　　　　　la⁵⁵ tʂɿ³³ （手指）
vi³²·²¹ lu³³ （花）　　　　　　　la⁵⁵ dʐu²¹ （手镯）
fa⁴⁴ vi³² （岩花）

(5) 省去复音节首尾二音节的。例如：

mɣ̃³³ kɯ²¹³ （雷）　　　　　　mɣ̃³³ uɣ⁵⁵ （雾）
天　响　　　　　　　　　　　天　雾
a⁵⁵ m ɣ̃³³ gʰɯ²¹³ （天）

但这种复合名词，有时也可以不省。例如：

bɣ²¹ （山）　　　　　　　　　lo³²·²¹ tso³² （灶）
ɯ³³ dɯ³³ （头）　　　　　　　xə̃³³ （房子）
bɣ²¹ ɯ³³ dɯ³³ （山头）　　　　lo³²·²¹ tso³² xə̃³³ （厨房）

二、代　词

在彝语里，代词的主要作用是代替名词。它可以分为人称代词、泛指代词、反身代词、指示代词和疑问代词 5 种。

（一）人称代词

凡自称或称对方所说的第三者，都叫作人称代词。人称代词有单数和复数两种。

1. 单数

第一人称代词：ŋu²¹ "我"。例如：

ŋu²¹ ȵo³³ mɔ²¹³ tɛ⁵⁵
我　小　妹　打
（我打妹妹。）

第二人称代词：na³³ "你"（或念 na²¹，没有一定的规则）。例如：

na³³ mu³³ tʂu⁴⁴ pɛ⁴⁴
你　什么　做
（你做什么？）

第三人称代词：tʰi³³ "他"（或念 tʰi²¹，和 na³³ 一样，没有一定的规则。参见第一章"语音"中"连词的声韵调变化"）。

tʰi³³ ji²¹ ni²¹ ma²¹ ji²¹³
他　今　天　不　去
（他今天不去。）

2. 复数

第一人称代词：第一身复数代词有两种。

（1）包括式。包括听话人在里面：a²¹sɛ⁵⁵ "咱们"。例如：

a²¹ sɛ⁵⁵ su²¹ dzɚ⁴⁴ tʰa²¹ mɤ²¹³
咱们　　贼　　莫　做
（咱们不要做贼。）

（2）排除式。不包括听话的人在里面：ŋɛ⁴⁴ "我们"。例如：

tʂɔ²¹ tʂɔ²¹ pʰɔ²¹ vɯ⁴⁴ pʰu⁴⁴ ʂa³³ fɯ³³ pʰɔ²¹ ŋua²¹ vɤ³² ma²¹ ŋɛ²¹³
常　常　布　卖　人　谢谢　布　被　我　拿　不　是
ŋɛ⁴⁴ ni⁴⁴ pu⁴⁴ ɬi³² dzɔ⁴⁴ xɔ⁴⁴ tɕʰi³³ dzɔ⁴⁴ tʰa⁵⁵ go³² lɛ²⁴
我们 两　祖　孙 互相　领　狗　处　上　玩　来
（他好几次谢谢卖布人，并且说："布不是我拿走的，我们祖孙俩是到街上来玩的。"）

第二人称代词：nɛ⁴⁴ "你们"。例如：

nɛ⁴⁴ ji⁵⁵ ji²¹ di³³ do³³ mo³²·³³ ŋɛ²¹³·³³
你们 完 全 和尚　　女　　是
（你们都是尼姑。）

第三人称代词：tʰɛ⁴⁴ "他们"。例如：

tʰɛ⁴⁴ bɔ³³ pʰa³² a²¹ mɔ³³ pi³²·²¹ ʂə³² ŋɯ³³ bu³² dʐu³³
他们　旁边　姑娘 婴孩　　哭　听见
（他们听见女婴孩在旁边哭。）

还有，人称代词主有格往往放在名词的前面，加助词 bɤ²¹。例如：

a²¹ sɛ⁵⁵ bɤ²¹ ʔɤ²¹　　　　　　　na²¹ bɤ²¹ tɕʰi³³
我们　的　鸭　　　　　　　　你　的　狗
（我们的鸭子。）　　　　　　　（你的狗。）

有时也可以不加助词 bɤ²¹。例如：

a²¹ sɛ⁵⁵ ɣa³²　　　　　　　　ŋu²¹ n̦ɔ³³ zu³³
我们　鸡　　　　　　　　　　我　小　弟
（我们的鸡。）　　　　　　　（我的弟弟。）

在单数的人称代词 ŋu²¹ "我"、na³³ "你"、tʰi³³ "他" 做主有格时，后面如果跟着一个以元音起头的亲属称呼的词，代词就把自己的元音弃掉，以后面所随的亲属的元音代替它（na³³ "你" 因为自己的元音也是 a，所以例外）。它的声调也因为后面所跟着的元音的声调而不同。在次高调 a⁴⁴ 的前面变读为升降调，在中平调及降调的前面即依后面元音的声调而变化（参见第一章 "语音" 中 "连词的声韵调变化"）。例如：

a⁴⁴ vɤ³³（父亲）　　　　a⁵⁵ pʰɤ³³（祖父）
a²¹ vi⁵⁵（姐姐）　　　　a²¹ mʰɛ̃²⁴（嫂嫂）
a³³ mu³³（哥哥）　　　　a³³ tɕi³³（叔父）

如果在人称代词 ŋu²¹ "我"，na³³ "你"，tʰi³³ "他" 的后面，则变为：

ŋa²¹³ vɤ³³（我的父亲）　　　　　ŋa²¹³ pʰɤ³³（我的祖父）
ŋa²¹ vi⁵⁵（我的姐姐）　　　　　　ŋa²¹ mʰɛ̃²⁴（我的嫂嫂）
ŋa³³ mu³³（我的哥哥）　　　　　　ŋa³³ tɕi³³（我的叔父）
na²¹³ vɤ³³（你的父亲）　　　　　na²¹³ pʰɤ³³（你的祖父）
na²¹ vi⁵⁵（你的姐姐）　　　　　　na²¹ mʰɛ̃²⁴（你的嫂嫂）
na³³ mu³³（你的哥哥）　　　　　　na³³ tɕi³³（你的叔父）
tʰa²¹³ vɤ³³（他的父亲）　　　　　tʰa²¹³ pʰɤ³³（他的祖父）
tʰa²¹ vi⁵⁵（他的姐姐）　　　　　tʰa²¹ mʰɛ̃²⁴（他的嫂嫂）
tʰa³³ mu³³（他的哥哥）　　　　　tʰa³³ tɕi³³（他的叔父）

但是在复数人称代词的后面不变。例如：

a²¹ sɛ⁵⁵ a³³ mu³³（我们的哥哥）
nɛ⁴⁴ a³³ mu³³（你们的哥哥）
tʰɛ⁴⁴ a³³ mu³³（他们的哥哥）

如果单数人称代词做主有格时，后面跟着元音起头的名词，它便把下面的元音吞并了。但 na³³ "你" 因为本身有一个 a 像前面一样，也不能吞并（参见第一章 "语音" 中 "连词的声韵调变化"）。例如：

a²¹ mɔ³³ zu³³（姑娘）
ŋua²¹ mɔ³³ zu³³（我的姑娘）
tʰia²¹ mɔ³³ zu³³（他的姑娘）

（二）泛指代词

泛指代词有指人和指物的两种。
（1）指人的泛指代词：su²¹ "人家、别人"。例如：

su²¹ na²¹ tɛ⁴⁴ kɯ³³
人家　你　打　会
（人家会打你。）

(2) 指物的泛指代词：ɕa⁵⁵ ji³² "别的、其他"。例如：

ŋu³³ nɛ²⁴·³³ a⁵⁵ dɤ⁴⁴ ŋu²¹ dʑɛ⁴⁴ ɕa⁵⁵ ji³² u³³ pɤ⁴⁴ ŋu²¹ nɛ⁴⁴ du⁴⁴ ma²¹ ŋɔ⁴⁴
鱼　红　这个　我　给　别的　那些　我　你们　同　不　要
(给我这条红鱼，别的那些鱼我就不跟你们要了。)

（三）反身代词

三身代词的后面加 ti³³ ti³³ 或 bɤ²¹ bɤ²¹ 表示反身代词"自己"的意思。

① ŋu²¹ ti³³ ti³³（我自己）
a²¹ dʑi²¹ ɕɛ⁴⁴ ŋu²¹ ti³³ ti³³ ma²¹ ji²¹³
明　天　　我　自　己　不　去
(明天我自己不去。)

② na²¹ ti³³ ti³³（你自己）
na²¹ ti³³ ti³³ mɤ²¹³
你　自　己　做
(你自己做。)

③ tʰɛ⁴⁴ ti³³ ti³³（他们自己）
tʰɛ⁴⁴ ti³³ ti³³ mɤ²¹³ ma²¹ xɯ³³
他们自己　　做　　不　肯
(他们自己不肯做。)

（四）指示代词

当我们要特别指出某一种事物的时候，用代词去替代它，这种代词叫作指示代词。就地点、时间或人物的远近不同，指示代词可以分为近指代词和远指代词两种。

1. **近指代词**

(1) 指示人物的。

a. 单数。例如：

① a^{55} dγ^{44}（这个）
　a^{55} dγ^{44} dzu^{33} tsu^{44}
　这个　吃　好
　（这个好吃。）

② a^{55} tʂʰu^{21}（这种）
　a^{55} tʂʰu^{21} ma^{21} ŋɔ^{44}
　这　种　不　要
　（这种不要。）

b. 复数。例如：

① a^{55} pγ^{44}（这些）
　a^{55} pγ^{44} dzu^{33} ma^{21} do^{213}
　这些　吃　不　得
　（这些吃不得。）

如果重复指示代词 a^{55} pγ^{44} "这些"的后一音节，如 a^{55} pγ^{44} pγ^{44} "这些些"，也可以替代复数的人物。例如：

　tʰia^{21} kɯ^{44} lu^{44} mu^{33} ɲi^{33} mi^{33} dʑi^{33} bɔ^{44} a^{55} pγ^{44} pγ^{44} zγ^{44} gγ^{324} ma^{21} do^{213}
　他家里　马　牛　田　钱　这些些　用完　不　得
　（他家里的马、牛、田、钱等，这些都用不完。）

② a^{55} ji^{33}（这些）
　a^{55} ji^{33} ma^{21} ŋɔ^{44}
　这些　不　要
　（这些不要。）

(2) 指示处所的。例如：

　a^{55} na^{55}（或 a^{55} na^{55} kɯ^{33}）（这里）
　a^{55} na^{55} ma^{21} mɛ^{33}
　这里　不　好
　（这里不好。）

（3）指示时间的。例如：

① a^{55} $tʂɿ^{21}$（这时）
a^{55} $tʂɿ^{21}$ ma^{21} ji^{213}
这 时 不 去
（这时候不去。）

② a^{55} $gɯ^{32}$（这会儿）
a^{55} $gɯ^{32}$ ma^{21} dzu^{33}
这 会儿 不 吃
（这会儿不吃。）

（4）指示方式的。例如：

a^{55} $ɕi^{33}$（这样）
a^{55} $ɕi^{33}$ $ŋɔ^{44}$ ma^{21} do^{213}
这样 要 不 得
（这样要不得。）

2. 远指代词

（1）指示人物的。
a. 单数。例如：

① u^{33} $dɤ^{44}$（那个）
u^{33} $dɤ^{44}$ $ŋu^{21}$ vi^{55} $ȵɛ^{213}$
那个 我 姐 是
（那个是我的姐姐。）

② u^{33} $tʂʰu^{21}$（那种）
u^{33} $tʂʰu^{21}$ dzu^{33} ma^{21} do^{213}
那 种 吃 不 得
（那种吃不得。）

b. 复数。例如：

u^{33} $pɤ^{44}$（那些）
u^{33} $pɤ^{44}$ ji^{55} ji^{21} ma^{21} $ȵɛ^{213}$
那些 完全 不 是
（那些都不是。）

如果重复指示代词 u^{33} $pɤ^{44}$ "那些"的后一音节，如 u^{33} $pɤ^{44}$ $pɤ^{44}$，也可以替代复数的人物。例如：

a²¹ kɯ⁴⁴ lu⁴⁴ mu³³ ȵi³³ va⁵⁵ u³³ pɤ⁴⁴ pɤ⁴⁴ ji⁵⁵ ji²¹ ŋa³³ mu³³ vɔ²¹³
家里　马　　牛　猪　那　些　些　完全　我　哥　买
（家里那些马、牛和猪都是我哥哥买的。）

（2）指示处所的。例如：

u³³ na⁵⁵（或 u³³ na⁵⁵ kɯ³²）（那里）
u³³ na⁵⁵ ŋa²¹³ vɤ³³ ȵɛ²¹³
那里　我　父亲　是
（那里是我父亲的。）

（3）指示时间的。例如：

① u³³ tʂʅ²¹（那时）
　u³³ tʂʅ²¹ lɛ²⁴ uo²⁴
　那时　　来　了
　（那时候来了。）
② u³³ gɯ³²（那会儿）
　u³³ gɯ³² dʐʰi²¹ dʰɔ²¹³ mɤ̃³³ ma²¹ xɔ̃²¹³
　那会儿　好久　　天　不　雨
　（那会儿好久不下雨。）

（4）指示方式的。例如：

u³³ ɕi³³（那样）
u³³ ɕi³³ ma²¹ ŋɔ⁴⁴
那样　不　要
（那样不要。）

(五) 疑问代词

疑问代词是用在问句里的。

(1) 问人物的。例如：

① a²¹ si⁵⁵ （谁）
a²¹ si⁵⁵ ji²¹ ni²¹ ji²¹³
谁　今天去
（今天谁去？）

② kʰa⁴⁴ dɤ⁴⁴ （哪个）
kʰa⁴⁴ dɤ⁴⁴ nɛ⁵⁵
哪　个　聪明
（哪个聪明？）

③ kʰa⁴⁴ tʂʰu²¹ （哪种）
kʰa⁴⁴ tʂʰu²¹ dzu³³ sɛ³³
哪　种　吃　好
（哪种好吃？）

④ mu³³ tʂu⁴⁴ （什么）
mu³³ tʂu⁴⁴ dzu³³ ȵi³² ma²¹ dʰɯ²⁴
什么　　吃　心　不　想
（什么也不想吃？）

(2) 问处所的。例如：

kʰa⁴⁴ ma⁵⁵ （或 kʰa⁴⁴ na³² kɯ⁴⁴）（哪里）
kʰa⁴⁴ ma⁵⁵ nʰɔ̃²⁴ tʂo³² xə³² do²¹³
哪　里　事情　找　着　得
（哪里找得到事情？）

(3) 问数量的。例如：

kʰo³²·²¹ no³² （多少）
kʰo³²·²¹ no³² dzu³³ lu⁵⁵
多　少　吃　足
（多少够吃？）

有时疑问代词并不是用来表示疑问的，它就可以转为泛指代词，不过，像这样的例子并不多。例如：

kʰa⁴⁴ dɣ⁴⁴ pa³² a⁵⁵ dɣ⁴⁴ ŋɔ⁴⁴ kʰa⁴⁴ dɣ⁴⁴ vɛ³² vi³³ ji²¹³·³³ dzo²¹ dzu³³
哪 个 碗 这 个 要 哪 个 拿 去 食 吃
(哪个要这个碗, 哪个拿去吃。)

三、谓 词

表示人物行为、思想和性质状态的词, 叫作谓词。就性质来分, 可以分为动态谓词和静态谓词两种; 就形式来分, 可以分为简单谓词和复合谓词两种。现在分述如下。

(一) 就性质来分

就性质来分, 可以分为动态谓词和静态谓词两种。

1. 动态谓词

动态谓词是表示人物行动、思想的词。例如:

① ȵɔ³³ mɔ²¹³ nõ²¹ gʰu²¹ pʰu⁴⁴ dʐu³²
   小 妹 病 治 人 怕
   (妹妹怕医生。)
② a²¹ vi⁵⁵ sʅ³³ uo²⁴·³³
   姐姐 走 了
   (姐姐走了。)
③ ȵɔ³³ zu³³ tɕʰi³³ tɛ⁵⁵
   小 弟 狗 打
   (弟弟打狗。)
④ tʰi²¹ tɕʰi⁴⁴ ma²¹³ ma³³ dʐu³³
   他 妻子 饭 吃
   (他的妻子吃饭。)

在这4个句子里, 例①的 dʐu³² "怕"、例②的 sʅ³³ "走"、例③的 tɛ⁵⁵ "打"和例④的 dʐu³³ "吃"都是动态谓词。例①的 dʐu³² "怕"是表示主语 ȵɔ³³ mɔ²¹³ "小妹"的思想的, 其他3个例子的动态谓词都是叙述主语的行动的。

2. 静态谓词

静态谓词是表示人物的性质或者状态的词。例如：

① ŋa²¹³ vɤ³³ tsʰu³³ uo²⁴·³³
　我　　父　　粗　　了
　（我的父亲胖了。）

② a⁴⁴ mɔ²¹ na²¹ mɔ⁴⁴ uo²⁴
　阿　母　你　老　了
　（母亲，你老了。）

例①的 tsʰu³³ "胖"、例②的 mɔ⁴⁴ "老" 都是静态谓词，表明主语 ŋa²¹³ vɤ³³ "我的父亲" 和 a⁴⁴ mɔ²¹ na²¹ "阿母，你" 的性质。

3. 动态谓词和静态谓词的变换

（1）如果动态谓词后面加助词 xo³²，有时可以做静态谓词。例如：

① a²¹ vi⁵⁵ ni³³ ŋɯ³³ xo³² sɿ³³ uo²⁴·³³
　姐　姐　也　哭　　　像　了
　（姐姐也像哭了。）

② tʰi²¹ ji⁵⁵ xo³² sɿ³³
　他　　睡　像
　（他像睡着了。）

在上面的两个例子里，例①的 ŋɯ³³ "哭" 和例②的 ji⁵⁵ "睡" 本来都是动态谓词，由于在动态谓词的后面加了助词 xo³²，就使 "哭" 和 "睡" 不再是表示主语的行动，而变为表示主语的状态了。

（2）静态谓词有时也因为它在句子里的作用不同，而可以做动态谓词。例如：

① tʰa²¹ vi⁵⁵ lɤ²¹ lɤ³² lɤ²¹ lɤ³² ʂu³³
　他　姐　慢　慢　　　　穷
　（他的姐姐慢慢地穷了。）

② ȵɔ³³ mɔ²¹³ uɔ³³ tʰa²¹ mɛ³³
　小　妹　大　莫　美
（妹妹长得美。）

③ mɣ̃³³ dzʰɔ²⁴ to³²·³³ lɛ²⁴·³³ uo²⁴·³³
　天　冷　起　来　了
（天冷起来了。）

在这3个句子里，例①的ʂu³³ "穷"、例②的uɔ³³ "大"、例③的dzʰɔ²⁴ "冷"本来都是静态谓词。但是这些静态谓词在句子里都是表示主语的某种行为的逐渐变化，所以都可以看作动态谓词。

（二）就形式来分

就形式来分，可以分为简单谓词和复合谓词两种。

1. 简单谓词

（1）只有一个音节的简单谓词。例如：

① ȵɔ³³ mɔ²¹³ ŋɯ³³
　小　妹　哭
（妹妹哭。）

② a⁴⁴ vɣ³³ tɕʰi³³ tɛ⁵⁵
　父亲　狗　打
（父亲打狗。）

③ tʰi²¹ tɕi⁴⁴ bʰɛ³³ tsʰi³³
　他 妻子 衣服 洗
（他的妻子洗衣服。）

以上3个句子的ŋɯ³³ "哭"、tɛ⁵⁵ "打"和tsʰi³³ "洗"都是一个音节的简单谓词。

（2）由两个或者两个以上的不成意义的音节构成的简单谓词。例如：

① na³² bɯ³³ uo²⁴·³³ gɯ³³ ji²¹³·³³ ŋɔ⁴⁴
　　黑　了　回去　要
（黑了，要回去!）

② a²¹ vi⁵⁵ ȵɔ³³ zu³³ nɛ³³ dɯ³³
姐姐　小　弟　爱
（姐姐爱弟弟。）

③ tʂɔ²¹ tʂɔ²¹ pʰɔ²¹ vɯ⁴⁴ pʰu⁴⁴ ʂa³³ fɯ³³
常　常　布　卖　人　谢谢
（屡次谢谢卖布人。）

④ tʂɔ²¹ tʂɔ²¹ u³³ na⁵⁵ ŋɯ³³ bu³² dzu³³
常　常　那　里　哭　听
（好几回听见那里有婴孩哭。）

这些句子的 na³² bɯ³³ "黑"、nɛ³³ dɯ³³ "爱"、ʂa³³ fɯ³³ "谢谢" 和 bu³² dzu³³ "听"，都是由两个不成意义的音节（或一个音节有意义和一个音节没有意义的）构成的简单谓词。

2. 复合谓词

由两个或者两个以上的单词构成的新词，叫作复合谓词。它有各种不同的组织，可以分为5种。

（1）由两个或者两个以上的单词组合成，它和原来的单词的意义有关系的。例如：

① ko³² ʂu³³（难过）
过　难
tʰi²¹ zu³³ ɕi⁴⁴ tʰi²¹ ko³² ʂu³³
他　儿子　死　他　过　难
（他的儿子死了，他难过。）

② sɿ³³ nʰã³²（怒）
血　滚
tʰi³³ kʰɤ²¹ sɤ²¹ ŋɛ²¹³ sɿ³³ nʰã³²
他　怎么　是　血　滚
（他怎么发怒呢？）

③ ȵi³²·²¹ dza³²（伤心）
心　冷

tʰi³³ ŋu²¹ tɛ⁵⁵ ŋu²¹ n̠i³²·²¹ dʐa³²
他　我　打　我　心　　冷
(他打我，我伤心。)

④ xu³³ tʂʰʅ⁴⁴ bʰu³² （憔悴）
　肉　　臭　　饱
a²¹ vi⁵⁵ ji²¹ ni²¹ tʰɔ⁴⁴ na³² xu³³ tʂʰʅ⁴⁴ bʰu³²
姐姐　　今　日　　脸　肉　　臭　　饱
(姐姐今天脸上憔悴。)

⑤ ji⁵⁵ mɤ̃³³ ŋɤ²¹³ （或 ji⁵⁵ mɤ̃³³ kɯ³³）（瞌睡）
　睡　天　摇
ŋa²¹³ vɤ³³ ji⁵⁵ mɤ̃³³ ŋɤ²¹³ uo²⁴
我　父亲　睡　天　摇　　了
(我的父亲打瞌睡了。)

(2) 由两个单词组合成一个新词，它和原来的单词的意义没有关系的。例如：

① n̠i³³ ŋɚ⁴⁴ （欺负）
　看　傻
ŋa³³ mu³³ tʰi²¹ n̠i³³ ŋɚ⁴⁴
我　哥　他　看　傻
(我的哥哥欺负他。)

② ʂa⁵⁵ tɔ⁵⁵ （害羞）
　秋千　栽
tʰi²¹ ŋɔ³³ mɔ²¹³ ʂa⁵⁵ tɔ⁵⁵ uo²⁴
他　小　妹　　秋千　栽　了
(他的妹妹害羞了。)

③ mi³³ tɕʰi⁵⁵ dʑʰɔ²⁴ （可怜）
　　地　　冷
a⁵⁵ gʰɔ⁵⁵ zu³³ a⁵⁵ dɤ⁴⁴ mi³³ tɕʰi⁵⁵ dʑʰɔ²⁴
　小孩　　这个　地　　冷
(这个小孩可怜。)

（3）在复合谓词中后一部分表示前一部分的行动已完成的。例如：

a. gɤ²¹³（完）
① va³³ tsʰɔ³³ nʰɔ̃²⁴ ɕi⁴⁴ gɤ²¹³
   人民　淹　死　完
   （许多人都被淹死了。）
② ŋu²¹ nʰɔ̃²⁴ a⁵⁵ dɤ⁴⁴ mɤ²¹³ gɤ²¹³·²¹ uo²⁴
   我　事情　这个　做　完　了
   （我这个事情做完了。）

b. tʰɚ⁵⁵（成）
① tʰi³³ ɕɛ²¹ vɛ³²·³¹³ do³³ ɕɛ²¹ ɬɛ⁴⁴ tʰɚ⁵⁵
   他　铁　拿　打　铁　斧　成
   （他拿铁打成铁斧。）
② tʰi³³ nɔ̃²⁴ a⁵⁵ dɤ⁴⁴ mɤ²¹³ tʰɚ⁵⁵
   他　事情　这个　做　成
   （他做成这个事情。）

c. tɕʰɛ²¹³（到）
① tʰi²¹ ji²¹³ dzo³²·²¹ pʰa³² tɕʰɛ²¹³
   他　去　路　半　到
   （他去到半路上。）
② tʰi²¹ lɛ²⁴ ŋɛ⁴⁴ a²¹ kɯ⁴⁴ tɕʰɛ²¹³
   他　来　我们　家里　到
   （他来到我们家里。）

d. nʰɔ̃²⁴（过）
① ŋu²¹ nʰɔ̃²⁴ a⁵⁵ dɤ⁴⁴ mɤ²¹³ nʰɔ̃²⁴
   我　事情　这个　做　过
   （我做过这个事情。）
② ŋu²¹ su³³ a⁵⁵ pɤ²¹ sɔ³³ nʰɔ̃²⁴
   我　书　这本　读　过
   （我念过这本书。）

（4）在复合谓词中，后一部分为ȵi³² dʰɯ²⁴"想"、da²⁴"能"和

dzɔ³³ "应该"等谓词，往往表示前一部分谓词的行动，有"将来"的意思。例如：

a. ɲi³² dʰɯ²⁴（想）
① tʰɛ⁴⁴ dzɔ⁴⁴ du⁴⁴ a²¹ kɯ⁴⁴ ni²¹³ siɔ³³ jɛ³³ dzu³³ bʰu³²·²¹ ɲi³² dʰɯ²⁴
   他们 互相 同 家里 坐 消 夜 吃 饱   想
   （他们坐在家里想吃饱消夜。）
② a³³ mu³³ ɲi³³ tʰa²¹ dʁ³³ vɔ²¹³ ɲi³² dʰɯ²⁴
   哥哥   牛 一 个 买   想
   （哥哥想买一条牛。）

b. ɣɛ⁵⁵（希望）
① ŋɔ³³ zu³³ su³³ sɔ⁴⁴ ɣɛ⁵⁵
   小弟 书 读 希望
   （弟弟希望读书。）
② ŋa²¹³ vʁ³³ va³³ tsʰɔ³³ tsu⁴⁴ mʁ²¹³ ɣɛ⁵⁵
   我 父 人 好 做 希望
   （我的父亲希望做好人。）

c. kɯ³³（会）
   ŋu³³ nɛ²⁴·³³ ma²¹³ ma³³ tʂa⁵⁵ kɯ³³ tɔ³³
   鱼 红   饭   煮 会
   （红鱼会煮饭。）

d. da²⁴（能）
   ŋɔ³³ mɔ²¹³ ji²¹³ da²⁴
   小 妹 去 能
   （妹妹能去。）

e. dzɔ³³（应该）
   tʰi²¹ ji²¹ ni²¹ gɯ³³ lɛ²⁴·³³ dzɔ³³ uo²⁴
   他 今 天 回 来   应该 了
   （他今天应该回来了。）

f. ŋɔ⁴⁴（要）
   a³³ mu³³ sɿ³³ ŋɔ⁴⁴ uo²⁴
   哥哥　走　要　了
   （哥哥要走了。）

g. xɯ³³（肯）
   ŋa²¹³ vɤ³³ ji˙²¹³ xɯ³³
   我　父　去　肯
   （我的父亲肯去。）

（5）在复合谓词中，后一部分表示前一部分行动的趋向的。例如：

① du³²˙³³ lɛ²⁴˙³³（出来）
   tɕʰi³³ a⁵⁵ dɤ⁴⁴ tso⁵⁵ du³²˙³³ lɛ²⁴˙³³ uo²⁴˙³³
   狗　这　个　跳　出　来　了
   （这个狗跳出来了。）

② du³²˙³³ ji˙²¹³˙³³（出去）
   ŋɔ³³ mɔ²¹³ tsɿ²¹³˙³² du³²˙³³ ji˙²¹³˙³³ uo²⁴˙³³
   小　妹　跑　出　去　了
   （妹妹跑出去了。）

③ dza⁵⁵ ji²¹³（下去）
   tɕɔ⁴⁴ tɕɔ⁴⁴ ni²¹³˙²¹ dza⁵⁵ ji²¹³
   快　快　坐　下　去
   （快快坐下去。）

④ gɯ³³ lɛ²⁴˙³³（进来）
   tʰi˙²¹ la⁵⁵ pʰa²¹ tʂʰɛ³² gɯ³³ lɛ²⁴˙³³ uo²⁴˙³³
   他　手　伸　进　来　了
   （他伸手进来了。）

⑤ gɯ³³ ji˙²¹³˙³³（回去）
   tʰi˙²¹ ji²¹ ni²¹ ŋɯ³³ gɯ³³ ji˙²¹³˙³³
   他　今　天　哭　回　去
   （他今天哭回去。）

（6）在复合谓词中，前一部分表示后一部分行动的目的。例如：

① ŋu²¹ ma²¹³ ma³³ dzu³³ lɛ²⁴
　我　　饭　　　吃　　来
（我来吃饭。）

② a⁴⁴ vɣ³³ ji²¹ ni²¹ ȵɔ³³ zu³³ tɛ⁵⁵ ji²¹³
　父亲　今　天　小　弟　打　去
（父亲今天去打弟弟。）

lɛ²⁴ "来"、ji²¹³ "去" 前面加 vi³³，和别的谓词复合，表示行动的趋向和目的。例如：

a. vi³³ lɛ²⁴·³³（来）
① ɕɛ²¹ dʐu²¹ tɕʰu³³ nɛ²⁴ nɛ²⁴ vɛ³² vi³³ lɛ²⁴·³³
　铁　条　烧　红　红　拿　　来
（铁条烧红红地拿来。）
② na³³ pɣ²¹³ lɣ²¹ va⁵⁵ vi³³ lɛ²⁴·³³ mu³³ tʂu⁴⁴ pɛ⁴⁴
　你　背　篓　挑　来　　　什　么　做
（你挑背篓来做什么？）

b. vi³³ ji²¹³（去）
① tsɛ⁴⁴ mu³³ tu⁴⁴ tu⁴⁴ vi³³ ji²¹³·³³ ȵi³³
　又　　火　点　　去　　看
（又点火去看。）
② tʰa³³ mu³³ tʰi²¹ la²¹³ tʰa²¹ pa³² bɯ⁴⁴ vi³³ ji²¹³ ŋɣ²¹³·³¹
　他　哥　提　篮　一　只　背　　去　摇
［他的哥哥背一只提篮去摇（竹）。］

但是根据发音人说，前面的 vi³³ ji²¹³ "去" 的两个例子也可以把 vi³³ 去掉，说成：

tsɛ⁵⁵ mu³³ tu⁴⁴ tu⁴⁴ ji²¹³ ȵi³³
（又点火去看。）

tʰa³³ mu³³ tʰi²¹ la²¹³ tʰa²¹ pa³² bɯ⁴⁴ ji²¹³ ŋɤ²¹³·²¹

（他的哥哥背一只提篮去摇。）

因此，我推想在这个语言里，从前像这样的复合谓词是否加 vi³³ 也许有一定的规律，现在却混用，看不出来了。

四、数 词

表示数目的词，叫作数词。数词可以分为基数和序数两种。

（一）基数

tʰa²¹（一） ni⁴⁴（二） sa³³（三） ɬi³³（四） ŋu³³（五）
tɕu⁴⁴（六） ɕi²¹³（七） xɛ²⁴（八） kɯ³³（九） tsʰɛ²¹（十）

从十以上的数词差不多都是按照它的数目的词序组合，大数在前，小数在后，但是也有变化的。例如：

① tʰa²¹ "一"，tsʰɛ²¹ ti⁴⁴ "十一"，tʰa²¹ > ti⁴⁴；但是，ni⁴⁴ tsɛ³³ tʰa²¹ "二十一"、sa³³ tsɛ³³ tʰa²¹ "三十一" 等的 tʰa²¹ "一" 仍然不变。

② ni⁴⁴ "二" 后面的 tsʰɛ²¹ "十"，一律变为不送气的中平调，例如 ni⁴⁴ tsɛ³³ "二十"、ni⁴⁴ tsɛ³³ ŋu³³ "二十五" 等。

③ tsʰɛ²¹ "十" 在 sa³³ "三"、ɬi³³ "四"、ŋu³³ "五"、kɯ³³ "九" 等的中平调后面变读为次高调 tsʰɛ⁴⁴，例如 sa³³ tsʰɛ⁴⁴ "三十"、ɬi³³ tsʰɛ⁴⁴ "四十"、ŋu³³ tsʰɛ⁴⁴ "五十"、kɯ³³ tsʰɛ⁴⁴ "九十"；但是 tsʰɛ²¹ "十" 在次高调 tɕu⁴⁴ "六" 的后面，仍然读原调不变，例如 tɕu⁴⁴ tsʰɛ²¹ "六十"。

现在再举些数词的例子如下：

tsʰɛ²¹ ti⁴⁴（十一）   ni⁴⁴ tsɛ³³（二十）
sa³³ tsʰɛ⁴⁴ tʰa²¹（三十一）   ɬi³³ tsʰɛ⁴⁴ tʰa²¹（四十一）
ŋu³³ tsʰɛ⁴⁴ tʰa²¹（五十一）   tɕu⁴⁴ tsʰɛ²¹ tʰa²¹（六十一）

çi²¹³ tsʰɛ²¹ （七十）　　　　　　xɛ̃²⁴ tsʰɛ²¹ （八十）
kɯ³³ tsʰɛ⁴⁴ tʰa²¹ （九十一）　　tʰa²¹ xõ³³ （一百）
tʰa²¹ ɣɯ²¹ （一千）　　　　　　tʰa²¹ va⁴⁴ （一万）
sa³³ ɣɯ²¹ ŋu³³ xõ³³ ni⁴⁴ tsɛ³³ tɕʰu⁴⁴ （三千五百二十六）

百以上的数目接着单位数目时在它们中间加助词 ni³³ "零"。例如：

ni⁴⁴ xõ³³ ni³³ ŋu³³ （二百零五）　　sa³³ va⁴⁴ ni³³ tɕʰu⁴⁴ （三万零六）
二　百　零　五　　　　　　　　　三　万　零　六

如果有余数就用 a²¹ bu³³ "多" 放在数词的后面。例如：

çi²¹³ li²¹ a²¹ bu³³ （七块多）
七　块　多
va³³ tsʰɔ³³ tʰa²¹ tsʰɛ²¹ dɤ⁴⁴ a²¹ bu³³ （十多个人）
人　一　十　个　多
tɕʰi·⁵⁵ tʰa²¹ xõ³³ dɤ⁴⁴ a²¹ bu³³ （一百多只羊）
羊　一　百　个　多

对于某种数目不能肯定地说出来，或不晓得它的确实数目，或不愿说出它的确实数目，那么便可以把几个数目连说起来，小数在前，大数在后，和汉语相同。例如：

sa³³ ɬi³³ dɤ⁴⁴ （三四个）　　　　tsʰɛ²¹ ŋu³³ tɕʰu⁴⁴ kʰu⁴⁴ （十五六年）
三　四　个　　　　　　　　　　十　五　六　年

有时也可以用 ma²¹ ȵɛ²¹³ "不是" 来连接，它的意义和上例相同。例如：

çi²¹³ dɤ⁴⁴ ma²¹ ȵɛ²¹³ kɯ³³ dɤ⁴⁴ （七个或九个）
七　个　不　是　九　个
tsʰɛ²¹ ŋu³³ dɤ⁴⁴ ma²¹ ȵɛ²¹³ tsʰɛ²¹ tɕʰu⁴⁴ dɤ⁴⁴ （十五个或十六个）
十　五　个　不　是　十　六　个

如果表分数，就用 bɤ⁵⁵ "分" 和基数组成，但第一个 bɤ⁵⁵ 为高平调，末一个 bɤ²¹ 为低降调。后面一个 bɤ²¹ 是因为在句尾，所以变读为降调。在这种语言里有很多这样的情形（参见第一章"语音"中"连词的声韵调变化"）。

ɕi²¹³ bɤ⁵⁵ tʰa²¹ bɤ²¹（七分之一）　　ŋu³³ bɤ⁵⁵ sa³³ bɤ²¹（五分之三）
七　分　一　分　　　　　　　　　　　五　分　三　分

如果表示众多的意思，可以用 ɣɯ²¹ "千"、va³³ "万" 等直接连续起来。例如：

ɣɯ²¹ ɣɯ²¹ va³³ va³³（千千万万）
千　千　万　万

如果说话不限于一定的数目，只表示几个的意思，那么就用 ni⁴⁴ sa³³ 表示。例如：

ŋu²¹ ni⁴⁴ sa³³ dɤ⁴⁴ ŋɔ⁴⁴
我　二　三　个　要
（我要几个。）
ni⁴⁴ sa³³ ni²¹ nʰɔ̃³² tʰi²¹ sɤ²¹ lɛ²⁴·³³ uo²⁴·³³
二　三　日　等　他　就　来　了
（等几天他就来了。）

（二）序数

序数是表示数目先后次序的词。在彝语里是在上述的基数后面加 dɤ⁴⁴ dɤ⁴⁴ "第" 来表示，但 su²¹ tɕɛ⁵⁵ dɤ⁴⁴ "第一" 是例外。

su²¹ tɕɛ⁵⁵ dɤ⁴⁴（第一）　　　　　ni⁴⁴ dɤ⁴⁴ dɤ⁴⁴（第二）
sa³³ dɤ⁴⁴ dɤ⁴⁴（第三）　　　　　ɬi³³ dɤ⁴⁴ dɤ⁴⁴（第四）
ŋu³³ dɤ⁴⁴ dɤ⁴⁴（第五）　　　　　tɕʰu⁴⁴ dɤ⁴⁴ dɤ⁴⁴（第六）

çi²¹³ dɤ⁴⁴ dɤ⁴⁴（第七）　　　　xɛ̃²⁴ dɤ⁴⁴ dɤ⁴⁴（第八）
kɯ³³ dɤ⁴⁴ dɤ⁴⁴（第九）　　　　tsʰɛ²¹ dɤ⁴⁴ dɤ⁴⁴（第十）
tsʰɛ²¹ ti⁴⁴ dɤ⁴⁴ dɤ⁴⁴（第十一）（以下加一个 dɤ⁴⁴ 也可以）
ni⁴⁴ tsɛ³³ dɤ⁴⁴ dɤ⁴⁴（第十二）　　ni⁴⁴ tsɛ³³ tʰa²¹ dɤ⁴⁴ dɤ⁴⁴（第二十一）
tʰa²¹ xõ³³ dɤ⁴⁴ dɤ⁴⁴（第一○○）
tʰa²¹ xõ³³ ni³³ tʰa²¹ dɤ⁴⁴ dɤ⁴⁴（第一○一）

表年建的词序不用数词而用十二生辰，周而复始。如果一个生辰有二音节，和 kʰu⁴⁴"年"复合时便省去前一音节。但是 tʰa²¹ ɬɔ³² kʰu⁴⁴ "兔年"不省，而且 a⁵⁵ ɬɔ³² "兔"的 a⁵⁵ 变为 tʰa²¹，这是例外。现在我把十二生辰写在下面：

（子）xã³² kʰu⁴⁴（鼠年）　　　　（丑）ȵi³³ kʰu⁴⁴（牛年）
（寅）lo⁴⁴ kʰu⁴⁴（虎年）　　　　（卯）tʰa²¹ ɬɔ³² kʰu⁴⁴（兔年）
（辰）lu³³ kʰu⁴⁴（龙年）　　　　（巳）ʂɔ⁴⁴ kʰu⁴⁴（蛇年）①
（午）mu³³ kʰu⁴⁴（马年）②　　　（未）xɔ̃²¹ kʰu⁴⁴（羊年）
（申）nu⁴⁴ kʰu⁴⁴（猴年）③　　　（酉）ɣa³² kʰu⁴⁴（鸡年）
（戌）tɕʰi³³ kʰu⁴⁴（狗年）　　　 （亥）va⁵⁵ kʰu⁴⁴（猪年）

月日的时序多半以数序来表示，只有一月、二月、三月不同（详下）。表日的从初一到初十都是在数词前加一个 da³²，但是 da³² tʰɛ⁴⁴ "初一"，tʰa²¹ "一"变为 tʰɛ⁴⁴；da³² sɤ⁴⁴ "初三"，sa³³ "三"变为 sɤ⁴⁴。从十一到二十在数词后 ni²¹ "日"的前面加一个 u³³，但 tsʰɛ²¹ ti⁴⁴ u³³ ni²¹ "十一"，tʰa²¹ "一"变作 ti⁴⁴；tsʰɛ²¹ sɤ⁴⁴ u³³ ni²¹ "十三"，sa³³ 变作 sɤ⁴⁴。（二十一的"一"、二十三的"三"变化准此）从二十一到三十则依数词的顺序组合。不过 ni⁴⁴ "二"底下的 tsʰɛ²¹ "十"仍读为不送气的次高调 tsɛ⁴⁴。例如：

---

① 蛇为 bu²² ʂɔ³³ 复合时省作 ʂɔ⁴⁴。
② 马为 lu³³ mu³³，复合时省作 mu³³。
③ 猴为 a⁵⁵ nu⁴⁴，复合时省作 nu⁴⁴。

kʰu⁴⁴ ɕi⁵⁵（一月）　　　　　　bɤ²¹ sʅ³³ nʰõ³²（二月）
sa³³ jɛ⁴⁴ nʰõ³²（三月）　　　　ɬi³³ nʰõ³²（四月）

以下均按数词组合，可以类推：

tsʰɛ²¹ ti⁴⁴ nʰõ³²（十一月）（tʰa²¹ "一" 变作 ti⁴⁴）
tsʰɛ²¹ ni⁴⁴ nʰõ³² 或 tʂo⁴⁴ nʰõ³²（十二月）
da³² tʰɛ⁴⁴（初一）　　　　　　da³² ni⁴⁴（初二）
da³² sɤ⁴⁴（初三）　　　　　　da³² ɬi³³（初四）
tsʰɛ²¹ ti⁴⁴ u³³ ni²¹（十一）　　tsʰɛ²¹ sɤ⁴⁴ u³³ ni²¹（十三）
ni⁴⁴ tsɛ³³ tʰɛ⁴⁴（二十一）　　ni⁴⁴ tsɛ³³ sɤ⁴⁴（二十三）

称呼亲属的序数也不用数词，而用 uɔ³³ uɔ³³，tɕʰu³³ tɕʰu³³，dʐɚ⁵⁵ dʐɚ⁵⁵，ȵɔ³³ ȵɔ³³ 放在亲属的后面。例如：

a³³ mu³³ uɔ³³ uɔ³³（大哥）　　a³³ mu³³ tɕʰu³³ tɕʰu³³（二哥）
a³³ mu³³ dʐɚ⁵⁵ dʐɚ⁵⁵（三哥）　a³³ mu³³ ȵɔ³³ ȵɔ³³（小哥）

从四以下都称 ȵɔ³³ ȵɔ³³。例如：

a²¹ vi⁵⁵ uɔ³³ uɔ³³（大姐）　　a²¹ vi⁵⁵ tɕʰu³³ tɕʰu³³（二姐）
a²¹ vi⁵⁵ dʐɚ⁵⁵ dʐɚ⁵⁵（三姐）　a²¹ vi⁵⁵ ȵɔ³³ ȵɔ³³（四姐）

但是表年月日的时间，数词就放在名词的前面，例如：

tʰa²¹ kʰu⁴⁴（一年）　　　　　　tʰa²¹ nʰõ³²（一月）
tʰa²¹ ni²¹（一天）

五、量　词

表示人物或行为数量的单位的词，叫作量词。量词因为它的作用不同，可以分为名量词和数量词两种，现在分述如下。

（一）名量词

表示人物数量的单位的词，叫作名量词。例如：

ŋɚ⁴⁴ 斤	xu³³ tʰa²¹ ŋɚ⁴⁴ （一斤肉）
lɛ³² 两	xu³³ tʰa²¹ lɛ³² （一两肉）
tɯ³³ 斗	tʂʰɛ²¹ tʰu²⁴·³³ tʰa²¹ tɯ³³ （一斗米）
	谷　　白　　一　斗
ʂʅ³³ 升	tʂʰɛ²¹ tʰu²⁴·³³ tʰa²¹ ʂʅ³³ （一升米）
ko²¹³ 合	tʂʰɛ²¹ tʰu²⁴·³³ tʰa²¹ ko²¹³ （一合米）
mu²¹ 亩	mi³³ tʰa²¹ mu²¹ （一亩田）
tʂa⁴⁴ 丈	pʰɔ²¹ tʰa²¹ tʂa⁴⁴ （一丈布）
tʂʰo³² 尺	pʰɔ²¹ tʰa²¹ tʂʰo³² （一尺布）
tsʰui⁴⁴ 寸	pʰɔ²¹ tʰa²¹ tsʰui⁴⁴ （一寸布）
tso³² 群①	ɣa³² tʰa²¹ tso³² （一群鸡）
dzʱɚ⁴⁴ 群②	n̠i³³ tʰa²¹ dzʱɚ⁴⁴ （一群牛）
tɕʰi²¹ 窝	ŋa³² tʰa²¹ tɕʰi²¹ （一窝鸟）
dzɤ²¹ 对	kɔ²¹³ tsʅ²¹ tʰa²¹ dzɤ²¹ （一对鸽子）
双	tɕʰɤ⁵⁵ nɤ⁴⁴ tʰa²¹ dzɤ²¹ （一双鞋）
bɤ²¹ 堆	ʂʅ²¹³ xuɛ³³ tʰa²¹ bɤ²¹ （一堆石灰）
tʂʰɚ⁵⁵ 堆	si³² tʰa²¹ tʂʰɚ⁵⁵ （一堆柴）
tʰɔ⁴⁴ 套	bʱɛ³³ tʰa²¹ tʰɔ⁴⁴ （一套衣服）
pɔ³³ 包	bʱɛ³³ tʰa²¹ pɔ³³ （一包衣服）
tʂʰɤ³³ 车	pɤ⁵⁵ tʰa²¹ tʂʰɤ³³ （一车草）

---

① 指禽类。
② 指兽类。

tɕa³² 把	tʂʰɛ²¹ tu²⁴·³³ tʰa²¹ tɕa³²	（一把米）
ʔɤ²¹ 捧	ji²¹ tɕʰi⁵⁵ tʰa²¹ ʔɤ²¹	（一捧冰）
xə³² 杯	dʐʰi²¹ tʰa²¹ xə³²	（一杯酒）
pa³² 碗	dʐʰi²¹ tʰa²¹ pa³²	（一碗酒）
tɔ³² 张	tʂɿ²¹ pʰiɔ⁴⁴ tʰa²¹ tɔ³²	（一张钞票）
	tʰɔ²¹ jɛ³³ tʰa²¹ tɔ³²	（一张纸）
块	xu³³ tʰa²¹ tɔ³²	[一块肉（两三斤）]
	pʰɔ³² tʰa²¹ tɔ³²	（一块布）
ba³² 块①	si³² tʰa²¹ ba³²	（一块柴）
pɤ³² 块	xu³³ tʰa²¹ pɤ³²	[（指煮熟的小块）一块肉]
pʰɛ⁴⁴ 块	lu³²·²¹ mo³² tʰa²¹ pʰɛ³³	（一块石头）
面	tɕi⁴⁴ tsɿ²¹ tʰa²¹ pʰɛ⁴⁴	（一面镜子）
页	su³³ tʰa²¹ pʰɛ⁴⁴	（一页书）
扇	a²¹ gʰu³³ tʰa²¹ pʰɛ⁴⁴	（一扇门）
kʰə⁴⁴ 块②	ʂu⁴⁴ du³³ tʰa²¹ kʰə⁴⁴	（一块糖）
bu³³ 片③	xu³³ tʰa²¹ bu³³	[（指切成薄片的）一片肉]
pa³² 只	la⁵⁵ pʰa²¹ tʰa²¹ pa³²	（一只手）
	tɕʰi⁴⁴ pʰa²¹ tʰa²¹ pa³²	（一只脚）
缕	jɛ³³ tʰa²¹ pa³²	（一缕烟）
bu²¹ 口	ɕɛ²¹ tʂʰɔ³³ tʰa²¹ bu³²	（一口锅）
张	tɕɔ³³ tsɿ²¹ tʰa²¹ bu³²	（一张桌子）
堵	lu²¹ bu³³ tʰa²¹ bu³²	（一堵墙）
dzɿ³³ 口	mo³³ xə³³ tʰa²¹ dzɿ³³	（一口棺材）
	老 房 一 口	
bɯ⁵⁵ 罐	dʐʰi²¹ tʰa²¹ bɯ⁵⁵	（一罐酒）
fə³² 盆	ji²¹ tɕʰi⁵⁵ tʰa²¹ fə³²	（一盆水）
sĩã⁴⁴ 箱	bʰɛ³³ tʰa²¹ sĩã⁴⁴	（一箱衣服）
va⁵⁵ 担	si³² tʰa²¹ va⁵⁵	（一担柴）

---

① 指没有破开的块子柴。
② 指煮熟的小块。
③ 指切成薄片的。

vɛ²¹ 背①	si³² tʰa²¹ vɛ²¹	（一背柴）
ɣɤ⁴⁴ 家	va³³ tsʰɔ³³ tʰa²¹ ɣɤ⁴⁴	（一户人）
tʰi²¹ liu³² 篓	sa²¹ vɤ³³ tʰa²¹ tʰi²¹ liu³²	（一篓桃）
tʂɔ²¹ 丛	pɤ⁵⁵ tʰa²¹ tʂɔ²¹	（一丛草）
li²¹ 块	dʐi³³ bɔ⁴⁴ tʰa²¹ li²¹	（一块钱）
文	dʐi³³ bɔ⁴⁴ tʰa²¹ li²¹	（一文钱）
tɕa⁵⁵ 枝②	si³² tʰa²¹ tɕa⁵⁵	（一枝树）
la⁵⁵ 枝③	si³² tʰa²¹ la⁵⁵	（一枝树）
dʐɚ³³ 棵	si³³ tʰa²¹ dʐɚ³³	（一棵树）
管	pi²¹³ tʰa²¹ dʐɚ³³	（一管笔）
条	ɯ³³ pɯ³³ tʰa²¹ dʐɚ³³	（一条骨）
杆	pɤ⁵⁵ tʰa²¹ dʐɚ³³	（一杆草）
pɚ³² 把	pɛ⁵⁵ tɛ⁵⁵ tʰa²¹ pɚ³²	（一把刀）
	ɕo²¹³ tʰa²¹ pɚ³²	（一把香）
根	ŋu³³ tsʅ²¹³ tʰa²¹ pɚ³²	（一根鱼刺）
tɕɚ³³ 条	dzo³² tʰa²¹ tɕɚ³³	（一条路）
	tɕʰɚ²¹ tʰa²¹ tɕɚ³³	（一条线）
只	la⁵⁵ tʂʅ³³ tʰa²¹ tɕɚ³³	（一只手指）
kɚ³² 间	xɚ̃³³ tʰa²¹ kɚ³²	（一间房子）
tʰɛ³² 层	da⁴⁴ dzɛ⁴⁴ tʰa²¹ tʰɛ³²	（一层楼）
	lu³²·³³ tɕi³³ tɔ⁵⁵ tʰa²¹ tʰɛ³²	（一级石阶）
dzo³² 所	xɚ̃³³ tʰa²¹ dzo²¹	（一所房子）
dɛ²¹ 顿	ma²¹³ ma³³ tʰa²¹ dɛ²¹	（一顿饭）
tɕɛ⁴⁴ 句	do⁵⁵ tʰa²¹ tɕɛ⁴⁴	（一句话）
口	ma²¹³ ma³³ tʰa²¹ tɕɛ⁴⁴	（一口饭）
mu³³ 粒	a⁵⁵ nu³² tʰa²¹ mu³³	（一粒豆）
个	no³²·²¹ bo³² tʰa²¹ mu³³（或 tʰa²¹ nʰõ³²）	（一个月）
口	dʐi²¹ tʰa²¹ mu³³	（一口酒）

---

① 彝人的东西多背在背上，很少用扁担挑。
② 指无叶的树枝。
③ 指有叶的树枝。

ɬɚ³² 件　　bʰɛ³³ tʰa²¹ ɬɚ³²（一件衣服）
bɤ²¹ 泡　　zi³³ tʰa²¹ bɤ²¹（一泡尿）
　　　　　ɬi³³ tʰa²¹ bɤ²¹（一泡屎）
dʐʰɚ²¹ 列　xɚ³³ tʰa²¹ dʐʰɚ²¹（一列房子）
　　　排　si³² tʰa²¹ dʐʰɚ²¹（一排树）
kʰu²¹ 捆　tʂa³² tʰa²¹ kʰu²¹（一捆绳）
pʰi³² 匹　pʰɔ²¹ tʰa²¹ pʰi³²（一匹布）
tsa²¹ 段　dʐo³² tʰa²¹ tsa²¹（一段路）
　　　节　pʰɔ²¹ tʰa²¹ tsa²¹（一节布）
pʰu⁴⁴ 阵　mɤ̃³³ xõ²¹³ tʰa²¹ pʰu⁴⁴（一阵雨）
tʂɤ²¹³ 阵　mɤ̃³³ xõ²¹³ tʰa²¹ tʂɤ²¹³（一阵雨）

有些复合名词就用自己的一个音节做量词。
(1) 以复合名词的后一音节做自身的量词的。例如：

① su³³ dzu²¹ tʰa²¹ dzu²¹（一个字）　② su³³ pɤ²¹ tʰa²¹ pɤ²¹（一本书）
　　书　字　一　字　　　　　　　　　　书　本　一　本
③ si³² pʰa⁴⁴ tʰa²¹ pʰa⁴⁴（一片叶子）
　　树　叶　一　叶

(2) 以复合名词的前一音节为自身的量词的。例如：

① na³² dɯ³³ tʰa²¹ na³²（一滴眼泪）② lɔ²¹ dʐo⁴⁴ tʰa²¹ lɔ²¹（一条河）
　　眼泪　一　滴　　　　　　　　　　河　一　条

还有表示各种事物 ɕi³³ "样" 和 tʂu²¹ "种" 一类的量词用的范围比较广。例如：

① nʰɔ̃²⁴ ŋɛ³³ tʰa²¹ ɕi³³（一样东西）
　　东西　一　样
② nʰɔ̃²⁴ tʰa²¹ ɕi³³（一件事情）
　　事情　一件

③ nʰɔ̃²⁴ ȵɛ³³ tʰa²¹ tṣʰu²¹ （一种东西）
　　东西　　一　种

除了上面的事物有特别的量词外，一般事物没有特别规定的量词，都可以用 dɤ⁴⁴ "个"。例如：

① ɣa³² tʰa²¹ dɤ⁴⁴ （一只鸡）　　② ʔɤ²¹ tʰa²¹ dɤ⁴⁴ （一只鸭）
③ va⁵⁵ tʰa²¹ dɤ⁴⁴ （一只猪）　　④ ȵi³³ tʰa²¹ dɤ⁴⁴ （一头牛）
⑤ pa³² tʰa²¹ dɤ⁴⁴ （一个碗）　　⑥ vi²¹³ tʰa²¹ dɤ⁴⁴ （一个屁）
⑦ u³³ tsu⁴⁴ tʰa²¹ dɤ⁴⁴ （一项帽子）　⑧ dõ²¹ dõ²¹ tʰa²¹ dɤ⁴⁴ （一个鼓）
⑨ va³³ tsʰɔ³³ tʰa²¹ dɤ⁴⁴ （一个人）

某种事物虽然有特别规定的量词，但是有时还是可以用 dɤ⁴⁴ "个" 做量词的。例如：

dẓɔ²¹ tʰa²¹ tɕə³³ 或 dẓɔ²¹ tʰa²¹ dɤ⁴⁴ （一颗牙）
su²¹ dzu²¹ tʰa²¹ dzu²¹ 或 su²¹ dzu²¹ tʰa²¹ dɤ⁴⁴ （一个字）
bu²¹ ɬu³² tʰa²¹ ɬu³² 或 bu²¹ ɬu³² tʰa²¹ dɤ⁴⁴ （一个洞）
lu³²·²¹ mo³² tʰa²¹ pʰɛ⁴⁴ 或 lu³²·²¹ mo³² tʰa²¹ dɤ⁴⁴ （一块石头）

此外，还有表示亲属关系的量词 ni⁴⁴，它和名词的关系很密切。例如：

ni⁴⁴ fɔ⁴⁴ （兄弟俩、姐妹俩）　　　ni⁴⁴ mo³² （娘儿俩）
ni⁴⁴ so²¹³ mo²⁴ （夫妻俩）

（二）动量词

表示行为数量的单位的词，叫作动量词。这一方面的材料，我收集的比较少。例如：

ʂə³² （次、下）　tʰa²¹ ʂə³² lɛ²⁴（来一次）　tʰa²¹ ʂə³² ŋɯ³³（哭一会）
　　　　　　　　　一　　次　来　　　　　　　一　下　哭
bi²¹（步）　　　tʰa²¹ bi²¹ sɻ³³（走一步）
　　　　　　　　一　　步　　走
tɛ⁵⁵（打）　　　tʰa²¹ dɛ²¹ tɛ⁵⁵（打一顿）
　　　　　　　　一　　顿　　打

除了前面所述的量词外，还有一种表示逐指的量词。它可以分为 4 种。

（1）在量词前面加 kʰu²¹ ȵɛ²¹³ 表示逐指的。例如：

① tʰi˙³³ kʰu²¹ ȵɛ²¹³ ʂə³²·³³ lɛ²⁴·³³ ŋu²¹ va⁵⁵ xu³³ tʂa⁵⁵ tʰi˙³³ dzu³³
　 他　　每　　次　　来　　　我　猪　肉　煮　　他　　吃
（他每次来，我都煮猪肉给他吃。）

② ŋu²¹ kʰu²¹ ȵɛ²¹³ dɤ⁴⁴ vɛ³² gɯ³³ ji²¹³·³³
　 我　每　　个　　拿　　回　去
（我每个都拿回去了。）

（2）在量词后面加 ni³³ ma²¹ tʰa²¹³ "也不缺" 表示逐指的。例如：

① tʰa²¹ kʰu⁴⁴ ni³³ ma²¹ tʰa²¹³（年年）
　 一　　年　　也　　不　缺
② tʰa²¹ dɤ⁴⁴ ni³³ ma²¹ tʰa²¹³（个个）
　 一　　个　　也　　不　缺

（3）重叠数词和量词表示逐指的。例如：

① tʰa²¹ xã²⁴ tʰa²¹ xã²⁴（夜夜）
　 一　　夜　　一　　夜
② tʰa²¹ ni²¹ tʰa²¹ ni²¹（天天）
　 一　　天　　一　　天

（4）重叠名词加助词 ma²¹ "不"表示逐指的。例如：

ŋu²¹ ni²¹ ma²¹ ni²¹ gɯ³³ lɛ²⁴
我　天　不　天　回　来
（我天天回家。）

还有加 ma²¹ fi³³ "不分"也可以表示逐指的。例如：

tʰi²¹ tʰa²¹ tʂʅ²¹ ma²¹ fi³³ sɔ⁴⁴
他　一　时　不　分　读
（他常常读书。）

六、助　词

助词是连接词与词、词组与词组、句子与句子的词，并且是表示词的情态、性别和句子的语气的词。助词可以分为连接助词、附属助词和语气助词3种。

（一）连接助词

连接助词是连接词与词、词组与词组、句子与句子的词。现在分述如下。

1. 连接词与词的

（1）ni³³ "也"。例如：

① ȵɔ³³ zu³³ ȵi³³ ni³³ lu⁴³ mu³³ ni⁵⁵ mi³³ ŋu³³ ji²¹³
小　弟　牛　也　马　　拴　田　耕　去
（弟弟拴着牛和马耕田去。）

② ŋu²¹ bʰɛ³³ ni³³ tɕʰɤ⁵⁵ nɤ⁵⁵ u³³ tsu⁴⁴ vɛ³² tʰi²¹ dʐɛ⁴⁴
我　衣服　也　鞋　　帽　　拿　他　给
（我拿衣服、鞋子、帽子给他。）

（2）du⁴⁴"同"。例如：

① ŋu²¹ na²¹ du⁴⁴ ji²¹³
　 我　你　同　去
　（我和你去。）

② na³³ ŋu²¹ du⁴⁴ pʰa³³ ŋi²⁴ tʰa²¹ dʰɔ²⁴
　 你　我　同　如果　住　莫　懒
　（如果你和我住，你不要懒惰。）

2. 连接词组与词组的

（1）ni³³"也"。例如：

ŋu²¹ ȵɔ³³ zu³³ bɤ²¹ tɕʰi³³ ni³³ tʰa³³ mu³³ bɤ²¹ ȵi³³ mi³³ ŋu³³ ji²¹³
我　小　弟　的　狗　也　他　哥　的　牛　田　耕　去
（我弟弟的狗和他哥哥的牛去耕田。）

（2）du⁴⁴"同"。例如：

tʰa²¹³ pʰi³³ ŋa²¹³ mɔ²¹ du⁴⁴ pʰa²¹⁴ a²¹ kɯ⁴⁴ vɤ⁴⁴ ȵi³³
他　祖母　我　伯母　同　　　家里　躲　看
（他的祖母和我的伯母躲在家里看。）

连接助词ni³³"也"放在被连接的第一个词或词组的后面，连接动词du⁴⁴"和"放在被连接的两个或两个以上的词或词组的后面。

3. 连接句子与句子的

（1）nɔ⁴⁴"或"。例如：

ɣa²¹ a⁵⁵ dɤ⁴⁴ vɔ²¹³ vi³³ lɛ²⁴·³³ xo³² ȵɛ²¹³ nɔ⁴⁴ sua²¹ xo²¹³ vi³³ lɛ²⁴·³³
鸡　这个　买　　　来　　　是　或　被别人送　　　来
（这只鸡是买来的，还是人家送来的？）

(2) ma²¹ ȵɛ²¹³ "不然、否则"。例如：

① na²¹ la⁵⁵ pʰa²¹ tsʰi³³ ji²¹³·³³ ma²¹ ȵɛ²¹³ ŋu²¹ nʰɔ̃²⁴ ȵɛ³³ tʰa²¹ vɛ³²
   你　手　洗　　去　　　不然　　我　东西　　莫　拿
   (你洗手去，不然别拿我的东西。)

② du³³ mu³³ bʰɛ³³ ɬɔ⁵⁵ vi⁴⁴ ji²¹³ ma²¹ ȵɛ²¹³ ŋu²¹ na²¹ dʐ⁵⁵ ma²¹ vʰi³³ ji²¹³·³³
   赶紧　衣服　换　穿　去　　不然　　我　你　带　　不　　去
   (赶紧去换衣服，不然我不带你去。)

(3) a²¹ uɔ²¹³ "恐怕"。例如：

① ŋu²¹ gu⁴⁴ ŋu²¹ bʐ²¹ ji²¹³ a²¹ uɔ²¹³ nɛ⁴⁴ dzɔ⁴⁴ tɛ⁵⁵
   我　过　我　的　去　　恐怕　　你们　互相　打
   (我去我的，我恐怕你们打架。)

② tʰi²¹ gu⁴⁴ tʰi²¹ bʐ²¹ vɛ³² a²¹ uɔ²¹³ na²¹ vɛ³² ma²¹ kɯ³³
   他　过　他　的　拿　　恐怕　　你　拿　不　会
   (他自己拿去，恐怕你不会拿。)

(4) gu²¹ dʑɛ³² "因此"。例如：

① ji²¹ ni²¹ ŋa²¹³ vʐ³³ ŋu²¹ kʰu³³ nʰɔ̃²⁴ mʐ²¹³ gu²¹ dʑɛ³² su³³ ma²¹ sɔ⁴⁴ ji²¹³
   今天　我　父　我　喊　事情　做　　因此　　书　不　读　去
   (今天我的父亲喊我做事，因此我不去读书。)

② ŋa³³ mu³³ tʰi²¹ ti³³ ti³³ ȵɛ²¹³ gu²¹ dʑɛ³² dʑi³³ bo⁴⁴ pʰa⁴⁴ la⁴⁴
   我　哥　他　自　己　是　　因此　　钱　多
   (我哥哥只是自己一个人，因此钱多。)

(二) 附属助词

表示词的情态、性别的词叫作附属助词。它往往放在名词或代词的后面。

(1) no⁴⁴ 表示持久。例如：

① bɯ³² no⁴⁴ ʂɚ⁵⁵ ʂɚ⁴⁴ kɔ⁴⁴ kɤ²¹³
　 佛　　长　 长　 拾　存
（佛永远存在。）

② na²¹ bʰɛ³³ no⁴⁴ tʂɔ²¹ tʂɔ²¹ kɔ⁴⁴ kɤ²¹³
　 你　衣服　　常　 常　拾　藏
（你的衣服常常藏起来。）

(2) ga⁵⁵、tʰa⁵⁵ 表示比较。例如：

① ŋu²¹ na²¹ ga⁵⁵ sa³³ kʰu⁴⁴ uɔ³³
　 我　你　比　三　年　大
（我比你大三岁。）

② ŋa²¹³ vɤ³³ tʰi²¹ tʰa⁵⁵ dʑi³³ bɔ⁴⁴ dzɔ²¹³
　 我　父　他　上　　钱　　有
（我的父亲比他有钱。）

有时用 pi²¹……tʰa⁵⁵ "比……上" 做比较助词，前一个是汉语 "比" 的借词，后一个是比较助词。例如：

③ tʰi·²¹ pi²¹ ŋu²¹ tʰa⁵⁵ tʰa²¹ ma²¹ mɛ⁴⁴
　 他　比　我　上　　莫　不　美
（他不比我漂亮。）

(3) kʰa⁵⁵ 表示着重在它前面的代词。例如：

na³³ kʰa⁵⁵ tʰa²¹ ʂɚ³² dzu³³ ʂʅ²¹ ɲi³³
你　　　一　下　吃　试　看
（你吃一下试试看。）

(4) kʰa⁵⁵ tʰɔ²¹ 表示特别着重在它前面的代词，用法和上面的 kʰa⁵⁵ 差不多。例如：

na³³ kʰa⁵⁵ tʰɔ²¹ dʰɯ²⁴ ʂʅ²¹ ŋi³³ ji²¹³ do²¹³·³² nɔ⁴⁴ ji²¹³ ma²¹ do²¹³
你　　　想　试　看　去　得　　　或　去　不　得
(你想一想看,去得或者去不得。)

(5) dɤ⁴⁴表示人物的单数。例如:

① va⁵⁵ dɤ⁴⁴ a²¹ si⁵⁵ bɤ²¹ ŋɛ²¹³
   猪　个　谁　的　是
   (这只猪是谁的?)

② nɛ⁵⁵ dɤ⁴⁴ ŋɔ²¹³ uo²⁴
   鬼　个　见　了
   (见了个鬼。)

(6) pɤ⁴⁴表示人物的复数。例如:

① ŋu²¹ a³³ mu³³ a²¹ vi⁵⁵ pɤ⁴⁴ dʰu⁴⁴ a²¹ tʰɛ⁴⁴ tɕi³³ ti³³ ku²¹ ji²¹³
   我　哥哥　姐姐　些　同　一起　　城　　去
   (我和哥哥姐姐们一起进城去。)

有时加代词 tʰɛ⁴⁴ "他们" 也可以表示复数。例如:

② tʰa²¹³ jɛ³³ ma²¹ ŋɔ²¹³ tʰa　tɕi³³ tʰɛ⁴⁴ dɔ⁵⁵ nũ³³ ŋa²¹³ jɛ³³ kʰa⁴⁴ ma⁴⁴
   他　母　不　见　他　叔　他们　问　　我　母　哪　里
jo²¹³ (<ji²¹³ uo²⁴)
去了
[(他) 不见他的母亲,就去问他的叔父们:"我的母亲哪儿去了?"]

(7) a²¹表示被动(参见上文句子的种类:被动句)。例如:

① ŋu²¹ tɕʰi³³ a²¹ tʰa²¹ tɕɛ³³ tɕʰɤ⁵⁵
   我　狗　被　一　口　咬
   (我被狗咬了一口。)

② ŋu²¹ ji²¹ ni²¹ ma⁴⁴ a²¹ tʰa²¹ dɛ²¹ tɛ⁵⁵ xə²¹
　 我　今　天　兵　被一　顿　　打　着
（我今天被兵打了一顿。）

(8) 表示性别的。
a. zu⁴⁴表示人的男性。例如：

① ʂa²¹ pʰu⁴⁴ zu³³（汉族男人）　　② na³² su³³ zu³³（彝族男人）
　 汉族　　　　　　　　　　　　　　彝族

b. dzʰɿ³³表示公禽。例如：

① ʔɔ²¹ dzʰɿ³³（公鹅）　　② ŋa³² dzʰɿ³³（公鸟）

c. pu⁴⁴表示公兽。例如：

① ȵi³³ pu⁴⁴（公牛）　　② mɚ⁴⁴ nɚ³³ pu⁴⁴（公猫）

d. mo³²表示阴性。例如：

① ʂa²¹ pʰu⁴⁴ mo³²（汉族女人）　　② ȵi³³ mo³²（母牛）
　 汉族　　　　　　　　　　　　　③ ɣa³² mo³²（母鸡）

（参见上文的名词分析）

（三）语气助词

表示句子的语气的词，叫作语气助词。它多数放在句末。
(1) uo²⁴"了"。
a. 表示动作完成的语气。例如：

① ŋu²¹ ma²¹ ma³³ dzu³³ uo²⁴·³³　　② tʰi²¹ xə̃³³ a⁵⁵ kə³² tə³³ tsu⁴⁴ uo²⁴
　 我　 饭　　　吃　　了　　　　　　他　房　这间　盖　好　了
（我吃饭了。）　　　　　　　　　　（他盖好了这所房子。）

b. 表示设想的语气。例如：

a⁵⁵ lɤ²¹ ʂɚ³² lɛ²⁴ uo²⁴
这 小 下 来 了
（一会儿就来了。）

(2) mɛ²¹³、dɛ³³ mɛ²¹³ 表示假设的语气。例如：

① ji²¹ ni²¹ a³³ mu³³ lɛ²⁴ ma²¹ kɯ³³ mɛ²¹³   ② nʰɔ̃²⁴ a⁵⁵ dɤ⁴⁴ tʰia²¹ mɤ²¹³ dɛ³³ mɛ²¹³
  今天   哥哥 来 不 会   事情 这个 被 他 做
（今天恐怕哥哥不会来了。）   （这件事恐怕是他做的。）

(3) tɔ³³。
a. 表示肯定的语气。例如：

① ŋu²¹ tʰi²¹ tɛ⁵⁵ tɕi³³ tɔ³³   ② ŋu²¹ na²¹³ jɛ³³ ɲɛ²¹³ tɔ³³
  我 他 打 敢   我 你 母 是
（我敢打他。）   （我是你的母亲。）

③ tʰi²¹ ji²¹³ ŋu²¹ sɚ⁵⁵ tɔ³³
  他 去 我 知
（我知道他去。）

b. 表示肯定的回答。例如：

① xɔ̃³³ a⁵⁵ kɚ³² na²¹ bɤ²¹ ɲɛ²¹³ ɲɛ²¹³·³²？ ɲɛ²¹³ tɔ³³
  房 这 间 你 的 是 是   是
（这所房子是你的吗？是的。）

② na²¹ dʑi³³ bo⁴⁴ dʐɔ²¹³ dʐɔ²¹³·³²？ dʐɔ²¹³ tɔ³³
  你 钱 有 有   有
（你有钱吗？有的。）

c. 表示惊讶的语气。例如：

dzu³³ nɚ³³ tɔ³³
吃　甜
（吃甜的呀！）

（4）tɔ³³ kɯ³³ 表示肯定的语气，有"一定、绝对"的意思，比上面的 tɔ³³ 语气更重。例如：

① tʰi²¹ mɤ²¹³ nʰɔ̃²⁴ tɔ³³ kɯ³³　　② a²¹ vi⁵⁵ dɛ⁴⁴ nʰɔ̃²⁴ tɔ³³ kɯ³³
　他　做　过　　　　　　　　　姐姐　说　过
　（他一定做过。）　　　　　　（姐姐一定说过。）

（5）ni²¹。
a. 表示劝告的语气。例如：

① ji⁵⁵, na³³ tʰa²¹ dʰɔ²⁴ ni²¹　　② ji⁵⁵, na³³ tʰa²¹ pɛ⁴⁴ ni²¹
　噫　你　莫　懒　　　　　　　　噫　你　莫　做
　（噫，你不要懒！）　　　　　　（噫，你不要做！）

b. 表示疑问的语气。例如：

nʰɔ̃²⁴ a⁵⁵ dɤ⁴⁴ kʰɤ²¹ sɤ²¹ pɛ³³ mɤ²¹³ tɕʰɛ²¹³ ni²¹
事情　这　个　怎样　　做　到
（这个事情怎样才能做得到呢？）

（6）si³³ a²¹ 表示反问的语气。例如：

mɤ̃³³ tɕʰi⁵⁵ uo²⁴ na²¹ xã²¹³ ma²¹ gɯ³³ ji²⁴·³³ si³³ a²¹
晚上　　　了　你　还　不　回　去
（天黑了，你还不回去啊？）

（7） lɔ²¹ 表示劝告的语气。例如：

    na²¹ wu³³ tʰa²¹ pi⁵⁵ zɤ⁴⁴ lɔ²¹
    你 力 一   点 用
    （你用一点力吧！）

（8） dɛ³³ lɔ²¹ 表示肯定的语气。例如：

    a⁵⁵ dɤ⁴⁴ ŋu²¹ bɤ²¹ dɛ²⁴ lɔ²¹
    这个 我   的
    （这个是我的啊！）

（9） ma⁵⁵ 表示商量的语气。例如：

    ŋu²¹ na²¹ nʰɔ̃³² ma⁵⁵
    我 你 等
    （我等你吧！）

（10） di³² 表示命令的语气。例如：

① tɕɔ⁴⁴ tɕɔ⁴⁴ di³²　　　　② lɤ²¹ lɤ³³ di³²
   快 快　　　　　　　　　慢 慢
  （快一点。）　　　　　　（慢一点。）

（11） dʐɔ²¹³。
a. 表示起事的语气。例如：

    tʰɛ⁴⁴ ni⁴⁴ dɤ⁴⁴ dʐɔ⁴⁴ tɛ⁵⁵ dʐɔ²¹³
    他们 二 个 互相 打
    （他们两个又打啦！）

b. 表示完成的语气。例如：

ŋu²¹ nõ²¹ kʰu³³ dzʅɔ²¹³
我 病 好
（我的病好啦！）

(12) ja³²。
a. 表示劝告的语气。例如：

ŋu²¹ bɔ³³ na²¹ ji²¹³ kɯ³³ lɤ⁴⁴ ja³²
我 对 你 去 觉得
（我觉得你去好呀！）

b. 表示感觉的语气。例如：

tsʰu³³ kʰɔ³³ ja³²
盐 咸
（盐咸呀！）

(13) mu³³ dɛ³³ uɔ²⁴·³³ 表示惊讶和劝告的语气。例如：

a²¹ jɛ³³, su²¹ dzɚ⁴⁴ lɛ²⁴ uo²⁴ a²¹ sɛ⁵⁵ tɕɔ⁴⁴ tɕɔ⁴⁴ sʅ³³ mu³³ dɛ³³ uo²⁴·³³
哎哟 贼 来 了 我们 快 快 走
（哎哟，贼来了，我们快快走吧！）

(14) dɛ³³。
a. 表示惊讶的语气。例如：

① mɚ⁴⁴ nɚ³³ a⁵⁵ dɤ⁴⁴ uɔ³³ dɛ³³　　② va³³ tsʰɔ³³ a⁵⁵ dɤ⁴⁴ tsʰu³³ dɛ³³
　　猫 这个 大　　　　　　　　　人 这个 粗
　（这个猫大呀！）　　　　　　　（这个人胖呀！）

b. 表示答句的语气。例如：

ŋu²¹ a⁵⁵ nu³² tɕʰɤ⁵⁵ dɛ³³
我　豆　咬
(我咬豆呀!)

c. 表示持续的语气。例如：

bɯ³² ja⁵⁵ bɯ³² xə̃³³ kɯ⁴⁴ tsʰɿ³² dɛ³³
佛　像　佛　房　里　在
(佛在庙里。)

d. 加重疑问句的语气。例如：

na³³ su³³ sɔ⁴⁴ dɛ³³ nɔ⁴⁴ dʑi³³ bɔ⁴⁴ ŋɔ⁴⁴ dɛ³³
你　书　读　　或　钱　要
(你读书或要钱?)

(15) a⁴⁴。
a. 表示未来动作的语气。例如：

① ŋu²¹ sɤ²¹ na³³ tɛ⁵⁵ a⁴⁴　　　② a²¹ vi⁵⁵ sɤ²¹ sɿ³³ a⁴⁴
　我　就　你　打　　　　　　　姐姐　就　走
　(我就打你啦!)　　　　　　　(姐姐就走啦!)

b. 表示答句的语气。例如：

na⁴⁴ ji²¹ ni²¹ lɛ²⁴ ma²¹ lɛ²⁴? lɛ²⁴ a⁴⁴
你　今　天　来　不　来　　来
(你今天来不来? 来啊!)

(16) ŋɔ³³表示未来的动作，与 a⁴⁴相同，可以互用。例如：

① tʰi²¹ sɤ²¹ sʅ³³ ŋɔ³³　　　② ŋu²¹ sɤ²¹ na³³ tɕ⁵⁵ ŋɔ³³
　他　就　走　　　　　　　　我　就　你　打
　（他就走啦！）　　　　　　　（我就打你啦！）

(17) dʐɔ³³表示未来的事情。例如：

① mɤ̃³³ xo²¹³ dʐɔ³³　　　　② mɤ²¹³ gɤ²¹³·³¹ dʐɔ³³
　下　雨　　　　　　　　　　做　完
　（要下雨啦！）　　　　　　（要做完啦！）

(18) si³³。
a. 表示未来的动作，但是有别于前面 a⁴⁴、ŋɔ³³等，因为 si³³有表示命令的语气。例如：

① na³³ tʰa²¹ ʂə³² lɛ²⁴ si³³　　② du³³ mɔ⁴⁴ tsɛ⁴⁴ tʰa²¹ ni²¹ lɛ²⁴·³³ si³³
　你　一　下　来　　　　　　最　后　再　一　天　来
　（你来一下。）　　　　　　（最后再来一天。）

b. 加重疑问句的语气。例如：

① tʰi²¹ dɛ⁴⁴ ŋɔ²¹³ do²¹³ do²¹³·²¹ si³³　② a³³ mu³³ na²¹ dʰɯ²⁴ tɕʰə⁴⁴ tɕʰə⁴⁴ si³³
　他　说　见　得　得　　　　　　　　阿　哥　你　想　醒　醒
　（他说见着了没有？）　　　　　　　（哥哥，你记得吗？）

(19) ua²⁴表示已经完成的感叹语气。例如：

① na²¹ tsɛ⁴⁴ lɛ²⁴ ua²⁴　　　② na²¹ sɤ²¹ ma²¹³ ma³³ dzu³³ bʰu³²·³³ ua²⁴
　你　再　来　　　　　　　　你　就　饭　吃　饱
　（你又来啦！）　　　　　　（你就吃饱饭啦！）

（20）dɛ³³ a²¹ 表示惊讶的语气。例如：

① ɬi³²·²¹ bɤ³² na³³ a⁵⁵ na⁵⁵ tsʰʅ³² dɛ³³ a²¹
　　孙女　你　这　点　在
　（孙女你在这里呀！）

② na²¹ bʰɛ³³ ɬɤ³³ vi⁴⁴ dɛ³³ a²¹
　　你　衣服　旧　穿
　（你穿旧衣服啦！）

（21）ʂa³³ 表示"常常"的语气。例如：

tʂa³³ nɛ⁵⁵ na³³ su²¹ ɛ⁵⁵ kɯ³³ ʂa³³ ji²¹ ni²¹ a⁴⁴ pʰɤ³³ a²¹ ʂə³² e⁵⁵
张　奈　你　人家　哄　会　　今天　阿爷　一　下　哄
（张奈，你常常会哄人家，今天哄一下爷爷！）

（22）sɤ³² 表示诅咒的语气。例如：

tʂa⁵⁵ nɛ⁵⁵ zɔ²¹ ȵɤ³³ sɤ³²
张　奈　命　短
（张奈短命呀！）

（23）dzua²¹ 表示重犯不改的语气。例如：

① na³³ tsɛ⁴⁴ dʰɔ²⁴ dzua²¹ （＜dzu³³ a²¹）
　　你　又　懒
　（你又懒了！）

② na³³ tsɛ⁴⁴ ŋɯ³³ dzua²¹
　　你　又　哭
　（你又哭了！）

（24）ʂu²¹ xo²¹³ 表示假设的语气。例如：

ŋu²¹ kʰa⁴⁴ na²¹ zu³³ ȵɛ²¹³ ʂu²¹ xo²¹³
我　以为　你　儿　是
（我还以为是你的儿子呢！）

（25）a²¹。

a. 表示反问的语气（参见上文疑问句）。例如：

na²¹ nɔ̃²⁴ mɤ²¹³·²¹ ȵi³²·³³ dʰɯ²⁴·³³ a²¹
你　事情　　做　心　　想
（你想做事吗？）

b. 表示未来的动作。例如：

tʰi·²¹ pʰa³³ ji·²¹³ du³³ mu³³ ma²¹³ ma³³ dzu³³ a²¹
他　如果　去　　赶快　　饭　　吃
（他如果去，赶快吃饭了。）

（26）lo³³ 表示疑问句的委婉语气。例如：

① na²¹ nɔ̃²¹ kʰu³³ kʰu³³ lo³³
　你　病　好　好
　（你的病好了吗？）

② na²¹ dzu³³ bʰu³²·²¹ bʰu³² lo³³
　你　吃　饱　　饱
　（你吃饱了吗？）

七、叹　词

用一种叹息的声音来加重语气的，叫作叹词。它只是表示感觉或情绪的词。在句子里它是独立的词，不和其他的词发生关系。

(1) p^hui^{55} 为当面鄙视声。例如：

p^hui^{55}, na^{21} $t^hɔ^{44}$ na^{32} ma^{21} $ŋɔ^{44}$
呸　你　脸　不　要
（呸，你不要脸！）

(2) $xɛ̃^{21}$ 表示发觉。例如：

$xɛ̃^{21}$, na^{21} $dʑi^{33}$ $bɔ^{44}$ p^ha^{44} la^{55}
唉　你　钱　多
（唉，你钱多呀！）

(3) a^{21} $jɛ^{33}$ 表示惊讶。例如：

a^{21} $jɛ^{33}$, $dʐə^{44}$ $dʐə^{33}$ na^{21} $ɲɛ^{213}$ $dɛ^{33}$
哎哟　真　真　你　是
（哎哟，真的是你呀！）

(4) a^{21} $jɛ^{33}$ lia^{21} $vɤ^{55}$ 表示惊呼。例如：

a^{21} $jɛ^{33}$ lia^{21} $vɤ^{55}$, $ŋu^{21}$ $b^hɛ^{33}$ $t^hɤ^{44}$ p^hi^{55} uo^{24}
哎　哟　我　衣服　放　掉　了
（哎哟，我的衣服失掉了！）

(5) $ɛ^{55}$ 表示反对。例如：

① $ɛ^{55}$, ma^{21} xo^{213} ma^{21} xo^{213}　　② $ɛ^{55}$, ma^{21} ji^{213} ma^{21} ji^{213}
　唉　不　合　不　合　　　　　　　唉　不　去　不　去
（唉，不对，不对！）　　　　　　（唉，不去，不去！）

(6) ji^{213} 表示责问。例如：

ji^{213}, na^{21} k^ha^{44} ma^{55} ji^{213}
噫　你　哪里　去
（噫，你上哪儿去？）

(7) ji⁵⁵表示命令而带劝告的语气。例如：

① ji⁵⁵, na³³ tʰa²¹ dʱɔ²⁴ ni²¹
噫　你　莫　懒
(噫，你不要懒！)

② ji⁵⁵, na²¹ tʰa²¹ pɛ⁴⁴
噫　你　莫　做
(噫，你不要做！)

(8) ɔ²¹表示赞美。例如：

① ɔ²¹, ji²¹ ni²¹ mɤ̃³³ tsʰo³³ tsu⁴⁴ dɛ³³
哦　今天　天　晴　好
(哦，今天天气真好呀！)

② ɔ²¹, vɤ²¹ dʐɚ⁴⁴ dʐɚ⁴⁴ tʰu²⁴·³³ dɛ³³
哦　雪　真　真　白
(哦，雪真白呀！)

(9) a²¹。

a. 表示觉悟。例如：

① a²¹, mu³³ tu⁴⁴ vɛ³² ma²¹ tɕɚ⁴⁴ uo²⁴
啊　火　拿　不　醒　了
(啊，火忘拿了！)

② a²¹, ŋu²¹ gɯ³³ ji²¹³·³³ dzɔ³³ uo²⁴·³³
啊　我　回　去　应该　了
(啊，我应该回去了！)

b. 表示疑问。例如：

a²¹, kʰɤ²¹ sɤ²¹ pɛ⁴⁴
啊　怎样　做
(啊，怎样做？)

c. 表示命令而带有劝告的意思。例如：

① a²¹, tɕo⁴⁴ tɕo⁴⁴ ji²¹³
　啊　快　快　去
（啊，快快去吧！）

② a²¹, tʰa²¹ dʰɔ²⁴ tʰa²¹ dʰɔ²⁴
　啊　莫　懒　莫　懒
（啊，不要懒，不要懒！）

（10）ŋ³³表示答应。例如：

gʰɔ²¹ ku³² tʰi²¹ bɔ³³ dɛ⁴⁴ na³³ na²¹ tɕi⁴⁴ pʰa³³ ŋɔ²¹³ tʰa²¹ uo²¹³, u³³ dɤ⁴⁴
仙人　　他　对　说　你　你　妻子　若　见　莫　笑　　那个
sɤ²¹ tʰi²¹ dɔ⁵⁵ kʰu³³·³² "ŋ³³"
就　　他　答应　　　　是
（仙人对他说："你如果看见你的妻子，不要笑。"那个人就答应他道："是。"）

还有用词组做叹词的。例如：

（1）dʐɚ⁴⁴ dʐɚ⁴⁴ mi³³ tɕʰi⁵⁵ dʐʰɔ²⁴ uo²⁴ "真可怜了！"。例如：

① dʐɚ⁴⁴ dʐɚ⁴⁴ mi³³ tɕʰi⁵⁵ dʐʰɔ²⁴ uo²⁴ tʰi²¹ va³³ tsʰɔ³³ ɕi⁴⁴ uo²⁴
　真　　真　　地　　冷　　了　他　丈夫　　死　了
（真可怜呀，她的丈夫死了！）

② dʐɚ⁴⁴ dʐɚ⁴⁴ mi³³ tɕʰi⁵⁵ dʐʰɔ²⁴ uo²⁴ tʰa²¹³ pʰɤ³³ ɕi⁴⁴ pʰi⁵⁵
　真　　真　　地　　冷　　了　他　祖父　死　　掉
（真可怜呀，他的祖父死掉了！）

（2）ko²¹ bo⁴⁴ uo²⁴ "可惜了！"。例如：

① ko²¹ bo⁴⁴ uo²⁴, tʰi²¹ zu³³ tsʰɛ²¹ ŋu³³ tɕʰu³³ kʰu⁴⁴ lu⁵⁵ ɕi⁴⁴ pʰi⁵⁵
　可惜　　了　他　儿子　十　　五　　六　　年　足　死　掉
（可惜了！他的儿子十五六岁就死掉了。）

② ko²¹ bo⁴⁴ uo²⁴, tʰi²¹ a⁵⁵ dɤ⁴⁴ kɤ³³ lɤ³³ va³³ tsʰɔ³³ tsu⁴⁴ xo³² ɕi⁴⁴ uo²⁴
　可惜　了　他　这个　样子　人　好　死　了
（可惜了！他这样好的一个人死了！）

象声词　除了上面所说的叹词外，还有一个叫作象声词。它是模仿某种生物或宇宙一切声音的词。因为它的性质和叹词很相近，所以我把它附在这里。叹词和象声词的声音往往不是本语言的音韵所能包括的，因为只在本节里出现过一两次，所以我不把这些算在本语言的音系里。常用的象声词有如下 7 种。

（1）kũã²⁴ kũã²⁴，狗叫声。例如：

tɕʰi³³ a⁵⁵ dɤ⁴⁴ kũã²⁴ kũã²⁴ nʰõ⁴⁴
狗　这　个　官　官　叫
（这只狗汪汪地叫。）

（2）miɔ³³ miɔ⁵⁵，猫叫声。例如：

tʂa³³ nɛ⁵⁵ sɤ²¹ miɔ⁵⁵ miɔ⁵⁵ pɛ⁴⁴ mə⁴⁴ nɔ³³ sɔ⁴⁴
张　奈　就　咪　咪　做　猫　学
（张奈就学猫叫"咪咪"。）

（3）kɛɔ⁵⁵ kɛɔ⁵⁵，鸡叫声。例如：

ɤa³² tʰia²¹ tɕa³²·²¹ xə³² kɛɔ⁵⁵ kɛɔ⁵⁵ ŋə⁴⁴
鸡　被　他　捕　着　钩　钩　叫
（鸡被他捕着"喔喔"地叫。）

（4）sua²¹ sua²¹，倒水声。例如：

sua²¹ sua²¹ ɲi⁴⁴ dza⁵⁵ lɛ²⁴
耍　耍　倒　下　来
（"沙沙"地倒下来。）

（5）kɚ³³ tɚ³³ kɚ³³ tɚ³³，铃响声。例如：

lu⁴⁴ mu³³ tsɔ⁵⁵ lɔ⁵⁵ kɚ³³ tɚ³³ kɚ³³ tɚ³³ ŋɛ⁴⁴
马   铃   沙   沙   叫
（马铃"沙沙"地响。）

（6）xa³³ xa³³，人笑声。例如：

nɛ⁴⁴ xa³³ xa³³ mu³³ tʂu⁴⁴ uɔ²¹³
你们 哈哈   什么   笑
（你们"哈哈"地笑什么？）

（7）kua²¹ tɕã⁴⁴ kua²¹ tɕã⁴⁴，风吹树叶声。例如：

si²¹ pʰa⁴⁴ mɛ³³ nɛ³³ a²¹ mɯ²¹ kua²¹ tɕã⁴⁴ kua²¹ tɕã⁴⁴
树叶   风   被   吹   沙   沙
（树叶被风吹着"沙沙"地响。）

第三节　同词异性

在我的材料里，我发现彝语中往往有一个词兼有名词（或量词）和谓词性质的，现在我特别把它提出来谈一谈。

（1）ɬi³³。例如：

ȵɔ³³ mɔ²¹³ ɬi³³ ɬi³³ ŋɔ⁴⁴ uɔ²⁴
小 妹   屎 拉 要 了
（妹妹要拉屎了。）

句中的前一个 ɬi³³ 是名词，后一个 ɬi³³ 是谓词。

（2）mɚ⁵⁵。例如：

① ȵɔ³³ zu³³ mɚ⁵⁵ mu³³ tʂu⁴⁴ kʰu³³
　小　弟　名字　什么　喊
（弟弟叫什么名字？）

② ŋu²¹ tʂa³³ nɛ⁵⁵ mɚ⁵⁵
　我　张　奈　名
（我叫张奈。）

例①的mɚ⁵⁵是名词，例②的mɚ⁵⁵是谓词。

（3）fi³³。例如：

① ŋu²¹ dʑi³³ bɔ⁴⁴ sa³³ fi³³ dzɿ²¹³
　我　钱　三　分　有
（我有三分钱。）

② ȵɔ³³ ȵɔ³³ dɤ⁴⁴ fi³³ tʰɤ⁴⁴ ni⁴⁴ sa³² kʰu⁴⁴
　小　小　个　分　开　二　三　年
（小的那个分开了几年。）

例①的fi³³是量词，例②的fi³³是谓词。

（4）tɕʰi⁴⁴。例如：

① ŋa²¹ tɕʰi⁴⁴ ŋu³³ nɛ²⁴·³³
　你　妻子　鱼　红
（你的妻子是红鱼。）

② a²¹ mɔ³³ a⁵⁵ dɤ⁴⁴ tɕʰi⁴⁴ do²¹³ fɛ³²·³³ uo²⁴·³³
　姑娘　这个　嫁　得　将　了
（这个姑娘将要出嫁了。）

例①的tɕʰi⁴⁴是名词，例②的tɕʰi⁴⁴是谓词。

（5）ma⁴⁴。例如：

ŋu²¹ ji⁵⁵ ma⁴⁴ tsu⁴⁴ tʰa²¹ dɤ⁴⁴ ma⁴⁴ xɚ³²
我　睡　梦　好　一　个　梦　着
（我睡觉时梦着一个好梦。）

句中的前一个 ma⁴⁴ 是名词，后一个 ma⁴⁴ 是谓词。

（6）bɤ²¹。例如：

si³² ŋɛ²¹ bɤ²¹ tɛ⁵⁵ tʰia²¹（<tʰi³³ a²¹） bɤ²¹
木　甑　盖　打　被他　　　　盖
（他盖着木甑盖。）

句中前一个 bɤ²¹ 是名词，后一个 bɤ²¹ 是谓词。

（7）tʂʰʅ³²。例如：

ŋa²¹ vi⁴⁴ tʂʰʅ³²·²¹ vɛ³² va⁵⁵ xu³³ tʂʰʅ³²
我　姐　秤　　拿　猪　肉　秤
（我的姐姐拿秤称猪肉。）

句中的前一个 tʂʰʅ³² 是名词，后一个 tʂʰʅ³² 是谓词。

（8）va⁵⁵。例如：

ŋu³³ nɛ²⁴·³³ va⁵⁵ va⁵⁵ gɯ³³ lɛ²⁴·³³
鱼　红　担子　挑　回　来
（红鱼挑担子回来。）

句中前一个 va⁵⁵ 是名词，后一个 va⁵⁵ 是谓词。

(9) nõ²¹。例如：

① tʰi²¹ nõ²¹ gʱu²¹ kʰu³³ uo²⁴·³³　　② ŋu²¹ zu³³ tʰa²¹ dʁ⁴⁴ nõ²¹
　他　病　治　好　了　　　　　　　我　儿　一　个　生病
（他的病治好了。）　　　　　　　　（我的一个儿子生病。）

例①的 nõ²¹ 是名词，例②的 nõ²¹ 是谓词。
　　还有一些名词（或量词）谓词仅由声调不同来分别的。例如：
(1) fɯ²¹ 蛋（名词）、fɯ²¹³ 下（谓词）。例如：

① ŋu²¹ ʔʁ²¹ fɯ²¹ ni⁴⁴ dʁ⁴⁴ dzɔ²¹³
　我　鸭蛋　二　个　有
（我有两个鸭蛋。）
② ɣa³² a⁵⁵ dʁ⁴⁴ tʰi²¹ fɯ²¹ tʰa²¹ dʁ⁴⁴ fɯ²¹³
　鸡　这　个　他　蛋　一　个　下
（这只鸡下一个蛋。）

(2) ʔʁ²¹ 捧（量词）、ʔʁ²¹³ 捧（谓词）。例如：

ŋu²¹ ji²¹ tɕʰi⁵⁵ tʰa²¹ ʔʁ²¹ ʔʁ²¹³
我　水　一　捧　捧
（我捧一捧水。）

有些名词的声韵就和其颜色的静态谓词的声韵相同，只是声调有差别。例如：
(1) ʂɔ²⁴ 黄、ʂɔ⁴⁴ 金。例如：

① tʰɛ⁴⁴ dɛ⁴⁴ a⁵⁵ nu³²·³³ ʂɔ²⁴·³³ tʰi²¹ tʂu³³　　② tʰɛ⁴⁴ dɛ⁴⁴ ʂɔ⁴⁴ ʔʁ²¹
他们说　豆　黄　他　喂　　　　　　　他们说　金　鸭
（他们说："黄豆喂它。"）　　　　　　（他们说："金鸭。"）

（2）tʰu²⁴ 白、tʰu⁴⁴ 银。例如：

① tɕʰi³³ tʰu²⁴ tʰa²¹ dɤ⁴⁴ lɛ²⁴ tʰi²¹ bɔ³³ tɕʰɛ²¹³
 狗 白 一 个 来 他 旁边 到
（一只白狗来到他的旁边。）

② tʰu⁴⁴ tʰa²¹ pɤ⁴⁴ pɤ⁴⁴ dɚ³²
 银 一 些 些 装
（装许多的银。）

由上面 4 个句子看起来，名词 ʂɔ⁴⁴ "金" 是黄的颜色，所以它和静态谓词 ʂɔ²⁴ "黄" 的声韵相同；名词 tʰu⁴⁴ "银" 的颜色是白的，所以它和静态谓词 tʰu²⁴ "白" 的声韵相同。这类的名词和静态谓词的区别只是声调的不同。

第三章 彝语故事
（原文及汉注）

一、tɕʰi⁴⁴ ŋu³³ne²⁴·³³
   妻子　红　鱼

tʂʰɔ³³zu³³ tʰa²¹uɔ²¹ dzɔ⁴⁴du⁴⁴ ŋu³³tɕa³²·³³ ji²¹³·³³, tʰa²¹ni²¹tɕa³²mi³³tɕʰi⁵⁵,
伴男　一起　互相同　鱼捕　去　　一日捕　　晚

ŋu³³tʰa²¹pɤ⁴⁴tɕa³²·²¹xɤ³², ŋu³³ne²⁴·³³tʰa²¹dɤ⁴⁴pu²¹³. tʰa²¹dɤ⁴⁴dzɔ²¹³tʰi²¹dɛ⁴⁴:
鱼一些捕　　着　　鱼红　　一个搭　一个有　他说

"ŋu³³ne²⁴·³³ a⁵⁵dɤ⁴⁴ŋu²¹dʑe⁴⁴, ɕa⁵⁵ji³²ji³³ pɤ⁴⁴ŋu²¹ne⁴⁴ du⁴⁴ma²¹ŋɔ²¹." tʰi²¹
鱼红　　这个我给　　其他那些我你们同　不要　　　他

tʂʰɔ³³u³³uɔ²¹tʰi²¹dɔ⁵⁵kʰu³³·²¹, sɤ²¹ŋu³³ne²⁴·³³u³³dɤ⁴⁴sɛ³²tʰi²¹dʑɛ²¹; tʰia²¹vɛ²¹
伴那起　他话　答　　　就鱼红　那个拣　他给　　被他拿

gɯ³³ji²¹³·³³, tʰɤ⁴⁴ji²¹kã³³kɯ⁴⁴xõ²¹³.
回去　　　放水缸里养

tʰi²¹du³³mɔ⁴⁴tʰi²¹ni²¹ma²¹ni²¹nɔ̃²⁴ mɤ²¹³·²⁴ji²¹³gɯ³³lɛ²⁴·³³, tsʰi⁵⁵tʂʰɛ²¹tʂa⁵⁵
他以后　　他日不日事情　　做　去回　　来　　早饭晚饭煮

mə³²tʰi²¹tu³³tʰi³³kʰa⁴⁴tɛ⁴⁴bɔ³³pʰa³³tʰa²¹mɔ²¹a²¹tʂa⁵⁵tʰi²¹tu³³su²¹xɔ²¹³, ji²¹³
熟　他　留　他以为他们旁边　他伯母被煮　他留　　　　　去

tʰa²¹³mɔ²¹bɔ³³dɛ⁴⁴:"a⁴⁴mɔ²¹, na³³mɔ⁴⁴uo²⁴, sɤ³²dɤ⁴⁴sa³³si³³ma²¹ŋɔ⁴⁴; tʂɔ²¹
他伯母对说　　伯母　　你老了　　　这样费心不要　　常

tʂɔ²¹tsʰi⁵⁵tʂʰɛ²¹tʂa⁵⁵ŋu²¹tu³³. du³³tʂɔ⁴⁴（或mɔ⁴⁴）ŋu²¹du⁴⁴tʂa⁵⁵ma²¹ŋɔ⁴⁴, ŋu²¹
常早饭晚饭煮　我留　　以后　　　　我同　煮　不要　我

bɤ²¹bɤ²¹tʂa⁵⁵ŋɔ⁴⁴dɛ³³."
自己　煮　要　呢

tʰa²¹³mɔ²¹tʰi²¹dɔ⁵⁵kʰu³³·²¹:"zu³³dʰu³³, ŋua²¹tʂa⁵⁵ma²¹ɲɛ²¹³; a⁵⁵ni⁴⁴sa³³ni²¹
他伯母他话　答　　　　儿侄　　被我煮　不是　　这二三日

ɕɛ⁴⁴, na²¹a²¹kɯ⁴⁴a²¹mɔ³³ɬa⁴⁴ tʰa²¹dʐ⁴⁴na²¹du⁴⁴tʂa⁵⁵." tʰi²¹dɛ⁴⁴: "ma²¹ȵɛ²¹³
早晨你　家里　姑娘青年一　个 你 同煮　他说　不是
a⁴⁴mɔ²¹na²¹tʂa⁵⁵dɛ⁴⁴."tsɔ²¹tsɔ²¹tʰa²¹³mɔ²¹dɔ⁵⁵ma²¹dʐə²¹³, tʰa²¹³mɔ²¹dɛ⁴⁴:
伯母 你被煮　　常　常 他 伯母话 不 信　　他 伯母说
"na³³ a²¹dʑi²¹ ɕɛ⁴⁴pʰa²¹³a²¹kɯ⁴⁴vʐ⁵⁵ȵi³³."
 你 明日　早晨逃　家里　躲　看
　　　　tʰi²¹ du³³mɔ⁴⁴ni²¹ ɕɛ⁴⁴, tʰi³³sʐ²¹tʰa²¹³ mɔ²¹dɔ⁵⁵nũ³³pʰa²¹³a²¹kɯ⁴⁴vʐ⁵⁵.
　　　　他 以后　日 早晨 他 就他伯母话 听 逃 家里 躲
tʰa²¹tʂʐ²⁴lu⁵⁵tʰi²¹ŋu³³nɛ²⁴·³³u⁵⁵dʐ⁵⁵piɛ⁴⁴a²¹mɔ³³tʰə⁵⁵lʐ⁴⁴du³²·³³lɛ²⁴·³³.tʰi²¹
一 阵 足 他 鱼 红　那 个 变 姑娘　成　钻　出　来　他
ŋu³³dʐʰi²¹ka⁴⁴pa²¹pʐ²¹³lʐ²¹tʰa⁵⁵tsʐ⁴⁴,xə̃³³ sʐ³², si³²ta³², mu³³tu⁴⁴tɕɛ³², tsɛ²¹ji²¹³
鱼　皮　挂 碗 背 篓 上　在　房子 扫 柴 抱　火　烧　再 去
ji²¹tɕʰi⁵⁵va⁵⁵. tʰi²¹sʐ²¹lʐ⁴⁴du³²·³³lɛ²⁴·³³,ŋu³³dʐʰi²¹vɛ³²·¹to³²tʰia³²tʰa²¹tɔ³²·²¹
水　挑　他 就　钻 出　来　鱼 皮　拿 起 被 他 一 块
ʂʐ³² mu³³tu⁴⁴kɯ⁴⁴tɕu³³, ŋu⁴⁴dʐʰi²¹tɕu⁵⁵"a⁴⁴tsʰi²¹tɕʰɔ³², a⁵⁵tsʰi²¹tɕʰɔ³²
撕　火　里　烧　鱼 皮　烧　阿 齐　者　阿 齐　者
kʰu³³.ŋu³³nɛ²⁴·³³ji²¹tɕʰi⁵⁵va⁵⁵gɯ³³lɛ²⁴·³³,du⁵⁵mu³³ji²¹³tʰi²¹dʑi²¹vɛ³²,vɛ³²ma²¹
叫　鱼 红　水　挑 回 来　赶 快 去 他 皮 拿 拿 不
xə³²,tʰi²¹sʐ²¹piɛ⁴⁴to³²ma²¹dɔ²¹³.
着　他 就　变 起 不 得
　　　　tʰi²¹du³³mɔ⁴⁴tʰɛ⁴⁴ni⁴⁴dʐ⁴⁴dzɔ⁴⁴du⁴⁴tʰa²¹ɣʐ⁴⁴pɛ⁴⁴.tʰi²¹va³³tsʰɔ³³tsi³³va⁵⁵
　　　　他 以后　他们两 个 相互同 一 家 做　他 丈夫 使 猪
ɬo³²tə³³,tʰi²¹va³³tsʰɔ³³dɛ⁴⁴:"va⁵⁵ma²¹dzɔ²¹³,tʰi²¹tə³³mu³³tʂu⁴⁴pɛ⁴⁴?"tʰi²¹
栏 盖 他 丈夫　说　猪 没 有　他 盖 什 么　做　他
tɕʰi⁴⁴dɛ⁴⁴:"na³³kuɛ²¹ma²¹ŋɔ⁴⁴,tsʐ⁴⁴za³²dzɔ²¹³lɛ²¹a²⁴."tʰi²¹sʐ²¹tʰi²¹tɕʰi⁴⁴dɔ⁵⁵
妻子说　你 管 不 要　自 然 有　嘞啊　他 就 他 妻子话
nũ³³va⁵⁵ɬo³²tʰa²¹kə³²·²¹tə³³.tʰi²¹tɕʰi⁴⁴tsɛ⁴⁴tʰi²¹bɔ³³dɛ⁴⁴:"ȵi³³ɬo³²tʰa²¹kə³²·²¹
听 猪 栏 一 间　盖 他 妻子又 他 对 说　牛 栏 一 间
tə³³."tʰi²¹dɛ⁴⁴:"ȵi³³ma²¹dzɔ²¹³,tʰi²¹tə³³mu³³tʂu⁴⁴pɛ⁴⁴?"tʰi²¹tɕʰi⁴⁴dɛ⁴⁴:"na³³
盖　他 说　牛 没 有　他 盖 什 么　做　他 妻子说 你

kuɛ²¹ ɕɤ⁴⁴ tɤ³³ ŋɔ⁴⁴ dɛ³³." tʰiˑ²¹ va³³ tsʰɔ³³ sɤ²¹ ȵi³³ ɬo³² tʰa²¹ kɤ³²·²¹ tɤ³³. tʰiˑ²¹ tɕʰiˑ⁴⁴
管 闲 盖 要   他丈夫   就 牛栏 一间   盖 他妻子
tsɛ⁴⁴ tʰiˑ²¹ bɔ³³ dɛ⁴⁴:"luɯ³³ mu³³ ɬo³² tʰa²¹ kɤ³²·²¹ tɤ³³." tʰiˑ²¹ dɛ⁴⁴:"luɯ³³ mu³³ ma²¹
再 他 对 说   马   栏一间   盖 他 说 马 不
dʐɔ²¹³, tʰiˑ²¹ tɤ³³ mu³³ tʂu⁴⁴ pɛ⁴⁴?" tʰiˑ²¹ tɕʰiˑ⁴⁴ dɛ⁴⁴:"na²¹ kuɛ²¹ ma²¹ ŋ⁴⁴, na²¹ tɤ³³
有   他 盖什么   做   他妻子说   你 管 不 要 你 盖
pʰa³³ do²¹³·³³, tʰiˑ²¹, tʰiˑ²¹ dʐɔ²¹³ lɛ²¹ a²⁴." tʰiˑ²¹ va³³ tsʰɔ³³ tsɛ⁴⁴ luɯ³³ mu³³ ɬo³² tʰa²¹
若   得   他 他   有   嘞啊   他丈夫   又 马   栏 一
kɤ³²·²¹ tɤ³³ to³². tsɛ⁴⁴ tʰiˑ²¹ va³³ tsʰɔ³³ tsi³³ tɕʰiˑ⁵⁵ ɬo³² tʰa²¹ kɤ³²·²¹ tɤ³³, tʰiˑ²¹ va³³ tsʰɔ³³
间 盖 起 又   他 丈夫 使 羊 栏 一间   盖 他 丈夫
dɛ⁴⁴:"kuɛ⁴⁴ uo²⁴, tʰa²¹ pɤ⁴⁴ tɤ³³ mu³³ tʂu⁴⁴ pɛ⁴⁴?" tʰiˑ²¹ tɕʰiˑ⁴⁴ dɛ⁴⁴:"na³³ tɤ³³ to³² sɤ²¹
说   怪   了 一 些   盖 什么 做   他妻子说   你 盖起 就
ȵɛ²¹³·²¹ uo²⁴." tʰiˑ²¹ va³³ tsʰɔ³³ tɕʰiˑ⁵⁵ ɬo²¹ tʰa²¹ kɤ³²·²¹ tɤ³³ to³². tʰiˑ²¹ du³³ mɔ⁴⁴ tsɛ⁴⁴
是   了   他丈夫   羊 栏 一间 盖 起他最后 又
tʰiˑ²¹ va³³ tsʰɔ³³ tsi³³ ɣa³² bɤ²¹ tʰa²¹ dɤ⁴⁴ pɛ⁴⁴, tʰiˑ²¹ va³³ tsʰɔ³³ dɛ⁴⁴:"dʑi³³ bɔ⁴⁴ ma²¹
他 丈夫   使 鸡 塘 一个 做 他 丈夫   说   钱 没
dʐɔ²¹³, mu³³ tʂu⁴⁴ vɛ³² vɔ²¹³·²¹ ȵi³²·²¹ dʰɯ²⁴?" tʰiˑ²¹ tɕʰiˑ⁴⁴ dɛ⁴⁴:"na²¹ tɤ⁴⁴ sɤ²¹ ȵɛ²¹³
有   什么 拿 买 想   他   妻子说   你 盖 就 是
uo²³", tʰiˑ²¹ va³³ tsʰɔ³³ sɤ²¹ ɣa³² bɤ²¹ tʰa²¹ dɤ⁴⁴ pɛ⁴⁴, ji⁵⁵ ji²¹ pɛ⁴⁴ to³².
了   他丈夫   就 鸡 塘 一个 做   完 全 做起

tʰiˑ²¹ tɕʰiˑ⁴⁴ sɤ²¹ tʰiˑ²¹ dʑiˑ²¹ u³³ to³²·²¹ vɛ³², tʰa²¹ tɕɔ³³ tɕi³² va⁵⁵ ɬo³² kɯ⁴⁴
他妻子 就 他皮 那 块   拿 一 条 撕 猪栏 里
tsɤ⁴⁴, tʰa²¹ tɕɔ³³ tɕi³² ȵi³³ ɬo³² kɯ⁴⁴ tsɤ⁴⁴, tʰa²¹ tɕɔ³² tɕi³² lu⁴⁴ mu³³ ɬo³² kɯ⁴⁴
在 一 条 撕 牛栏 里 在 一 条 撕 马 栏 里
tsɤ⁴⁴, tʰa²¹ tɕɔ³³ tɕi³² tɕʰiˑ⁵⁵ ɬo³² kɯ⁴⁴ tsɤ⁴⁴, tʰa²¹ tɕɔ³³ tɕi³² ɣa³² bɤ²¹ kɯ⁴⁴ tsɤ⁴⁴. tʰiˑ²¹
在 一 条 撕 羊栏里 在 一 条 撕 鸡塘里 在他
du³³ mɔ⁴⁴ u³³ ni²¹ ɕɤ⁴⁴ to³²·³³ lɛ²⁴·³³ ji²¹³ ȵi³³, va⁵⁵, ȵi³³, lu⁴⁴ mu³³ tɕʰiˑ⁵⁵, ɣa³² kʰ
以后 那天 早晨 起 来 去 看 猪 牛 马 羊 鸡
u²¹ ȵɛ²¹³ ɕi³³ dɚ²¹³ dɚ²¹³·²¹ tʰa²¹ ɬo³² dʐɔ²¹³.
每 件 满 满   一 栏 有

du³³mɔ⁴⁴ tʰi²¹ kʰa³² kɯ⁴⁴ su³³ tʰɛ⁴⁴ tʰa⁵⁵ ɲi³² mo³² tɕʰɤ⁵⁵, tʂɔ²¹ tʂɔ²¹ tʰi²¹ pʰa³³
以后　他　村里人　他们上　心　咬　常常　他若
ŋ²¹³,"na²¹tɕʰi⁴⁴ŋu³³nɛ²⁴·³³ na²¹tɕʰi⁴⁴ŋu³³nɛ²⁴·³³". tʰi²¹bɔ³³ kʰu³³ tʰi²¹ sɤ²¹ sŋ³³
看见　你妻子鱼红　　你妻子鱼红　　　他对喊　他就血
nʰã³², ji²¹³ tʰi²¹ tɕʰi⁴⁴ bɔ³³ dɛ⁴⁴:"ŋu³² na³³ ma²¹ ŋ⁴⁴ uo²⁴". tʰi²¹ tɕʰi⁴⁴ dɛ⁴⁴:"kʰɤ²¹
滚　去　他　妻子　对　说　我　你　不要了　他妻子说

sɤ²¹ ɳɛ²¹³ ŋu²¹ ma²¹ ŋɔ⁴⁴?" tʰi²¹ dɛ⁴⁴: "su³³" kʰu²¹ ɳɛ²¹³ dɤ⁴⁴ ŋu²¹ bɔ³³ dɛ⁴⁴: 'na²¹
怎样　是　我　不要　他　说　人　每　个　我　向　说　你
tɕʰi⁴⁴ŋu³³nɛ²⁴·³³, na²¹tɕʰi⁴⁴ŋu³³nɛ²⁴·³³.' dɔ⁵⁵nũ³³ma²¹sɛ³³, na²¹ma²¹ŋɔ⁴⁴uo²⁴."
妻子鱼红　　你妻子鱼红　　话听不好　你不要了

tʰi²¹tɕʰi⁴⁴dɛ⁴⁴: "dzʅɤ⁴⁴ dzʅɤ⁴⁴ ma²¹ŋɔ⁴⁴ nɔ⁴⁴ tɕa²¹pa²¹ma²¹ŋɔ⁴⁴?" tʰi²¹dɛ⁴⁴:
他妻子说　真　真　不要　或者假　不要　他说
"dzʅɤ⁴⁴dzʅɤ⁴⁴ma²¹ŋɔ⁴⁴." tʰi²¹tɕʰi⁴⁴sɤ²¹ji²¹³ji²¹tsŋ²¹³, ji²¹gɯ²⁴tɕʰi⁴⁴kʰɔ⁴⁴dzɤ²¹,
真　真　不要　他妻子就去　水跑　水浸脚板齐
"na²¹ŋɔ⁴⁴ŋɔ⁴⁴si³³?" tʰi²¹va³³tsʰɔ³³dɛ⁴⁴: "ma²¹ŋɔ⁴⁴." ji²¹gɯ²⁴bɯ³²tsi⁴⁴dzɤ²¹,
你要要　他丈夫说　不要　水浸膝盖齐
"na²¹ŋɔ⁴⁴ŋɔ⁴⁴si³³?" tʰi²¹va³³tsʰɔ³³dɛ⁴⁴: "ma²¹ŋɔ⁴⁴." ji²¹gɯ²⁴tʰu³³pʰa⁵⁵dzɤ²¹,
你要要　他丈夫说　不要　水浸大腿齐
"na²¹ŋɔ⁴⁴ŋɔ⁴⁴si³³?" tʰi²¹va³³tsʰɔ³³dɛ⁴⁴: "ma²¹ŋɔ⁴⁴." ji²¹gɯ²⁴dzu⁵⁵bɛ³²dzɤ²¹,
你要要　他丈夫说　不要　水浸腰齐
"na²¹ŋɔ⁴⁴ŋɔ⁴⁴si³³?" tʰi²¹va³³tsʰɔ³³dɛ⁴⁴: "ma²¹ŋɔ⁴⁴." ji²¹gɯ²⁴la⁵⁵ta³²dzɤ²¹,
你要要　他丈夫说　不要　水浸胳肢窝齐
"na²¹ŋɔ⁴⁴ŋɔ⁴⁴si³³?" tʰi²¹va³³tsʰɔ³³dɛ⁴⁴: "ma²¹ŋɔ⁴⁴." ji²¹gɯ²⁴ɳɛ⁴⁴pi⁴⁴dzɤ²¹, "
你要要　他丈夫说　不要　水浸嘴巴齐
na²¹ŋɔ⁴⁴ŋɔ⁴⁴si³³? tʰi²¹va³³tsʰɔ³³dɛ⁴⁴: "ma²¹ŋɔ⁴⁴." tʰi²¹sɤ²¹va⁵⁵dzu³³ɲi³³dzu³³
你要要　他丈夫说　不要　他就猪叫牛叫
lu⁴⁴mu³³dzu³³tɕʰi⁵⁵dzu³³ɣa³²dzu³³, ji⁵⁵ji²¹tso⁵⁵ji²¹tɕʰi²¹kɯ⁴⁴dza⁵⁵ji²¹³·²¹uo²⁴.
马叫羊叫鸡叫　　　　完全跳水　里下去了
tʰi²¹va³³tsʰɔ³³sɤ²¹tɕʰi²¹³dzu⁵⁵tsa³²tɕʰi²¹dza⁵⁵lɛ²⁴, ʰi²¹du³³mo⁴⁴ji²¹³ɲi³³tɤ³³ji²¹³,
他丈夫　就急　腰带解下来　他以后　去牛拴去

ŋi³³na³²du³³tʰa²¹pa³²·²¹tɤ³²u³³dɤ⁴⁴tɤ³³xɚ³².
牛 眼睛 一只 瞎 那个 拴着

　　tʰi²¹du³³mɔ⁴⁴ni⁴⁴ma²¹ni²¹ji²¹tɕi⁵⁵dzʰɛ⁴⁴ni²¹³ŋɯ³³, tʰa²¹ni²¹dzɔ²¹gʰɔ²¹ku³²
　　他 以后 日 不 日 水 边 坐 哭 一 日 有 仙人
tʰa²¹dɤ⁴⁴lɛ²⁴tʰi²¹bɔ³³tɕɛ²¹³, tʰi²¹dɔ⁵⁵nu³³:"na²¹mu³³tʂu⁴⁴ŋɯ³³?" tʰi²¹dɛ⁴⁴:
一个 来 他 旁边 到 他 话 问 你 什么 哭 他 说
"ŋu²¹tɕi⁴⁴tso⁵⁵ji²¹bɤ²¹a⁵⁵dɤ⁴⁴kɯ⁴⁴dza⁵⁵ji²¹³, dzɛ³³mɤ̃³³ji⁵⁵ji²¹tʰia²¹dɤ⁵⁵dza⁵⁵
我 妻子 跳 水塘 这个 里 下 去 牲口 都 被他带下
ji²¹³uo²⁴." gʰɔ²¹ku³²tʰi²¹bɔ³³dɛ⁴⁴:"na²¹tsʰu³³sa³³ŋɚ⁴⁴vɔ²¹³·²¹ŋu²¹dzu³³, ŋu²¹
去了 仙人 他对说 你 盐 三 斤 买 我 吃 我
na²¹du⁴⁴ji²¹tɕʰi⁵⁵dʰɔ²¹³fɔ³², tʰi²¹sɤ²¹du³²·³³lɛ²⁴·³³uo²⁴." tʰi²¹sɤ²¹tʰi²¹dɔ⁵⁵nu⁴⁴
你 同 水 喝 干 他 就 出 来 了 他 就 他 话 听
sa³³ŋɚ⁴⁴vɔ²¹³·²¹tʰi²¹dzu³³. gʰɔ²¹ku³²tʰi²¹bɔ³³dɛ⁴⁴:"na³³na²¹tɕi⁴⁴pʰa³³ŋɔ²¹³tʰa²¹
三 斤 买 他 吃 仙人 他 对 说 你 你 妻子 若 见 莫
uɔ²¹³." u³³dɛ⁴⁴sɤ²¹tʰi²¹dɔ⁵⁵kʰu³³·²¹, "ŋ̍³³".
笑 那个 就 他 话 答应 是

　　gʰɔ²¹ku³²sɤ²¹ji²¹³tʰi²¹du⁴⁴ji²¹tɕi⁵⁵tʂɤ⁴⁴fɔ³², tʰi²¹tɕʰi⁴⁴ji²¹tʰɔ³³tsɿ³², ni²¹³pa²¹
仙人 就 去 他同水 吸干 他妻子水底在 坐板
ti⁴⁴tʰa⁵⁵tsɤ⁴⁴vi³²·²¹lu³²nɚ⁵⁵, ŋi³³ɬu⁴⁴, tɕi⁵⁵ɬu⁴⁴, tɕʰi²¹sɤ⁴⁴tʰi²¹tɕi⁴⁴ŋɔ²¹³
凳上在 花 缝 牛放 羊放 他就他妻子见
uɔ²¹³·²¹, ni⁴⁴dɤ⁴⁴dzɔ⁴⁴ŋɔ²¹³uɔ²¹³·²¹, gʰɔ²¹ku³²zʅ²¹³tʂu⁴⁴ma²¹dɔ²¹³, ji²¹tɕʰi⁵⁵
笑 两个互相见笑 仙人 忍住不得 水
pʰɤ³³du³²·³³lɛ²⁴·³³, ji²¹tɕʰi⁵⁵uɔ³³tɔ³²tʰi²¹tɕʰi⁴⁴ma²¹ŋɔ²¹³. tʰi³³tʰa²¹ʂɚ³²ni³³ma²¹
倒 出 来 水大起他妻子不见 他 一 下 也 不
ɕɛ⁴⁴gʰɔ²¹ku³²tɕʰɔ²¹³, gʰɔ²¹ku³²tʰi²¹dɔ⁵⁵ma²¹kʰu³³, u³³ʂɚ³²dzɤ³³dzɤ³²tʰi²¹tɕi⁴⁴
闲 仙人 求 仙人 他话不 答应 那下 从 他妻子
dɤ³²ma²¹xɚ³².
娶 不 得

二、a²¹mɔ³³ni⁴⁴fɔ⁴⁴
　　　姑娘　两姐妹

a²¹ɣɤ²⁴ni²¹a²¹mɔ³³ni⁴⁴fɔ⁴⁴ dzɔ²¹³, uɔ³³uɔ³³dɤ⁴⁴a²¹kɯ⁴⁴su³³⁻²¹sɔ²¹³pʰu⁴⁴,
古　日　姑娘　两姐妹有　大　大　个　家里　人　富　人
ȵɔ³³ȵɔ³³dɤ⁴⁴a²¹kɯ⁴⁴na³²sɿ⁴⁴.
小　小　个　家里　难事

tʰa²¹ni²¹dzɔ²¹³ȵɔ³³ȵɔ³³dɤ⁴⁴ji²¹³tʰa²¹vi⁵⁵bɔ³³dzu³³kʰo⁴⁴dɤ³², tʰa²¹vi⁵⁵tʰi²¹
一　日　有　小　小　个　去　他　姐　向　吃　食　取　他　姐　他
bɔ³³dɛ⁴⁴:"na³³ŋu²¹du⁴⁴ɯ³³dɯ³³tʰa⁵⁵ɕɛ²¹tɕa³²·³³gɤ²¹³·³³, ŋu²¹tʂʰɛ²¹tʰu²⁴·³³
对　说　你　我　同　头　上　虱子　捕　完　我　谷　白
tʰa²¹sɿ³³na²¹xo²¹³." tʰi²¹ȵɔ³³mɔ²¹³sɤ²¹u³³tɕi⁵⁵ɕɛ²¹tɕu⁴⁴vɛ³²tʰi²¹du⁴⁴ɯ³³dɯ
一　升　你　送　他　小　妹　就　木梳　篦子　拿　他　同　头
tʰa⁵⁵ɕɛ²¹tɕa³². tɕa³²·³³gɤ²¹³·³³, tʰa²¹vi⁵⁵sɿ³³vɛ³²tʂʰɛ²¹tʰa²¹sɿ³³dzɔ²¹³tʰi²¹
上　虱子　捕　捕　完　他　姐　升　拿　谷　白　一　升　量　他
dzɛ⁴⁴. tʰi²¹ȵɔ⁴⁴mɔ²¹³tʰi²¹bɔ³³vɛ³²gɯ³³ji²¹³·³³tʂa⁵⁵ȵi³²·²¹dʰɯ²⁴·³³.
给　他　小　妹　他　向　拿　回　去　煮　心　想

tʰa²¹tsa²¹ji²¹³, tʰa²¹vi⁵⁵tsɛ⁴⁴tʰi²¹du³³mo⁴⁴ɡʰa²⁴lɛ²⁴·³², tʰi²¹ɡʰa²⁴xɤ³², tʰa²¹
一　段　去　他　姐　又　他　后面　赶　来　他　赶　着　他
vi⁵⁵tʰi²¹bɔ³³dɛ⁴⁴:"tʂʰɛ²¹tʰu²⁴·⁴⁴na²¹ma²¹dzɛ⁴⁴uo²⁴·³³, na³³ŋu²¹du⁴⁴ɕɛ²¹tɕa³²
姐　他　对　说　谷　白　你　不　给　了　你　我　同　虱子　捕
ma²¹gɤ²¹³." sɤ²¹tʰi²¹ȵɔ³³mɔ²¹³bɔ³³tʂʰɛ²¹tʰu²⁴·³³tʰui⁴⁴gɯ³³ji²¹³, tʰi²¹ȵɔ³³mɔ²¹³
不　完　就　他　小　妹　向　谷　白　退　回　去　他　小　妹
wu²¹ŋu³³wu²¹ŋu³³ji²¹³, ji²¹³dzɔ³²pʰa³²tɕʰɛ²¹³, bu³²sɔ³³tʰa²¹tɕɛ³³ji⁵⁵dzɔ³²
一面哭　一面哭　去　去　路　半　到　　蛇　一　条　睡　路
tʂʰo³²tsɤ⁴⁴, tʰi²¹dzɔ³²ga⁵⁵sɿ³³bu³²ʂɔ³³dzɔ³²ga⁵⁵tʰi²¹dʰɤ²⁴ji²¹³·²¹, dzɔ³²dʑi⁴⁴sɿ³³,
中　在　他　路　上　走　蛇　路　上　他　拦　去　路　下　走
dzɔ³²dʑi⁴⁴tʰi²¹dʰɤ²⁴ji²¹³·²¹, tʰi²¹sɤ²¹ji²¹³du²⁴ma²¹do²¹³, sɤ²¹³kɯ³³kɔ⁴⁴tsɤ⁴⁴bʰɛ³³
路　下　他　堵　去　他　就　去　通　不　得　就　跪　拾　在　衣服

mɔ³³vɛ³²du³³, bu³²ʂɔ³³u³³tɕəʔ³³ sɤ²¹lɤ⁴⁴ tʰi²¹bʰɛ³³mɔ³³kɯ⁴⁴ji²¹³·³³, tʰia²¹tʰɤ³²
襟 拿 接   蛇 那条 就 钻 他 衣服 襟 里 去   被他包
gɯ³³ji²¹³·³³, vɛ³²ɕɛ²¹tʂɔ³³kɯ⁴⁴tsɤ⁴⁴tʂa⁵⁵dzu³³ȵi³²·³³dʰɯ²⁴,ji²¹tɕʰi⁵⁵tʰa²¹tʂɔ³³
回 去   拿 铁 锅 里 在 煮 吃 心 想 水 一 锅
də³²tsɤ⁴⁴,si³²ȵɛ²¹bɤ²¹tɛ⁵⁵tʰia²¹bɤ²¹tʰa²¹xã²⁴tʂa⁵⁵ji²¹³si³²ȵɛ²¹bɤ²¹pʰu²¹³·²¹
装 在 木甑盖 打 被他盖 一 夜 煮 去 木甑盖 掀
tʰɤ⁴⁴,bu³²ʂɔ³³u³³tɕəʔ³³ɣɤ²¹³dzu³³ȵi³²·³³dʰɯ²⁴·³³,si³²ȵɛ²¹bɤ²¹pʰu²¹³·²¹,tʰɤ⁴⁴
开 蛇 那条 切 吃 心 想   木甑盖 掀 开
ma²¹do²¹³,tʰi²¹kɯ⁴⁴ji²¹tɕʰi⁵⁵u³³tʂʰɔ³³tʂa⁵⁵fɔ³²,tsɛ⁴⁴ji²¹³pʰu²¹³·²¹,pʰu²¹³·²¹
不 得 他 里 水 那锅 煮 干 又 去 掀 掀
tʰɤ⁴⁴uo²⁴,tʰi²¹kɯ⁴⁴tʰu⁴⁴tʰa²¹ɕɛ²¹tʂʰɔ³³tʂa⁵⁵tʰi²¹kɯ⁴⁴tsɤ⁴⁴,du³³mɔ⁴⁴tʰi²¹sɤ²¹su²¹
开了 他里 银一 铁 锅 煮他里 在 以后 他就人
sɔ²¹³pʰu⁴⁴tʰə⁵⁵.
富 人 成

tʰa²¹vi⁵⁵lɤ³²lɤ²¹lɤ³²ʂu³³,tʰi²¹mi³³tɕʰɯ³³tʰia²¹vɯ⁴⁴dzu³³gɤ²¹³·³³.tʰa²¹
他 姐 慢 慢 穷 他 地产 被他 卖 吃 完 一
ni²¹dʐɔ²¹³dzu³³lu³³ma²¹dʐɔ²¹³,ji²¹³tʰi²¹ȵɔ³³mɔ²¹³bɔ³³tʂɛ²¹tʰu²⁴·⁴⁴ʂu³³,tʰi²¹
日 有 吃 物 没 有 去 他 小妹 向 谷 白 讨 他
ȵɔ³³mɔ²¹³dɛ⁴⁴: "a²¹vi⁵⁵na²¹tɕʰə⁴⁴tɕʰə⁴⁴si³³ʔtʰa⁴⁴gɯ⁴⁴ȵu²¹na²¹bɔ³³tʂɛ²¹tʰu²⁴·⁴⁴
小妹 说 阿姐 你 醒 醒 吗 那时 我 你 向 谷 白
ʂu³³,na²¹ȵu²¹kʰu³³na²¹du⁴⁴ɯ³³dɯ³³tʰa⁵⁵ɕɛ²¹gʰa²⁴gɤ²¹³·²¹,na²¹tʂɛ²¹tʰu²⁴·⁴⁴
讨 你 我 喊 你 同 头 上 虱子 赶 完 你 谷 白
tʰa²¹ʂɿ³³ȵu³²dʐɛ⁴⁴,vɛ³²·²¹dzo³²pʰa²¹tɕɛ²¹³,xã²¹³na²¹gʰa²⁴gɯ³³ji²¹³·³³.ȵu²¹
一 升 我 给 拿 路 半 到 还 你 赶 回 去 我
na²¹ma²¹dʐɛ⁴⁴uo²⁴,tʰa²¹mu²¹ni³³kʰu²¹tʂʅ³³ma²¹ŋɔ⁴⁴."tʰa²¹vi⁵⁵sɤ²¹tsɤ²¹³tʰia²¹
你 不 给 了 一 颗 也 希望 不 要 他 姐 就 折 他家
kɯ⁴⁴gɯ³³ji²¹³·³³,ji²¹dzo³²pʰa³²tɕʰɛ²¹³,tsɛ⁴⁴bu³²ʂɔ³³tʰa²¹tɕɔ³³tʰi²¹pʰu⁵⁵lɛ²⁴,
里 回 去 去 路 半 到 又 蛇 一条 他 遇 来
tʰi²¹sɤ²¹bʰɛ³³mɔ³³tʰɛ³²kɔ⁴⁴du³³,bu³²ʂɔ³³lɤ⁴⁴tʰi²¹bʰɛ³³mɔ³³kɯ⁴⁴gɯ³³ji²¹³·³³.
他 就 衣服 襟 放开 拾 接 蛇 钻 他 衣服 襟 里 回 去

tʰia²¹tʰɤ³²a²¹kɯ⁴⁴tɕʰɛ²¹³. mu³³tu⁴⁴tɕɛ³²ɕɛ²¹tʂɔ³³（或 lo³²tʂo³²）tsɤ⁴⁴, sɤ²¹tʂa⁵⁵
被他包 家里 到 火 烧 铁锅 灶 在 就 煮
dzu³³n̩i³²·³³dʰɯ²⁴·³³. tʰa²¹xã²⁴tʂa⁵⁵bu³²ʂɔ³³u³³tɕɚ³³tʂa⁵⁵ma²¹tʰɤ⁵⁵, tʂɔ²¹tʂɔ²¹
吃 心 想 一 夜 煮 蛇 那条 煮 不 成 常 常
kɚ³³lɚ³³lɚ³³tʰa²¹tʂuɚ³³tʰi²¹ɕi²¹tʂɔ³³kɯ⁴⁴tsʰɿ³², tʰia²¹vɛ³²du³²·³³ɬɛ²⁴·³³ɣɤ²¹³
弯 弯 一圈 他 铁锅 里 在 被他拿出 来 切
dzu³³, sɤ²¹tʰi²¹tu²¹³ɕi⁴⁴uo²⁴·³³.
吃 就 他 毒死了

di³³do³³ɕi²¹³dɤ⁴⁴xɛ̃²⁴dɤ⁴⁴ɕi⁴⁴
三、和尚七个八个死

su³³mu³³pʰu⁴⁴tɕʰi⁴⁴tʰa²¹dɤ⁴⁴dzɔ²¹³, tʰa²¹xã²⁴dzɔ²¹³tʂɛ²¹·²¹³dzu³³bʰu³²ji²¹³
书 教 人 妻子 一 个 有 一 夜 有 晚饭 吃饱 去
uɔ⁴⁴vɔ²¹³.
菜 买

　bɯ³²xɚ̃³³tʰa²¹dzo²¹gʰu³³dɛ³³tɕʰɛ²¹³, di³³do³³ɬa⁴⁴zu³³ɕi²¹³dɤ⁴⁴tʰi²¹ŋ²¹³,
佛 房 一 所 门 到 和尚 青年人 七 个 他 看见
tʰɛ⁴⁴tʰi²¹sɚ²¹³bɯ³²xɚ̃³³kɯ⁴⁴ji²¹³·³³.
他们他拉 佛 房 里 去

　tʰi²¹du³³mɔ⁴⁴gɯ³³lɛ²⁴·³³dɛ³³tʰi²¹va³³tsʰɔ³³mu³³. tʰɛ⁴⁴ni⁴⁴dɤ⁴⁴dzɔ⁴⁴du⁴⁴
他 以后 回 来 说 他 丈夫 教 他们 两 个 互相 同
ʂa³³lia³³, tʰɛ⁴⁴xɚ̃³³kɤ²¹³la⁴⁴kɯ⁴⁴bu²¹ɬu³²tʰa⁵⁵dɤ⁴⁴kɚ⁵⁵, tʰi²¹tʰa⁵⁵bɤ²¹ʂɤ³²tʰa²¹
商量 他们 房子角 落里 洞 一 个 掘 他 上 盖子 一
tɔ³²pɛ⁴⁴, uɔ⁴⁴ʂʅ³³tsʰɔ²¹³ni⁴⁴tɕi³²vɔ²¹³a²¹kɯ⁴⁴tsɤ⁴⁴.
块 做 菜子油 两 驮 买 家里 在

　tʰa²¹xã²⁴dzɔ²¹³tʰi²¹tɕʰi⁴⁴tsi³³di³³do³³u³³bɤ³²jo²¹³ji²¹³·²¹, tʰi²¹pʰa²¹³a²¹kɯ⁴⁴
一 夜 有 他 妻子 使 和尚 那起 约 去 他 逃 家里
vɤ⁵⁵, mɤ̃²¹³tɕʰi⁵⁵tɕʰɛ²¹³di³³do³³u³³ɕi²¹³dɤ⁴⁴tʰia²¹jo²¹³gɯ³³lɛ²⁴·³³, tʰɛ⁴⁴dzɔ⁴⁴du⁴⁴
躲 晚上 到 和尚 那 七 个 被他约 进 来 他们 互相 同

a²¹³kɯ⁴⁴ ni²¹³ siɔ³³ jɛ³³, dzu⁴⁴ bʰu³² ȵi³²·³ dʰɯ²⁴·³³ tʰiɔ²¹ va³³ tsʰɔ³³ a²¹ gʰu³³ kʰu³³,
家里 坐 消夜 吃 饱 心 想 他 丈夫 门 叫
di³³do³³u³³bɣ³²·²¹dʑu³², pʰa²¹³vɣ⁵⁵dzɔ⁵⁵ma²¹dʑɔ²¹³.
和尚 那起 怕 逃 躲 处 没 有
　　　　tʰi²¹tɕʰi²¹tʰɛ⁴⁴ mu³³bu²¹ɬu²¹kɯ⁴⁴sa⁵⁵, si³²pʰɛ⁴⁴vɛ³²tʰɛ⁴⁴tʰa⁵⁵bɣ²¹, du³³mu³³
　　　　他 妻子 他们 教 洞 里 下 木板 拿 他们 上 盖 赶紧
uɔ²⁴ʂʅ³³tsʰɔ²¹liɛ⁴⁴, mu³³pʰa²¹vɛ³²kə⁵⁵, di³³do³³u³³bɣ³²tʰa⁵⁵sa⁵⁵, di³³do³³u³³ɕi²¹³
菜子油 炼 瓢 拿 舀 和尚 那起 上 下 和尚 那七
dɣ⁴⁴tʰɛ⁴⁴a²¹tʰɯ³²ɕi⁴⁴. ji²¹³tʰɛ⁴⁴bɔ³³pa³²lu²¹ʂu²¹u³³dɣ⁴⁴kʰu³³tʰɛ⁴⁴du⁴⁴bɯ⁴⁴, ta²¹
个 他们 被烫 死 去 他们 旁边 哑巴 那个 喊 他们 同 背 一
dɣ⁴⁴gʰɔ²⁴tʰi²¹gɯ³³lɛ²⁴·³³a²¹kɯ⁴⁴tɕʰɛ²¹³, tʰɛ⁴⁴tʰi²¹bɔ³³dɛ⁴⁴: "na³³bɯ⁴⁴kʰa⁴⁴
个 拖 他 回来 家里 到 他们他 向 说 你 背 那
ma⁵⁵dʑɔ²¹³?kʰɣ²¹sɣ²¹ȵɛ²¹³na³³ma²¹gɯ³³lɛ²⁴·³³si³³, tʰi²¹na³³tɕɛ⁵⁵gɯ³³lɛ²⁴·³³?"
里 有 怎样 是 你 不 回 来 呀他 你 先 回 来
du³³mu³³bɯ⁴⁴vi³³vi³³dzɔ⁴⁴xo²¹³, tʰa²¹ʂə³²ni³³ma²¹ɕa⁴⁴bɯ⁴⁴, bɯ⁴⁴ɕi²¹³dɣ⁴⁴u³³
赶紧 背 远远处 送 一下 也 不 暇 背 背 七 个 那
dɣ⁴⁴tʰa⁵⁵tɕʰɛ²¹³, tʰia²¹fə⁴⁴di³³do³³ɬi³³bɣ²¹sa⁵⁵. di³³do³³mɔ⁴⁴kɣ³²tʰa²¹dɣ⁴⁴tʰi²¹
个 上 到 被他丢 和尚 屎塘 下 和尚 老衰 一 个 他
kɯ⁴⁴ɬi³³pɛ⁴⁴, du³³mu³³xɣ̃²⁴to³², "mu⁴⁴tsu⁴⁴ȵɛ²¹³?"lu²¹ʂu²¹tʰi²¹ŋ³³, "ŋu²¹
里 屎 撒 赶紧 站 起 什么 是 哑巴 他 见 我
ma²¹gɯ³³ji²¹³·³³si³³, na³³ŋu²¹tɕɛ⁵⁵gɯ³³ji²¹³·³³ŋua²¹!"tʰia²¹ta²¹fə⁴⁴ɬi³³bɣ²¹kɯ⁴⁴
不 回 去 呀你 我 先 回 去 要啊 被他抱丢 屎塘里
sa⁵⁵, di³³do³³mɔ⁴⁴kɣ³²ni³³nʰo²⁴ɕi⁴⁴uɔ²⁴·⁴⁴.
下 和尚 老衰 也 淹 死 了

tʂa³³nɛ⁵⁵
四、张奈（一）

tʂa³³nɛ⁵⁵tʰa³³ɣɯ³³mɔ⁴⁴tʰi²¹bɔ³³dɛ⁴⁴: "na³³pɣ²¹ʂʅ²¹³dʑɔ²¹³, ŋu²¹tɕʰi⁵⁵ʂɣ⁴⁴
张奈 他 舅父 老他 对 说 你 本事 有 我 羊 阉

a⁵⁵ dʁ⁴⁴ si⁵⁵ dzu³³ xɚ³² kɯ³³." tʂa³³ nɛ⁵⁵ dɛ⁴⁴:"a³³ ɣɯ³³, na²¹ mɔ⁴⁴ uo²⁴ ŋu²¹ na³³ bʁ²¹
这个 杀吃 着 会 张奈 说 舅舅 你 老 了 我 你的
si⁵⁵ dzu³³ ma²¹ ja⁴⁴." tʰa³³ ɣɯ³³ mɔ⁴⁴ dɛ⁴⁴:" dzu³² ma²¹ ŋɔ⁴⁴." tʂa³³ nɛ⁵⁵ dɛ⁴⁴:
杀吃 不愿 他舅老 说 怕 不要 张奈 说
"a³³ ɣɯ³³, ŋu²¹ na³³ bʁ²¹ si⁵⁵ pʰa³³ dzu³³ lɛ²⁴·³³, li⁴⁴ lɚ³³ mɯ³²·²¹ to³²·³³ lɛ²⁴·³³. tʰa³³
舅舅 我 你的 杀 若 吃 来 喇叭 吹 起 来 他
ɣɯ³³ dɛ⁴⁴:"ŋ̍³³."
舅舅 说 是

tʰa²¹ xã²⁴ dzɔ²¹³ tʂa³³ nɛ⁵⁵ tɛ⁵⁵ mɯ³²·²¹ mɯ³² lɛ²⁴ tʰi²¹ xɚ³² tɛ²¹ ɬɛ³², ni⁴⁴ xã²⁴
一 夜 有 张奈 打 打吹 吹 来 他房 对面 两夜
tɕʰɛ²¹³ tʰa²¹ ɣɯ³³ mɔ⁴⁴ ji⁵⁵ ma²¹ tɕi⁵⁵. ni⁴⁴ sa³³ xã²⁴ uo²¹³ tʰi²¹ dzɛ⁴⁴, tʰa³² xã²⁴ dzɔ²¹³
到 他舅父老 睡 不 敢 二 三 夜 熬 他 给 一 夜 有
li⁴⁴ lɚ³³ ma²¹ mɯ³², a²¹ bu²¹ bu³² lɛ²⁴ tʰa³³ ɣɯ³³ mɔ⁴⁴ bʁ²¹ tɕʰi⁵⁵ sʁ⁴⁴ si⁵⁵ dzu³³. tɕʰi⁵⁵
喇叭 不 吹 悄悄 来 他舅父老 的 羊 阉 杀 吃 羊
dʐi²¹ kʰɔ⁴⁴ da⁴⁴ dzɛ⁴⁴ bɯ¹ tsʁ⁴⁴, tɕʰi⁵⁵ wu²¹ vɛ³² da⁴⁴ dzɛ⁴⁴ bʁ⁵⁵ tsʁ⁴⁴, tɕʰi⁵⁵ fɯ²¹ ka⁴⁴
皮 铺 楼梯 头 在 羊 肠 拿 楼梯 脚 在 羊 卵 挂
tʰa³³ ɣɯ³³ mɔ⁴⁴ na³² kʁ³³ bɯ¹ tsʁ⁴⁴, tɕʰi⁵⁵ ɯ³³ dɯ³³ vɛ³²·²¹ lo³² tso³² kɯ⁴⁴ tsʁ⁴⁴, tɕʰi⁵⁵
他 舅父老 眼皮 头 在 羊 头 拿 灶 里 在 羊
ŋɛ⁴⁴ pu²¹ tu³² ŋa⁵⁵, ɕɛ²¹ tʂʰɔ³³ mu⁴⁴ a²¹ gʰu³³ nũ²¹ tsʁ⁴⁴, ji²¹³ tʰa³³ ɣɯ³³ mɔ⁴⁴ xɚ̃³³
嘴 撑 张 铁锅 翻 门 后 在 去 他舅父老 房
tɛ²¹ ɬɛ³² da⁴⁴ ji²¹³·³³, li⁴⁴ lɚ³³ mɯ³²·²¹ mɯ³² tɕʰɔ⁴⁴ mɯ³².
对面 上 去 喇叭 吹 吹 震 吹

tʰa²¹ ɣɯ³³ mɔ⁴⁴ du³³ mu³² to³²·³³ lɛ²⁴·³³, ji²¹³ da⁴⁴ dzɛ⁴⁴ bɯ²¹ tɕʰɛ²¹³, dʰʁ³² tɕʰi⁵⁵
他舅父老 赶快 起 来 去 楼梯 头 到 踩 羊
dʐi²¹ tʰa⁵⁵ tsʁ⁴⁴ xɚ³², dʰa²⁴ kua⁴⁴ da⁴⁴ dzɛ⁴⁴ bʁ⁵⁵ tɕʰɛ²¹³, tʰi²¹ bo³³ pʰa³² tʰa²¹ ʂɚ³²·³³
皮 上 在 着 滑 跌 楼梯 头 到 他旁边 一 下
mɔ²¹³·³³, tɕʰi⁵⁵ wu²¹ mɔ²¹³ xɚ³², tʰi²¹ dɛ⁴⁴:"ŋu²¹ wu²¹ kua⁴⁴ du³² lɛ²⁴·³³ uo²⁴·³³."
摸 羊肠 摸 着 他 说 我肠 跌 出 来 了
tʰi²¹ ɯ³³ dɯ³³ tʰa⁵⁵ tʰa²¹ ʂɚ³²·³³ mɔ²¹³·³³," ŋu²¹ na³² sɔ³³ kua⁴⁴ du³²·³³ lɛ²⁴·³³
他 头 上 一 下 摸 我 眼珠 跌 出 来

$uo^{24\cdot33}$." ji^{213} lo^{21} tso^{32} g^hu^{33} $ɳɛ^{44}$ mu^{33} tu^{44} $tɕɛ^{32}$ $ɲi^{32\cdot33}$ $d^hɯ^{24\cdot33}$, la^{55} p^ha^{21} $tʂ^hɛ^{32}$
了 去 灶 门口 火 暖 心想 手 伸
$lo^{21}tso^{32}$ $kɯ^{44}$ $mu^{33}tu^{44}$ $vɛ^{32}$, t^hi^{21} la^{55} $p^ha^{21}tʂ^hɛ^{32}$ $tɕ^hi^{55}$ $ɳɛ^{44}$ pu^{21} $tsɤ^{33}$ $xə^{32}$, t^hi^{21}
灶里 火 拿 他 手 伸 羊 嘴 在 着 他
$dɛ^{44}$:"$lo^{21}tso^{32}$ $sɚ^{21}$, na^{21} na^{44} $uɛ^{32}$, $ŋu^{21}$ vi^{44} $ɳɛ^{33}$ ma^{21} vi^{44}", ji^{213} a^{21} g^hu^{33} $nũ^{21}$
说 灶 神 你 难为 我 裤 不 穿 去 门 后
$na^{32\cdot21}$ na^{32} t^ha^{32} $dɤ^{21}$ $ŋu^{44}$, t^hi^{21} k^ha^{44} $tɕ^{h33}$ $ɳɛ^{213}$ su^{21} xo^{213}, t^hi^{21} $dɛ^{44}$:"$tɕ^{h33}$ $ɕi^{44}$
黑 黑 一 个 见 他 以为 狗 是 他 说 狗 死
$mɔ^{44}$, su^{33} $lɛ^{24}$ na^{21} ma^{21} $n^hõ^{44}$ mu^{33} tsu^{44} $pɛ^{44}$?" t^hia^{21} $lu^{32\cdot21}$ mo^{32} t^ha^{21} $bɤ^{44}$ $tɛ^{55}$ t^hi^{21}
尸 人 来 你 不 吠 什么 做 被他 石头 一 块 打 他
$dʑɛ^{44}$, t^hi^{21} $ɕɛ^{21}$ $tʂɔ^{33}$ t^hia^{21} $tɛ^{55}$ la^{213}.
给 他 铁 锅 被他 打 烂

五、张奈 $tʂa^{33}nɛ^{55}$ (二)

t^ha^{21} ni^{21} $dʑɔ^{213}$ t^ha^{33} $ɤɯ^{33}$ $mɔ^{44}$ $t^hɛ^{44}$ $ŋu^{33}$ t^ha^{21} $pɤ^{44}$ $ʂɤ^{33}$ $xə^{32}$. u^{33} $xã^{24}$ $tɕ^hi^{55}$ $tʂa^{33}$
一 日 有 他 舅父老 他们鱼 一 些 截 着 那 晚上 张
$nɛ^{33}$ $sɤ^{21}$ ji^{213} $t^hɛ^{44}$ $k^hɯ^{33}$. t^ha^{33} $ɤɯ^{33}$ $mɔ^{44}$ ji^{55} $gɤ^{213}$, t^hi^{21} t^ha^{33} $ɤɯ^{33}$ $mɔ^{44}$ $t^hɛ^{44}$ $bɤ^{21}$
奈 就 去 他们 偷 他 舅父老 睡 觉 他 他 舅父老 他们的
lu^{21} bu^{33} t^ha^{21} na^{32} $kɚ^{55}$ du^{24}, $lɤ^{44}$ $gɯ^{33}$ ji^{213}. t^ha^{21} $tsɤ^{24}$ t^hi^{21}, t^hi^{32} ma^{21} $xə^{32}$. t^hi^{33} $sɤ^{21}$
墙 一 洞 挖 通 钻 进 去 一 阵 摸 摸 不 着 他 就
$miɔ^{55}$ $miɔ^{55}$ $pɛ^{55}$ $mə^{44}$ $nɤ^{33}$ $sɔ^{44}$.
咪 咪 做 猫 学
t^ha^{33} $ɬa^{55}$ $mɔ^{44}$ $dɛ^{44}$:"$nɛ^{44}$ $ŋu^{33}$ $vɛ^{32}$ k^ha^{44} ma^{55} $tsɤ^{44}$?" t^hi^{21} va^{33} $ts^hɔ^{33}$ t^hi^{21} $dɔ^{55}$
他 舅母 说 你们鱼 拿 哪 里 在 他 丈夫 他 话
k^hu^{33}:"$vɛ^{32\cdot24}$ u^{33} po^{21} mo^{32} $kɯ^{44}$ $tsɤ^{44}$, $ɕɛ^{21}$ $tʂɔ^{33}$ $tɛ^{55}$ t^hia^{21} $bɤ^{21}$, $ɕa^{44}$ da^{44} $dʑɛ^{44}$ $bɤ^{21}$
答应 拿 那 钵 里 在 铁锅 打 被他 盖 歇 楼梯 头
$tsɤ^{44}$ $dɛ^{33}$." $tʂa^{33}$ $nɛ^{55}$ a^{21} bu^{32} $dʑu^{44}$, a^{44} $lɤ^{32}$ a^{44} $lɤ^{32}$ ji^{213} $t^hɛ^{44}$ du^{44} $ŋu^{33}$ ji^{55} ji^{21} $k^hɯ^{33}$
在 张奈 被 听见 慢 慢 去 他们同 鱼 完全 偷

du³²·³³lɛ²⁴·³³.
出　来

　　　　tʰi²¹ du³³ mɔ⁴⁴ tsɛ⁴⁴ ŋi³³ bɔ³³ tʰa²¹ mu²¹ vɛ³², tʰɤ⁴⁴ tʰa³³ ɣɯ³³ mɔ⁴⁴ tʰɛ⁴⁴ tsɤ⁵⁵
　　　　他　以后　再　柿子　一个　拿　放　他舅父老　他们中间
tsɤ⁴⁴, tʰa²¹ su⁴⁴ ji¹⁵⁵ tɕʰɚ⁴⁴, ŋi³³ bɔ³³ tʰɛ⁴⁴ a²¹ ji¹⁵⁵ la²¹³. tʰi²¹ tɕʰi⁴⁴ dɛ⁴⁴: "a²¹ mɔ³³ ɬi³³
在　一　觉睡醒　柿子　他们被睡烂　他妻子说　姑娘屎
pɛ⁴⁴ uo²⁴·³³." du³³ mu³³ bɤ²¹ lu³³ gʰɔ²⁴ pʰi⁵⁵, tsʰɛ²¹³ tʂa³³ nɛ⁵⁵ ɯ³³ dɯ⁴⁴ tʰa⁵⁵, tsɤ⁴⁴.
撒了　赶快　盖物拖开掉　张奈　头　上　在
tsɛ⁴⁴ tʂa³³ nɛ⁵⁵ a²¹ kʰɯ³³ du³²·³³ ji²¹³·³³.
再　张奈　被偷　出　去

　　　　du³³ mɔ⁴⁴ tʰɛ⁴⁴ mu³³ tu⁴⁴ tu⁴⁴ to³², a²¹ mɔ³³ ɬi³³ sʅ³² ŋi³²·³³ dʰɯ²⁴·³³ tʰɛ⁴⁴ bɤ²¹ lu³³
　　　　以后　他们火点起　姑娘屎揩心　想　他们盖物
ma²¹ ŋɔ²¹³ tsɛ⁴⁴ ji²¹³ tʰɛ⁴⁴ ŋu⁴⁴ ŋi³³, ŋu⁴⁴ ŋi³³ tʰi²¹ uɛ⁴⁴ ma²¹ dʐɔ²¹³. ji⁵⁵ ji⁵⁵ sua²¹
没见　又去他们鱼看　鱼看他位不　有　完全被别人
kʰɯ³³ vi³³ uo²⁴·³³.
偷　了

六、ji²¹ mɔ²⁴ 猩猩

　　　　a²¹ ɣɤ²⁴ ni²¹ tʰa²¹ ɣɤ⁴⁴ dʐɔ²¹³, a⁴⁴ pʰi³³ mɔ⁴⁴ kɤ³² tʰa²¹ dɤ⁴⁴ piɛ⁴⁴ ji²¹ mɔ²⁴ tʰɚ⁵⁵·²¹.
　　　　古日一家有　阿奶老衰一个变猩猩成
tʰa²¹ ni²¹ dʐɔ²¹³ ji²¹³ bɤ²¹ tʰa⁵⁵ tʰi²¹ zu³³ tɕʰi⁴⁴ kɔ⁴⁴ dzu³³ tʰi²¹ zu³³ tɕʰi⁴⁴ bɤ²¹ la⁵⁵
一日有　去山上他儿妻子拾　吃　他儿妻子的手
dzu²¹ kɔ⁴⁴ dɤ⁵⁵ ɡɯ³³ lɛ²⁴·³³, ɡu²¹ ti³³ tɕʰi⁴⁴ tɕʰɛ²¹³ a²¹ ɡʰu³³ kʰu³³·²⁴. tʰi²¹
镯　拾带回来　门前到　门叫他
tʰi²¹ ɬi³²·²¹ bɤ³² ni⁴⁴ fɔ³² a²¹ kɯ⁴⁴ tsʰʅ³², tʰa²⁴ pʰi³³ "a²¹ ɡʰu³³·²¹ pʰu²¹³·²¹ lɛ²⁴
孙女　两姊妹家里在　他奶　门　开来
a²¹ ɡʰu³³·²¹ pʰu²¹³·²¹ lɛ²⁴ kʰu³³." tʰi²¹ ɬi³²·²¹ bɤ³² ŋɔ³³ ŋɔ³³ u³³ dɛ⁴⁴ dɛ⁴⁴: "a⁴⁴ pʰi³³
门　开　来叫　他孙女　小小那个说　阿奶

na²¹ wu³³ tʰɯ⁴⁴ tʰɯ⁴⁴ bʰɯ³³˙²¹ ." tʰi²¹ ɫi³²˙²¹ bɤ³² uɔ³³ uɔ³³ dɤ⁴⁴ tɕɤ²¹³ tɕɤ²¹³ gʰu³³
你 力   使   使   推   他孙女   大   大 个 紧   紧   门

bʰɯ³³ kɔ³², " na³² ŋa²¹³ pʰi³³ ma²¹ ɲɛ²¹³." tʰa²¹³ pʰi³³ dɛ⁴⁴: "ɲɛ²¹³ tɔ³³, ŋu²¹ na²¹³
推着   你   我   奶   不   是   他   说   是   呢   我   你

pʰi³³ ɲɛ²¹³ tɔ³³." tʰi²¹ ɫi³²˙²¹ bɤ³² tʰi²¹ dɔ⁵⁵ kʰu³³, na²¹ ŋa²¹ pʰi³³ pʰa³³ ɲɛ²¹³, na²¹
奶   是   呢   他孙女   他 话 答应   你   我   奶   若   是   你

la⁵⁵ pʰa²¹ tʰa²¹ pa³² tʂɛ³² gɯ³³ lɛ²⁴˙³³, la⁵⁵ dzu²¹ dɤ⁵⁵ dɤ⁵⁵ ɲi³³. tʰa²¹³ pʰi³³ tʰi²¹
手   一   支   伸   进   来   手 镯   带   带   看   他   奶   他

la⁵⁵ pʰa²¹ tʂɛ³² a²¹ gʰu³³ bi⁴⁴ gɯ³³ lɛ²⁴˙³³, "a⁵⁵ dɤ⁴⁴ lɛ⁵⁵, ŋu²¹ la⁵⁵ dzu²¹ dɤ⁵⁵ tɔ³³."
手   伸   门   缝   进   来   这 个   呀   我   手   镯   带 着

tʰi²¹ ɫi³²˙²¹ bɤ³² sɤ²¹ a²¹ gʰu³³ pʰu²¹³˙²¹, tʰi²¹ dzɛ⁴⁴ tʰa²¹³ pʰi³³ gɯ³³ lɛ²⁴˙³³.
他孙女   就   门   开   他   给   他   奶   进   来

tʰa²¹ tʂɤ²⁴ lu⁵⁵, tʰa²¹³ pʰi³³ ji²¹ lɤ²¹ mɤ³³ kʰɤ⁵⁵, tʰi²¹ ɫi³²˙²¹ bɤ³² ɲɔ³³ ɲɔ³³ dɤ⁴⁴ du⁴⁴
一   阵   足   他   奶   水 热   焐   他孙女   小   小   个   同

gɤ²¹ pʰɤ³³ tsʰi³³. tʰa²¹ vi⁵⁵ ɣa³² ɫi³³ dɯ³³ tʰi²¹ tʰa⁵⁵ tsɤ⁴⁴. tʰi²¹ ɲɔ³³ mɔ²¹³ tʰa²¹ pɛ⁴⁴ dɛ⁴⁴,
身体   洗   他 姐   鸡   屎   挑   他   上   在   他   小   妹   莫   做   说

dɛ⁴⁴ tʰa²¹³ pʰi³³ mu³³: "ŋa²¹ vi⁵⁵ ɣa³² ɫi³³ dɯ³³ ŋu²¹ tʰa⁵⁵ tsɤ⁴⁴." tʰa²¹³ pʰi³³ tʰi²¹ bʰɔ³³
说   他   奶   教   我   姐   鸡   屎   挑   我   上   在   他   奶   他 骂

tʰa²¹ pɛ⁴⁴. tʰa²¹ vi⁵⁵ tia²¹ tʂɻ̩²¹ tsʰi³³, tsʰi³³ du³² xɔ⁴⁴ tʰi²¹ du⁴⁴ ji⁵⁵.
莫   做   他   姐   被   他   洗   洗   出   领   他   同   睡

tʰa²¹ vi⁵⁵ tʰa²¹ su⁴⁴ ji⁵⁵ tɕʰɚ⁴⁴, tʰa²¹³ pʰi³³ tʰi²¹ ɲɔ³³ mɔ²¹³ ɯ³³ pɯ³³ tɕʰɤ⁵⁵
他   姐   一   觉   睡   醒   他   奶   他   小   妹   骨   头   咬

bu³² dzu⁴⁴. tʰi²¹ tʰa²¹³ pʰi³³ bɔ³³ dɛ⁴⁴: "a⁴⁴ pʰi³³, na²¹ mu³³ tsu⁴⁴ dzu³³?" tʰa²¹³ pʰi³³
听见   他   他   奶   对   说   阿   奶   你   什   么   吃   他   奶

tʰi²¹ dɔ⁵⁵ kʰu³³: "ŋu²¹ a⁵⁵ nu³² tɕʰɤ⁵⁵ dɛ³³." tʰi²¹ dɛ⁴⁴: "a⁴⁴ pʰi³³, ŋu²¹ ni³³ ŋua³³!"
他   话 答应   我   豆   咬   呀   他   说   阿   奶   我   也   要啊

tʰa²¹³ pʰi³³ tʰi²¹ ɲɔ³³ mɔ²¹³ la⁵⁵ tʂɻ̩³² tʰa²¹ tɕɔ³³ vɛ³² tʰi²¹ dzɛ⁴⁴, tʰi²¹ sɤ²¹ dzu³².
他   奶   他   小   妹   手   指   一   个   拿   他   给   他   就   怕

tʰi²¹ bɛ⁴⁴: "a⁴⁴ pʰi³³, ŋu²¹ ɫi³³ pɛ⁴⁴ jia³³." tʰa²¹³ pʰi³³ tʰi²¹ dɔ⁵⁵ kʰu³³: "pɛ⁴⁴ a²¹
他 说   阿   奶   我   屎 撒   去啊   他   奶   他   话   答应   撒

gʰu³³nũ²¹tsɤ⁴⁴",tʰi²¹dɛ⁴⁴:"a²¹gʰu³³nũ²¹ŋa²¹³mʰɛ²⁴xɤ²⁴dʐɔ⁴⁴."pɛ⁴⁴lo³²·²¹tso³²
门 后 在 他说 门 后我 嫂 站处 撒 灶
gʰu³³ɲɛ⁴⁴tsɤ⁴⁴.tʰi²¹dɛ⁴⁴:"lo³²·²¹tso³²gʰu³³ɲɛ⁴⁴ŋa²¹³vɤ³³ni²¹³·³³dʐɔ⁴⁴".tʰi²¹
门 口 在 他说 灶 门 口 我 父亲坐 处 他
dɛ⁴⁴:"a⁴⁴pʰi³³,ŋu²¹tsɿ²¹³·²¹to³²pʰa³³dʑu³²,pɤ⁵⁵tʂa³²tʰa²¹tɕɔ³³ni⁵⁵ŋu²¹na³²bə³³
说 阿奶 我 跑 起若伯 草索 一 条 拴我 脖子
tʰa⁵⁵tsɤ⁴⁴,ŋu²¹tʰɤ²¹ʂu⁵⁵gu³²·²¹na³²du³²·³³ji²¹³·³³."
上在 我放 窗户 眼出 去

tʰa²¹³pʰi³³pɤ⁵⁵tʂa²¹ni⁵⁵tʰi²¹na³²bə³³tʰa⁵⁵tsɤ⁴⁴,tʰɤ⁴⁴ʂu⁵⁵gu³²·²¹na³²du³²·³³
他 奶草索拴他脖子 上 在 放窗户 眼出
ji²¹³·³³.tɕʰi³³tʰu²⁴·³³tʰa²¹dɤ⁴⁴lɛ²⁴tʰi²¹bo³³tɕʰɛ²¹³,tʰia²¹pɤ⁵⁵tʂa³²ni⁵⁵tɕʰi⁴⁴
去 狗 白 一 个来他旁边到 被他草索拴狗
tʰu²⁴·³³tʰa⁵⁵tsɤ⁴⁴.tʰa²¹³pʰi³³dɛ⁴⁴:"pɛ⁴⁴du³²·²¹du³²lo³³?ni⁴⁴sa³³tɕɛ⁴⁴dɔ⁵⁵nũ³³
白 上 在 他 奶说 撒出 出吗 两三 句 话问
tʰi²¹dɔ⁵⁵ma²¹kʰu³³,pɤ⁵⁵tʂa³²tʰa²¹ʂɤ³²gʰɔ²⁴,tɕʰi³³tʰia²¹gʰɔ²⁴ŋə⁴⁴,"tɕʰi³³ɕi⁴⁴
他话不 答应 草索一下拖 狗 被他拖 叫 狗 死
mɔ⁴⁴,ŋu²¹ɬi³²·²¹bɤ³²gʰɔ²⁴dɛ³³na²¹ma²¹gʰɔ²⁴,na²¹kʰɤ²¹sɤ²¹ɲɛ²¹³ŋə⁴⁴?"tʰia²¹
尸 我 孙女 拖 呢你 不 拖 你怎样 是 叫 被他
du³²·³³ji²¹³·³³ɲi³³,tʰi²¹ɬi³²·²¹bɤ³²a²¹,tɕʰi³³tʰu²⁴·³³tʰa²¹dɤ⁴⁴ni⁵⁵tʰia²¹tsɤ⁴⁴.
出 去 看他 孙女 呀狗 白 一个 拴 被他在

du³³mɔ⁴⁴ni²¹ɕɛ⁴⁴,tʰi²¹ɬi³²·²¹bɤ³²wu²¹ta³²tsʰi³³ji²¹³,ji²¹³ji²¹³tsɔ³²bo³³
以后 日早晨他 孙女 肠 抱洗 去 去水井 旁边
tɕʰɛ²¹³.tʰi²¹ɬi³²·²¹bɤ³²tʰi²¹dʑu³²ga⁵⁵si³²tʰa⁵⁵tsʰɿ³³,tʰi²¹ɲɔ³³mɔ²¹³wu²¹ŋɔ²¹³
到 他 孙女 他 上面 树上 在 他小妹肠 见
ɲi³²·²¹fə³².tʰi²¹ɬi³²·²¹bɤ³²na³²dʰɯ³³tʰa²¹na³²tsʰə²¹³tʰi²¹tɕʰɛ⁵⁵tsɤ⁴⁴,tʰi²¹dɛ⁴⁴:"
伤心 他 孙女 眼泪 一 点掉 他面前 在 他说
ŋu²¹ɬi³²·²¹bɤ³²na³²dʰɯ³³pʰa³³ɲɛ²¹³tsʰu³³kʰɔ³³,ji²¹tɕi⁵⁵pʰa³³ɲɛ²¹³də³²·²¹
我 孙女 眼泪 若是 盐 咸 水 若是 淡
də³²",tʰia²¹tʰa²¹bə²¹tsʰɿ⁴⁴lə⁴⁴,"tsʰu³³kʰɔ³³,tsʰu³³kʰɔ³³ja²¹!"tʰi⁵⁵dɯ³³va⁵⁵to³²
淡 被他一 点 蘸 舐 盐 咸 盐 咸 呀 他头 抬起

ŋi³³, tʰi²¹ ɬi³²·²¹ bɤ³² tʰi²¹ dzu³² ga⁵⁵ si³² dzə³³ tʰa⁵⁵ tsʰŋ³². "ɬi³²·²¹ bɤ³² na²¹ a⁵⁵
看 他 孙女 他 上面 树棵 上 在 孙女 你 这
na⁵⁵tsʰŋ³²dɛ²¹a²¹!" tʰi²¹ɬi³²·²¹bɤ³²dɛ⁴⁴: "ɲɛ²¹³tɔ³³."
点 在 啊 他 孙女 说 是 呢

"a⁴⁴pʰi³³na³³sa⁴⁴ɬi⁴⁴mu⁴⁴ ŋɔ⁴⁴ ŋɔ⁴⁴?" tʰa²¹³ pʰi⁴⁴ tʰi²¹ dɔ⁵⁵ kʰu³³ "ŋua". tʰi²¹
阿奶 你 糖梨果 要 要 他 奶 他 话 答应 要 啊 他
bʰɛ³³mɔ³³ vɛ³²du³³, tʰi²¹ɬi³²·²¹bɤ³²dɛ⁴⁴: "bʰɛ³³mɔ³³vɛ³²du³³ma²¹do²¹³". tʰa²¹³
衣服襟 拿 接 他 孙女 说 衣服襟 拿 接 不得 他
pʰi³³ɲɛ⁴⁴pu²¹ŋa⁵⁵tʰi²¹bɔ³³du³³. tʰi²¹dɛ⁴⁴: "a⁴⁴pʰi³³na³³ gɯ³³ ji²¹³·³³ ɕɛ²¹ dzu³³
奶 嘴 张 他 向 接 他 说 阿奶 你 回去 铁条
tɕʰu³³nɛ²⁴·³³ nɛ²⁴·³³ pɛ⁴⁴vɛ³²vi³³lɛ²⁴·³³, tʰa²¹³pʰi³³ji²¹³ɕɛ²¹dzu³³tɕʰu³³nɛ²⁴·³³
烧 红 红 做 拿 来 他 奶 去 铁条 烧 红
nɛ²⁴·⁴⁴pɛ⁴⁴vɛ³²tʰi²¹ɬi³²·²¹bɤ³²dzɛ⁴⁴. tʰi²¹ɬi³²·²¹bɤ³²sa²¹ɬi⁴⁴mu¹¹tʰa¹dɤ⁴⁴xa⁵⁵
红 做 拿 他 孙女 给 他 孙女 糖梨果 一个 采
dzɤ²¹³ɕɛ²¹dzu³³tʰa⁵⁵tsɤ³³, a⁴⁴pʰi³³, na²¹ɲɛ⁴⁴pu²¹ŋa⁵⁵ŋu¹bɔ³³du³³", tʰa²¹³pʰi³³
插 铁条 上 在 阿奶 你 嘴 张 我 向 接 他 奶
ɲɛ⁴⁴pu²¹ŋa⁵⁵tʰi²¹bɔ³³du³³tʰi²¹ɬi³²·²¹bɤ³²ɕɛ²¹dzu³³dzɤ³²tʰi²¹ɲɛ⁴⁴pu²¹kɯ⁴⁴sa⁵⁵,
嘴 张 他 向 接 他 孙女 铁条 刺 他 嘴 里 下
tʰa²¹³pʰi³³tʰia³²ɬa³²ɕi⁴⁴.
他 奶 被他烫死

tʰi²¹tʰɔ³³ du²¹ pʰɤ²¹nɛ³³ dzɤ²¹ dzɤ²¹ ja³³, tʰi²¹dza⁵⁵lɛ²⁴ma²¹do²¹³. ya³²vɯ⁴⁴
他 底下 刺麻 生 齐 齐 呀 他 下来 不得 鸡卖
su³³tʰa²¹dɤ⁴⁴lɛ²⁴tʰi²¹bɔ³³tɕʰɛ²¹³, tʰi²¹ya³²vɯ⁴⁴su³³bɔ³³dɛ⁴⁴: "a³³mu³³, ya³²
人 一个 来 他 旁边 到 他 鸡卖 人 对 说 阿哥 鸡
vɯ⁴⁴su³³, na²¹na³³uɛ³³na³³ya³²tʰɤ³³, ŋu²¹du⁴⁴du²¹pʰa²¹dʰɤ³²da⁵⁵. ya³²vɯ⁴⁴su³³
卖人 你 难为 你 鸡 放 我 同 刺麻 踩 平 鸡卖人
tʰi²¹dɔ⁵⁵kʰu³³: "ŋu²¹dzo³²gʰa²⁴ji²¹³ŋɔ⁴⁴, na²¹du⁴⁴dʰɤ³²ma²¹mɔ³³."
他 话 答应 我 路 赶 去 要 你 同 踩 不闲
tsɛ⁴⁴va⁵⁵gʰa²⁴su³³tʰa²¹dɤ⁴⁴lɛ²⁴tʰi²¹bɔ³³tɕʰɛ²¹³, "a³³mu³³, va⁵⁵ɬu⁴⁴pʰu⁴⁴,
又 猪 赶 人 一个 来 他 旁边 到 阿哥 猪 放人

na²¹ na³³ uɛ³³ ŋu²¹ du⁴⁴ du²¹ pʰɤ²¹ dʰɤ³² da⁵⁵." va⁵⁵ gʰa²⁴ su³³ tʰi²¹ dɔ⁵⁵ kʰu³³, "ŋu²¹
你 难 为 我 同 刺 麻 踩 平   猪 赶 人 他 话 答应   我
dʐo³² gʰa²⁴ ji²¹³ ŋu⁴⁴, na²¹ du²¹ dʰɤ²¹ ma³¹ mɔ³³."
路 赶 去 要 你 同 踩 不 闲

    tʰi²¹ du³³ mɔ⁴⁴ tɕi⁵⁵ ɬu⁴⁴ su³³ tʰa²¹ dɤ⁴⁴ lɛ²⁴ tʰi²¹ bɔ³³ tɕɛ²¹³, "a³³ mu³³, tɕʰi⁵⁵
    他 最后 羊 放 人 一 个 来 他 旁边 到   阿 哥 羊
ɬu⁴⁴ pʰu⁴⁴, na²¹ na³³ uɛ³³ na²¹ tɕʰi⁵⁵ tʰɤ⁴⁴, ŋu²¹ du²¹ pʰɤ²¹ dʰɤ³² da⁵⁵." tɕʰi⁵⁵ ɬu⁴⁴
放 人 你 难 为 你 羊 放 我 同 刺 麻 踩 平   羊 放
pʰu⁴⁴ tʰi²¹ tɕi⁵⁵ tʰɤ⁴⁴ dʰɤ³² da⁵⁵ da⁵⁵ pɛ²⁴, xɯ³³ kʰɔ⁴⁴ tʰi²¹ tʰɔ³³ tsɤ⁴⁴, tʰi²¹ dʑɛ⁴⁴ tso⁵⁵
人 他 羊 放 踩 平 平 做   毡子 铺 他 底下 在   他 给 跳
dza⁵⁵ lɛ²⁴. xɯ³³ tʰa²¹ na³² du²⁴, tʰi²¹ tɕi⁴⁴ tʂɤ³³ tʰa²¹ dɤ⁴⁴ ɬa³²·²¹ tsʰi³².
下 来 毡子 一 眼 通   他 脚 指 一 个 烫 断

    tʰi²¹ du³³ mɔ⁴⁴ ji²¹³ tɕi⁵⁵ ɬu⁴⁴ pʰu⁴⁴ du⁴⁴ sa³³ kʰu⁴⁴ ni²⁴. pa³² tsʰi³³ ji²¹, dʰɔ²¹³ tɕʰi⁵⁵
    他 以后 去 羊 放 人 同 三 年 住   碗 洗 水 喝 羊
ɯ³³ pɯ³³ tɕʰɤ⁵⁵. tʰi²¹ du⁴⁴ sa³³ kʰu⁴⁴ ni²⁴ dɚ²¹³·⁴⁴ gɯ³³ ji²¹³ tʰi²¹ nʰɔ²¹ mɤ²¹³·³³.
骨 头 咬   他 同 三 年 住 满   回 去 他 事情 做

七、uɔ⁴⁴ pʰɯ⁴⁴ 瓜

    a²¹ ɤɤ²⁴ ni²¹ mi³³ tɕʰi⁵⁵ va³³ tsʰɔ³³ ji²¹³ nɛ⁴⁴, tʰa²¹ dɤ⁴⁴ dʐɔ²¹³ tʰi²¹ tʂʰɔ³³ ma²¹
    古 日 地 人 少   一 个 有 他 伴 不
dʐɔ²¹³, tʰa²¹ ni²¹ tʰa²¹ ni²¹ ŋɯ³³, sĩɛ³³ ʐɤ³² tʰi²¹ ŋɔ²¹³, tʰi²¹ dɔ⁵⁵ nũ³³: na²¹ mu³³ tʂu⁵⁵
有 一 日 一 日 哭 仙 人 他 见 他 话 问 你 什么
ŋɯ³³?" tʰi²¹ dɛ⁴⁴: "tʂʰɔ³³ ma²¹ dʐɔ²¹³ ŋɯ³³", sĩɛ³³ ʐɤ³² tʰi²¹ dɔ⁵⁵ kʰu³³·²¹: "na²¹
哭 他 说 伴 不 有   哭 仙 人 他 话 答应 你
tʂʰɔ³³ ma²¹ dʐɔ²¹³, ŋu²¹ dɛ⁴⁴ na²¹ mu³³: "a⁵⁵ na⁵⁵ ʂa⁵⁵ tʰa²¹ kʰɤ³² dɚ⁵⁵, tʂɔ²¹ tʂɔ²¹ tʰi²¹
伴 不 有 我 说 你 教   这点 秋千 一 架 立 常 常 他
bɔ³³ xã²¹³, a²¹ mɔ³³ zu³³ ʂa⁵⁵ pʰa³³ vɛ²¹ lɛ²⁴   kʰa⁴⁴ dɤ⁴⁴ ɲi³³ kʰa⁴⁴ dɤ⁴⁴ sɚ²¹³".
旁边 守 姑娘   秋千 若 打 来, 哪 个 看着 哪 个 拉

t^hi^{21} $sε^{21}$ $si\tilde{e}^{33}$ $zɤ^{32}$ $dɔ^{55}$ nu^{33} $ʂa^{55}$ t^ha^{21} $k^hɤ^{32}$ $dɚ^{55}$ to^{32}. t^hi^{21} du^{33} $mɔ^{44}$ ni^{21} a^{21}
他 就 仙 人 话 听 秋千 一 架 立 起 他 以 后 日

$mɔ^{33}$ zu^{33} t^ha^{21} $uɔ^{24}$, $ʂa^{55}$ $vε^{21}$ $lε^{24}$, t^ha^{21} $dɤ^{33}$ $vε^{21}$ du^{21} t^ha^{21} $dɤ^{44}$ $p^ha^{213·21}$ $ji^{213·21}$, t^hi^{33} $sɤ^{21}$
姑娘 一 起 秋千打 来 一 个 打 出 一 个 逃 去 他就

$tɕi^{213}$ ji^{213} $sɚ^{213·21}$, ji^{213} su^{33} du^{33} $mɔ^{44}$ $dɤ^{44}$ $sɚ^{213}$ $xɚ^{32}$ t^hia^{21} $sɚ^{213}$ $xɚ^{32}$ u^{33} $dɤ^{44}$, t^hi^{21}
急 去 拉 去 人 最后 个 拉 着 被 他拉 着 那个 他

na^{32} du^{33} t^ha^{21} $pa^{32·21}$ $tɚ^{21}$, $sɤ^{21}$ t^hi^{21} du^{44} t^ha^{21} $ɣɤ^{44}$ $pε^{44}$.
眼睛 一 只 瞎 就 他 同 一 家 做

t^ha^{21} k^hu^{44} a^{21} bu^{33} lu^{55} $uɔ^{44}$ $p^hɯ^{44}$ t^ha^{21} $dɤ^{44}$ $dzɔ^{213}$, $uɔ^{44}$ $p^hɯ^{44}$ $k^hə^{21}$ $t^hɤ^{44}$.
一 年 多 足 瓜 一 个 有 瓜 破 开

t^hi^{21} $kɯ^{44}$ va^{33} $tsʰɔ^{44}$ t^ha^{21} $uɔ^{21}$ $tsɿ^{213}$ $du^{32·33}$ $lε^{24·33}$. pi^{21} $tã^{33}$ va^{55} su^{33} ni^{33} $dzɔ^{213}$,
他 里面 人 一 起 跑 出 来 扁担 挑 人 也 有

$vε^{21}$ $tɕi^{55}$ $bɯ^{44}$ su^{33} ni^{33} $dzɔ^{213}$, $pɔ^{21}$ $tɕɤ^{21}$ $bɯ^{44}$ su^{33} ni^{33} $dzɔ^{213}$. a^{55} $ʂɚ^{33}$ $dzɤ^{44}$ $dzɤ^{32}$
架 背 人 也 有 板 背 人 也 有 这时 从

mi^{33} $tɕʰi^{55}$ va^{33} $tsʰɔ^{33}$ p^ha^{44} la^{55} uo^{24}.
地 人 多 了

$$ni^{44} fɔ^{44} \quad ɣɤ^{44} fi^{33}$$

八、两兄弟家分（一）

ni^{44} $fɔ^{44}$ $ɣɤ^{44}$ fi^{33}, a^{33} mu^{33} $ȵi^{32·21}$ mo^{32} li^{33}, $ȵi^{33}$ t^ha^{21} $dzɤ^{21}$ $dzɔ^{213}$ fi^{33} t^hi^{21} $bɤ^{21}$
两 兄弟家分 哥哥 心 重 牛 一 双 有 分他的

$pε^{44}$, $tɕʰi^{33}$ u^{33} $dzɤ^{21}$ fi^{33} t^hi^{33} $ȵɔ^{33}$ zu^{33} $dzɛ^{44}$. t^hi^{21} $bɤ^{21}$ $ȵi^{33}$ u^{33} $dzɤ^{21}$ mi^{33} $ŋu^{33}$ t^hia^{21}
做 狗 那双 分他小弟给 他的牛那双 田耕 被他

$tɛ^{55}$ $ɕi^{44}$. t^hi^{21} $ȵɔ^{33}$ zu^{33} $bɤ^{21}$ $tɕʰi^{33}$ u^{33} $dzɤ^{21}$ mi^{33} $ŋu^{33}$ $ji^{213·33}$, a^{21} $pɤ^{32}$ t^ha^{21} $dɤ^{44}$ $fɚ^{44}$
打死 他小弟的 狗 那双 田 耕 去 饭团 一 个 丢

mi^{33} $ȵɛ^{44}$ $tsɤ^{44}$, t^hi^{21} $tɕʰi^{33}$ t^ha^{21} $ʂɚ^{32}$ $tsɿ^{213}$ mi^{33} $ȵɛ^{44}$ $tɕʰε^{213}$, t^ha^{21} $dɤ^{44}$ $fɚ^{44}$ mi^{33} $mɔ^{33}$
田 口 在 他狗 一 下 跑 田 口 到 一 个 丢 田 尾

$tɕʰε^{213}$, t^hi^{21} $tɕʰi^{33}$ t^ha^{21} $ʂɚ^{32}$ $tsɿ^{213}$ mi^{33} $mɔ^{33}$ $tɕʰε^{213}$.
到 他狗 一 下 跑 田尾 到

tʰa³³mu³³tsɛ⁴⁴ji²¹³tʰi²¹bɔ³³ŋu³³ji²¹³mi³³ŋu³³. tʰi²¹a²¹pɤ³²ma²¹vɤ³², tɕʰi²¹u³³
他 哥 又 去 他 向 借 去 田 耕 他 饭团 不 拿 狗 那
dzɤ²¹ŋu³³vi³³ji²¹³ma²¹kɯ³³, tsɛ⁴⁴tʰia²¹tɛ⁵⁵ɕi⁴⁴. gɯ³³ji³³·tʰi³³ȵɔ³³zu³³tʰi²¹dɔ⁵⁵
双 耕 去 不 会   又 被他打死 回 去 他 小 弟 他 话
m̃³³: "ŋu²¹tɕʰi³³kʰa⁴⁴ma⁵⁵ji²¹³uo²⁴?" tʰa³³mu³³tʰi²¹dɔ⁵⁵kʰu³³: "ŋu³³vi³³ji²¹³·³³
问 我 狗 哪 里 去 了   他 哥 他 话 答应 耕 去
ma²¹kɯ³³, ŋua²¹tɛ⁴⁴ɕi⁴⁴uo²⁴." tʰi²¹ȵɔ³³zu³³dɛ⁴⁴: "tʰi²¹ɕi⁴⁴mɔ⁴⁴kʰa⁴⁴ma⁵⁵
不 会   被我 打死 了   他 小 弟 说   他 死尸 哪 里
dzɔ²¹³?" tʰa³³mu³³dɛ⁴⁴: "ŋua²¹fɤ⁴⁴mi³³dʐɛ⁴⁴tsɤ⁴⁴."
有   他 哥 说   被我丢 田边 在

tʰi²¹ȵɔ³³zu³³ji²¹³ɲi³³, tɕʰi³³li⁵⁵bɤ²¹tʰa⁵⁵mu³³tʰa²¹dzɚ³³nɛ³³da⁴⁴lɛ²⁴. tʰi²¹
他 小 弟 去 看 狗 坟 堆 上 竹 一 棵 生 上 来 他
ʂɿ⁴⁴mu³³tʰa⁵⁵tsɤ⁴⁴, tʰa²¹tɕɛ⁴⁴pʰa³²ŋɯ³³tʰa²¹ʂɚ³²ŋɤ²¹³, mu³³tʰa⁵⁵tʰu⁴⁴ŋɤ²¹³·²¹
抓 竹 上 在   一 句 若 哭 一 下 摇   竹 上 银 摇
dza⁵⁵lɛ²⁴, tʰu⁴⁴tʰa²¹dzɔ³³ŋɤ²¹³gɯ³³ji³³·³³. tʰa³³mu³³tʰi²¹bɤ²¹ŋɔ²¹³, "na²¹bɤ²¹
下 来 银 一 堆 摇 回 去   他 哥 他的 见   你的
kʰa⁴⁴ma⁵⁵vɤ³²vi³³lɛ²⁴·³³?" tʰi²¹ȵɔ³³zu³³dɛ⁴⁴: "tɕʰi³³li⁵⁵bɤ²¹tʰa⁵⁵ŋɤ²¹³·²¹vi³³
哪 里 拿 来   他 小 弟 说   狗 坟 堆 上 摇
lɛ²⁴·³³." tʰa³³mu³³tʰi²¹la²¹³tʰa²¹pa³²bɯ⁴⁴vi³³ji²¹³ŋɤ²¹³·²¹, tʰa²¹tɕɛ⁴⁴ŋɯ³³tʰa²¹
来   他 哥 提 篮 一 支 背 去 摇   一 句 哭 一
ʂɚ³²ŋɤ²¹³, mu⁴⁴tʰa⁵⁵lo³²·²¹mo³²ŋɤ²¹³tsʰɛ²¹³·²¹dza⁵⁵lɛ²⁴, tʰi²¹ɯ³³dɯ³³tɛ⁵⁵xɚ³².
下 摇 竹 上 石 头 摇 掉   下 来 他 头 打 着
mu³³u³³dzɚ³³tʰia²¹tsʰɛ⁴⁴dɛ⁴⁴.
竹 那 棵 被他 砍 倒

tʰi²¹ȵɔ³³zu³³ji²¹³kɔ⁴⁴gɯ³³lɛ²⁴·³³, vɛ³²kʰa³³lu³³ɣa⁵⁵, ka⁴⁴ʂa²¹tɔ⁴⁴tʰa⁵⁵tsɤ⁴⁴,
他 小 弟 去 拾 回 来 拿 鸟 笼 编 挂 走 廊 上 在
mɤ̃tɕʰi⁵⁵nʰo²⁴mɤ²¹³·²¹gɯ³³lɛ²⁴·³³, kʰa³³lu³³kɯ⁴⁴ŋa³²fɯ⁴⁴dɚ²¹³dɚ²¹³·²¹tʰa²¹
晚 上 事 情 做 回 来   鸟 笼 里 鸟 蛋 满 满 一
kʰa³³lu³³dzɔ²¹³.
鸟 笼 有

tʰa²¹ni²¹dzɔ²¹³ tʰa³³mu³³ tʰi²¹tɕɛ⁵⁵ gɯ³³ji²¹³⁻³³, kʰa²¹lu³³kɯ⁴⁴ŋa³²ɬi³³dɚ²¹³
一 日 有 他 哥 他 先 回 去 鸟笼 里 鸟屎 满
dɚ²¹³⁻²¹ tʰa²¹kʰa³³lu³³dzɔ²¹³. kʰa³³lu³³tʰa⁴⁴mu³³vɛ³²tɕʰu³³. tʰi²¹ȵɔ³³zu³³gɯ³³
满 一 鸟笼 有 鸟笼 他哥 拿 烧 他小弟 回
lɛ²⁴⁻³³kʰa³³lu³³ma²¹ŋ²¹³,tʰa³³mu³³dɔ⁵⁵nũ³³,"ŋu²¹kʰa³³lu³³kʰa³³ma⁵⁵ji²¹³uo²⁴?"
来 鸟笼 不见 他哥 话 问 我 鸟笼 哪里 去 了
tʰa³³mu³³dɛ⁴⁴:"ŋua²¹kɔ⁴⁴tɕʰu³³uo²⁴⁻³³." tʰi²¹ȵɔ³³zu³³ji²¹³kʰu⁴⁴bɤ²¹kɯ⁴⁴vɚ³²,
他哥 说 被我 拾 烧 了 他小弟 去 灰 堆 里 爬
a⁵⁵nu³²tʰa²¹dɤ⁴⁴vɚ³²xɚ³², tʰia²¹kɔ⁴⁴dzu³³ji²¹³vi²¹³⁻²¹vɯ⁴⁴, pʰɔ²¹tʰa²¹va⁵⁵vɯ⁴⁴
豆 一个 爬 着 被他 拾 吃 去 屁 卖 布 一担 卖
xɚ³². tʰa²¹mu³³tʰi²¹nɛ³³dɯ³³, tʰi²¹ȵɔ³³zu³³bɔ³³dɛ⁴⁴:"na²¹bɤ²¹kʰa⁴⁴ma⁵⁵va⁵⁵vi³³
着 他哥 他喜欢 他小弟 对说 你的 哪里 挑
lɛ²⁴⁻³³?"tʰi²¹ȵɔ³³zu³³dɛ⁴⁴:"ŋu²¹a⁵⁵nu³²tʰa²¹mu²¹kɔ⁴⁴dzu³³, ji²¹³tɕi³³ti³³ku²¹
来 他小弟 说 我 豆 一颗 拾 吃 去 城
tɕʰɛ²¹³vi²¹³tʰa²¹dɤ⁴⁴pʰi³²,sua²¹ ŋu²¹dzɛ⁴⁴."
到 屁 一个 放 被别人 我 给
tʰa³³mu⁴⁴a⁵⁵nu³²tʰa²¹ʂʅ³³tɕʰu³³dzu³³,ji²¹³tɕi³³ti³³ku²¹tɕʰɛ²¹³,vi²¹³⁻²¹tʰa²¹
他哥 豆 一升 烧 吃 去 城 到 屁 一
dɤ⁴⁴pi³² tʰa²¹lu²¹kɯ⁴⁴tʂʅ⁴⁴, tʰi²¹pi²¹ti²¹sua²¹nɚ⁵⁵ tsʰʅ⁵⁵gɯ⁴⁴lɛ²⁴⁻³³
个 放, 一 城里 臭 他 肛门 被别人 缝 塞 回 来
tʰɛ⁴⁴xɚ³³tɛ³²⁻³³ɬɛ³² tɕʰɛ²¹³,tʰi²¹kʰu³³:"ɕɛ²¹ɬa⁴⁴vɛ³²vi³³lɛ²⁴⁻³³,ɕɛ²¹ɬa⁴⁴vɛ³²vi³³
他们 房 对面 到 他喊 铁叉 拿 来 铁叉 拿
lɛ²⁴⁻³³." tʰi²¹tɕʰi⁴⁴pɤ²¹³lɤ²¹va⁵⁵vi³³lɛ²¹³⁻³³, ji²¹³tʰi²¹va³³tsʰɔ³³bɔ³³tɕʰɛ²¹³, tʰi²¹
来 他妻子 背篓 挑 去 去他丈夫 旁边 到 他
dɛ⁴⁴:"na³³pɤ²¹³lɤ²¹va⁵⁵vi³³lɛ²⁴⁻³³." mu³³tsu⁴⁴pɛ⁴⁴?du⁵⁵mu³³gɯ³³ji²¹³⁻³³ɕɛ²¹
说 你 背篓 挑 来 什么 做 赶紧 回 去 铁
ʂa⁴⁴vɛ³²vi³³lɛ²⁴⁻³³." tʰi²¹tɕʰi⁴⁴pɤ²¹³ɕɛ²¹ʂa⁴⁴vɛ³²vi³³lɛ²⁴⁻³³, tʰi²¹du⁵⁵pi²¹ti²¹dɚ³²
叉 拿 来 他妻子去 铁叉 拿 来 他 同 肛门 剪
tʰɤ⁴⁴,tʰi²¹tɕʰi⁴⁴na³²du³³mɯ³²tɚ³².
开 他妻子 眼睛 吹 瞎

九、两弟兄家分（二）

ni⋅⁴⁴fɔ⁴⁴ ɣɤ⁴⁴fi³³

tʰa⁴⁴gɯ³² ni⁴⁴fɔ⁴⁴ dzɔ²¹³, dzɔ⁴⁴ du⁴⁴ ɣɤ⁴⁴fi³³. ŋɔ³³ ŋɔ³³ u³³ dɤ⁴⁴fi³³ tʰɤ⁴⁴ni⁴⁴
那 时 两弟兄有 互相同 家 分 小 小 那个 分开 二
sa³³kʰu⁴⁴lu⁵⁵, ʂu³³a²¹kɯ⁴⁴ dzu³³ kʰo⁴⁴ma²¹ dzɔ²¹³, ji²¹³ tʰa⁴⁴mu³³du⁴⁴dɛ⁴⁴, tʰi²¹
三 年 足 穷 家里 吃 食 不 有   去 他哥 同 说 他
du⁴⁴tʰa²¹ɣɤ⁴⁴pɛ⁴⁴ŋ⁴⁴, tʰa⁴⁴mu³³tʰi²¹dɔ⁵⁵ma²¹kʰu³³, ji²¹³ kʰa³²kɯ⁴⁴pɤ²¹³va⁵⁵
同 一家 做 要 他哥 他 话 不答应 去 村 里 本事
tsʰɔ⁴⁴tʰa²¹uɔ²¹ kʰu³³ tʰa³³mu³³na³³uɛ³³, tʰa²¹mu³³tʰi²¹dɔ⁵⁵kʰu³³, "na³³ŋu²¹du⁴⁴
人 一起 喊 他哥 难为   他哥 他 话 答应 你 我 同
pʰa³³ni²⁴tʰa²¹dʰɔ²⁴." tʰi²¹ŋɔ³³zu³³tʰi²¹dɔ⁵⁵ kʰu³³, sɤ²¹tʰa³³mu³³du⁴⁴ni²⁴.
若 住 莫 懒   他小弟 他 话 答应   就 他哥 同 住
mɤ̃³³tɕi⁵⁵ ɕɛ⁴⁴mɤ̃³³nʰɔ̃³³ mɤ²¹³⋅³³ gɯ³³lɛ²⁴⋅³³, la⁵⁵pʰa²¹ma²¹ɕa⁴⁴, tʂɔ²¹tʂɔ²¹
晚上 早 天 事情 做 回 来 手 不 暇 常 常
lu³²⋅²¹mo³² si³³ka⁵⁵tsʰɤ²¹xɤ³²⋅²¹ ʂ³²tʰa²¹dzɔ²¹kɔ⁴⁴xə³², tʰi²¹du³³mɔ⁴⁴su²¹lɛ²⁴
石头 树枝草 鞋   坏 一 堆 拾 着 他以后 别 人来
vɔ²¹³, vɯ⁴⁴tʰɛ⁴⁴dzɛ⁴⁴, u³³bɤ³²mu³³tu⁴⁴vɛ³²tɕʰu³³ji⁴⁴dzɔ⁴⁴kʰɔ⁴⁴tʰi²¹bɔ³³tsɤ⁴⁴
买 卖 他们给 那起火 拿烧 睡 处 铺 他 旁边在
xã²¹³. ji⁵⁵ma²¹tɕʰə⁴⁴, tʰi²¹kɯ⁴⁴ʂɔ⁴⁴ʔɤ²¹tʰa²¹dzɤ²¹tɕʰu³³du³²⋅³³lɛ²⁴⋅³³, tʰɛ⁴⁴
守 睡不醒 他里面 金 鸭 一 双 烧 出 来 他们
ni⋅⁴⁴fɔ⁴⁴dzɔ⁴⁴du⁴⁴dʰɤ²¹gɯ³³ji²¹³⋅³³.
两弟兄互相 同 赶 回 去

tʰi²¹du³³mɔ⁴⁴u³³ni²¹ɕɛ⁴⁴, tʰɛ⁴⁴bɔ³³vɔ²¹³u³³bɤ³²ʔɤ²¹tʰɤ⁴⁴pʰi⁵⁵, ji²¹³tʰɛ⁴⁴dɔ⁵⁵
他以后 那日 早晨他们向买 那起 鸭 放 掉 去他们话
nũ³³, tʰɛ⁴⁴dɛ⁵⁵: "ma²¹ŋɔ²¹³, mu³³tʂu⁴⁴ʔɤ²¹ŋɛ²¹³?" tʰɛ⁴⁴dɛ⁴⁴: "ʂɔ⁴⁴ʔɤ²¹."
问 他们说 不见 什么 鸭是 他们说 金 鸭
"mu³³tʂu⁴⁴tʰi²¹tʂu³³?"tʰɛ⁴⁴dɛ⁵⁵: "a⁵⁵nu³²ʂɔ²⁴⋅⁴⁴. tʰi²¹"tʂu³³, tʰi²¹ɬi³³ʂɔ⁴⁴ɬi³³."
什么 他喂 他们说 豆 黄 他 喂 他 屎 金 撒

u³³ ʂɚ³² dzɤ⁴⁴ tʰɛ⁴⁴ ni⁴⁴ fɔ⁴⁴ so²¹³ to³²·³³ uo²⁴·³³.
那时 从 他们两弟兄 富 起 了

十、人笨公 su²¹ŋɚ⁴⁴pɯ³³

su²¹ ŋɚ⁴⁴ pɯ³³ tʰa²¹ dɤ⁴⁴ mi³³ kɚ⁵⁵, va³³ tsʰɔ³³ tʰa²¹ dɤ⁴⁴ dzɔ²¹³ lu⁴⁴ mu³³ tʰa²¹
人笨公 一个 田 挖 人 一个 有 马 一

dɤ⁴⁴ dzɔ⁴⁴ tʰi²¹ bɔ³³ ko³² , ji²¹³ tʰi²¹ bɔ³³ tɕʰɛ²¹³ tʰi²¹ dɔ⁵⁵ nũ³³: "na³³ a²¹ ɕɛ⁴⁴ ɕɛ⁴⁴ kɚ⁵⁵
个 骑 他 旁边过 去 他旁边到 他话问 你今早 早 挖

a²¹ ŋɚ⁴⁴ tɕʰɛ²¹³, kʰo³²·²¹ no³² tɕi⁴⁴ ku³³ kɚ⁵⁵ uo²⁴?" su²¹ ŋɚ⁴⁴ pɯ³³ tʰi²¹ dɔ⁵⁵ kʰu³³
现在 到 多少 锄头 挖 了 人笨公 他话答应

ma²¹ kɯ³³."
不 会

mɤ̃³³ tɕʰi⁴⁴ tɕʰɛ²¹³ gɯ³³ lɛ²⁴·³³ dɛ⁴⁴ tʰi²¹ tɕʰi⁴⁴ mu³³, ji²¹ ni²¹ lu⁴⁴ mu³³ dzɔ⁴⁴ su³³
晚上 到 回 来 说他 妻子教 今日 马 骑 人

tʰa²¹ dɤ⁴⁴ lɛ²⁴ ŋu²¹ bɔ³³ tɕʰɛ²¹³, ŋu²¹ dɔ⁵⁵ nũ³³: "na³³ a²¹ ɕɛ⁴⁴ ɕɛ⁴⁴ kɚ⁵⁵ a²¹ ŋɚ⁴⁴
一个 来 我 旁边到 我 话 问 你 今早 早 挖 现在

tɕʰɛ²¹³, kʰo³²·²¹ no³² tɕi⁴⁴ ku³³ kɚ⁵⁵ uo²⁴?" tʰi²¹ tɕʰi⁴⁴ tʰi²¹ bɔ³³ dɛ⁴⁴: "na³³ kʰɤ²¹ sɤ²¹
到 多少 锄头 挖 了 他妻子他对 说 你 怎样

pɛ³³ tʰi²¹ dɔ⁵⁵ kʰu³³?" tʰi²¹ dɛ⁴⁴: "ŋu²¹ tʰi²¹ dɔ⁵⁵ kʰu³³ ma²¹ kɯ³³." tʰi²¹ tɕʰi⁴⁴ tʰi²¹ bɔ³³
他话答应 他说 我 他话答应不会 他妻子他对

dɛ⁴⁴: "na³³ ŋɚ⁴⁴ ɕi⁴⁴ uo²⁴·³³, a²¹ dʑi²¹ ɕɛ⁴⁴ tsɛ⁴⁴ ji²¹³ u³³ na⁵⁵ kɚ⁵⁵ ji²¹³, tʰi²¹ lɛ²⁴ pʰa³³
说 你 笨 死 了 明天 再 去 那点 挖 去 他 来若

ŋɔ²¹³·³³, tʰi²¹ kʰu³³ jɛ³³ tʂɿ⁴⁴ lɛ²⁴ dɛ³³." du³³ mɔ³³ u³³ ni²¹ ɕɛ⁴⁴ tʰi²¹ ji²¹³ kɚ⁵⁵ a⁵⁵ lɤ³²
见 他 喊 烟 吸 来 以后 那日 早他 去 挖 一小

tʂɤ²⁴ lu⁵⁵, lu⁴⁴ mu³³ dzɔ⁴⁴ u³³ dɤ⁴⁴ tsɛ⁴⁴ lɛ²⁴ uo²⁴. tʰi³³ lu⁴⁴ mu³³ dzɔ⁴⁴ u³³ dɤ⁴⁴ kʰu³³:"
阵 足 马 骑 那个 再 来 了 他 马 骑 那个 喊

a³³ mu³³, dza⁵⁵ lɛ²⁴ jɛ³³ tʂɿ⁴⁴ lɛ²⁴·³³." lu⁴⁴ mu³³ dzɔ⁴⁴ u³³ dɤ⁴⁴ sɤ²¹ ji²¹³ tʰi²¹ bɔ³³
阿哥 下 来 烟吸 来 马 骑 那个 就 去 他 旁边

jɛ³³tʂʅ⁴⁴. su²¹ŋɚ⁴⁴pɯ³³u³³dʐ⁴⁴tʰi²¹dɔ⁵⁵nũ³³: "na³³a²¹ɕɛ⁴⁴ɕɛ⁴⁴lɛ²⁴·⁴⁴a²¹ŋɚ⁴⁴
烟 吸 人 笨 公 那个 他 话 问 你 今 早 早 来 现在
tɕʰɛ²¹³, na²¹lu⁴⁴mu³³kʰo³²·³³no³²bi²¹sʅ³³uo²⁴·³³?" lu⁴⁴mu³³sa²¹pʰɤ³³tʰi²¹dɔ⁵⁵
到 你 马 多少 步 走 了 马 主人 他 话
kʰu³³to³²ma²¹do²¹³. lu⁴⁴mu³³dzɔ⁴⁴u³³dʐ⁴⁴tʰi²¹dɔ⁵⁵nũ³³: "na²¹dɔ⁵⁵a⁵⁵tɕɛ⁴⁴a²¹si⁵⁵
答应 起 不 得 马 骑 那个 他 话 问 你 话 这句 谁
a²¹dɛ⁴⁴na²¹mu³³?" tʰi²¹dɛ⁴⁴: "a⁵⁵gʰɔ³³zu³³tʰa²¹³ jɛ³³a²¹dɛ⁴⁴ŋu²¹mu³³."
被说 你 教 他说 小孩 他母亲被说 我 教
lu⁴⁴mu³³dzɔ⁴⁴u³³dʐ⁴⁴tʰi²¹bɔ³³dɛ⁴⁴: "na³³mi³³tʰa²¹kɚ⁵⁵uo²⁴, ŋu²¹xɔ⁴⁴na²¹tɕʰi²¹
马 骑 那个 他 对 说 你 田 莫 挖 了 我 领 你 妻子
tʰa²¹ʂɚ³²ȵi³³."
一 下 看
       tʰi³³sɤ²¹tʰi²¹xɔ⁴⁴gɯ³³ji²¹³·³³tʰi²¹tɕʰi⁴⁴ȵi³³, ji²¹³gu²¹ti³³tɕʰi⁴⁴tɕʰɛ²¹³, tʰi²¹
       他 就 他 领 回 去 他 妻子 看 去 门 前 到 他
sɤ²¹lɤ⁴⁴gɯ³³ji²¹³·³³, tʰi⁴⁴tɕʰi⁴⁴kʰu³³du³²·³³lɛ²⁴·³³. lu⁴⁴mu³³dzɔ⁴⁴u³³dʐ⁴⁴tʰi²¹
就 钻 进 去 他 妻子 喊 出 来 马 骑 那个 他
tɕʰi⁴⁴pʰa²¹tʰa²¹pa³²tʰu⁴⁴lu⁴⁴mu³³tʰa⁵⁵tsɤ⁴⁴, tʰa²¹pa³²mi²¹tɕʰi⁵⁵xɤ²⁴, su²¹ŋɚ⁴⁴
脚 一 只 跨 马 上 在 一 只 地 站 人 笨
pɯ³³u³³dʐ⁴⁴tɕʰi²¹dɔ⁵⁵nũ³³: "na²¹dɛ⁴⁴, ŋu²¹lu⁴⁴mu³³dzɔ⁴⁴ȵi³²·²¹dʰɯ³²·²¹, nɔ⁴⁴
公 那个 话 问 你 说 我 马 骑 心 想 或者
dza⁵⁵lɛ²⁴ȵi³²·²¹dʰɯ³²·³³?" tʰi²¹tɕʰi⁴⁴pʰa²¹tʰa²¹pa³²tʰu⁵⁵gʰɔ³³ti³³tʰa⁵⁵tsɤ⁴⁴, tʰa²¹
下 来 心 想 他 脚 一 只 跨 门 口 上 在 一
pa³²kʰɯ³³tʰɔ³³xɤ²⁴, tʰi²¹tsɛ⁴⁴lu⁴⁴mu³³dzɔ⁴⁴u³³dʐ⁴⁴dɔ⁵⁵nũ³³: "na²¹dɛ⁴⁴ŋu²¹
只 里面 站 他 再 马 骑 那个 话 问 你 说 我
du³²·³³ji²¹³·³³ȵi³²·²¹dʰɯ²⁴·³³nɔ⁴⁴gɯ³³lɛ²⁴·³³ȵi³²·²¹dʰɯ²⁴·³³?" lu⁴⁴mu³³dzɔ⁴⁴
出 去 心 想 或者 进 来 心 想 马 骑
u³³dʐ⁴⁴tsɛ⁴⁴tʰi²¹dɔ⁵⁵nũ³³: "na²¹dɛ⁴⁴, ŋu²¹a²¹ŋɚ⁴⁴ti⁵⁵ pʰi²¹³ȵi³²·²¹dʰɯ³²·³³nɔ⁴⁴
那个 再 他 话 问 你 说 我 现在 唾沫 吐 心 想 或者
pʰi²¹³ȵi³²ma²¹dʰɯ²⁴?" su²¹ŋɚ⁴⁴pɯ³³tɕʰi⁴⁴tsɛ⁴⁴tʰi²¹dɔ⁵⁵kʰu³³: "na²¹dɛ⁴⁴, ŋu²¹
吐 心 不 想 人 笨 公 妻子 再 他 话 答应 你 说 我

zi³³ pi⁴⁴ ȵi³²·²¹ dʰɯ²⁴·³³ nɔ⁴⁴ pi⁴⁴ ȵi³² ma²¹ dʰɯ²⁴ ?" lu⁴⁴ mu³³ dzɔ⁴⁴ u³³ dɤ⁴⁴ tʰi²¹ dɔ⁵⁵
尿 撒 心 想 或者 撒 心 不 想 马 骑 那个 他 话
kʰu³³ lu³³ ma²¹ dzɿɔ²¹³.
答应 物 不 有

  tʰi²¹ su²¹ ŋə⁴⁴ pɯ³³ tɕi⁴⁴ bɔ³³ dɛ⁴⁴ : " u³³ nʰɔ̃³² u³³ ni²¹ pʰa³³ tɕɛ²¹³ kɯ³³ tsʰɛ²¹
他 人 笨 公 妻子 对 说 那月 那日 若 到 九 十
kɯ³³ ɕi³³ uɔ⁴⁴, ɕi²¹³ tsʰɛ²¹ ɕi²¹³ dzɤ²¹ a³³ dzu²¹, tʰa²¹ ɣɯ²¹ na³² tɕɔ³³ tsɿ²¹ tʰa²¹ bu³²,
九 样 菜 七 十 七 双 筷子 一 千 眼 桌子 一 张
pɛ²¹ bɤ²¹ mɤ²¹³ mɤ²¹³·²¹ u³³ dɤ⁴⁴ tʰa⁵⁵ tsɤ²¹, u³³ na⁵⁵ dzɔ⁴⁴ nʰɔ̃³². " tʰi²¹ dɔ⁵⁵ dzʰɯ³³
摆 山 高 高 那个 上 在 那点 互相 等 他 话 说
gɤ²¹³·³³, lu³³ mu³³ dzɔ⁴⁴ sɤ²¹ ji²¹³·²¹ uɔ²⁴.
完 马 骑 就 去 了

  tʰi²¹ ji²¹³ du⁴⁴ mɔ⁴⁴ su²¹ ŋə⁴⁴ pɯ³³ tʰi²¹ tɕi⁴⁴ bɔ³³ dɛ⁴⁴ : " uɔ⁴⁴ tʰa²¹ pɤ⁴⁴ pɤ⁴⁴ kʰa⁴⁴
他 去 以后 人 笨 公 他 妻子 对 说 菜 这 些 些 哪
na⁵⁵ vɔ²¹³ ji²¹³·²¹. " tʰi²¹ tɕi⁴⁴ dɔ⁵⁵ kʰu³³ : " na²¹ ŋu²¹ du⁴⁴ ȵi³² fə³³ ma²¹ ŋɔ⁴⁴."
点 买 去 他 妻子 话 答应 你 我 同心 焦 不 要

  u³³ ni²¹ tɕɛ²¹³, tʰi²¹ tɕi⁴⁴ tsɿ⁴⁴ kɯ³³ tʰa²¹ pa³² tʂa⁵⁵ ɬɔ²¹ uɔ⁴⁴ dzɚ³³ tʰa²¹ dzɤ²¹
那 日 到 他 妻子 韭菜 一 碗 煮 芹菜 茎 一 双
pɛ⁴⁴, vɔ³³ tɕa³² tʰa²¹ dɤ⁴⁴ vɛ³²·²⁴ bɤ²¹ mɤ²¹³ mɤ²¹³·²¹ u³³ dɤ⁴⁴ tʰa⁵⁵ pɛ²¹ ji²¹³. tʰa²¹ tsɤ²¹
做 谷 筛 一个 拿 山 高 高 那个 上 摆 去 一阵
nʰɔ̃³² lu⁴⁴ mu³³ dzɔ⁴⁴ u³³ dɤ⁴⁴ lɛ²⁴·²¹ tʰi²¹ bɔ³³ tɕʰɛ²¹³, " na²¹ nʰɔ̃²⁴ vɔ²¹³·²¹ lu⁵⁵ lu⁵⁵
等 马 骑 那个 来 他 旁边 到 你 东西 买 足 足
lɔ³³ ?" u³³ dɤ⁴⁴ dɛ⁴⁴ : " vɔ²¹³·²¹ lu⁵⁵ uɔ²⁴. " sɤ²¹ pɛ²¹ tʰi²¹ dzɛ⁴⁴ ȵi²¹. lu⁴⁴ mu³³ dzɔ⁴⁴ u³³
吗 那个 说 买 足 了 就 摆 他 给 看 马 骑 那
dɤ⁴⁴ dɛ⁴⁴ : " na²¹ nɛ⁵⁵ ʂa⁴⁴ uɔ²⁴·⁴ ! " sɤ²¹ ŋɔ³² tʰa²¹ pʰɛ²¹ vɛ³² tʰi²¹ dzɛ⁴⁴ dɤ⁵⁵. tʰi²¹
个 说 你 聪明 太 了 就 瓦 一 块 拿 他 给 带 他
du³³ mɔ⁴⁴ a²¹ mɔ³³ zu³³ kɤ²¹ lɤ³³ ma²¹ nɛ⁵⁵.
以 后 女人 男人 比 较 不 聪明

故事汉译

一、红鱼妻子

有几个朋友一块儿去捕鱼。他们捕了一天,捕了很多鱼。这些鱼里面有一条红鱼。有一个说:"这条红鱼给我,别的鱼我都不要了。"她的那些朋友答应了他,就把那条红鱼给了他。他拿着红鱼回家,放在水缸里养着。

从此以后,每天他做了事情回家,早饭和晚饭都有人替他煮好了,等着他吃。他以为是他邻居的伯母替他煮的,因此就去对他的伯母说:"伯母,你年纪老了,不敢麻烦你替我煮饭。以后不要这样了,让我自己来煮吧。"

他的伯母回答他说:"侄儿,饭不是我煮的。这几天的早上,你家里有一个年轻的姑娘,是她替你煮的。"他听了就说:"伯母,我不相信,饭是你替我煮的。"无论怎样,他也不相信他伯母的话。他的伯母便说:"不信,你明天躲在家里看看吧!"

第二天的早晨,他听他伯母的话,躲在家里。过一会儿,他养的那条红鱼真的变了一个姑娘,从水缸里钻出来了。她把鱼皮挂在碗篓上,就扫地,抱柴,烧火,后来又去挑水。就在这个当儿,他赶着跑出来了,拿了鱼皮一块一块地撕下来,放在火里烧。鱼皮被烧得"阿齐者,阿齐者"地响。姑娘挑水回来,去拿她的鱼皮。鱼皮找不到了,她再也不能变为红鱼了。

以后他们俩便成了家。红鱼叫她的丈夫盖一间猪栏。她的丈夫说:"没有猪,盖猪栏做什么?"红鱼说:"你不用管,自然有猪啊!"她的丈夫便盖了一间猪栏。红鱼说:"盖一间牛栏。"她的丈夫又说:"没有牛,盖牛栏做什么?"红鱼又说:"你只管盖吧!"她的丈夫又盖了一间牛栏。红鱼说:"盖一间马栏。"她的丈夫说:"没有马,盖马栏做什么?"红鱼又说:"你不要管,盖起来就会有的。"她的丈夫又盖了一间马栏。红鱼又叫她的丈夫盖一间羊栏。他的丈夫回答说:"奇怪,你盖这么些做什么?"红鱼又说:"你只管盖吧!"她的丈夫又盖了一间羊栏。最后,红鱼叫她的丈夫盖鸡栏。她的丈夫说："没有钱了，拿什么来盖?"红鱼又说："你盖就是了。"她的丈夫又盖了一个鸡栏。这些房子慢慢地都盖起来了。

红鱼把那块烧剩下来的鱼皮，撕一条放在猪栏里，撕一条放在牛栏里，撕一条放在马栏里，撕一条放在羊栏里，又撕一条放在鸡栏里。第二天早上，猪、牛、马、羊和鸡都有了满满的一栏。

后来，他村里的人们看见他有钱，觉得心痛（妒忌他的意思）。看见他的时候，便喊着："你的妻子是红鱼，你的妻子是红鱼。"他很生气，便去对红鱼说："我不要你了。"红鱼说："为什么不要我呢?"他回答道："大家在我的面前喊着'你的妻子是红鱼，你的妻子是红鱼'。这话多难听啊！我不要你了。"

红鱼说："你真的不要，还是假的不要?"她的丈夫说："真的不要。"红鱼便跳下水去，水浸到脚板，她就问："你要我吗?"她的丈夫说："不要。"水浸到膝头盖，又问："你要我吗?"她的丈夫说："不要。"水浸到大腿，又问："你要我吗?"她的丈夫说："不要。"水浸到腰部，又问："你要我吗?"她的丈夫说："不要。"水浸到胳肢窝，又问："你要我吗?"她的丈夫说："不要。"水浸到嘴巴，又问："你要我吗?"她的丈夫说："不要。"于是红鱼大声地喊，叫所有的猪、牛、马、羊和鸡通通都跳下水去。她的丈夫着急得很，解下腰带，只拴着一条瞎了眼睛的牛。

后来，她的丈夫天天坐在水边哭。有一天，有一位仙人看见了他，问他："你哭什么?"他说："我的妻子跳下水去了。牲口都被她带走了。"仙人说："你买三斤盐给我吃，我替你喝干河里的水，你的妻子就会出来的了。"他听了仙人的话，买了三斤盐给仙人吃。仙人说："你看见了你的妻子，不要笑。"他答应着说："好的。"

仙人喝干了水，他的妻子在水底里，坐在板凳上绣花，放牛，牧羊。他看见了他的妻子便笑。两个人见了面对着笑。仙人忍不住了，又把水倒出来。水又大起来了。他就看不见他的妻子了。他好几次要求仙人再喝干水。仙人都不肯答应。从那次起，他再也找不到他的妻子了。

二、姐妹俩

古时候，有姐妹两个。姐姐家里富，妹妹家里穷。

有一天，妹妹问姐姐要东西吃。姐姐对她说："你把我头上的虱子捕干净，我给你一升米。"妹妹便拿起梳子和篦子替姐姐捕虱子，捕完了虱子，姐姐量了一升米给她。妹妹拿着米回家。

妹妹走了一段路，姐姐从后面赶来，赶上妹妹的时候，姐姐说："米不给你了，你还没有把我头上的虱子捕干净。"姐姐说了之后，把妹妹的米抢回去了。妹妹一面哭一面走，走到半路上，遇着一条蛇躺在路中心。妹妹在路上走，蛇在路上拦着她；妹妹在路下走，蛇在路下拦着她。妹妹走不过去，就跪下来拿衣襟去接。那条蛇便钻到妹妹的衣襟里面去了。妹妹把蛇包回家去，放在铁锅里，装满了水，盖着木盖。煮了一夜，木盖还是打不开。等到锅里的水煮干了，木盖才能打开。原来锅里装满了一锅银。从此以后，妹妹便很有钱了。

后来姐姐慢慢地穷下去了，东西都变卖光了。有一天，她没有东西吃，便问妹妹要饭吃。妹妹说："姐姐，你还记得吗？从前我问你讨饭吃的时候，你叫我替你捕干净头上的虱子，才给我一升米；但是我拿到了半路，你还赶来要回去。现在我也不给你了。你一颗也不用想了。"

姐姐听了妹妹的话，就回家去。姐姐走到半路，也遇着一条蛇。姐姐放开衣襟去接，蛇就钻到她的衣襟里面去了。姐姐把蛇包回家去，放在铁锅里煮，但是煮了一夜，那条蛇还煮不熟，老是弯做一团。姐姐从铁锅里把蛇拿出来，吃了之后，她便被毒死了。

三、七个和尚死八个

在某一个晚上，一个人的妻子吃饱了饭去买菜。她从一座庙的门前经过，有七个年轻的和尚看见了她，便把她拉到庙里去。

她回了家，就告诉她的丈夫。夫妇俩商量好了，打算在他们住的那两间屋子的角落挖一个洞。洞的上面做一块盖子。他们买了两桶菜油放在家里。

有一夜，他的妻子去约那七个和尚来。他自己躲在家里。果然，到了晚上，那七个和尚都来了。和尚和他的妻子坐着吃消夜。她的丈夫忽然来叫门。那些和尚都很害怕，没有地方逃。

他的妻子就叫和尚爬到洞里去，拿一块木板盖上。夫妇俩赶快炼菜油，炼好了油，拿瓢舀着，倒在洞里去。那七个和尚就被他们烫死了。他们便叫隔壁的一个哑巴把死尸背走，拖上一个，哑巴背一个。哑巴还没有回来，他们又拖上一个等他了。哑巴回来的时候，他们问他："你背到哪里去？怎么这样久才回来。他已经比你先回来了。你赶快背到远远的地方去。"哑巴不停地来回背着。背到了第七个，哑巴刚把和尚丢在屎坑里去，恰巧有一个老和尚在里面拉屎，赶快站起来问："是什么？"哑巴心里想："我还没有回去，你又要比我先回去啦。"一下子把老和尚抱起来，也丢在屎坑里面去。老和尚也淹死了。所以说，七个和尚死八个。

四、张　奈（一）

张奈的舅父对他说："你有本事，杀我的阉羊吃吧！"张奈说："舅父，你老了，我不愿意杀你的羊吃。"他的舅父说："不要紧。"张奈说："舅父，如果我来杀你的羊吃，我就吹起喇叭来。"他的舅父说："好吧！"

有一夜，张奈打打吹吹地来到他舅父房子的对面。这样一连闹了两夜，他舅父都不敢睡觉。舅父熬了两夜，疲倦极了。有一个晚上，张奈不吹喇叭，偷偷地来杀他舅父的羊吃。张奈杀了羊，把羊皮铺在楼梯口，羊肠放在楼梯脚，羊卵挂在舅父的额角上，羊头挂在灶里，撑开羊嘴；铁锅翻过来放在门背后；然后到他舅父房子的对面，震天撼地地吹着喇叭。

他的舅父赶快爬起来，走到楼梯口，踩在羊皮上，滑跌到楼梯脚。他在旁边摸了一下，摸着羊肠，他就说："我的肠子跌出来了。"他在头上摸一下，他就说："我的眼珠跌出来了。"他想去灶门口暖火，伸手往灶里拿火，他的手便伸到羊嘴里，他就说："灶神，原谅我，我没有穿裤子。"他走到门背后，看见一个黑黑的东西，他以为是一只狗，他就说："死狗，别人来，你不吠，你做什么？"他拿起一块石头打去，就把铁锅打破了。

五、张　奈（二）

有一天，张奈的舅父捕了一些鱼。那天晚上，张奈便去偷他舅父的鱼。张奈等他舅父睡着了，在舅父房子的墙角挖了一个洞钻进去。张奈摸了一会儿，找不到鱼，就学猫叫的声音"咪咪咪"。

张奈的舅母问："你捕的鱼放在哪里？"张奈的舅父回答："放在钵子里，盖在楼梯口的铁锅下面。"张奈听见了，就悄悄地把这些鱼偷出来。

张奈偷了鱼，又把一个柿子放在舅父的床铺中间。等他的舅父舅母睡醒的时候，柿子已经压得稀烂了。张奈的舅母说："小姑娘撒屎了。"他的舅父赶紧把被窝拉开。被窝掉在张奈的头上，又被张奈偷出来了。

后来张奈的舅父点起火来，想揩掉小姑娘的屎，发现被窝已经不见了，又去看他的鱼，鱼也没有了。这些都让人家偷走了。

六、猩 猩

古时候有一家，一个老祖母变成了猩猩。有一天，她到山上去吃她的儿媳妇。她吃了儿媳妇，便带着儿媳妇的手镯来到孙女家里叫门。孙女两姐妹都在家里。祖母叫："孙女，快来开门，快来开门。"小孙女说："祖母，你用力推。"大孙女在里面用力向外推着门说："你不是我的祖母。"祖母说："是呀，我是你的祖母。"大孙女说："如果你是我的祖母，伸一只手进来。我看你有没有戴手镯？"祖母就从门缝里伸进她的手，说："看这个呀，我戴着手镯呀。"孙女开了门，让她进来。

一会儿，祖母拿热水替小孙女洗澡。大孙女便挑了一些鸡屎放在水里。小孙女说："不要这样。"并且告诉了祖母："我的姐姐把鸡屎放在水里。"祖母就骂大孙女。大孙女不作声，由她们说去。小孙女洗完澡了。祖母和小孙女一块儿睡觉。

大孙女睡了一觉，醒来的时候，听见祖母咬着妹妹的骨头。她便问祖母："祖母，你吃什么？"祖母说："我吃豆子。"她说："祖母，我也要吃。"祖母就把妹妹的一只手指头给她吃。她就害怕起来了。

大孙女说："祖母，我要撒尿呀！"祖母说："撒在门背后吧！"大孙女说："门背后是我嫂嫂站的地方。"祖母说："撒在灶门口吧！"大孙女说："灶门口是我父亲坐的地方。"大孙女又说："祖母，如果你害怕我跑掉，你拿一根绳子套在我的脖子上，放我由窗户出去。"

祖母就拿一根草绳拴在大孙女的脖子上，从窗户放她出去。恰巧有一条白狗走过来，大孙女便把草绳拴在白狗身上。祖母问："撒完尿了没有？"问了几句都得不到回答。祖母就拖一下草绳，狗就叫起来。祖母说："死狗，我拖孙女，不拖你，你叫什么？"祖母出门口一看，原来拴着的是一条白狗，哪里有她的孙女！

第二天早上，祖母抱着小孙女的肠到水井旁边洗。大孙女在树上看见了妹妹的肠，便伤心起来。大孙女的眼泪滴在祖母的面前。祖母说："眼泪是咸的，水是淡的。"她蘸一点舐着，说："咸呀，咸呀！"祖母抬头一看，她的大孙女在树上。祖母说："孙女，你在这里呀！"大孙女说："是的。"

"祖母，你吃不吃糖梨果？"祖母说："吃啊！"便拿衣襟去接。大孙女说："衣襟接不住。"祖母张开嘴去接。大孙女说："祖母，你回家去，拿一条烧得红红的铁条来。"祖母听了大孙女的话，便回家去，烧红了铁条，拿来给大孙女。大孙女摘了一个糖梨果穿在铁条上，大声喊着："祖母，你张开嘴接我的糖梨果。"祖母张开嘴接。大孙女把铁条插在祖母的嘴里，祖母就给烫死了。

在这棵树的下面，有很多的刺麻。她下不来。有一个卖鸡的人经过这里。她对卖鸡的人说："哥哥，卖鸡的，谢谢你，放下你的鸡，替我踩平刺麻。"卖鸡的说："我要赶路，不能替你踩平刺麻。"

又有一个赶猪的人经过这里。她说："哥哥，放猪的，谢谢你，替我踩平刺麻。"赶猪的回答道："我要赶路，不能替你踩平刺麻。"

最后有一个放羊的人经过这里。她又说："哥哥，放羊的，谢谢你，放下你的羊，替我踩平刺麻。"放羊人就放下他的羊，替她踩平了刺麻，然后铺一条毡子在她的下面，让她跳下来。毡子破了一个洞，她折断了一个脚趾。

后来她和放羊人同住了三年，喝洗碗水，啃羊骨头。她和放羊人住了满三年，才回家做自己的事情。

七、瓜

古时候地上的人少。有一个人没有妻子，他天天哭。有一个仙人看见了他，便问他："你哭什么？"那个人回答道："我因为没有妻子，所以天天哭。"仙人说："你没有妻子，我教你一个办法。你在这里做一架秋千。你躲在旁边。如果有姑娘来打秋千，你瞧中哪一个，便拉哪一个。"

他听了仙人的话，便做了一架秋千。第二天有很多的姑娘来打秋千。她们打完了一个，走了一个。那个人就急急忙忙地去拉，拉着最后一个。她瞎了一只眼睛。他和她成了家。

过了一年多，她生下一个瓜。她把瓜破开。瓜里面走出许多人来。有挑担子的,有背东西的,有背木板的。从这个时候起,地上的人就多起来了。

八、两兄弟分家(一)

有两个兄弟分家。哥哥心不好,留给自己的是一对牛,分给弟弟的只有一对狗。哥哥拖着那对牛去耕田。牛让哥哥打死了。弟弟带着那对狗去耕田。弟弟抛一个饭团在田头,狗一下子就耕到田头;弟弟抛一个饭团在田尾,狗一下子就耕到田尾。

哥哥借了弟弟的狗去耕田。哥哥不拿饭团,那对狗不肯耕田,哥哥把狗打死了。哥哥回家的时候,他的弟弟问他:"我的狗哪儿去了?"哥哥回答道:"狗不肯耕田,让我打死了。"弟弟又问:"死尸在哪里?"哥哥回答道:"我把它埋在田边。"

弟弟到田边去看。狗坟堆上生了一棵竹。弟弟的手抓住竹子,哭一句,摇一下。在竹子上摇下许多银来。弟弟摇了一大堆的银回家。哥哥看见弟弟的银便问:"你的银从哪里来的?"弟弟回答道:"从狗坟堆上摇来的。"哥哥也背着一个提篮去摇,哭一句,摇一下。在竹子上摇下许多石头来,打着哥哥的头。哥哥便把那棵竹砍掉了。

弟弟把竹子拿回家来,编了一个鸟笼。鸟笼挂在走廊上。每天晚上当他做了事情回家的时候,鸟笼里面装得满满的一笼鸟蛋。

有一天,哥哥比弟弟先回家。鸟笼里鸟屎满满的一笼。哥哥便把鸟笼烧掉。弟弟回家不见鸟笼,问他的哥哥:"我的鸟笼哪里去了?"哥哥说:"让我烧掉了。"弟弟便到灰堆里去扒,扒出一颗豆。弟弟把豆吃了,到城里去卖屁,买回一担布。哥哥见了布很喜欢,问他的弟弟:"你的布哪里来的?"弟弟说:"我吃了一颗豆,到城里放一个屁,人家便给我布了。"

哥哥也烧了一升豆吃,到了城里放了一个屁,一城都臭得很。人家就把他的屁股缝起来。哥哥回到了自己房子的对面,大声喊着:"快拿剪刀来,快拿剪刀来!"他的妻子听错了,背着一个背篓去。她的丈夫说:"你拿背篓来干什么?赶快回去拿剪刀来。"他的妻子回去拿剪刀来,替他剪开肛门口。从他的屁股里面放出一股臭气,把他妻子的眼睛吹瞎了。

九、两兄弟分家（二）

　　那时候有两个兄弟分了家。家分了好几年了，那个小的家里穷得没得吃的，就跟他的哥哥说："我要再跟你一块儿过活。"哥哥不答应。弟弟到村里请一些有名望的人替他说情。哥哥说："如果你再跟我一块儿过活，你不要懒惰。"弟弟答应了，兄弟俩又一块儿地过日子了。

　　兄弟俩辛勤地劳动，早晚都不肯休息。他们常常捡着一大堆一大堆的石头、树枝和坏草鞋。后来有一些人来买。兄弟俩便把这些东西卖给他们。那些人买了去，用火来烧这一堆东西。他们自己在火堆的旁边看守着。看守的人睡着了。火堆里烧出一对金鸭子来。兄弟俩便把金鸭子赶回家去。

　　第二天早上，那些买东西的人失掉了金鸭子，就去问他们两兄弟。兄弟俩说："我们没有看见你们的鸭子，是什么鸭？"买东西的人说："金鸭。""拿什么来喂它？""拿黄豆喂它，它拉金屎。"从那个时候起，他们两兄弟就很有钱了。

十、傻　子

　　有一个傻子去耕田。有一个人骑着一匹马经过他的旁边。那个骑马的人就问他："你从今天早上挖到现在，一共挖了多少锄头？"傻子回答不上来。

　　到了晚上傻子回家的时候，告诉他的妻子说："今天有一个骑马的人问我：'你从早上挖到现在，一共挖了多少锄头？'"傻子的妻子说："你怎样回答他？"傻子说："我回答不上来。"傻子的妻子说："你笨死了！明天你再到那儿去挖田。如果你看见了他，便叫他来抽烟。"第二天早上傻子又到那里去挖田，挖了一会儿，那个骑马的人又来了。傻子就对骑马的人说："大哥，请你下来抽烟。"那个骑马的人便下来抽烟。傻子便问他："你从今天早上到现在，你的马一共走了多少步？"骑马的人回答不上来，便反问他说："这句话是谁教你的？"傻子说："我孩子的妈妈告诉我的。"骑马的人说："你别挖了，带我到你妻子那里去看一下。"

　　傻子带骑马的人去看他的妻子。他们来到门口，傻子叫他的妻子出来。骑马的人一只脚跨在马上，一只脚站在地上，便问傻子的妻子："你说，我想骑在马上，还是想下马来？"傻子的妻子也一只脚跨在门外，一只脚站在门内，问骑马的人："你说，我想出去，还是想进来？"骑马的人说："你说，我现在想吐痰，还是不想吐痰？"傻子的妻子说："你说，我现在想撒尿，还是不想撒尿？"骑马的人回答不上来。

骑马的人跟傻子的妻子说："到了某月某日，要九十九样菜，七十七双筷子，一张一千个小眼的桌子，摆在那座高山上。你在那里等我。"骑马的人说完了，骑着马走了。

骑马的人走后，傻子对他的妻子说："这么多的菜哪儿买去？"傻子的妻子说："不用你替我发愁。"

到了约定的那一天，傻子的妻子煮了一碗韭菜，一双芹菜茎，拿了一个谷筛，摆在那座高山上。一会儿，骑马的人来了，问傻子的妻子："你的东西都买够了吗？"傻子的妻子说："都买够了。"她便指给他看。骑马的人说："你太聪明了。"便拿一块瓦给她戴上。从此以后，女人就没有男人聪明了。

附录　纳苏语中汉语借词研究
（兼论汉语借词与汉文化的传播）

（1）绪言；
（2）纳苏语的音韵；
（3）汉语借词的音韵；
（4）纳苏本语言声韵调与汉语借词声韵调的比较；
（5）汉语借词与古音比较；
（6）汉语借词的方式；
（7）汉语借词与汉文化的传播；
（8）汉语借词词汇：①音分类；②义分类。

一、绪　言

没有一种语言能够完全没有借词，因为没有一个民族完全是孤立的。当一个民族和其他民族接触的时候，借词的产生是不可避免的[①]。我们要想找到一种完全孤立的语言或方言，那是很难的[②]。语言本身固然可以反映出历史的文化色彩，但和外来文化接触时，它也可以吸收新的成分和旧有的糅合在一块儿。所谓借词就是一种语言里面所掺杂的外来语成分。它可以表现两种文化接触后在语言上所发生的影响；反过来说，从语言的糅合也正可以窥察文化的交流。[③]

文化变迁的来源不外两种：一是由于内在的，就是本社会里面的分子有意无意的新文化特质的发明或创作；一是由于外来的，就是由其他社会

---

① Otto Jespersen. *Language*, p. 206.
② Edward Sapir. *Language*, p. 205.
③ 参见罗常培《语言与文化》，第18页。

传播进来的，也就是从本社会的外面借进来的。① 这些发明创造出的和传播进来的新文化特质，虽然在它的来源上有差别，但它对于本社会里文化的影响却是相同的。它的影响有两种，或是使它原有文化特质的总量增多，或是使若干原有文化特质初而失效，终而淘汰消灭。它对于社会的功效完全是由新的特质来代替，这也就是文化的新陈代谢。

任何一个社会的语言，都可以分成三部分，就是音韵、语法和词汇。在这三部分之中，音韵和语法固然是一个社会文化特质之一，但词汇特别和语言以外的其他文化内容有密切的关系。伯默说："从语言借词的分析，可以看出文化的接触和民族的关系来，这正像考古学家从陶器，装饰品和兵器的分布可以推出结论来一样。"②

词汇可以表现一个民族的文化，由于文化接触而起的语言变化，在语言上至关重要的莫过于"借词"——穿过语言边界的借词。这种词汇的借进当然跟文化传播携手而入。研究一个语言中的词汇的来源，往往可以看出这个文化所受影响的方向。研究借词除了上面的这种意义外，还有下面的几点重要性：

（1）如果对于一种语言中的借词有过一番研究，则将来和其他同系的语言做比较研究时可以省掉许多麻烦，免得因借来的词而发生困难。

（2）研究借词的方式，借以明了语言变迁的过程。

（3）从借词的音韵上可以看出两种语言或社会接触的时代。在某种条件下或者还可以找出被借入的那一种语言的古音。

（4）从所借的词汇中之代表文化特质部分的意义上可以看出一个社会所吸进另一个社会的文化，也就是一个社会所传播到另一社会的文化特质，以何类为多，何类为少。

作者本着这个意思，乃有本文的写出。从借词研究上虽然有上面所述的各点重要性，但本文因为是初次的尝试，所能表现的却不多。借词研究本为作者纳苏彝语研究的一部分，因为这部分与文化变迁研究有密切的关系，因此特别提出，详加讨论。希望以这里作为一个开端，以后依此途径详细地去研究，使得对语言研究和文化研究的沟通工作，能有一点贡献。

1943年的秋天，作者记录昆明西边70里的核桃箐村纳苏语言，一共

---

① Linton R. *The study of man*, chapter 17.
② L. R. Palmer. *An Introduction to Modern Linguistics*, p. 159.

花了3个月的时间,收集了30个故事,两首山歌和1951个语词(词汇大部分由故事里抽出来的),以及一些零星的谈话资料。在这些材料中,作者发现有240个汉语借词(有的是由长篇故事里抽出来的,有的是口头上常说的)。而借词的规律合于语言变迁的原则和借词的方式都引起作者写本文莫大的兴趣。纳苏语是属于汉藏语系藏缅语族的彝语支。这个地区因为距离昆明很近,因此在它的语言中有不少的汉语借词。而这些借词现在在纳苏村都是很流行的。本文即以这些汉语借词为研究的对象。或许在纳苏语言中还有一些借用其他民族的语言,但作者限于学力而且在汉藏系语言研究正在开端的时候,以目前所能看到的材料亦无从做比较研究。因此本文即以汉语借词为限。

选取借词的标准有一定的原则,凡是一个词里的每一个字①声韵调三方面都合于某种音变的条件,作者就认为是当然的借词。好比"礼"字在"送礼"[li^{21}xo^{213}]一词中声韵调三方面都合于借词的原则,作者认为这是最可靠的借字。但是有一些词(或词里的某一个字)声韵调三方面总有一方面和汉语借词的系统不大相合的,好比"书"读为[su^{33}],声母不合,汉语借字的系统应做[ʂ];"迷"读作[miɛ^{213}],韵母不合,汉语借词的系统应做[i];"日"读为[ni^{21}],声调不合,汉语借词的系统应做短调或降升调。遇到这种情形,作者就参看别的彝语有无同样的情形,然后决定应否归入汉语借词的词汇里面。

如果遇到一个词,其中有一个字声韵调三方面都合于汉语借字②的系统,另外一个字不是汉字,或许我现在还找不出适当的汉字,那么这个字作者就暂时认为是彝语,算作部分借词。例如[pa^{33}ji^{44}]"故意"的[ji^{44}]"意"是汉语借字,[pa^{33}]就暂时认为彝语。还有一类的词,我们知道得很清楚,一部分是纳苏本语言,另一部分是汉语借字,例如[nɔ^{21}suɛ^{44}pʰu^{44}]"算命先生"、[suɛ^{44}]"算"为汉语借字,[nɔ^{21}]"命"和[pʰu^{44}]"人"是纳苏本语言。像这一类的词,我也收入汉语借词里面,也叫作部分借词。

---

① 一个词有时包含好几个字,如"玻璃"就包含两个汉字,但只能算作一个词。有时一个汉字就可以算为一个词,如"书"[su^{33}]。

② 这里只能称为"字",因为它是词的一部分。在纳苏的汉语借词里,它没有单独使用过,只能和别的音合来才能存在,因此我就称它为"字"。

还有一类的语词，在纳苏地区里本来是没有的，是因为和汉人接触之后，由于汉文化的传播而增加的新语词。但又不是音借，是以纳苏语言且意义相同的语词来翻译这个新词，例如［dzɔ²¹tsʰi³³lu³³］（牙洗物）"牙刷"。像这一类的词，我就管它叫作"义借"，也就是"借译词"。但此类语词所指示的事物，是原有的，或者是借来的，在我现有的材料里除很少数的以外，很难判断，所以在后面的借词词汇里暂不收入。等到将来藏缅系语言调查多时，再来讨论。

另外一类的语词，如［lu³³］"龙"、［sa³³］"三"等，声韵调三方面都合于汉语借词的条件；但在别的彝语中也有和这相同或相似的声音，我们就很难判断它是在彝语未分化为各方言时的借词，还是彝语里原有的，而与汉语的语源有关系，李方桂先生在龙州语里也曾遇到这种的情形，例如［ɬa:m³³］"三"、［ɬi⁴⁴］"四"、［maʔ²¹］"马"、［kwa⁵⁵］"过"等，在各处台语都有，声母、韵母、调类也与汉语相合。所以李先生说："这类的字可以很早就从汉语借来（在台语未分歧成现在的各方言之前），但是也可以是根本与汉语有关的而实是台语本有的字。这类的字与汉语音韵相合，所以暂认作汉语借字亦无妨碍，认作台语本有的字也可以。"① 我遇到这类语词，暂不认为汉语借词，等到将来藏缅系语言做比较研究时，再来决定。

借词的系统有的是很早的，像"覆"读［pʰu³²］，"佛"读［bu³²］，"浮"读［bu²¹³］之类，都在重唇未变轻唇时代借来的；但大部分的借词却是现代的昆明话。其中有几点和昆明话不同的，如古合口三等词"许""拘"等字，昆明话读为齐齿呼（昆明无撮口呼），而纳苏的借词里面却读为撮口呼。昆明话尖团不分②，纳苏借词里却分得很清楚。这种情形，我想大概是这个部族未搬到昆明以前，从其他汉语借来的，也可能是从较古的昆明话借来的，现代昆明话已经变化了，而在纳苏语里却还保持着借词时的原来读法。要想解决这个问题又需要一番考证的功夫，本文暂不论及。

至于叙述的次序，首先把纳苏语的音韵提出，次述纳苏社会中的汉语借词音韵，次将纳苏本语言之声韵调与汉语借词之声韵调做一番比较。然

---

① 李方桂：《龙州土语》，商务印书馆1940年版，第20页。
② 参见罗莘田《昆明话和国语的异同》，载《文史杂志》1941年第1卷第4期。

后将汉语借词①与古音比较，讨论汉语借词的特点。再次讨论汉语借词的方式，这一节可以说作者完全根据自己的看法，把借词的方法加以分析。这一方面表示作者研究的一点心得，同时也希望读者不吝指教。再次讨论汉语借词与汉文化的传播，看文化特质的传播，以何类为多，何类为少。最后汉语借词的分类，分为音分类，义分类、以便读者易于检查。

二、 纳苏语的音韵

1. 声母

双唇音：	p	p^h	b	b^h	m	m^h②		
唇齿音：	f	v						
舌尖前音：	ts	ts^h	dz	dz^h	s	z		
舌尖中音：	t	t^h	d	d^h	n	n^h	l	
舌尖后音：	tʂ	$tʂ^h$	dʐ	$dʐ^h$	ʂ	ʐ	ɬ	
舌面前音：	tɕ	$tɕ^h$	dʑ	$dʑ^h$	ɕ	ɲ		
舌根音：	k	k^h	g	g^h	ŋ	x③	ɣ	
喉音：	ʔ							
半元音：	j	w						

2. 韵母

舌尖韵母：ɿ ʅ

元音化韵母：ŋ̍

卷舌韵母：ɚ

单韵母：i ɛ a ɔ u o ɤ ɯ④

有 u 介音韵母：uɔ ou

半鼻音韵母：ɚ̃ ĩ ɛ̃ ã ɔ̃ õ ũ ɤ̃

---

① 汉语借词与古音只能做单字的比较。
② [m^h] 是读送气的鼻音，下文 [n^h] 同此。
③ [x] 在半鼻音前面读为 [h]。
④ [u] 在唇齿音后面读为 [v]。

3. 声调

高平调：⌐55，例如 tɕʰi⁵⁵ "羊"、ni⁵⁵ "拴"。
次高平调：⌐44，例如 tɕʰi⁴⁴ "妻子"、ni⁴⁴ "两"。
中平调：⌐33，例如 tɕʰi³³ "狗"、ni³³ "也"。
升调：⌐24，例如 ni²⁴ "居"、uo²⁴ "了"。
降升调：√213，例如 ni²¹³ "坐"、uo²¹³ "熬"。
低降调：√21，例如 ni²¹ "日"、tɕʰi²¹ "窝"。
短调：√32①，例如：ŋi³² "核"、tɕi³² "抓"。

三、汉语借词的音韵

1. 声母

p	pi²¹³ "笔"、pa²¹ti⁴⁴ "板凳"。
pʰ	pʰɔ³³ "炮"、pʰiɔ⁴⁴ "票"。
b	bu²¹³ "浮"、bɯ³² "佛"。
m	mɤ²¹³ "墨"、mɛ⁴⁴si³³ "妹婿"。
f	fɛ³³tɕi³³ "飞机"、fu³² tɕʰi⁴⁴ "福气"。
v	vɛ⁴⁴tɔ⁴⁴ "味道"、vu²¹³ "舞"。
t	tiɛ²¹si³³ "点心"、ti⁴⁴tʰu²¹ "地图"。
tʰ	tʰi²¹la²¹³ "提篮"、tʰĩɛ³³tsʅ²¹ "天井"。
d	di²¹tsʅ²¹ "弟子"。
n	na³³uɛ³³ "难为"。
l	li³³tɔ³³ "镰刀"、lu²¹tsʅ²¹ "炉子"。
ts	tsa²¹kuɛ⁴⁴ "掌柜"、tsa²¹ji³² "杂役"。
tsʰ	tsʰi²¹³ "漆"、tsʰĩ³³mi³² "清明"。
s	su⁴⁴ "书"、suɛ⁴⁴pʰa³² "算盘"。

---

① 短调是一个很短促的调子，收喉塞音 [ʔ]。因为别的调子没有这种情形，为了印刷的方便，我把它省掉。下文同此。

tʂ	tʂʅ²¹pʰiɔ⁴⁴ "纸票"、tʂu²¹ ji⁴⁴ "主意"。
tʂʰ	tʂʰa³³tsʅ²¹ "叉子"、tʂʰʅ³³kʰui³³ "吃亏"。
ʂ	ʂʅ²¹³xuɛ³³ "石灰"、ʂa³³lia⁴⁴ "商量"。
ʐ	ʐɔ³²nɔ⁴⁴ "热闹"、sĩɛ̃³³ʐɤ³² "仙人"。
tɕ	tɕi⁴⁴tsʅ²¹ "镜子"、tɕɔ³³tsʅ²¹ "桌子"。
tɕʰ	tɕʰi·²¹ "棋"、tɕʰɔ²¹³ "劝"。
ɕ	ɕi²¹sʅ⁴⁴ "喜事"、ɕo²¹³tʰa³³ "学堂"。
ȵ	ȵɛ²¹ "碾"、ȵa³³ "粘"。
k	kɛ⁴⁴ʂo⁴⁴ "介绍"、ko³³pʰi³² "公平"。
kʰ	kʰo⁴⁴ "靠"、kʰuɛ²¹ "夸"。
x	xo²¹tʰui²¹ "火腿"、xo²¹³ "合"。
j	ji⁴⁴tɕʰi⁴⁴ "运气"、jɛ⁴⁴ua²¹ "砚碗"。

2. 韵母

ɿ	sĩã³³tsʅ²¹ "箱子"、sɿ⁴⁴ "似"。
ʅ	tʂʅ²¹pʰiɔ⁴⁴ "纸票"、ʂʅ²¹³ko³³ "石膏"。
ɚ	fɚ³² "罚"、tɚ²¹³ "填"。
iɚ	pʰiɚ³² "撇"、tsʰiɚ³³ "请"。
uɚ	(tʰa²¹)① tʂʰuɚ³³ "一圈"。
i	tɕi⁴⁴tsʅ²¹ "镜子"、di²¹tsʅ²¹ "弟子"。
ɛ	vɛ⁴⁴tɔ⁴⁴ "味道"、tsɛ⁴⁴ "再"。
iɛ	pʰiɛ³²ji⁴⁴ "便宜"、pʰiɛ⁴⁴ "骗"。
uɛ	suɛ⁴⁴pʰa³² "算盘"、ʂuɛ⁴⁴ "税"。
a	pa³²ti⁴⁴ "板凳"、fa²¹³tsʰɛ³² "发财"。
ia	ʂa³³lia⁴⁴ "商量"、lia³² "凉"。
ua	ja⁴⁴ua²¹ "砚碗"、ma²¹³kua⁴⁴ "马褂"。
ɔ	pʰɔ⁴⁴ "炮"、tʰɔ⁴⁴ʂʅ⁴⁴ "但是"。
iɔ	tʂʅ²¹pʰiɔ⁴⁴ "纸票"。
uɔ	uɔ⁴⁴xuɛ⁴⁴ "懊悔"。

---

① 括号内为纳苏本语言,下文同此。

o	mɤ²¹³xo²¹³ "墨盒"、ko³³pʰi³² "公平"。
u	pʰu³² "覆"、fu³²tɕʰi⁴⁴ "福气"。
ɤ	tɕ⁴⁴zɤ³² "道人"、mɤ²¹³ "墨"。
iɤ	pɤ²¹tsiɤ³² "本钱"、tsiɤ²¹³（tʰɤ³²）"睁开"。
iu	tʰi²¹liu³² "提篓"。
ui	u³³kui³³ "乌龟"、tʂʰʅ⁴⁴kʰui³³ "吃亏"。
yi	tɕyi³³ "拘"、tsyi⁴⁴ "脆"。
ĩ	tsʰĩ³³mi³² "清明"、tsĩ³³ʂɤ³² "精神"。
ã	pi²¹tã³³ "扁担"、kã³³kã³³ "水缸"。
õ	tsu²¹tsõ³³ "祖宗"、tsõ³³ "钟"。
ũ	tũ⁴⁴ja³²tʂʰɤ³³ "东洋车"、tsʰũ³³ "葱"。
ĩɛ̃	tʰĩɛ̃³³tsi²¹ "天井"、sĩɛ̃³³zɤ³² "仙人"。
ĩã	sĩã³³tsʅ²¹ "箱子"、sĩã⁴⁴ "相"（"相命"的"相"）。

3. 声调

次高平调：˦44，例如 tɕi⁴⁴tsʅ²¹ "镜子"。
中平调：˧33，例如 fɛ³³tɕi³³ "飞机"。
降升调：˨˩˧213，例如 mɤ²¹³xo²¹³ "墨盒"。
低降调：˨˩21，例如 lɔ²¹pa²¹ "老板"。
短调：˧˨32，例如 fu³²tɕʰi⁴⁴ "福气"。

四、纳苏本语言的声韵调与汉语借词声韵调的比较

1. 纳苏本语言中所有的音而借词所没有的

（1）声母除 [ɬ]、[ʔ] 二音外，都是带音的。

两唇音：	bʰ	mʰ		
舌尖音：	dʰ	dz	dzʰ	nʰ
舌尖后音：	dʐ	dʐʰ	ɬ	
舌面前音：	dʑ	dʑʰ		
舌根音：	g	gʰ	ɤ	

喉音： ʔ
半元音： w

（2）韵母。

元音化韵母：ŋ̩
有 u 介音的韵母：uo
半鼻音：ã ɛ̃ õ ɣ̃

（3）声调。

高平调：˥55
升调：˨˦ 24

2. 纳苏本语言所没有的音，而汉语借词增加的（仅限于韵母方面）

有 i 介音的韵母①：iɤ iɛ ia iɔ iu iy
有 u 介音的韵母：uɤ ui uɛ ua
有 y 介音的韵母：yi
半鼻音的韵母：ĩɛ̃ ũã

五、 汉语借词与古音比较

1. 声母

古声类＼借词声类		p	pʰ	m
帮	p	闭笔扁背摆把疤*② 搬帮板本补发钵		

---

① 这里所谓有［i］介音的韵母不限于舌面前声母的后面。
② 凡表中加"＊"号的为广韵所没有的字，以纳苏的声韵看来，暂寄在那里，下文同此。

（续上表）

借词声类 古声类		p	pʰ	m
滂	pʰ	玻①	脾匹炮铺偏遍驱票片撒	
并	bʰ	败办鲍白笨	赔*便	
明	m			明妹摸亩母目墨门煤迷苗马
敷	pfʰ		覆	

借词声类 古声类		b	f	v
奉	bvʰ	佛浮	矾罚	
非	pf		发付福 飞封分粉	
微	ɱ			味问万网舞

借词声类 古声类		t	tʰ	d	n	ȵ	l
端	t	凳抵滴当搭倒刀灯点担东冬					
透	tʰ		铁炭踢②套贪托桶贴推吞退腿天				
定	dʰ	地道毒佃但	题提堂葡图填	第			
泥	n				难闹	拈撚	
娘	nj					粘	

---

① "玻"读为 [p] 母的，与普通话及其他方言相同。
② "踢"字的集韵透母的读法，现在多数方言亦如此。

（续上表）

借词声类 古声类	t	tʰ	d	n	ȵ	l
来	l						理璃礼镰 立菱赖楼 累蜡落篮 烂凉老炉 漏篓炼

借词声类 古声类		ts	tsʰ	s
精	ts	子再掌糟祖租嘴* 精宗井		
清	tsʰ		清千漆亲粗清摧脆 葱草	
从	dzʰ	自净杂蚕①睁	倩钱财	
心	s			塝心选散算仙箱
邪	z			似松
生	ʂ			师色生山
书	ç			书②

借词声类 古声类		tʂ	tʂʰ	ʂ	ʐ
庄	tʂ	齐扎炸*			
章	tɕ	纸主烛折钟			
初	tʂʰ		叉察圈*		

---

① 全浊从母"蚕"阳平读不送气［ts］是例外。
② 书母"书"应读舌尖后音［ʂ］，这里读［s］是例外。

（续上表）

古声类 \ 借词声类		tʂ	tʂʰ	ʂ	ʐ
昌	tɕʰ		车喘		
崇	dzʰ		查	事	
禅	ʑ		尝薯成	是石绍杓	
知	ʈ	长帐着			
澄	ɖʰ	丈	茶		
书	ɕ		鼠①试	赏耍*商少税	输
船	dʑʰ			实神	
日	ɲʑ				热人然

古声类 \ 借词声类		tɕ	tɕʰ	ɕ
见	k	警镜敬急机加假架家紧拘		
溪	kʰ		气劝	
群	gjʰ	轿茄②	其棋求	
晓	x			戏喜兴香许
匣	ɣ			嫌学弦
心	s			西③
知	ʈ	桌		

① "鼠"读 [tʂʰ] 是例外，和其他方言相同。
② 全浊群母 "茄" 阳平读不送气 [tɕ] 是例外，和上表 "蚕" 是一例。
③ 心母应读 [s]，"西"读 [ɕ]，算是例外；或受现代昆明话的影响。

借词声类 古声类	k	k^h	x	j	o
见	k	介挂乾高稿 鸽膏锅古角 龟桂怪刮瓜 缸功			
溪	k^h		靠课考夸亏		
群	gj^h	柜			
晓	x		火悔花灰		
匣	ɣ		户盒合鞋		
影	ʔ			印意影鹦烟 瘾要妖腰约	鸟委 碗懊
以	0			胰役赢铅 爷*洋	
云	j			运	为
疑	ŋ			玉宜颜砚衙	

从上面的声类比较表看起来，可以知道纳苏的汉语借词有的是很古就借来的。我现在把表里的几个要点举在下面：

（1）古全浊并 [b^h]、定 [d^h]、从 [dz^h]、澄 [$ɖ^h$]、群 [gj^h]、床 [$dʐ^h$] 六母，平声变次清，仄声变全清。这一点和普通话相同（有些例外已在前面注里说明）。

（2）禅 [ʑ] 母平声读 [$tʂ^h$]，如"薯""尝""成"；仄声读 [ʂ]，如"石""绍""杓"。

（3）敷 [pf^h] 母的"覆"读 [p^hu^{32}]，这是在重唇未变轻唇以前的借词。

（4）奉 [bv^h] 母的"佛"读 [$buɯ^{32}$]，"浮"读 [bu^{213}]，还保留浊音和重唇，借词的时代是很早的。

（5）微 [ɱ] 母的"味""问""万"等字读 [v]，比上条的时代较晚。

（6）定 [d^h] 母的"弟"读 [d]，尚保存浊音，但已失掉了送气。

（7）泥 [n]、娘 [nj] 两纽一二等字"难""闹"等读舌尖前 [n]，三四等字"粘""拈""捻"等读舌面前 [ȵ]，这是因为三四等有 [i] 音，声母受腭化的缘故。

（8）尖团不混：古齿头音精 [ts]、清 [tsʰ]、从 [dzʰ]、心 [s]、邪 [z] 三四等字（即在今齐齿呼或撮口呼前面的声母）仍读 [ts]、[tsʰ]、[s]；古牙音见 [k]、溪 [kʰ]、群 [gjʰ]、疑 [ŋ] 和喉音晓 [x]、匣 [ɣ] 等母三四等字声母受腭化作用而读为 [tɕ]、[tɕʰ]、[ɕ]，这和昆明话尖团不分的情形不同。

（9）影 [ʔ]、以 [0]、云 [j]、疑 [ŋ] 等纽开合口三四等字读为舌面擦音 [j] 母；一二等字是无声母以元音起头的。但也有几个例外，二等字"鹦""颜""葡"等读入 [j] 纽；合三"委""为"等字读为无声母以元音起首的字。

（10）照组二三等字（除生 [ʂ] 外）和知 [ʈ]、澄 [ɖʰ] 等母也读 [tʂ]、[tʂʰ]、[ʂ]；惟书 [ɕ] 母的"书"读为 [s] 是一个例外。知 [ʈ] 母的"桌"字读 [tɕ] 也是一个例外。

2. 韵母

古韵类 \ 借词韵类			ʅ	ʅ	i
支①	iě	开三		纸是	脾宜璃戏
之	iː	开三	子似	试事	其棋疑喜理意
脂	i	开三	师自		胰地
微	ěi	开三			气机
齐	iei	开四			西提题礼弟抵闭堦
质	ɣět	开三		实	笔
昔	ɣɛk	开三		石	役
屑	iet	开四			铁
锡	iek	开四			滴
烛	ɣwok	合三			玉
缉	ɣəp	开三			急立

---

① 广韵韵类举平以赅上去。

（续上表）

古韵类	借词韵类		ɿ	ʅ	i
侵	ĭəm	开三			心临
盐	ĭɛm	开三			镰
删	an	开二			颜
真	ĭĕn	开三			亲
欣	ĭən	开三			瘾
文	ĭuən	合三			运
先	ien	开四			扁弦
庚	ĭɐŋ	开三			影敬镜
登	əŋ	开一			凳
庚	ĭwɐŋ	合三			明
耕	æŋ	开二			鹦
清	ĭɛŋ	开三			情赢
蒸	ĭəŋ	开三			菱

古韵类	借词韵类		ɚ	iɚ	uɚ
月	ĭwɐt	合三	罚		
层	iet	开四		撤	
删	wan	合二			圈*
先	ĭen	开四	填	片	
真	ĭĕn	开三		印	
清	ĭɛŋ	开三		清	

古韵类		借词韵类	u	iu	ɯ
模	ĭuo	合一	摸图炉乌租粗右祖铺户		
鱼	ĭwo	合三	书鼠		
虞	ĭu	合三	输厨主付舞		
侯	ǒu	开一	亩母	篓°①	
尤	ĭəu	开三	浮		
物	ĭuet	合三			佛
铎	ak	开一	落		
屋	ĭuk	合三	覆目福鹿		
沃	uok	合一	毒		
烛	ĭwok	合三	烛		
魂	uen	合一			笨
东	uŋ	合一	桶		

古韵类		借词韵类	ɛ	iɛ	uɛ
哈	ɑi	开一	猜再财		
灰	uɑi	合一	赔*背妹		灰悔
佳	ai	开二	摆		
皆	ai̯	开二	斋介		
皆	uai̯	合二			怪
泰	ɑi	开一	赖		
夬	wɑi	合二	败		
麻	wa	合二			夸
麻	ĭa	开三		爷*	

---

① 凡字旁加"°"号的表示有两读，下文同此。

（续上表）

古韵类		借词韵类	ɛ	iɛ	uɛ
脂	wi	合三			推
微	wěi	合三	味飞		
齐	iei	开四		迷	
帖	iep	开四		贴	
添	iem	开四		嫌点	
痕	ən	开一			吞
桓	uan	合一			碗算
仙	ĭɛn	开三		偏骗	
仙	ĭwɛn	合三	选	铅	喘
先	ien	开四		炼烟弦遍捻佃砚	
蒸	iəŋ	开三		兴	
钟	ĭwoŋ	合三	松		

古韵类		借词韵类	a	ia	ua
麻	a	开二	把疤*查叉茶炸马	家加衙假架	
麻	wa	合二			瓜花耍*
佳	wai	合二			挂
合	ɑp	开一	搭杂		
盍	ɑp	开一	踢蜡		
曷	ɑt	开一	辣		
辖	wat	合二			刮
黠	at	开二	扎察		
月	ĭwɐt	合三	发		
覃	ɑm	开一	蚕		
谈	ɑm	开一	篮		

（续上表）

古韵类		借词韵类	a	ia	ua
盐	ĭɛm	开三		粘拈	
寒	ɑn	开一	乾难散炭烂		
桓	uɑn	合一	搬		碗
山	an	开二	山办		
删	wan	合二	板		
仙	ĭɛn	开三	然		
元	ĭwɐn	合三	矾万		
唐	ɑŋ	开一	当°堂		
唐	wɑŋ	合一	帮		
阳	ĭaŋ	开三	商长掌尝赏网丈	香°洋凉量	

古韵类		借词韵类	ɔ	iɔ	uɔ
戈	uɑ	合一	玻		
豪	ɑu	开一	刀糟高膏萄老考稿道靠倒套		懊
肴	au	开二	包炮闹		
宵	ĭɛu	开三	少绍	腰沃苗票要轿	
尤	ĭəu	开三		求	
侯	ŏu	开一	楼		
合	ɑp	开一	鸽		
薛	ĭɛt	开三	热		
觉	ɔk	开二		桌	
元	ĭwɐn	合三		劝	
庚	ɐŋ	开二	生		
钟	ĭwoŋ	合三	封		

古韵类 \ 借词韵类			o	io
麻	ia	开三		茄
戈	uɑ	合一	锅火果课	
祭	iwɛi	合三	税	
合	ɑp̣	开一	合盒	
末	uɑt	合一	钵拨	
铎	ɑk	开一	托	
觉	ɔk	开二		学
药	iak	开三	勺	约
覃	ɑṃ	开一	贪	

古韵类 \ 借词韵类			ɤ	iɤ	ui	yi
模	uo	合一	补			
侯	ǝu	开一	篓°漏			
脂	wĭ	合三			龟柜推	
虞	ĭu	合三				拘
鱼	ĭwo	合三				许
祭	ĭwɛĭ	合三				脆
齐	ĭwɛĭ	合四			桂	
灰	uɑĭ	合一	煤背		催退腿	
支	wiĕ	合三			亏嘴*累	
豪	ɑu	开一	草			
佳	ai	开二	鞋			
薛	ĭɛt	开三	折			
德	ǝk	开一	墨			
职	ĭǝk	开三	色			

（续上表）

古韵类 \ 借词韵类			ɤ	iɤ	ui	yi
陌	ɐk	开二	白			
觉	ɔk	开二	角			
魂	uən	合一	门本			
真	ǐĕn	开三	神人	紧		
文	ǐuən	合三	粉分问			
仙	ǐɛn	开三		钱		
登	əŋ	开一	灯			
清	ǐɐŋ	开三	成	睁		

古韵类 \ 借词韵类			ĩ①	ã	õ	ũ	ĩɜ	ĩɑ
寒	ɑn	开一		担				
先	ien	开四					天千	
仙	ǐɛn	开三					仙	
东	uŋ	合一				东功葱		
江	ɔŋ	开二		缸				
冬	uoŋ	合一				冬宗		
清	ǐɐŋ	开三	精清情井净					
庚	ǐɐŋ	开三	警					
阳	ǐɑŋ	开三						箱
钟	ǐuoŋ	合三			钟			

从上面的韵母比较表看起来，可以提出下面较重要的几点来说明一下：

---

① 在汉语借词里，半鼻音很不固定，往往有时读半鼻音，有时又会失掉。

（1）古汉语韵尾辅音［-m］、［-n］、［-ŋ］、［-p］、［-t］、［-k］，完全失掉。入声变入阳平，一部分与昆明话阳平相同收喉塞音［ʔ］；［-n］、［-ŋ］韵尾有些词变读为半鼻音，但很不固定。

（2）古合口三等词"许"（鱼）、"拘"（虞）、"脆"（祭）等读为撮口呼［y］，这和普通话相同，和昆明话不同。

（3）止摄开口三等脂之支及入声质昔等韵的词在精、庄两组里变读为［ɿ］或［ʅ］。

（4）［i］韵或有介音［i］的韵差不多全是由古开口三四等词变来的。唯"颜"（删）、"鹦"（耕）、"学"（觉）等字在音里本来没有［i］或［ɤ］介音的，因为见系的声母受后面元音的影响而演变出来的。此外尚有开一登韵的"凳"，开二觉韵的"桌"等只能算为例外。

（5）［u］韵或有介音［u］的韵差不多全是由古合口韵变来的，只有几个词是由开口变来的，如"亩"（侯）、"浮"（尤）、"懊"（豪）、"落"（铎）等。"亩"古音读［ǒu］，"浮"古音读［ɪəu］，"懊"古音读［ɑu］，后面都有［u］音；而且别的方言里这些字也有读合口呼的，"落"字只能算为例外。

（6）古合口韵在唇音声母后面读为开口韵，因为古合口韵的［u］或［w］介音在唇音的声母后面，因异化作用而被吞并，所以就和开口韵读成同类。如开一哈韵的"再""财"等读［ɛ］，合一灰韵"背""妹"等也读［ɛ］；开一寒韵"干""难""散""炭""烂"等读［a］，合一桓韵"搬"也读［a］；开一唐韵"堂"读［a］，合一唐韵"帮"也读［a］；开三庚韵"影""敬""镜"读［i］，合三庆韵"明"也读［i］。还有一些例外的，不是唇音的古合口韵母读和开口同类的，如开三欣韵的"瘾"读［i］，合三文韵的"运"也读为［i］。

（7）古三等韵在帮系或照系声母的后面读成和一二等同韵的，如一等寒韵"干""难""散""炭""烂"等读［a］，二等山韵的"山""办"等读［a］，三等仙韵的"然"字也读［a］；一等桓韵的"搬"读［a］，二等删韵的"板"读［a］，三等元韵的"矾""万"也读［a］；一等豪韵的"刀""糟""高"等读［ɔ］，二等肴韵的"包""炮""闹"等读［ɔ］，三等宵韵的"绍""少"等也读［ɔ］；一等灰韵的"背"读［ɛ］，二等夬韵的"败"读［ɛ］，三等微韵的"味"也读［ɛ］。

3. 声调

借词调值	古调类	例字
33	阴平	疤*搬帮玻包刨偏飞封分夫当刀灯担东冬推吞天租精宗亲清千粗催葱师心山生书仙斋钟叉车商轮机家加拘香乾锅高龟瓜缸公花灰鹦烟腰乌
	阳平	门堂萄难镰松茶成圈*长粘拈宜颜爷*为
21	阴上	把补扁摆板本粉网抵桶点腿子掌祖草嘴*井纸主种鼠赏耍*假警喜许古考火影瘾委碗
	阳上	马亩母弟理礼老篓碾
44	阴去	闭背炮铺片遍骗票付凳倒当炭套退再错脆散算少税敬镜架气戏兴介怪靠课悔意要懊塴
	阳去	败办笨分万味问但地闹赖漏累量自事轿柜运砚炼
	阳上	笨道似绍户文是
213	阳平	浮摸迷填提˚篮当查求嫌茄
	阴入	笔˚拨撒发贴扎漆折急鸽角˚刮约
	阳入	白墨毒辣蜡石学合盒
32	阳平	脾赔*便明苗煤矾题菱璃凉蚕财然炸*神人其棋成情钱胰鞋赢铅洋弦衙
	阴入	笔˚钵覆福滴搭铁托色烛角˚
	阳入	佛目罚立落˚杂勺热役玉

从上面的声调比较表看起来，汉语借词的声调是很规则的。阴平、阳平（一部分）读 33 调，阳平、阴入、阳入读 32 和 213 调，阴上、阳上（一部分变去）读 21 调，阴去、阳去读 44 调。入声不论清浊变入阳平，而且有一半读成后面收喉塞音 [ʔ] 的短调。这一点是受昆明话的影响，与昆明话相同①。我现在用字母式声调的符号列出昆明话和纳苏汉语借词的声调比较如下：

---

① 参见罗莘田《昆明话和国语的异同》，载《文史杂志》1941 年第 1 卷第 4 期。

昆明话声调	纳苏汉语借词声调
阴平：33	33
阳平：ʔ21（入声归入阳平）	ʔ32（占最多数），33，21
上声：32	21
去声：213	44

阴平完全相同，上声都是降调，仅高低的差别；阳平纳苏借词里读得很复杂，但大部分读短调 ʔ32 的与昆明话阳平读 ʔ21 的也很相似，而且短调的后面都有一个喉塞音 [ʔ]；只有去声不同。

此外，在我的材料里还有下面的例外：

阴平 >213，有"贪""糟""模"
　　　>21，有"夸"
阳平 >21，有"炉""提""楼"
阴上 >213，有"许""喘""紧"和普通话相同
　　　>44，有"请""稿"
阳上 >213，有"睁"
阴去 >213，有"付""劝""背"，受昆明话的影响
　　　>21，有"试"
阳去 >213，有"烂"，受昆明话的影响
　　　>32，有"薯"，北京话也读上声
　　　>32，有"净"
阴入 >33，有"桌""蹋"，和阳平读33调的一部分词混
　　　>33，有"吃"
阳入 >33，有"实"，和阳平读33调的词混
　　　>44，有"落"

我们从上面这些例外的词看起来，大部分是受昆明话的影响。至于和普通话读成相同的有阴上"许""喘""紧" 3 个词，别的都没有关系。再从前面声韵的情形看起来，固然也有些地方相似，但是我觉得都不是受普通话的影响，可以说是一种偶合，或者说在这个部族未搬到昆明附近核桃箐村以前，所借的汉语有与普通话相似的地方。我这样的推测，因为在

中华人民共和国成立前核桃箐村及其附近的地方恐怕很少有说普通话的人到过。

六、汉语借词的方式

在这些材料里，我发现纳苏汉语借词有好几种不同的方式。在形式方面有全借和部分借两种；在性质方面有音借、义借、错借、半音借半义借、半音借半错借、半义借半错借 6 种。现在分述如下：

1. 形式方面

（1）全借。就是借用汉语的语词，声音和意义完全借过去。例如 [pʰi³² tɕʰi⁴⁴]"脾气"，[sĩɛ³³ zɤ³²]"仙人"，[tʂʅ²¹ pʰiɔ²⁴]"纸票"，等等。

（2）部分借。就是在一个语词里，只借一两个声音，再加上纳苏本语言的一二个声音。例如 [tɕɔ⁴⁴ va⁵⁵ su³³]"轿夫"，[tɕɔ⁴⁴]"轿"为汉语借字，[va⁵⁵]"抬"、[su³³]"人"为纳苏本语言。[li²¹ xo²¹³]"送礼"，[li²¹]"礼"为汉语借字，[xo²¹³]"送"为纳苏本语言。

2. 性质方面

（1）音借。就是借用汉语语词的声音和意义，这和全借所举的例子是相同的。例如 [tsʰĩ³³ mi³²]"清明"、[vɛ²⁴ tɔ²⁴]"味道"等。

（2）义借。就是借译词，以自己语言里意义相同或正确的词来翻译汉语。例如 [dʑɔ²¹ tɕʰi³³ lu³³]（牙洗物）"牙刷"等。因为"牙刷"在纳苏地区是一个新的词，是从前所没有的，可以说是从汉语借过去的。

（3）错借。许多语言学家把错借都归入义借里面，作者个人的意见却觉得应该把它分开来说。因为错借的过程分析起来是比义借较为复杂的，而且义借是以本语言意义相同而正确的词去翻译汉语，错借虽然也是译词，但却是误会了汉语的意义发生的一种现象。例如 [dɤ⁵⁵]"待、戴"在纳苏本语言里真正的意义为汉语"带"，现在错认为"待、戴"的意义。[tɕʰi⁵⁵]"洋""杨"在纳苏本语言里真正的意义为汉语"羊"，现在却错认为汉语"洋人"的"洋"、姓"杨"的"杨"。[gʰa²⁴]"感"，在纳苏语言里真正的意义为汉语的"赶"（赶马的赶），现在却错认为"感"（"感情"的"感"）。这些现象的发生，都是因为纳苏村的人不明白汉语同音词有不同的意义，所以把自己的语言翻译为汉语后，只顾声音的相同，而没有注意到汉语因字形的不同而意义也不同，因此发生了错误。这种错借的过程，我们可以用下面的公式来表明：

纳苏本语言→（译为）汉语→（错译为）汉语同音词。以上面几个错借的例子代入公式：

[dɤ⁵⁵]、[tɕʰi⁵⁵]、[gʰa²⁴] → "带" "羊" "赶" → "待、戴" "洋、杨" "感"。

（4）半音借半义借。就是在一个语词里，有一两个声音是借用汉语的声音，有一两个声音是以本语言意义相同的词来翻译汉语。例如 [tʰɔ²¹ jɛ³³ xo²¹³] "纸盒"，[tʰɔ²¹ jɛ³³] "纸" 为纳苏本语言，[xo²¹³] "盒" 为汉语音借。

（5）半音借半错借。在一个语词里，有一两个声音借用汉语的声音，有一两个声音以自己语言来翻译汉语，但又误会了汉语的意义。例如 [tsʰi³² gʰa²⁴] "感情"，[tsʰi³²] 借用汉语 "情" 的声音，[gʰa²⁴] 为错借 [参见本节（3）]。

（6）半义借半错借。在一个语词里，有一两个声音是义借，一两个声音是错借。例如 [tɕʰi⁵⁵ va³³ tsʰɔ³³] "洋人"，[va³³ tsʰɔ³³] "人" 为义借（即译词），[tɕi⁵⁵] 为错借 [参见本节（3）]。

七、汉语借词与汉文化的传播

上面已经说过，作者这一次一共收集了 1951 个语词，除由长篇故事抽出来外，还包括其他单问的语词。此数虽不能包括纳苏所有的词，但至少可以说把纳苏社会生活的各方面都包括了一些。这 1951 个语词中，有 240 个是汉语借词（义借、错借不在内，但一部分义借一部分音借在内），约占纳苏全词汇的 12%。借词的方式按性质来说，可以分为 6 类（参看上文汉语借词的方式）；但最重要的自然只有音借和义借两种。音借就是音义并借——借汉语的声音和该声音所代表的原来意义。义借就是翻译意义而不借音。这两类在文化传播的研究上有同样的重要性。但本文所讨论的只限于音义并借部分。因为义借除了少数几个我们确知道是从汉语翻译出来的语词，例如 [tɕʰi⁵⁵ va³³ tsʰɔ³³] "洋人"、[tɕʰi⁵⁵ tsʰɔ²¹] "洋油" 等以外，尚有若干语词看过去虽有从汉语中译来的可能，但缺乏有力的佐证，例如 [ɕɛ²¹ xɔ⁴⁴] "钢"（即硬铁，纳苏语作 "铁硬"）。另一方面，音义并借是从音义双方面去看都可以知道它是汉语借词无疑。今为谨慎起见，所以义借即译词方面暂置不用，而专限于音义并借部分。在这种条件之下，作者所讨论的汉文化传播是在音义并借的借词范围去讨论。

所谓文化传播，是指一个社会的文化特质传到另一个社会之中而被采用。这种传播通过借词可以表现出来。我们可以从两方面来说，一是声韵调和语法的借进，二是从所借词汇的意义上看文化特质的传播。第一部分，是指借词本身的被借入，指声韵调三方面以及其语法。凡是纳苏原来没有的、汉语中有的声韵调和语法，现在在他们谈话中应用着的，我们可以说这是从汉语中借去的［参见上文"四、纳苏本语言声韵调与汉语借词声韵调的比较"］。语法方面借去的，如［ʂua^{32} pa^{32} çi^{44}］"耍把戏"，在纳苏语言中宾语应在谓词的前面，当作"把戏耍"，这里是借用汉语的语法。尚有［tsʰɤ^{21} xɤ^{32}］"草鞋"、［fa^{213} tsʰɛ^{32}］"发财"等，按纳苏的语法应作"鞋草""财发"，这也是借用汉语的语法。

第二部分，我们从借词的意义方面来看一下文化传播现象。提到借词的意义，人家要问，纳苏所借汉语语词的意义是否和汉人所用这个词的词义相同？我们知道一个词的意义，在一般来说，是这个词所代表的具体的现象或抽象的观念。假如我们往详细里去推究，则两个人说出同样的一个语词，例如极其具体的现象"桌子"，即使有一张"桌子"放在这两个人的面前，而这两个人心目中所感到的"桌子"是否相同，还不敢说。抽象的名词，像"精神""道理"等，则更难确定两人的相同性了。因此从这一方面推究下去，便入了心理哲学的范围。现在一部分语言学正向这一方面做深入的研究，但派别纷歧，尚无定论。

我们对于纳苏所借的汉语语词的意义是否和汉人所用这个词的意义相同的问题的答复如下。①作者在搜集这些语词的时候，除了由长篇故事里抽出来之外，每个语词都有例句和解释，从例句和解释上，我们可以看出意义所在。这里自然各类性质的意义可了解性的程度很不相同。例如偏重于物质或具体方面的较易，好比"笔""墨"等，我们可以用实物来比喻。动作方面亦易，例如"打""闭"等，我们可以表演给他看。但偏重于精神或抽象方面的较难，例如"脾气""道理"，以及表示心理反应的如"懊悔""嫌""恶"等。但他们在对于所借的汉语语词的解释以及用法上，从例句里看起来是和汉人相同的。②纳苏语的这些汉语借词，不但应用在它的本社会中，而且应用在和汉人的交往上。如果他们所用的借词的意义和汉人的不同，则当他们和汉人交往会话时，汉人将无从了解他们所说的话。从以上两点，我们可以说，下面所列的各借词的意义，自应用上看，是和汉人相同的。

或许有人还要问，纳苏借用汉语的东西，例如 [tʰi²¹ la²¹³]"提篮"、[si̯a³³ tsɿ³²]"箱子"等，在它原来的文化里有没有呢？我的答复是我们很难判断在纳苏自己的文化里到底有无"提篮"或"箱子"这两件东西，这需要一番考证研究。说不定在他们的文化中也有和汉人所谓"提篮"或"箱子"相似的物件，但因为和汉人所用的"提篮"或"箱子"这个名词所概括的物件的形状不同，或质料不同，或大小不同，或功用不同，又无适当的语词去叫它，因此只得借用汉人的语词，叫它作"提篮"或"箱子"。所以我们可以说，这两个新的语词所指的两件东西叫作"提篮"或"箱子"的，在他们的社会里是两个新的东西。如果这两个名词所代表的现象范围与条件（指大小、形状、性质、功用等）都和他们自己文化里所有的某物相同的，他们看到这两件东西，就会联想到这个东西就是他们自己文化中的那件东西，那么，就会用自己语言中原有的名称，而不会借用汉语的语词。好比狗，他们不借汉语"狗"的语词，而用自己的 [tɕʰi³³]，因为这两个东西所指的"狗"，一切条件都是相同的。因此我们可以说，他们既然借用汉语的语词，即使他们自己社会中有，也一定有某一方面的条件不合，那么这东西在他们的社区里就是代表一个新的文化。把以上两点述明之后，我们再来看汉语借词与汉文化的传播。

一个社会的文化特征传入另一个社会里，从语言上表现出来的有两种方式：一是它把那文化特征用土语翻译出来，亦即义借；二是借用原来的语音去表现它，也就是音义并借。本文是从借词上看文化传播而不及译词，所以我们不能从借词中去衡量纳苏受汉族文化影响的程度。什么是文化特质？一个社会的文化中所有的各项物质产品，各类社会制度，以及用语言表达出来的各种观念，均是这个文化的文化特质。从语词的类别上来看，所能代表文化特质以及项目或特质丛体的，只限于借词的名词和量词中的一部分。因此，本文所述的只限于借词中的名词和量词方面。

在这 240 个（不计义借）借词之中，有 123 个名词、13 个量词；那么讨论的汉文化传播问题，就是从借词的名词和量词中去看有哪些汉文化特征传入纳苏社会之中。

在这里我们愿意相对地把借词的意义，按照它所代表或表达的现象或观念的具体程度和抽象程度加以分类。我们大别为 3 类：a 是具体的，语词所代表的可以直接观察得到、感觉得到的实物、动作与状态；b 为次具体的；c 为抽象的观念或心理过程（此名词之中有一部分不是代表文化特质的，我们另归入一类，叫作自然类，不加讨论）。

文化特征类：

a. 具体的。例如：

马褂	ma²¹ kua²⁴	草鞋	tsʰɤ²¹ xɤ³²	桌子	tɕɔ³³ tsʅ²¹
板凳	pa³² ti²⁴	漏勺	lɤ⁴⁴ ʂo³²	水缸	kã³³ kã³³
扁担	pi³² tã³³	背篓	pɤ²¹³ ʂo³²	提篓	tʰi³² liu²¹
提篮	tʰi²¹ la²¹³	套子	tʰɔ²¹ tsʅ²¹	桶	tʰu²¹
箱子	sĩã³³ tsʅ²¹	叉子	tsʰa³³ tsʅ²¹	推刨	tʰuɛ³³ pɔ³³
镰刀	li³³ tɔ³³	网	va²¹	炉子	lu³² tsʅ²¹
炭	tʰa⁴⁴	灯架	tɤ⁴⁴ tɕa⁴⁴	洋火	ja³² fa²¹³ tsu³²
洋胰子	ja³² ji²¹ tsʅ²¹	洋铁	ja³² tʰi³²	烟盒	jɛ³³ xo²¹³
蜡烛	la²¹³ tʂu³²	烟锅	jɛ³³ ko³³	算盘	suɛ⁴⁴ pʰa³²
玻璃	pɔ³³ li³²	镜子	tɕi⁴⁴ tsʅ²¹	钟	tʂõ³³
牛车	(ŋi³³) tʂʰɤ³³	东洋车	tu³³ ja³² tʂʰɤ³³	飞机	fɛ³³ tɕi³³
笔	pi³²	洋笔	ja³² pi³²	粉笔	fɤ²¹ pi³²
墨	mɤ²¹³	墨水	mɤ²¹³ (ji²¹)	墨盒	mɤ²¹³ xo²¹³
砚碗	jɛ⁴⁴ ua³²	颜色	ji³³ sɤ³²	纸盒	(tʰɔ²¹ jɛ³³) xo²¹³
地图	ti⁴⁴ tʰu²¹	印	jɔ³²	棋	tɕʰi³²
稿本	kɔ⁴⁴ pɤ²¹	题目	tʰi³² mu³²	球	pɔ³³①
三弦	sa³³ ɕi³²	炮	pʰɔ⁴⁴	洋钱	ja³² tsʰiɤ³³
纸票	tʂʅ²¹ pʰiɔ⁴⁴	衙门	ja³³ mɤ³³	学堂	ɕo²¹³ tʰa³²
酒铺	(dʐʰi²¹) pʰu⁴⁴	钱铺	(dʑi³³ bɔ³³) pʰu³³	楼板	lɔ²¹ (kʰɔ⁴⁴)
天井	tʰĩɛ̃³³ tsʅ²¹	角落	kɤ²¹³ la⁴⁴	玉	ji³²
矾	fa³²	石灰	ʂʅ²¹³ xuɛ³³	石膏	ʂʅ²¹³ ko³³
漆	tsʰi²¹³	点心	tiɛ²¹ si³³	锅巴	ko³³ pa³³

---

① 球是借汉语"包"字，汉语又是借英语的 ball，"打球"在纳苏语就叫作 pɔ³³ (tɕ⁴⁴) "包打"，即"打包"。

火腿	xo²¹ tʰui²¹	葱	tsʰũ³³	白薯	pɤ²¹³ tʂʰu³²
辣子	la²¹³ tsʅ²¹	落地生	lu³² ti³³ sɔ³³	茄子	tɕo²¹³ tsʅ²¹
香瓜	ɕa³³ kua³³	菱角	li³² ko³²	葡萄	pʰu³² tʰɔ³³
桂花	kui⁴⁴ xua³³	山茶花	sa³³ tʂʰa³³ xua³³	送礼	li²¹ (xo²⁴)

b. 次具体的。例如：

亲家	tsʰi³³ tɕa³³	亲家母	tɕʰi³³ tɕa³³ mu²¹	少爷	ʂɔ³³ jɛ³²
妹婿	mɛ⁴⁴ si³³	弟子	di²¹ tsʅ²¹	佃户	tiɛ³³ xu⁴⁴
杂役	tsa³² ji³²	轿夫	tɕo⁴⁴ (va⁴⁴ su³³)	败家子	pɛ⁴⁴ tɕa³³ tsʅ²¹
警察	tɕi²¹ tʂʰa³²	老板	lɔ²¹ pa²¹	掌柜	tsa²¹ kui⁴⁴
算命先生	(nɔ³²) suɛ⁴⁴ (pʰu⁴⁴)			道人	tɔ⁴⁴ ʐɤ³²
苗子	miɔ³² tsʅ³²	祖宗	tsu²¹ tsõ³³	仙人	sĩɛ³³ ʐɤ³²
佛	bɯ³²	妖精	jɔ³³ tsĩ⁴⁴	影	ji³²
功课	kũ³³ kʰɔ³³	本钱	pɤ²¹ tsʰiɤ³²	税	ʂuɛ⁴⁴
烟瘾	jɛ³³ ji³²	吃斋	tʂɛ⁴⁴ (dzu³³)	清明	tsʰĩ³³ mi³²
立冬	li³² tõ³³	味道	vɛ⁴⁴ tɔ⁴⁴	分量	fɤ⁴⁴ lia⁴⁴
一片	(tʰa²¹) pʰiɚ⁴⁴	一位	(tʰa²¹) uɚ⁴⁴	一套	(tʰa²¹) tʰɔ⁴⁴
一付	(tʰa²¹) fu²¹³	一圈	(tʰa²¹) tʂʰuɚ³²	一匹	(tʰa²¹) pʰi³²
一亩	(tʰa²¹) mu²¹	一寸	(tʰa²¹) tsʰui⁴⁴	一丈	(tʰa³²) tʂa⁴⁴
一千架	(tʰa²¹) tsʰĩɛ³³ tɕa⁴⁴			一万家	(tʰa²¹) va⁴⁴ tɕa³³
一成	(tʰa²¹) tʂʰɤ³²	一遍	(tʰa²¹) pʰiɛ³³		

c. 抽象的。例如：

本事	pɤ³² ʂʅ⁴⁴	喜事	ɕi²¹ ʂʅ⁴⁴	学问	ɕo²¹³ vɤ⁴⁴
运气	ji⁴⁴ tɕʰi⁴⁴	主意	tʂu³² ji⁴⁴	感情	tsʰi³² (gʰa²⁴)
福气	fu³² tɕʰi⁴⁴	脾气	pʰi³² tɕʰi²⁴	道理	tɔ⁴⁴ li²¹
精神	tsĩ³³ ʂɤ³²				

另一类自然的：

松鼠	sɛ³³ tʂʰu³²	乌龟	u³³ kui³³	鸽子	ko²¹³ tsʅ³²
蚕	tsa³²	腰子	jɔ³³ tsʅ³²	疤	pa³³

统计代表文化特征的借词我们得到下面的数字：

a. 具体的　　　78 个
b. 次具体的　　42 个
c. 抽象的　　　10 个

　　从这个分析，我们可以看出具体的占最大比例 60%，其次是次具体的 32%，抽象的最少 8%①。这种由具体到抽象比数逐渐降低的现象，似乎不是偶然的。单就传播文化因子的本身来说，物质的或具体的文化特征易于传播，精神的或抽象的文化因子较难传播。

　　如果其他相同，通常衡量文化因子是否易于传播，是从数量上着手，就文化本身而论，一个社会所接受另一个社会的某一类文化因子的数量多，则这一类文化因子的可传播性也愈大。事实上从纳苏借词的分类的统计来看，我们得到具体的多于抽象的。我们可以说，代表具体现象的语词易于传播，语词的意义比较抽象的较难于传播。从借词者的一方面看，也是一个语词所代表的一个文化因子的意义较具体者易于了解，较抽象者难以理解。换言之，意义较具体的易以学习，较抽象的难以学习。除了上面的原则，此外一个文化因子的传播从直接受着一方面看，还有一个需要的分子在里面，凡是他需要的东西无论是具体的或抽象的，容易接受也就易于传播。不需要的较难接受，或者简直不接受，也就是难以传播。关于这个问题，什么是他们感到需要或者不需要，还要一番详细的调查和考察，本文为材料所限，暂不论及。将来另文讨论。

---

① 百分比的数目自然类除外。

八、汉语借词词汇

1. 音分类

排列的方法，按国际音标由双唇至喉音的顺序，同声母的按韵母的次序排列，同韵母的按声调的次序排列（声韵调的次序均按前面借词音系的次序）。这样排列的目的，使研究语言的人便于检查。

p

pi²¹³ 笔　　　　　　　　pi²¹ ta³³ 扁担　　　　　　pɛ⁴⁴ tɕa³³ tsʅ²¹ 败家子
pɛ³² 摆　　　　　　　　pa⁴⁴ 办　　　　　　　　　pa⁴⁴ ji⁴⁴ 故意
pa³³ 疤　　　　　　　　pa³³ 搬　　　　　　　　　pa³³ 帮
pa²¹ ti⁴⁴ 板凳　　　　　pɔ⁴⁴（tɛ⁴⁴）打包　　　　po³³ li³³ 玻璃
po²¹³ 拨　　　　　　　　pɤ²¹³ tsʰu²¹ 白薯　　　　　pɤ²¹³ lɤ²¹ 背篓
pɤ²¹ ʂʅ⁴⁴ 本事　　　　　pɤ²¹ tsʰiɤ³² 本钱　　　　　pɤ²¹ 补
bɯ⁴⁴ 笨

pʰ

pʰi³² tɕʰi⁴⁴ 脾气　　　　pʰɛ³² 赔　　　　　　　　pʰɔ⁴⁴ 炮
pʰu³² 覆　　　　　　　　pʰu³² tʰɔ³³ 葡萄　　　　　pʰiɚ²¹³ 撇
pʰiɛ⁴⁴ 骗　　　　　　　pʰiɛ³³ 偏　　　　　　　　pʰiɛ³² ji⁴⁴ 便宜

b

bu²¹³ 浮　　　　　　　　bɯ³² 佛

m

mɛ⁴⁴ si⁴⁴ 妹婿　　　　　ma²¹ kua⁴⁴ 马褂　　　　　mu²¹³ 摸
mɤ²¹³ 墨　　　　　　　　mɤ²¹³（ji³²）墨水　　　　mɤ²¹³ xo²¹³ 墨盒
miɛ²¹³ 迷　　　　　　　miɔ³² tsʅ²¹ 苗子

f

fɤ³² 罚　　　　　　　　fɛ⁴⁴ tɕi³³ 飞机　　　　　　fa²¹³ tsʰɛ³² 发财
fa³² 矾　　　　　　　　fɔ³³ 封　　　　　　　　　fu³² tɕʰi⁴⁴ 福气
fɤ³³ lia⁴⁴ 分量　　　　　fɤ²¹ pi³²① 粉笔

---

① 凡一字帮读，往往在不同的词里发现。

v

vɛ⁴⁴ tɔ⁴⁴ 味道　　　　　　va²¹ 网　　　　　　　　vu²¹³ 舞

t

tɤ²¹³ 填　　　　　　　　ti⁴⁴ tʰu²¹ 地图　　　　　ti²¹ 抵
ti³² 滴　　　　　　　　（tɛ⁴⁴）pi⁴⁴ 打闭　　　ta⁴⁴ 当（去）
ta³² 搭　　　　　　　　tɔ⁴⁴ 倒　　　　　　　　tɔ⁴⁴ ʐɤ³² 道人
tɔ⁴⁴ li²¹ 道理　　　　　tu²¹³ 毒　　　　　　　　tɤ⁴⁴ tɕa⁴⁴ 灯架
tiɛ⁴⁴ xu⁴⁴ 佃户　　　　tiɛ²¹ si³³ 点心　　　　tũ³³ ja³² tʂʰɤ³³ 东洋车

tʰ

tʰi:²¹³ 提（谓词）　　　tʰi²¹ la²¹³ 提篮　　　　tʰi²¹ liu³² 提篓
tʰi²¹ mu³² 题目　　　　tʰa⁴⁴ 炭　　　　　　　　（tʰa²¹）fu²¹³ 一副
(tʰa²¹) pʰiɚ⁴⁴ 一片　　（tʰa²¹）pʰiɛ⁴⁴ 一遍　（tʰa²¹）tʰɔ⁴⁴ 一套
(tʰa²¹) pʰi³² 一匹　　　（tʰa²¹）mu²¹ 一亩　　（tʰa²¹）tsʰiɛ³³ tɕa⁴⁴ 一千架
(tʰa²¹)va⁴⁴ tɕa³³ 一万家（tʰa²¹）tsʰui⁴⁴ 一寸　（tʰa²¹）tʂʰuɚ³³ 一圈
(tʰa²¹) tʂa⁴⁴ 一丈　　（tʰa²¹）tsʰɤ²¹ 一成　　（tʰa²¹）uɚ⁴⁴ 一位
tʰɔ⁴⁴ tsʅ²¹ 套子　　　　tʰɔ⁴⁴ ʂʅ⁴⁴ 但是　　　　（tʰɔ²¹ jɛ³³）xo²¹³ 纸盒
tʰo²¹³ 贪　　　　　　　tʰo³² 托　　　　　　　　tʰu²¹ 桶
tʰiɛ²¹³ 贴　　　　　　　tʰui⁴⁴ 退　　　　　　　tʰuɛ³³ 吞
tʰui³³ pɔ³³ 推刨　　　　tʰĩɛ³³ tsĩ²¹ 天井

d

di²¹ tsʅ²¹ 弟子　　　　（dɤ⁵⁵）① 待，戴

n

na³³ uɛ³³ 难为　　　　na³³ ʂʅ⁴⁴ 难事
(nɔ³²) suɛ⁴⁴ (pʰu⁴⁴) 算命先生

l

li³³ tɔ³³ 镰刀　　　　　li²¹（xo²¹³）送礼　　li³² tõ³³ 立冬
li³² kɤ³² 菱角　　　　　lɛ⁴⁴ 赖　　　　　　　　la²¹³ 烂
la²¹³ tʂu³² 蜡烛　　　　la²¹³ tsʅ²¹ 辣子　　　　lɔ²¹ pa²¹ 老板
lɔ³² ʂʅ⁴⁴ 老实　　　　　lɔ³²（kʰɔ⁴⁴）楼板　　　lu³² tsʅ²¹ 炉子

---

① 240 个借词中，不计错借 dɤ³² 这个词。但部分音借部分错借包括在内，例如 tsʰi³² gʰa⁴⁴ "感情"。

lu³² ti⁴⁴ sɔ³³ 落地生　　　lɤ⁴⁴ ʂo³² 漏杓　　　liɛ⁴⁴ 炼
lia³² 凉　　　　　　　　lui⁴⁴ 累

ts

tsʅ⁴⁴ ʐa³² 自然　　　　tsɛ⁴⁴ 再　　　　　tsa²¹ kui⁴⁴ 掌柜
tsa³² ji³² 杂役　　　　　tsa³² 蚕　　　　　tso²¹³ tʰa³³ 糟蹋
tsu³³ 租　　　　　　　　tsu²¹ tsõ⁴⁴ 祖宗　　tsiɤ²¹³ (tʰɤ⁴⁴) 睁开
tsi⁴⁴ ʂɤ³² 精神

tsʰ

tsʰi·³³ tɕa³³ 亲家　　　tɕʰi·³³ tɕa³³ mu²¹ 亲家母　　tsʰi²¹³ 漆
tsʰi·³² (gʰa²⁴) 感情　　tsʰu³³ 粗　　　　　　　　　tsʰɤ²¹ xɤ³² 草鞋
tsʰiɚ⁴⁴ 请　　　　　　tsʰui³³ 催　　　　　　　　tsʰyi⁴⁴ 脆
tsʰɿ·³³ mi³² 清明　　　tsʰũ³³ 葱

s

sʅ⁴⁴ 似　　　　　　　　sɛ³² tʂʰu²¹ 松鼠　　　sa⁴⁴ 散
(sa³³) ɕi³² 三弦　　　　sa³³ tʂʰa³³ xua³³ 三茶花　suɛ⁴⁴ pʰa³² 算盘
sĩɛ̃³³ ʐɤ³² 仙人　　　　sĩa³³ tsʅ²¹ 箱子

tʂ

tʂʅ²¹ pʰiɔ⁴⁴ 纸票　　　tʂɛ³³ (dzu³³) 吃斋　　tʂa²¹³ 扎
tʂa²¹³ ʂʅ³³ 着实　　　　tʂa³² 炸　　　　　　　tʂu²¹ ji⁴⁴ 主意
tʂɤ²¹³ 折　　　　　　　tʂõ³³ 钟

tʂʰ

tʂʰʅ⁴⁴ kʰui³³ 吃亏　　　tʂʰa³³ tsʅ²¹ 叉子　　　tʂʰa²¹³ 尝
tʂʰa²¹³ 查　　　　　　　tʂʰa³² 察　　　　　　　tʂʰui²¹³ 喘

ʂ

ʂʅ²¹³ kɔ³³ 石膏　　　　ʂʅ²¹³ xuɛ³³ 石灰　　　ʂʅ²¹ 试
ʂa³³ lia³³ 商量　　　　ʂa²¹ 赏　　　　　　　ʂɔ²⁴ jɛ³² 少爷
ʂu⁴⁴ 输　　　　　　　　ʂuɛ⁴⁴ 税　　　　　　　ʂua²¹ pa²¹ ɕi⁴⁴ 要把戏

ʐ

ʐo³³ nɔ⁴⁴ 热闹

tɕ

tɕi⁴⁴ 记　　　　　　　tɕi⁴⁴ 敬　　　　　　　tɕi⁴⁴ tsʅ²¹ 镜子

tɕi²¹³ 急   tɕa³³ 加   tɕa²¹ 假
tɕɔ⁴⁴ (va⁵⁵)(su³³) 轿夫   tɕɔ³³ tsʅ²¹ 桌子   tɕo²¹³ tsʅ²¹ 茄子
tɕɤ²¹³ tɕɤ²¹³ 紧紧   tɕyi³³ 拘   tɕi²¹ tʂʰa³² 警察

tɕʰ
tɕʰi³² ʂʅ³³ 其实   tɕʰi³² 棋   tɕʰɔ²¹³ 求
tɕʰɔ²¹³ 劝

dʑ
(dʑi³³)(bɔ⁴⁴) pʰu⁴⁴ 钱铺

dʑʰ
(dʑʰi²¹) pʰu⁴⁴ 酒铺

ɕ
ɕi²¹ ʂʅ⁴⁴ 喜事   ɕɛ³³ 闲   ɕɛ²¹³ 嫌
ɕa⁴⁴ kua³³ 香瓜   ɕo²¹³ tʰa³³ 学堂   ɕo²¹³ vɤ⁴⁴ 学问
ɕyi³³ 许

ȵ
(ȵi³³) tʂʰɤ³³ 牛车   ȵɛ²¹ 捻   ȵa³³ 粘
ȵa³³ 拈

k
kɛ⁴⁴ ʂɔ⁴⁴ 介绍   kua⁴⁴ 挂   ka³³ tsĩ³² 干净
kɔ⁴⁴ pɤ²¹ 本稿   kɔ³³ ɕɛ⁴⁴ 高兴   kɔ²¹³ tsʅ²¹ 鸽子
ko³³ pʰi³² 公平   ko³³ pa³³ 锅巴   ku²¹ kuɛ⁴⁴ 古怪
kɤ²¹³ la⁴⁴ 角落   kui⁴⁴ xua³³ 桂花   kua²¹³ 刮
kã²⁴ kã²⁴ 水缸   kũ³³ kʰɔ⁴⁴ 功课

kʰ
kʰɔ⁴⁴ 靠   kʰɔ²¹ 考   kʰuɛ²¹ 夸

x
xo²¹³ 合   xo²¹ tʰui²¹ 火腿

j
jɚ³² 印   ji⁴⁴ tɕʰi⁴⁴ 运气   ji³³ sɤ³² 颜色
ji²¹³ ti⁴⁴ 一定   ji⁴⁴ 影   ji³² 玉
ji³² 赢   jɛ⁴⁴ ua²¹ 砚碗   jɛ³³ ji²¹ 烟瘾
jɛ³³ xo²¹³ 烟盒   jɛ³³ jo³³ 烟锅   ja³² pi³² 洋笔

ja³² ji³² tsʅ²¹ 洋胰子   ja³² tsʰiɤ³² 洋钱   ja³² fa²¹³ tʂu³² 洋发烛
                                              （即柴火）

ja³² tʰi³² 洋铁   ja³² mɤ³³ 衙门   jɔ⁴⁴ tɕɤ²¹³ 要紧

jo³³ tsʅ³² 腰子   jo³³ tsĩ³³ 妖精u   jo²¹³ 约

u³³ kui³³ 乌龟   uɛ²¹ 委   uɔ²⁴ xuɛ⁴⁴ 悔懊
uɔ²¹³ 恶

2. 义分类

义分类就是按这些语词的词性来分。凡是同一词性的词汇都排列在一块。排列的次序先名词，次谓词，次数词和量词，再次助词。这样排列的目的是，我们可以看出来在汉语借词中哪一类为最多。

（1）名词①。例如：

马褂 ma²¹ kua³³   草鞋 tsʰɤ²¹ xɤ³²   桌子 tɕɔ³³ tsʅ³²
板凳 pa²¹ ti⁴⁴   漏勺 lɤ⁴⁴ ʂo³²   水缸 kã³³ kã³³
扁担 pi²¹ tã³³   背篓 pɤ²¹³ lɤ²¹   提篓 tʰi²¹ liu²¹
提篮 tʰi²¹ la²¹³   套子 tʰɔ²¹ tsʅ²¹   桶 tʰu²¹
箱子 siã²⁴ tsʅ³²   叉子 tʂʰa³³ tsʅ²¹   推刨 tʰui³³ pɔ³³
镰刀 li³³ tɔ³³   网 va²¹   炉子 lu²¹ tsʅ²¹
灯架 tɤ²⁴ tɕa⁴⁴   洋火 ja³² fa²¹³ tʂu³²   炭 tʰa⁴⁴
洋胰子 la³² ji³² tsʅ³²   烟锅 jɛ³³ ko³³   烟盒 jɛ³³ xo²¹³
蜡烛 la²¹³ tʂu³²   玻璃 pɔ³³ li³²   镜子 tɕi⁴⁴ tsʅ²¹
钟 tʂõ³³   牛车（ŋi³³）tʂʰɤ³³   东洋车 tũ³³ ja³² tʂʰɤ³³
飞机 fɛ³³ tɕi³³   笔 pi³²   洋笔 ja³² pi³²
粉笔 fɤ²¹ pi³²   墨 mɤ²¹³   墨水 mɤ²¹³（ji²¹）
墨盒 mɤ²¹³ xo²¹³   砚碗 jɛ⁴⁴ ua²¹   纸盒（tʰɔ²¹）(jɛ³³) xo²¹³
地图 ti⁴⁴ tʰu²¹   棋 tɕʰi³²   稿本 kɔ⁴⁴ pɤ²¹
印 jɔ³²   颜色 ji²¹ sɤ³²   球 pɔ³³（tɛ⁴⁴）（即打包）
三弦（sa³³）ɕi³²   炮 pʰɔ⁴⁴   洋钱 ja³² tsʰiɤ³²

---

① 纳苏词类我依照它的语言特点，分为名词、代词、谓词、数词、量词、助词和叹词 7 类。谓词分为动态谓词和静态谓词两种（参见本书第二部分第二章第二节）。

纸票 tʂʅ³² pʰiɔ⁴⁴　　　算盘 suɛ⁴⁴ pa³²　　　衙门 ja³³ mɤ³³
学堂 ɕo²¹³ tʰa³³　　　酒铺（dzʅʰi²¹）pʰu⁴⁴　　钱铺（dzʅi³³）(bɔ⁴⁴)pʰu⁴⁴
楼板 lɔ²¹（kʰɔ⁴⁴）　　天井 tĩɛ̃³³ tsĩ²¹　　　角落 kɤ²¹³ la⁴⁴
玉 ji³²　　　　　　　漆 tsʰi²¹³　　　　　礬 fa³²
石灰 ʂʅ²¹³ xuɛ³³　　　石膏 ʂʅ²¹³ kɔ³³　　　洋铁 ja³² tʰi³²
点心 tiɛ²¹ si³³　　　　锅巴 ko³³ pa³³　　　火腿 xo²¹ tʰui²¹
葱 tsʰũ³³　　　　　　白薯 pɤ²¹³ tʂʰu²¹　　　辣子 la²¹³ tsʅ²¹
菱角 li³² kɤ³²　　　　葡萄 pʰu²¹ tʰɔ³³　　　香瓜 ɕa⁴⁴ kua³³
茄子 tɕo²¹³ tsʅ²¹　　　落地生 lu³² ti⁴⁴ sɔ³³　　桂花 kui⁴⁴ xua³³
山茶花 sa³³ tʂʰa³³ xua³³　松鼠 sɛ³³ tʂʰu²¹　　　鸽子 kɔ²¹³ tsʅ²¹
蚕 tsa³²　　　　　　腰子 jɔ³³ tsʅ²¹　　　疤 pa³³
乌龟 u³³ kui³³　　　　影 ji²¹　　　　　　亲家 tsʰi³³ tɕa³³
亲家母 tsʰi³³ tɕa³³ mu²¹　少爷 ʂɔ⁴⁴ jɛ³²　　　妹婿 mɛ⁴⁴ si⁴⁴
弟子 di³² tsʅ³²　　　佃户 tiɛ³³ xu⁴⁴　　　杂役 tsa²¹ ji³²
轿夫 tɕɔ⁴⁴（va⁵⁵）(su³³)　败家子 pɛ⁴⁴ tɕa³³ tsʅ²¹　警察 tɕʰĩ²¹ tʂʰa³²
老板 lɔ²¹ pa²¹　　　　掌柜 tsa²¹ kui⁴⁴　　道人 tɔ⁴⁴ zɤ³²
算命先生(nɔ³²)suɛ⁴⁴(pʰu⁴⁴)　苗子 miɔ³² tsʅ²¹　　祖宗 tsu²¹ tsõ³²
仙人 sĩɛ̃³³ zɤ³²　　　佛 bɯ³²　　　　　妖精 jɔ³³ tsʅ³³
功课 kũ³³ kʰɔ⁴⁴　　　本钱 pɤ²¹ tsʰiɤ³²　　题目 tʰi³² mu³²
税 ʂuɛ⁴⁴　　　　　　送礼 li²¹（xo²¹³）　　吃斋 tʂɛ³³（dzu³³）
烟瘾 jɛ³³ ji³²　　　　清明 tsʰĩ³³ mi³²　　立冬 li³² tõ³²
味道 vɛ⁴⁴ tɔ⁴⁴　　　　本事 pɤ²¹ ʂʅ⁴⁴　　　喜事 ɕi²¹ ʂʅ⁴⁴
学问 ɕo²¹³ vɤ⁴⁴　　　运气 ji⁴⁴ tɕʰi⁴⁴　　　主意 tʂu²¹ ji⁴⁴
感情 tsʰi³²（gʰa²⁴）　福气 fu³² tɕʰi⁵⁵　　　脾气 pʰi³² tɕʰi⁴⁴
道理 tɔ⁴⁴ li²¹　　　　精神 tsĩ³³ ʂɤ³²

（2）谓词。例如：

吞 tʰuɛ³³　　　　　　尝 tsʰa²¹³　　　　喘 tʂʰuɛ²¹³
打闭（tɛ⁵⁵）pi⁴⁴　　　睁开 tsiɤ²¹³（tʰɤ⁴⁴）搬 pa³³
拨 po²¹³　　　　　　封 fɔ³³　　　　　填 tɚ²¹³
撇 pʰiɚ²¹³　　　　　扎 tsa²¹³　　　　待，戴(dɤ⁵⁵)（错借）

抵 ti²¹				刮 kua²¹³				倒 tɔ⁴⁴
覆 pʰu³²			提 tʰi˙²¹³			摆 pɛ³²
托 tʰo³²			折 tʂɤ²¹³			粘 ŋa³³
拈 ŋa³³				挂 kua⁴⁴			捻 ŋɛ³²
炸 tʂa³²			摸 mu²¹³			耍把戏 ʂua³² pa³² ɕi⁴⁴
贴 tʰiɛ²¹			炼 liɛ⁴⁴			浮 bu²¹³
搭 ta³²				滴 ti˙³²			散 sa⁴⁴
退 tʰui⁴⁴			补 pɤ²¹				合 xo²¹³
加 tɕa³³			舞 vu²¹³			请 tsʰiɤ³³
拘 tɕyi³³			摧 tsʰui³³			夸 kʰuɛ²¹
查 tʂʰa²¹³			察 tʂʰa³²			试 ʂɿ³²
劝 tɕʰɔ²¹³			敬 tɕi⁴⁴			求 tɕʰɔ²¹³
靠 kʰɔ⁴⁴			许 ɕyi²¹				赏 ʂa²¹
罚 fɚ³²				赔 pʰɛ³²			约 jo²¹³
考 kʰɔ²¹				委 uɛ²¹				帮 pa³³
骗 pʰiɛ⁴⁴			赢 ji˙³²			输 ʂu³³
办 pa⁴⁴				当（去）ta⁴⁴			租 tsu³³
糟蹋 tsɔ²¹³ tʰa³³		吃亏 tʂʰɿ²¹³ kʰui³³		发财 fa²¹³ tsʰɛ³²
商量 ʂa³³ lia⁴⁴			介绍 kɛ⁴⁴ ʂɔ⁴⁴			记 tɕi⁴⁴
懊悔 uɔ⁴⁴ xuɛ⁴⁴			嫌 ɕɛ²¹³			迷 miɛ²¹³
贪 tʰo²¹³			赖 lɛ⁴⁴				难为 na³³ uɛ³³
							（即谢谢的意思）

假 tɕa²¹				毒 tu²¹³			笨 pɯ⁴⁴
穷 na³³ ʂɿ⁴⁴（即难事）		高兴 kɔ³³ ɕɤ⁴⁴			干净 ka³³ tsĩ³³
凉 lia³²			粗 tsʰu³³			脆 tsʰyi⁴⁴
烂 la²¹³			紧紧 tɕɤ²¹³ tɕɤ²¹³		偏 pʰiɛ³³
急 tɕi²¹³			累 luɛ⁴⁴			闲 ɕɤ³³
似 sɿ⁴⁴				要紧 jɔ⁴⁴ jɤ²¹³			热闹 ʐɔ²¹ nɔ⁴⁴
便宜 pʰiɛ³² ji˙⁴⁴		恶 uo²¹³			老实 lɔ²¹ ʂɿ³³
古怪 ku²¹ kuɛ⁴⁴			公平 ko³³ pʰi˙³²

（3）数词和量词。例如：

一位（tʰa³²）uɚ⁴⁴　　分量　fɤ³³ lia⁴⁴　　　　一片（tʰa³²）pʰiɚ⁴⁴
一套（tʰa²¹）tʰɔ⁴⁴　　一副（tʰa²¹）fu²¹³　　一圈（tʰa²¹）tʂʰuɚ³³
（tʰa²¹）pʰi³²一匹　　一亩（tʰa²¹）mu²¹　　一寸（tʰa²¹）tsʰui⁴⁴
一丈（tʰa²¹）tʂa⁴⁴　　一千架（tʰa²¹）tsĩɛ̃³³ tɕa⁴⁴一万家（tʰa²¹）va⁴⁴ tɕa³³
一成（tʰa）tʂʰɤ³²　　一遍（tʰa²¹）pʰiɛ⁴⁴

（4）助词。例如：

故意（pa⁴⁴）ji⁴⁴　　　一定 ji²¹³ ti⁴⁴　　　其实 tɕi³² ʂʅ³³
着实 tʂa²¹³ ʂʅ³³　　　自然 tsʅ⁴⁴ za²¹　　　再 tsɛ⁴⁴
但是 tɔ⁴⁴ ʂʅ⁴⁴

编 后 记

我系"中国语言文学文库"之一类的"典藏文库"计划收录高华年先生的一种至两种语言学著作,学术委员会主任吴承学教授嘱托我进行选编,我欣然应允。我尽管不是高华年先生的弟子,但是久闻先生大名,早前也拜读过先生的一些论著,另外忝列先生福建同乡之列,现在得有机会为先生也为语言学界做点小事儿,与有荣焉。

高华年先生是著名的语言学家,平生从事少数民族语言、汉语方言、语言理论和汉语教学的研究,尤其以汉藏语系等少数民族语言的调查研究成果享誉学林,为我系乃至岭南地区语言学科的建设做出了重大贡献。高华年先生涉猎广泛,著述丰硕,其中有关汉藏语系少数民族语言的论著,既能代表先生本人语言调查研究的主要成就,也能体现我系早期语言学学科的优势和特色,可谓弥足珍贵。但是,这类著述有的出版日久,有的甚至还是未曾排印的手稿,现在都已经不易看到,因此非常迫切需要重新编排出版,以飨读者,嘉惠学林。限于篇幅,这次"典藏文库"之一种的《高华年汉藏语论稿》只能收录《汉藏系语言概要》和《彝语语法研究》这两种代表性的著作,而《黑彝语中汉语借词研究》(1943年)、《黑彝语法》(1944年)、《彝语词汇》(手稿)、《少数民族语言调查研究教程》(与宋长栋、庄益群合作,1990年)等重要著作只能暂时割爱,以后另待机会再编排出版。

《汉藏系语言概要》曾经作为"中山大学学术丛书"之一种,于1992年由中山大学出版社出版。高华年先生曾于20世纪80年代为中山大学语言学专业、现代汉语专业和民族学专业的研究生开设"汉藏系语言概要"的课程,该书就是在讲稿的基础上编写而成的。该书涉及汉语(以普通话为代表)、壮语、黎语、苗语、瑶语、畲语、藏语和彝语等多种汉藏系的语言。除了这些语言的本体研究之外,还涉及语言与民族、语言与文化的关系问题,也阐述了汉藏系语言的调查研究方法。该书在汉藏系语言比较研究、汉语史研究以及汉语方言比较研究等方面都具有重要的参考价值。

《彝语语法研究》曾经于1958年由科学出版社出版。彝语是分布在云南、四川等省的藏缅语族彝语支的重要语言，内部方言差异较大。1943年，高华年先生尚在西南联合大学期间，就深入调查了昆明附近核桃箐村的彝语，用国际音标记录了1951个词语、30个故事、两首山歌和一些能够说明语法现象的句子。根据这些材料，高先生研究了彝语的语音、词汇、语法以及汉语借词等，重点研究彝语的语法现象和规律。该书是继马学良《撒尼彝语研究》之后，在少数民族语言研究方面所取得的又一种重要成果。该书出版之后在国内外语言学界产生了较大的学术影响，国外有学者把它翻译成英文本。

《高华年汉藏语论稿》一书使用数量众多的国际音标符号，图表也比较复杂，用电脑录入、排版这样的图书具有相当的难度。好在本系2014级多位受过语言学训练的本科生以及我指导的博士研究生张坚在录入和校对方面不厌其烦、专心致志，使得本书后期的出版工作得以顺利进行，这里要特别向他们致以衷心的谢忱。

高华年先生等老一辈学者筚路蓝缕，以启山林，使得我系在少数民族语言的调查研究方面曾经具有较大的学术影响。《高华年汉藏语论稿》的出版，既是对已故的高华年先生最好的纪念，也是对我系续写少数民族语言调查研究篇章莫大的期待。

庄初升
2018年11月20日于广州